인문한국불교총서 5

테마Thema 한국불교 5

* 이 저서는 2011년 정부(교육과학기술부)의 재원으로 한국연구재단의 지원을 받아 수행된 연구임(NRF-2011-361-A00008)

인문한국불교총서 ❺

테마 Thema
한국불교 5

동국대학교 불교문화연구원
HK연구단 엮음

동국대학교출판부

머리말

불교는 인도에서 성립된 이래 중앙아시아와 중국을 거쳐 1,700년 전에 한반도에 들어왔다. 인도불교는 수행의 과정을 거쳐 세상의 이치(Dharma)에 대한 깨달음을 추구하였고 생사윤회의 길에서 벗어나고자 하였다. 인도불교의 이러한 지향점은 이질적 세계였던 중국에 수용된 후 토착화와 변용의 과정을 거쳐야만 했다. 붓다와 시간적·공간적으로 멀리 떨어져 있는 중국인들이 스스로 붓다가 되기 위해서는, 누구나 붓다가 될 수 있는 성품을 본래 가지고 태어났다고 하는 믿음이 필요했다. 그 결과 중국불교에서는 깨달음(覺)이 '본래 깨달아 있음(本覺)'으로, 붓다(佛)가 '붓다의 성품(佛性)'으로 변형되어 이해되었다. 또한 세상의 이치인 다르마도 '조건들의 일어남(緣起)'에서 '본성의 일어남(性起)'으로 결을 달리하여 인식되었다. 이러한 양상은 중국적 사유 방식인 본성론적 사고에서 비롯되었다. 중국불교에서는 이를 바탕으로 교학에서는 천태종과 화엄종, 실천에서는 정토종과 선종이 독자적 성격을 띠며 발전하게 되었다.

이처럼 본성론에 의거하여 성립된 중국불교의 교리와 사상은 같은 한자문화권인 한국과 일본에도 큰 영향을 미쳤다. 다만 한국의 경우에는 그 수용 방식에서 조금은 상이한 양상을 보였는데, 여러 학파 및 교파의 이론과 각각의 대립적 주장들을 융합하고 조화시키려는 통섭적 경향이 나타났다. 한국불교의 사상적 독창적을 상징하는 원효는 여러 학설 사이의 화쟁을 주창하였고, 한국 선불교의 대표자인 지눌은 간화선과 화엄으로 요약되는 선과 교의 일치를 추구하였다. 조선 후기 불교 전통에서 나타난 선과 화엄, 염불의 결합 시도 또한 한국불교 특유의 융섭적 특성을 보여 주는 사례이다. 본성론에 기초하여 다양한 학파와 종파가 성립된 것은 중국에서였지만, 종합과 통섭의 사고는 한국에서 보다 분명히 나타난 한국불교의 고유성이라고 말할 수 있다.

동국대학교 인문한국(HK) 연구단은 한국불교가 갖는 로컬의 특성을 글로벌한 시각에서 조명하여 글로컬리티의 확장성을 구현하려는 방향의 연구를 수행하고 있다. 본 연구단의 아젠다는 '글로컬리티의 한국성: 불교학의 문화 확장 담론'으로서, 2011년 9월부터 2021년 8월까지 총 10년간 HK사업을 수행 중이며, 현재 2단계 3년차 사업이 진행되고 있다. 1단계 3년간은 한국불교의 '원형의 고유성'을 탐색하여 매년 9개씩 총 27개의 주제를 다루었고 그 결과물로 『테마한국불교』 1-3을 출간한 바 있다.

2단계에서는 한국불교의 '소통의 횡단성'에 초점을 맞추어, 〈문헌과 사상〉에서 텍스트와 콘텍스트, 〈종교와 문화〉에서 권력과 종교, 문화와 의례로 유형화하여 특성화 연구를 하고 있다. 텍스트로는 신라 원효의 『기신론소』와 『금강삼매경론』, 의상의 『법계도기』, 경흥의 『삼미륵경소』와 도륜의 『유가론기』, 고려 일연의 『삼국유사』를 선정하여 한국적 사유의 독창적이면서도 보편적인 특성을 도출한다. 콘텍스트에서는 사본, 금석문, 과문, 교판, 교관, 선교 겸수 등을 테마로 하여 횡단 문화의 교차적 관점에서 한국불교의 통섭적 성격을 추출한다. 권력과 종교는 승역·승군,

호국·호법, 정치 종교, 정토, 지옥, 윤회의 주제를 다루고 문화와 의례에서는 불교설화, 어록, 언해불서, 불탑, 갈마, 청규를 주제어로 불교의 한국적 변용과 전개 과정을 살펴본다.

본서 『테마한국불교』 5는 2단계 1년차 성과물인 『테마한국불교』 4에 이어 2단계 2년차 지정 주제에 해당하는 『법계도기』와 『금강삼매경론』의 텍스트, 금석문과 교관이라는 콘텍스트, 권력과 종교의 호국·호법과 지옥, 그리고 문화와 의례의 어록과 갈마를 대상으로 한 주제별 개설서이다. 각 테마는 글로벌리티의 관점에서 고대부터 조선시대까지 한국불교의 장기 지속 및 시대적 변화 양상을 통시적으로 접근하였다. 또한 2단계의 횡단성을 고려하여 중국, 일본과의 비교를 통해 동아시아 세계에서 한국불교가 축적해 온 공통성과 특수성을 함께 조망하였다. 이를 토대로 향후 3단계에서는 로컬과 글로벌이 융합된 한국불교의 글로컬한 특성을 '변용의 확장성'이라는 관점에서 탐색해 볼 것이다.

『테마한국불교』 시리즈는 다양한 영역과 주제를 포괄하여 한국불교의 전체상을 종합적으로 망라한 동국대 HK연구단의 집체적 성과물이 될 것이다. 10년간의 HK 아젠다 연구의 누적된 성과가 총 10권의 책으로 결실을 맺게 되면, 한국불교의 다채로운 스펙트럼과 융합적 특성을 한눈에 조망하면서 향후 보편사적 담론을 제기할 수 있을 것으로 기대한다.

2017년 5월
동국대 불교문화연구원장·HK연구단장
김종욱

차 례

머리말_ 김종욱 · 5
총 설_ 김용태 · 15

제1부 문헌과 사상

텍스트

법계도기法界圖記　　　　　　　　　　　　_ 박서연 ● 41

Ⅰ. 의상의 당唐 유학과 『일승법계도』 저술 … 42
　　의상과 중국 화엄교학 42/ 지엄 문하에서의 수학 44/ 『일승법계도』의 구성과 내용 47/ 『일승법계도』의 화엄사상 50

Ⅱ. 『일승법계도』의 동아시아적 전개 … 53
　　의상의 화엄교단 53/ 수십전법數十錢法과 법장 56/ 일본에 미친 영향 58

Ⅲ. 통일신라~고려시대 의상 화엄사상의 계승 … 60
　　『일승법계도』의 주기註記 60/ 균여의 오척신五尺身 이해 62/ 『법계도기총수록』과 의상계 화엄 64

Ⅳ. 조선시대 「법성게」 주해와 의상 화엄사상의 변용 … 67
　　설잠 김시습의 선적禪的 해석 67/ 『법성게과주法性偈科註』와 법성

성기사상 69

■ 동아시아에 펼쳐진 일승법계의 인드라망 • 72

금강삼매경론金剛三昧經論　　　　　　　　_ 김천학 ● 77

Ⅰ. 『금강삼매경』의 출현 … 78
용궁 출현설 78/ 『금강삼매경』의 성립 79/ 선종의 『이입사행론』 83

Ⅱ. 『금강삼매경론』의 성립과 사상 … 85
대안과 원효 85/ 『경』의 구조 해석 87/ 『기신론』·선종과의 관련 90/ '결정성'과 일미관행 95

Ⅲ. 중국과 일본에 미친 영향 … 98
당·송에의 영향 98/ 원·명·청에의 영향 101/ 일본에 미친 영향 102

Ⅳ. 한국에 미친 영향 … 105
도륜의 『유가론기』에서의 인용 105/ 고려시대 의천과 혜심 107/ 조선시대의 유통 108

■ 일미관행—味觀行, 동아시아 불교를 관통하다 • 110

콘텍스트

금석문金石文 _박광연 ● 115

　Ⅰ. 금석문과 불교금석문 … 116
　　금석문이란 무엇인가 116/ 금석문과 불교 118/ 인도·중국·일본의 불교금석문 120

　Ⅱ. 삼국·통일신라시대의 불교금석문 … 123
　　고구려·백제의 불상 123/ 신라의 불상·탑·종 124/ 고승비와 사적비 127

　Ⅲ. 고려·조선시대의 불교금석문 … 130
　　고승비와 묘지석 130/ 불상·탑·종·반자 135/ 매향비와 사적비 143

　■ 쇠와 돌에 새겨진 불교와 불교인의 역사 • 148

교관敎觀 _박용진 ● 153

　Ⅰ. 교관 용어의 성립과 전개 … 154
　　교관에 대하여 154/ 지관止觀(samatha와 vipaśyanā)과 관觀 156/ 한국불교사의 교관 용례 158

　Ⅱ. 중국불교와 교관 … 160
　　천태교관의 성립과 전개 160/ 화엄교관의 성립과 전개 163

Ⅲ. 삼국·통일신라시대의 교관 … 166

법화신앙 및 천태교관 166/ 의상계 화엄교학과 관행 169/ 원효 및 비의상계 화엄교학과 관행 172

Ⅳ. 고려시대의 교관 … 175

고려 전기 천태교관 175/ 균여와 의천의 화엄교관 177/ 천태종 백련사와 묘련사계 교관 180

Ⅴ. 조선시대의 교관 … 182

천태교관:『연경별찬』과『선학입문』182/ 화엄교관:『법계도주』와 조선 후기의『화엄사기』185

■ 교학과 관행의 융합과 한국적 발현 • 188

제2부 종교와 문화

권력과 종교

호국護國·호법護法　　　　　　　　_ 이수미 ● 195

Ⅰ. 호국불교 담론의 원류와 문제점 … 196

호국불교의 의미와 경전적 근거 196/ 호국불교 담론의 등장과 전개 197/ 호국불교 담론의 문제점 199

Ⅱ. 인도, 중국과 일본에서의 불교와 왕권 … 204

아쇼카왕과 전륜성왕 개념 204/ 중국에서의 호국사상과 왕권

205/ 일본의 진호국가 개념과 왕법즉불법 사상 207

Ⅲ. 삼국과 통일신라의 호국불교 사상 … 210
불국토 사상과 호국사찰 210/ 호국의례와 법회 215/ 왕들의 불교신앙 217

Ⅳ. 고려와 조선의 불교와 국가 … 221
인왕경 법회와 불교의례들 221/ 호국염원과 대장경 조판 225/ 승군의 호국활동 226

■ 호국, 과연 한국불교의 전통인가? • 230

지옥地獄   _ 김기종 ● 235

Ⅰ. 불교의 지옥 … 236
니라야와 나라카 236/ 야마와 염라왕 237/ 불전 속의 형상화 238

Ⅱ. 중국과 일본의 지옥 관념 … 242
태산부군泰山府君과 시왕十王 242/ 관리가 통제하는 감옥 244/ 징벌의 강조 245

Ⅲ. 삼국~고려시대의 지옥 관념 … 247
지옥 관념의 수용 247/ 시왕신앙의 유포 248/ 우란분재의 설행과 목련 고사 249

Ⅳ. 조선시대 지옥 관념의 다양한 전개 … 251
유가와 불가의 지옥 인식 251/ 시왕도十王圖 257/ 불교가사와

'회심곡' 259/ 한글소설 268

■ 도덕적 삶을 위한 심판과 징벌 • 276

문화와 의례

어록語錄 _ 김호귀 ● 281

Ⅰ. 어록의 출현과 찬술경전 … 282
　어록의 정의 282/ 어록의 등장 283/ 찬술경전의 쇠퇴 286

Ⅱ. 중국과 일본의 선어록 … 288
　선어록의 분류 288/ 중국의 선어록 291/ 일본의 선어록 295

Ⅲ. 한국 선어록의 간행과 전개 … 297
　선의 전래와 정착 297/ 고려의 선어록 299/ 조선의 승려문집 302

Ⅳ. 한국불교에 끼친 선어록의 역할과 기능 … 306
　선어록의 유통 306/ 선어록의 역할 309/ 한국불교와 선어록 311

■ 불립문자와 기록의 아이러니 • 314

갈마羯磨 _이자랑 • 321

Ⅰ. 갈마와 화합승의 실현 … 322
갈마란 무엇인가 322/ 현전現前승가와 사방四方승가 323/ 갈마의 형식과 종류 325/ 갈마, 화합의 상징 327

Ⅱ. 중국과 일본의 수계갈마 … 329
수계갈마의 정비 329/ 광률廣律의 번역과 혼란 331/ 도선과 『사분율』 334/ 감진鑑眞의 도래와 국립 3계단 336

Ⅲ. 한국전통불교의 수계갈마 … 339
백제의 갈마 실행 339/ 자장의 교단 정비 341/ 관단수계의 제도화 344/ 조선시대의 수계갈마 346

Ⅳ. 한국 근현대기의 혼란과 단일계단의 정비 … 348
대은 낭오와 만하 승림의 계맥 348/ 여법如法갈마와 중수계의 수지 350/ 자운율사와 단일계단의 정비 352

■ 갈마의 오랜 침체와 새로운 부흥 • 355

찾아보기 _ 360
저자 소개 _ 375

총 설

한국불교 횡단성의 전개: 글로벌리티의 확산

김용태

1. 한국불교의 '고유성'에 이어 '횡단성'을 가로지르다

　동국대학교 인문한국(HK) 연구단의 아젠다는 '글로컬리티의 한국성: 불교학의 문화 확장 담론'이다. 이는 글로벌과 로컬을 합성한 글로컬리티 glocality에 주목해 세계주의적 보편성과 지역적 특수성을 아우르는 것으로, 한국학으로서 한국불교의 특성을 도출해 보려는 기획이다. 이를 위해 1단계 '원형의 고유성'(로컬), 2단계 '소통의 횡단성'(글로벌), 3단계 '변용의 확장성'(글로컬)을 단계별 목표로 삼아, 주변(periphery)과 중심(center)의 개념적 간극을 극복하는 '탈영역적 지역성'의 관점에서 불교를 매개로 한 '한국성'을 모색해 본다.
　아젠다 연구의 목표는 첫째 한국역사의 시공간을 종단하고 아시아 차원에서 횡단하여 내적 확장의 정체성을 구현하는 것이며, 둘째 특수와 주변(로컬), 보편과 중심(글로벌)의 길항 관계를 통해 양자의 초극을 지향하는 탈영역적 지역성(글로컬)을 도출하는 것이다. 이는 글로컬리티의 한국성이 갖는 다층의 복합 구조를 해명하여 과연 한국성이란 무엇인가를 밝혀 보려는 시도이다. 이를 기반으로 한국형 문명 패러다임의 창출 가능성을 타진해 보고자 한다.

1단계 '원형의 고유성'은 한국적 고유성의 도출을 연구 목표로 하여 로컬리티의 특수성을 도출해 글로컬리티로의 확장 가능성을 탐색한 것이다. 이에 〈사유와 가치〉, 〈종교와 국가〉, 〈문화와 교류〉의 세 영역을 설정하고 영역별로 3개의 특화된 주제어를 상정하였다. 〈사유와 가치〉는 사상, 윤리, 내세, 〈종교와 국가〉는 권력, 전쟁, 재화, 〈문화와 교류〉는 사람, 문자, 의례의 주제어로 구성하였는데, 1단계 3년간 수행한 27개의 테마는 다음과 같다.

1단계 〈원형의 고유성〉

연차	사유와 가치			종교와 국가			문화와 교류		
	사상	윤리	내세	권력	전쟁	재화	사람	문자	의례
	전수	공동체	계세	왕권	기원	생산	수용	표기	재회
1	유식	충의	하늘	제정일치	원력	사전	자장	변체한문	팔관회 연등회
2	화엄	신의	조상	왕즉불	위령	사노	의상	향찰	수륙재
3	선	세간	무격	불국토	계율	사장	태고 나옹	구결 현토	향도 결사

1단계 아젠다 연구 수행 결과 한국불교는 인도는 물론 중국과도 다른 독특한 원형을 형성하였고 또 그러한 특성이 장기 지속·내재적으로 전개, 발전되었다는 점에서 고유성을 찾을 수 있다. 이는 불교 수용 이전에 있던 토착적 사유 및 신앙과의 접합과 융섭, 국가권력과의 강한 연대와 상호 공생, 외래문화의 수용과 자국적 변용으로 요약된다. 또 독선과 배

제, 갈등과 대립, 타율적 이식과 정체성 등과는 대비되는 개념으로 포용과 융화, 절충과 조화, 주체적 수용과 발전이라는 키워드를 가지고 설명이 가능하다. 한국불교의 고유성은 수용과 접변, 토착적 기반에 뿌리를 둔 연속적 측면과 양자의 확장성을 매개로 하여 형성, 전개되었다. 그 과정에서 타자성과 주체성, 특수성과 보편성의 마찰 및 대립이 나타났지만 몇 차례의 계기적 전환을 거치면서 또 다른 차원의 한국적 고유성을 형성하였다. 또한 토착적 연속성을 근간으로 시대적 확장성을 경험하면서 다층의 고유한 스펙트럼을 생성해 냈다. 결국 특수와 보편이 혼재, 융합된 제3의 한국적 로컬리티가 구축되었다고 할 수 있다.

이를 바탕으로 2단계(횡단성)에서는 기존 1단계(고유성)의 〈사유와 가치〉, 〈종교와 국가〉, 〈문화와 교류〉의 세 영역을 〈문헌과 사상〉, 〈종교와 문화〉의 두 영역으로 집약하였다. 또한 영역별로 유형을 나누어 특성화된 주제별 연구를 추구하였다. 〈문헌과 사상〉은 텍스트와 콘텍스트, 〈종교와 문화〉는 권력과 종교, 문화와 의례로 구분하였다. 2단계의 영역과 유형, 세부 주제는 다음과 같다.

2단계 〈소통의 횡단성〉

연차	문헌과 사상				종교와 문화			
	텍스트		콘텍스트		권력과 종교		문화와 의례	
1	기신론소	삼미륵경소	사본	교관	승역·승군	정토	불교설화	불탑
2	법계도기	금강삼매경론	금석문	교관	호국·호법	지옥	어록	갈마
3	유가론기	삼국유사	과문	선교	정교	윤회	언해불서	청규

'횡단성'은 문헌과 사상의 수용 및 변용 과정을 텍스트와 콘텍스트의

연결 구조를 통해 설명하고, 인도 및 동아시아 세계와의 횡단 문화적 접변을 통한 글로벌리티의 발현 양상을 살펴본 후 그 확장성을 모색한다. 또한 권력과 종교, 문화와 의례 유형은 그 변화 양태와 역사적 전개 과정을 구체적 사례 제시와 함께 비교사적 관점에서 조망한다. 내세관과 가치의 전환 문제, 의례와 문학의 발현 양상을 아시아 차원의 문화 교류 및 상호 영향의 틀 속에서 검토하고 그 결과로 나타난 지역성을 집중적으로 조명하려는 것이다.

〈문헌과 사상〉의 텍스트에서는 신라 원효의 『기신론소』와 『금강삼매경론』, 의상의 『법계도기』, 경흥의 『삼미륵경소』와 도륜의 『유가론기』, 고려시대 일연의 『삼국유사』와 같은 불교사상 및 역사 관련 대표 문헌을 선정하여 한국적 사유의 본질을 탐색하고, 중국·일본 사상과의 비교 연구를 수행한다. 콘텍스트에서는 한국불교사 전체를 관통하는 기록유산인 사본, 금석문, 과문을 택하여 그 자료적 가치를 동아시아적 관점에서 조명한다. 또한 교학 및 경전의 단계를 분류하는 교판, 교학과 관행의 일치, 선과 교의 겸수 등을 대립이나 갈등이 아닌 동아시아 횡단 문화의 교차적 관점에서 융합과 공존의 구조로 설명한다.

〈종교와 문화〉의 권력과 종교에서는 승역·승군, 호국·호법, 정치·종교 문제를 구체적으로 검토하고, 불교와 국가의 관계나 전쟁과 폭력에 대한 대응 및 인식을 중점적으로 다룬다. 또한 불교가 동아시아에 크게 영향을 미친 내세관과 관련하여 정토, 지옥, 윤회를 한국인의 가치관 및 정체성 형성이라는 시각에서 검토한다. 문화와 의례에서는 불교설화, 어록, 언해불서를 주제로 하여 문자 및 언어생활, 문학으로 확산된 불교적 세계를 발굴한다. 이어 불탑, 갈마, 청규를 테마로 인도에서 중국을 거쳐 한국에 이르기까지 불교신앙과 계율이 어떻게 변용되고 전개되었는지를 살펴본다.

2. 한국불교 '횡단성'의 탐색: 글로벌리티의 서막

2단계 1년차 연구 성과를 모아 나온 『테마한국불교』 4는 '한국불교 횡단성의 탐색: 글로벌리티의 서막'을 주제로 하였다. 〈문헌과 사상〉 영역에서는 『기신론소』와 『삼미륵경소』의 텍스트, 사본과 교판의 콘텍스트에 대해 정리하였다. 〈종교와 문화〉 영역에서는 권력과 종교 유형으로 승역·승군, 정토를 소개하였고 문화와 의례에서는 불교설화, 불탑 문제를 다루었다.

먼저 〈문헌과 사상〉의 텍스트와 콘텍스트의 4편의 연구 결과를 요약한다.

'기신론소'는 원효를 중심으로 동아시아 『대승기신론』 해석의 다양한 전개 과정을 고찰하였다. 6세기에 등장한 『기신론』은 저자 및 출현 지역에 대한 논란이 있지만, 일심과 여래장 사상을 근간으로 마음의 본질과 수행을 다룬 논서이다. 원효의 『기신론소』는 그의 융합적·포용적 사유를 압축한 것으로 중국의 법장이나 종밀의 사상에 큰 영향을 미쳤다. 특히 법장은 『의기』에서 화엄의 입장에서 중관과 유식 등의 사상적 대립을 해소하려 하였다. 원효의 기신론관의 사상적 의미는 동아시아적 맥락에서 원효의 기신론관이 어떻게 형성되고 전파되었는가라는 물음과 맞닿아 있다.

'삼미륵경소'는 백제 출신 승려 경흥의 저술로 현존하는 몇 안 되는 삼국 및 통일신라시대의 미륵경전 주석서이며 동아시아 미륵 교학의 보고

이다. 경흥은 기존의 주석서를 망라하여 『미륵상생경』, 『미륵하생경』, 『미륵성불경』을 하나의 체계 안에 묶어서 설명하였다. 경흥은 근기에 따른 방편의 차이 때문에 세 경전으로 구분되었다고 설명하면서 도솔천을 미륵사상의 핵심으로 보고 모든 이를 대상으로 한 왕생의 방법을 서술하였다. 그는 스스로의 노력이 왕생의 전제임을 강조하고 지관止觀 수행을 중시하였다. 또한 도솔천 왕생을 강조하면서도 당의 유식학자 규기에 비해 미타신앙에 대해 열린 태도를 취하였고 이는 고려시대 유식승려나 일본의 법상종에도 영향을 미쳤다.

'사본'은 한국불교 사본의 동아시아적 확산과 융성에 대해 주목하였다. 중국의 돈황사본과 일본의 고사경, 그리고 한국의 사본들은 판본으로 유통되는 경·논·소 등이 역사적으로 진화해 온 과정을 잘 보여 주며 따라서 해당 문헌에 대한 사상적 해석의 수정과 재고를 가능케 한다. 또한 중국의 주요 불교사상가들에 미친 사상적 여파뿐만 아니라 일본에 전해지고 유통된 사본을 통해 일본의 종파 형성과 불교 연구에 미친 한국불교의 영향을 살펴볼 수 있다. 동아시아 사본에 남아 있는 원효 및 신라 승려들의 저술에서 한국불교의 원형을 찾고 이후 문헌의 변형 사례를 분석하는 작업은 한국불교의 횡단성 추구를 위한 중요한 문헌학적 토대가 된다. 대장경 조성 이후 사본의 시대가 점차 판본의 시대로 이행하였지만 동아시아 불교의 문헌 유통과 사상적 경향성을 살펴보는 데 사본 연구는 중요한 단서를 주고 있다.

'교판'은 교상판석의 줄임 말로 시간, 공간상의 다양한 층위를 보이는 경론의 가르침 중 어떤 것이 붓다의 궁극적 가르침인가를 가려내려는 목적에서 시작되었다. 대개는 학파나 종파의 우월성을 강조하려는 의도를 엿볼 수 있지만 문헌학적·사상적 심화 연구를 통해 동아시아 각국의 교판 체계에 나타난 보편성과 특수성을 비교하고 사상적 영향 관계와 종파 간의 우열인식을 추적해 볼 수 있다. 이 테마는 '종파적 구심력과 사상가의 역사성 사이에서'라는 관점에서 접근하였는데, 초기불교·부파불교·대승불교 사상의 근본적 차이, 대승경전 사이의 우열과 교학사상의 위상이 정립되었음을 확인하였다. 한국의 경우 유식학의 원측, 『화엄경』과 『기신론』을 중시한 원효의 사교판, 의상의 화엄학, 고려 균여와 의천의 교판 이해의 차이점 등을 통해 한국의 불교 교판이 동아시아 불교의 사상적 전통 속에서 입장과 시대적 조건에 따라 독특한 방식으로 역동적으로 전개되었음을 볼 수 있었다.

다음으로 〈종교와 문화〉 영역에서는 권력과 종교, 문화와 의례로 나누어 승역·승군, 정토, 불교설화, 불탑의 4개 테마를 정리하였다.

'승역·승군'은 국가와 불교의 관계를 상징적으로 보여 주는 것으로서 승려의 사원 수호와 국가 외호라는 관점에서 접근하였다. 출세간을 지향하는 붓다 당시의 불교교단은 일종의 치외법권에 속했고 국가의 법이 아닌 승단의 계율을 따랐다. 불교가 중국에 들어온 후에는 승려가 생산 활동에도 종사하였고 사원이 전토를 소유하고 영리사업도 행해졌다. 한국에서도 통일신라나 고려시대에 사찰 보호를 위한 승군이나 수원승도의 존재가 확인되며 조선시대에는 도첩과 승역이 연계되어 운영되고 임진왜란 때는 의승군이 일어났다. 이는 동아시아 불교사에서도 매우 특이한 현상이었고 불교가 국가와 밀착되어 전개된 한국적 특성이라고 할 수 있다.

'정토'는 생사윤회의 굴레를 벗어난 불국토로서 현세와 내세를 연결시키는 통로이다. 대승불교의 등장으로 중생에 대한 불보살의 자비와 구원이 중시되고 정토 관념이 출현하였다. 아미타불의 극락, 미륵불의 도솔천이 대표적인 정토세계로서 중생의 마음과 삶을 위로하고 천도와 왕생

극락의 믿음을 통해 영원한 안락을 보장하였다. 한국에서는 고대부터 아미타정토와 미륵정토가 각축을 벌이다가 아미타정토가 점차 우세해졌고, 고려를 거쳐 조선시대에는 염불정토가 신앙뿐 아니라 수행의 방식으로 자리 잡았다. 타력의 칭명염불이 유행하면서 참회를 통한 정토왕생의 길이 누구에게나 열렸고 마음이 정토라는 전제 하에 염불선 수행방안도 인기를 끌었다. 특히 만일염불회와 염불계, 각종 작법과 의식집, 가사문학의 출현은 정토의 대중화에 크게 기여하였다.

'불교설화'에는 불전설화, 고승담, 영험담, 사찰연기설화 등이 있으며 당대의 시대상이 투영되었다. 불교설화는 동아시아에서 광범위하게 만들어지고 유통되었으므로 비교문화의 관점에서 고찰이 가능하다. 한국의 불교설화는 '불국'과 '성불'의 염원으로 요약되는데 신라·고려시대는 '승려의 신이한 행적', '불·보살상과 경전의 영험', '불연국토와 불·보살의 상주', '정토왕생과 현신성불'의 네 가지 유형으로 나타났다. 현신성불 설화에는 '한국의 부처'가 등장하는데 이는 조선시대 사찰연기설화와 고승설화에도 나온다. 한국 불교설화의 특징은 부처와 보살이 평범한 민중의 모습으로 우리가 있는 '이곳'에서 함께 숨 쉬고 있다는 점이다. 이는 누구나 불성을 가지며 성불할 수 있다는 '일체중생 실유불성'의 설화적·문학적 형상화이기도 하다.

'불탑'은 붓다의 사리를 봉안한 곳으로 붓다 자체를 상징하며 인도에서부터 불교신앙의 주요 대상이었다. 동아시아에서는 사리 개념이 불사리, 승사리, 법사리 등으로 세분화되고 숭배의 대상도 확대되었다. 불사리를 모신 진신사리탑은 전륜성왕의 자격 요건을 가늠하는 하나의 기준으로서 왕권의 정당화에 활용되기도 했다. 신라에서는 자장이 전래한 황룡사 9층 목탑의 진신사리 신앙이 유행하였고, 통일 직후 문무왕의 유언으로 왜의 침략을 막고 국토의 안위를 염원하는 감은사 3층 석탑 2기가 세워졌다. 불국사 다보탑이나 붓다의 상주처를 상징한 화엄사 4사자 3층 석탑도 특징적이다. 고려시대에도 각지에서 불탑이 조성되었고 왕실은 물론 민중 차원에서도 사리 신앙이 확산되었다. 부도와 탑비 또한 조선시대까지 건립되었는데 고려 말부터는 고승의 사리를 나누어 다수의 부도를 세우는 경향이 나타났다. 영원한 불국토를 상징하는 한국의 불탑 및 불사리 신앙은 자연 석재를 활용하면서도 풍부한 상상력을 바탕으로 시대적 갈망에 부합하는 변신을 거듭해 왔다.

3. '문헌과 사상'에서의 글로벌리티의 확산

본 『테마한국불교』 5에 수록된 〈문헌과 사상〉 영역의 4개 테마를 텍스트와 콘텍스트로 나누고 '횡단성의 전개'라는 시각에서 글로벌리티의 확산 문제를 요약한다.

1) 텍스트

법계도기
'동아시아에 펼쳐진 일승법계의 인드라망'이라는 관점에서 신라 의상의 주저 『일승법계도』의 사상사적 영향에 대해 살펴보았다. 1장은 의상의 당나라 유학과 『일승법계도』의 구성 및 화엄사상, 2장은 의상의 화엄교단, 수십전법과 법장, 일본에 미친 영향을 다루었다. 3장은 통일신라에서 고려시대까지의 의상 화엄사상의 계승으로 『일승법계도』에 대한 후대의 주석서와 사상적 영향 관계를 검토하였다. 4장은 조선시대의 「법성게」 이해와 화엄사상의 변용에 대해 소개하였다.

의상은 당의 화엄학자 지엄 문하에서 화엄을 수학하였는데 지엄과 그의 스승 두순은 이론만이 아니라 보현행의 실천과 선관을 중시한 수행주의자들이기도 했다. 의상 또한 귀국 후 실천불교에 중점을 두어 계율을 지키고 교단을 평등하게 이끌었으며 다양한 계층의 제자들을 교육하였다. 그는 부석사를 중심으로 제자들에게 자신의 『일승법계도』를 강의하였는데 그 목적은 명성에 집착하는 이들이 이름 없는 참된 근원으로 돌아가기를 바라는 마음에서였다. 의상의 사상은 육상六相, 오척신五尺身, 해인삼매海印三昧, 성기性起를 강조한 것이었다.

의상은 조화와 균형의 가르침으로 수십전법數十錢法을 제기하였는데, 존재 상호간의 유기적 관계인 연생緣生의 모든 법이 무자성임을 설명한 것이다. 이는 지엄의 수전법에 의상이 동전 열 개의 비유를 적용하여 발전시킨 것으로 원효도 수용하였고 의상의 동문이며 중국 화엄종을 대성한 법장의 수십전유에도 영향을 미쳤다. 수십전법은 부주不住, 중도, 무분별의 뜻을 강조함으로써 의상의 성기사상과 맞닿아 있는 논리였다. 의상의 화엄사상은 송대 영명 연수에게도 여파를 미쳤고 일본에도 전해져 화엄 교학 이해의 심화에 기여하였다.

『일승법계도』는 신라, 고려, 조선에 이르기까지 지속적으로 연구되었는데 고려시대 『총수록』에는 『일승법계도』에 대한 주석서와 의상계 문헌이 풍부하게 수록되었고 균여의 『일승법계도원통기』는 『일승법계도』의 구래불舊來佛설을 계승하였다. 구래불은 성기의 세계이며 오척신, 즉 범부 오척의 몸은 바로 성기 세계를 드러낸 것이었다. 이후 조선 초의 설잠 김시습은 선의 입장에서 의상의 「법성게」를 주해하였고 조선 후기 도봉 유문의 『법성게과주』에서도 의상 화엄사상에 대한 해석이 이루어졌다. 의상의 화엄사상은 『화엄경』에 입각해 수행을 함께 닦는 것으로서 그는 화엄의 본래 뜻을 부단히 찾고자 정진했던 실천적 보현행자였다.

금강삼매경론

'일미관행一味觀行 동아시아 불교를 관통하다'라는 입장에서 원효의 저술인 『금강삼매경론』을 검토해 보았다. 먼저 1장은 『금강삼매경』의 출현과 사상적 배경, 2장은 『금강삼매경론』의 성립, 그리고 『기신론』 및 선종과의 관련성, '결정성'과 일미관행으로 나누어 살펴보았다. 3장은 중국과 일본에 미친 영향, 4장은 한국에 미친 영향으로 도륜의 『유가론기』, 의천과 혜심의 인용, 조선시대의 유통에 대해 정리하였다.

원효는 중국에 유학을 가지 않았지만 당시 유행하던 거의 모든 경론을 섭렵하여 주석서를 남겼다. 그런데 원효의 다른 주석서와는 달리 해석의 대상이 된 『금강삼매경』이 가장 먼저 유행한 곳이 신라였고 그에 대한 주석서가 최초로 나온 곳도 신라였다. 『금강삼매경』의 성립에 관해서는 용궁 출현, 신라 대안의 편집과 원효의 해설을 드라마틱하게 묘사한 기록이 전해진다. 『금강삼매경』은 총 6품으로 되어 있고 수행의 상승 구조를 보여 준다. 원효는 이에 대해 먼저 대의를 서술한 후 경전의 핵심사상을 일목요연하게 정리하고 경의 제목을 해석하였다. 이어 과문의 형식을 취하면서 본문을 각 품마다 독특한 방식으로 해석하였다.

원효는 『금강삼매경』의 중심사상을 『기신론』과 마찬가지로 일심으로 보았고 『금강삼매경론』에서는 실천적 의미를 강조하며 '일미관행'으로 표현하였다. 이러한 사유는 중국과 일본에 전해져 진가를 발휘했는데 중국에서는 당의 종밀이 『원각경』을 주석하면서 일미설 등을 중시하였고 송대의 영명 연수는 일미설에 기초해 일심사상을 특히 강조하였다. 이후 원·명·청의 『원각경』, 『금강삼매경』 주석가들도 자주 인용하였다. 한편 일본에도 일찍부터 전래되었는데 현존하지는 않지만 『금강삼매경론』에 대한 주석서가 2종 저술되었다. 일본에서는 법상종, 화엄종, 천태종 등의 교학자들이 『금강삼매경론』을 인용하였고, 일미와 일심사상을 수용한 위에 시각·본각, 8식·9식, 심왕 등의 해석으로 인식상의 지평을 넓혀 갔다. 한국에서는 주로 삼매와 진무(眞無) 개념을 통해 『금강삼매경론』을 이해하였다. 『금강삼매경론』에서 삼매는 마음이 하나의 대상의 집중되어 있는 상태로서 일심에 해당하며 '진정한 무'는 모든 법의 진실한 모습인 결정성을 의미한다. 원효가 제창한 '일미의 관행'은 시대를 불문하고 동아시아 불교를 관통하며 널리 활용되었고, 각 시대의 불교사상 구축에 실천적 모티브를 제공하였다.

2) 콘텍스트

금석문

'쇠와 돌에 새겨진 불교와 불교인의 역사'라는 시각에서 금석문을 고찰하였다. 1장에서는 금석문과 불교금석문의 범주와 인도, 중국, 일본의 사례를 비교사적으로 검토하였다. 2장에서는 삼국과 통일신라의 불교금석문을 불상, 탑, 종의 명문과 비문을 통해 살펴보았고 3장은 고려와 조선의 불교금석문을 고승비와 묘지석, 불상·탑·종·반자, 매향비와 사적비를 중심으로 정리하였다.

『삼국사기』, 『고려사』, 『조선왕조실록』과 같은 정사에 수록되지 못한 불교사의 구체적 실상은 어떻게 알 수 있을까? 불교 관련 기록은 유학자들의 취사선택을 거쳐 역사서에 등재되었기 때문에 특히 일반민을 대상으로 한 불교의 영향력과 자취를 정사에서 찾아보기란 쉽지 않다. 그렇기에 불교의 훈습을 받은 이들의 삶의 궤적을 추적하다 보면 결국 자료의 보고인 금석문과 만나게 된다. 삼국통일 이후 고려시대까지의 금석문 가운데 묘지명을 제외하면 90% 이상이 불교금석문인 것이다. 당시 사람들의 종교적 사유와 일상에는 무속이나 유교적 인식도 투영되어 있지만 현존하는 금석문의 대다수는 불교를 빼고 설명할 수 없을 정도로 그 영향력이 지대하다. 사원, 불상, 탑, 종, 반자, 석등, 당간 등의 조성 불사에 참여자들의 명단에는, 승려뿐만 아니라 중앙 관료, 지방 향리, 향도나 결사와 같은 지방 공동체, 여성 등 다양한 이들이 포함되어 있다.

 금석문을 통해 접근할 수 있는 또 다른 중요한 주제는 불교제도와 불교의례의 실상이다. 한국에서 고대에 출가자를 대상으로 한 법령이 존재하였는지, 승관제나 승정 체계가 어떻게 시행되었는지 알 수 있는 문헌 기록은 거의 없다. 신라의 경우는 『삼국유사』에 정법전 설치 이전의 교단 통제 기구의 명칭이 나오지만 운영 방식, 중앙 교단과 지방 사원의 연결관계, 사원 내 조직, 관단수계의 시행 시기 등 풀리지 않는 문제가 너무 많다. 이에 비해 고려시대는 풍부한 금석문을 통해 승계, 승록사와 승정 운영, 승과, 국사·왕사제도 등의 많은 부분이 해명되고 있다. 불교의례의 경우도 정사에서는 국왕이 참석한 의례만을 싣고 있지만 금석문에는 여러 다양한 사례들이 나오므로 의례 개설의 상황과 배경을 어느 정도는 파악할 수 있다.

 오랜 시간에 걸쳐 금석문이 수집되었고 또 그것을 정리, 분석한 여러 선학들의 노고 덕분에 오늘날 많은 금석문을 연구에 활용할 수 있게 되었다. 하지만 불교금석문을 총망라하여 목록을 작성하고 그 내용을 정확히 널리 알리는 작업이 이루어져야 한다. 그렇게 되면 불교금석문은 향후 불교사뿐 아니라 역사, 문학, 문화 등의 제반 연구에 도움이 되는 주요 자료가 될 것이며 이는 한국학의 수준 제고와 국제화에도 기여할 수 있을 것이다.

교관

한국불교사에 나타난 교관의 흐름을 '교학과 관행의 융합과 한국적 발현'으로 정리하였다. 1장은 교학과 관행을 합친 교관 용어의 성립 배경과 사례, 2장은 중국불교에서 교관의 문제를 천태와 화엄을 중심으로 접근해 보았다. 3장은 삼국·통일신라의 교관을 법화신앙과 천태, 의상계와 원효 및 비의상계로 나누어 살펴보았다. 4장은 고려시대 교관을 천태와 화엄으로 구분해 검토하였고 후기의 백련사와 묘련사계 천태교관을 특기하였다. 5장은 조선시대 교관으로 이 또한 천태학과 화엄학으로 대별하여 소개하였다.

불교에는 교리를 중심으로 한 교상문(教)과 실천수행의 관행문(觀)이 있다. 이미 삼국 및 통일신라시대에 법화사상과 천태교학이 수용되었지만 천태의 교관 자체가 크게 주목된 것은 아니었다. 천태교관은 7세기 이후 도입되었지만 법화신앙에 화엄사상이 결부되거나 관음신앙이 깊이 자리 잡은 모습을 볼 수 있다. 법화신앙에서 보현관행이나 관법이 나타나기도 하지만 천태교관의 관문인 천태지관이 부각되지 않은 점은 본격적인 검토가 필요하다. 한편 실천을 중시한 의상계의 경우 화엄교학이 그대로 관행문이 되는 '교즉관'을 사상적 특징으로 한다. 또한 일심사상을 축으로 실천적 관행을 추구한 원효는 『기신론』의 지관문, 『금강삼매경론』의 '일미관행'을 강조하였다. 비의상계 화엄에 속하는 명효는 해인삼매와 관행, 표원은 연집법계론을 통한 삼매관행을 제시하였다.

고려시대에는 교관이 천태교관과 화엄교관으로 특화되었다. 고려 전기에는 중국에서 활동한 의통, 제관의 『천태사교의』에서 천태교관의 실현양상을 볼 수 있다. 의천은 송대 천태종의 정통인 산가파의 천태교관을 전해 받아 고려 천태종을 개창하였는데, 『법화현의』를 강설하는 한편 '일심삼관'의 기본적 관행문을 제시하였다. 고려 후기 천태종 백련결사의 보현도량은 천태지관과 4종삼매를 중시하였고 법화삼매참을 닦으며 정토왕생을 추구하였다. 묘련사 계열의 천태교관은 법화참법이나 천태관법의 법화도량을 설행하였다. 한편 화엄학자 균여는 교상문으로 화엄교학의 이해를 심화시켰고 의천은 교와 관의 겸수를 추구했다. 이후 지눌은 화엄의 사사무애법계관이 깨달음에 장애가 된다고 하여 효과적인 관행이 아니라고 비판하였다.

조선시대에는 종파적 입장에서 천태교관이나 화엄교관을 드러낸 저술이나 활동이 거의 나타나지 않는다. 다만 천태교관과 관련해 김시습은 『연경별찬』에서 『법화경』을 찬송하였고 19세기에 김대현은 『차제법문』을 요약한 『선학입문』을 편찬하였다. 또한 김시습은 화엄교관이 갖춰진 『법계도』를 강조하였고 조선 후기 화엄사기도 교학과 관행을 함께 추구하는 전통을 계승하였다. 이처럼 교학과 관행의 융합은 한국불교의 고유한 특성으로 면면히 이어져 왔다.

4. '종교와 문화'에서의 글로벌리티의 확산

본 『테마한국불교』 5에 수록된 〈종교와 문화〉 영역의 4개 테마를 권력과 종교, 문화와 의례로 나누고 '횡단성의 전개'라는 시각에서 글로벌리티의 확산 문제를 요약한다.

1) 권력과 종교

호국·호법

이 테마는 '호국, 과연 한국불교의 전통인가'라는 문제 제기의 관점에서 접근하였다. 1장에서는 호국불교의 의미와 경전적 근거, 호국불교 담론의 전개와 문제점에 대한 논의를 정리하였다. 2장에서는 인도, 중국과 일본에서의 불교와 왕권을 아쇼카 왕과 전륜성왕, 중국의 호국사상과 왕권, 일본의 진호국가 개념과 왕법즉불법 사상을 중심으로 살펴보았다. 한국은 삼국과 통일신라의 불국토 사상과 호국사찰, 호국의례와 법회, 국왕의 불교신앙에 대해 조명하였고 고려와 조선의 경우는 인왕경 법회와 불교의례, 호국의 염원과 대장경 조판, 승군의 호국활동으로 세분하여 검토하였다.

한국에서 호국불교 담론은 민족주의 및 국가주의 이념을 필요로 하는 시대상황에서 배태되어 전개되었으나 종교적 측면에서의 호국불교 사상의 해석은 정치적 관점에 의해 비판받았다. 즉 호국불교 담론의 태생적 원류 및 국가의 개념적 범주에 대한 근본적 문제점이 지적된 것이다. 그럼에도 호국불교 담론이 여전히 유효성을 가진다면, 과연 어떤 방향과 방식으로 논의가 이루어져야 할까?

호국불교의 문제점 가운데 하나는 근대적 국가 개념을 전근대의 호국 현상에 배치시키는 개념적 범주의 오용이다. 이는 호국불교 선양에 대한 비판으로서 제기되었는데 종교와 정치를 양분하면서 전개된 호국불교 담론의 양상에 동일하게 적용할 수 있다. 종교와 정치 중 어느 쪽에 중심을 두는가에 따라 상반된 입장이 양산된 것은 근대적 국가 개념이 담론의 전제가 되었기 때문이다. 독립적 정치공동체로서 '한국'이라는 국가 개념을 전제로 할 때 국가라는 공동체에 종속시켜 불교를 해석할지, 아니면 종속되지 않는 보편적 종교로서 불교를 해석할지에 따라 각기 다른 이분법적 호국불교의 해석이 생겨날 수밖에 없다. 주지하다시피 전근대 시대에는 불교를 종속시킬 범주로서의 국가 개념은 존재하지 않았고 한국불교를 중국이나 일본불교와 별개로 구분해 대상화하기는 쉽지 않다. 불교는 한국이라는 지역사회가 공유하는 보편성을 지니고 있었고 종교적 보편성과 지역적 특수성 또한 모순 없이 공존할 수 있었다.

전근대에 정치와 종교의 상반적 구도가 적용되지 않는 것은, 한편으로 근대 사회에 접어들어서야 정교政敎의 분리가 공식적으로 이루어진 것과도 관련이 있다. 보편성과 특수성은 동일한 스펙트럼 상에서 각각이 양극단에 위치할 때는 모순적 개념일 수 있겠지만, 역사적 실제에서는 공존할 수 있는 범주였다는 사실을 간과해서는 안 된다. 양자의 관계는 역사적 구성원들에 의해 끊임없이 다듬어지고 재규정되어 항상 유동적으로 변화해 왔다. 이런 점들을 고려할 때 호국불교 담론의 과제는 보편성과 특수성이 어느 시대의 어떤 구성원들에 의해 어떠한 모습으로 규정되고 있는가를 밝혀내는 작업이 아닐까 한다.

지옥

지옥이라는 테마를 '도덕적 삶을 위한 심판과 징벌'이라고 규정하고 불교의 지옥과 한국과 동아시아에서 나타난 지옥 관념의 변천에 대해 살펴보았다. 1장은 불교의 지옥 관념을 니라야와 나라카, 야마와 염라왕,

불전 속의 형상화로 구분하여 검토하였고 2장은 중국과 일본의 사례를 태산부군과 시왕, 관리가 통제하는 감옥, 징벌의 강조를 들어 비교하였다. 3장은 삼국에서 고려까지 지옥 관념의 수용과 시왕신앙의 유포, 우란분재의 설행과 목련고사로 나누어 정리하였다. 이어 4장은 조선시대 지옥 관념의 다양한 전개를 유가와 불가의 지옥 인식 비교, 시왕도, 불교가사와 회심곡, 한글소설로 유형화하여 고찰하였다.

동아시아에서 지옥 관념은 불교의 업설과 윤회사상을 전파, 확산시키는 데 중요한 역할을 하였다. 인과응보설을 바탕으로 선행과 악행을 구분하고 판단하는 기준, 곧 사회적 행위의 규준이 지옥 관념을 통해 제시된 것이다. 이는 개인적·사회적 가치를 형성하였고 동아시아인들 대다수가 그것을 실천해 왔기에 각 지역과 시대의 사고방식과 삶의 원리를 이해하는 첩경이 될 수 있다. 중국과 일본에서는 일찍부터 지옥 및 명부를 형상화한 수많은 문학작품이 만들어졌고 다수의 지옥도와 시왕도가 제작되었다. 한국도 마찬가지이지만 현존하는 삼국~고려시대의 작품은 『삼국유사』의 〈선율환생〉과 〈왕랑반혼전〉 정도만 전해지며 조선시대의 지옥 관련 문학작품 및 회화작품이 다수 남아 있다.

특히 18·19세기에는 지옥을 구체적으로 형상화한 작품이 적지 않게 출현하여 대중에게 향유되었는데, 15·16세기 이후 중국·일본의 지옥 관련 문학 및 예술 작품이 드물다는 점에서 조선 후기의 특징적 현상으로 볼 수 있다. 조선 후기에는 지옥과 관련된 가사와 소설이 다수 나왔는데, 회심곡과 지옥 관련 한글소설은 징벌보다는 지옥행의 원인에 초점을 맞추어 일상생활에서 지켜야 할 윤리규범을 강조하였다. 이는 일반 대중에게 익숙한 지옥 관념을 활용하여 삼강오륜을 중심으로 한 유교적 윤리덕목들을 공유하는 데 주된 목적이 있었음을 보여 준다. 특히 사회의 위기의식이 높아진 19세기에는 유교적 윤리규범을 강조하는 교화서·교훈가사·권선서의 찬술 및 간행이 급증하였다.

한편 조선 후기 지옥 관련 문학작품의 창작·유통은 '천당·지옥설'을 내세운 천주교의 유포 및 확산과도 관련이 있다. 일상적인 선악의 유무와 상관없이 천주를 공경하지 않으면 지옥에 간다는 천주교 교리의 불합리성에 대한 비판은 당시 지식인 사회의 담론에서 흔히 볼 수 있다. 여기에서 불교가사와 지옥 관련 한글소설이 지옥행의 이유를 강조하고 일상생활의 윤리규범을 제시한 연유의 일단을 짐작할 수 있다. 즉 천주에 대한 맹목적인 믿음만을 요구하는 천주교의 지옥설을 의식하고 경계한 결과로 볼 수 있는 것이다.

2) 문화와 의례

어록

어록은 주로 선어록을 뜻하며 '불립문자와 기록의 아이러니'라는 특징을 갖고 있다. 1장은 어록의 정의와 출현, 찬술경전의 쇠퇴에 대해 살펴보았고 2장은 선어록의 분류와 중국과 일본의 선어록에 대해 개관하였다. 3장은 한국 선어록의 간행과 전개를 선의 전래와 정착, 고려의 선어록, 조선의 승려문집으로 구분하여 검토하였다. 끝으로 4장에서는 한국불교에 끼친 선어록의 역할과 기능을 고찰하여 선어록의 유통과 역할, 한국불교에서 선어록의 의미를 중점적으로 다루었다.

중국에서 성립한 선은 불립문자, 교외별전, 직지인심, 견성성불이라는 말로 표현되는데 이는 선의 상징과 속성과 성격을 가장 잘 표현한 언구로서 송대에 정형화되었다. 선의 본질은 언설로는 제대로 표현할 수가 없으며 자신의 체험을 통한 이해, 나아가 깨달음이 강조된다. 붓다가 깨달은 내용의 핵심을 정법안장이라 하는데 이는 마하가섭을 통해 이심전심의 심법으로 이어져 인도의 역대 조사와 달마를 거쳐 중국에 전승되었다. 그러나 이 심법마저도 결국 언설을 통한 사유를 말미암지 않을 수 없으므로 언어도단의 경지를 언설에 의지해 사유해야 한다는 역설이 발생한다. 이와 같은 아이러니 때문에 선종에서는 불립문자를 강조하면서도 많은 문헌을 필요로 하였다. 물론 선은 선자의 이해와 체험이 바탕이 되어 전승되었으므로 스승과 제자 사이에 일상에서 발생한 사건과 문답을 중심으로 문헌의 내용이 채워졌다.

선어록은 스승과 제자의 생활과 문답에 대해 기록한 것이므로 기록한 사람의 안목이 특히 중요하다. 선어록은 조사선의 발전과 궤를 같이했는데 조사선은 스승과 제자 사이에 직접 전해지는 면수와 이심전심의 행위를 통해 정법안장을 계승해 왔다. 따라서 스승의 권위는 매우 높았고 그것을 상징하는 조사의 행동과 말씀은 그대로 전범이 되었으며 그에 대한 기록이 어록의 형태로 나타난 것이다. 어록은 언어문자에 얽매이는 경향으로 흐르면서 때로는 문자선의 폐해에 빠지기도 했고, 공안집 형식을 출현시켜 새로운 선수행법인 공안선의 출현으로 전개되기도 하였다.

선어록은 통일신라 말에 선법의 전래와 함께 도입되었고 고려 중기부터는 자생적 어록이 출현하였다. 중국의 선종오가는 9세기 말 이후 고려 중기까지 모두 전래되었고 당과 송의 어록이 대부분 들어왔다. 송대에는 어록에서 추출된 공안을 중심으로 한 문자선과 공안집이 유행했는데 이는 고려의 선풍 진작에 크게 기여하였다. 지눌은 대혜 종고의 어록을 통해 간화선의 수행법을 접하였고 제자 진각 혜심은 무자화두를 참구하는 방식을 더욱 세련되게 발전시켰다. 어록에 의지한 선풍은 간화선 수행전통과 함께 조선시대로 이어져 문집과 사기의 형태로 담겨졌다. 또한 공안에 대해 선자 개인의 견해를 통해 비평하는 형식이 굳어졌고 선리 및 선론에 대한 천착으로도 나타났다. 일상의 생활에서 스승과 제자 사이에 이루어진 문답형식에서 출발했던 선어록이 선종의 전개와 더불어 정형화된 공안 기록을 통해 전승된 결과였다.

갈마

'갈마의 오랜 침체와 새로운 부흥'을 주제로 갈마의 개념과 한국과 동아시아에서의 전개양상을 살펴보았다. 1장은 갈마와 화합승의 실현으로 갈마의 규정, 현전승가와 사방승가, 갈마의 형식과 종류 및 그 의미를 고찰하였다. 2장은 중국과 일본의 사례를 수계갈마, 광률의 번역과 혼란, 도선과 『사분율』, 감진의 도래와 국립계단으로 나누어 살펴보았다. 3장은 한국으로 백제의 갈마 실행, 신라 자장의 교단 정비, 고려시대 관단수계의 제도화, 조선의 수계갈마로 시기별로 개관하였다. 4장은 한국 근현대기의 혼란과 단일계단의 정비를 검토하였는데 대은 낭오와 만하 승림의 계맥, 여법갈마와 중수계 수지, 자운율사와 단일계단 정비를 대상으로 하였다.

승가는 화합을 실현하는 공동체라는 의미에서 화합승이라 불린다. 율장에서는 이 화합을 실현하는 구체적 방법으로 '여법如法갈마의 실행'을 제시하였다. 갈마란 승가에서 의사 결정을 위해 실행하는 모든 회의 또는 회의방식을 일컫는 말로 현전승가의 전원출석과 만장일치 원칙이 적용되어 불화의 씨앗을 미연에 방지하려 하였다. 하지만 중국에 불교가 전래된 직후에는 갈마의 구체적 실행 방법이나 그 중요성이 제대로 인식되지 못하였다. 가장 중요한 수계갈마가 실행된 것은 3세기 중반에 가서였다. 그러나 교단 정비의 필요성과 인도나 서역에서 온 승려들을 통해 율에 대한 지식을 접하면서 4세기 후반부터 4대 한역 광률이 번역되고 승가 운영에 관한 규정을 통해 갈마에 대한 체계적이고 구체적인 정보를 얻게 되었다. 일본에서도 중국 승려 감진의 방문을 계기로 755년 『사분율』에서 설하는 250계를 수계하는 구족계갈마가 실행되었고 8세기에 국립 3계단이 갖추어졌다.

한국에서 처음부터 율장의 규정대로 갈마가 실행되었는지는 알 수 없다. 다만 백제나 신라에서 수계갈마나 포살갈마가 실행되었을 가능성은 충분하며 신라의 경우 몇몇 『사분율』 주석서가 찬술되었고 자장은 교단 정비를 위해 포살갈마나 수계갈마를 실행한 것으로 보인다. 9세기 이후에는 고승비에서 계단의 존재가 다수 확인되며 고려의 승려들은 계단이 있는 특정 사원에서 구족계를 받았다. 조선시대에는 공식적 수계갈마가 이루어지지 못한 것으로 보이지만, 17세기 중반의 불교 상례집에 수계갈마의 실행을 엿볼 수 있는 명칭이 등장하고, 17세기 후반에서 18세기 후반에 『사분율』 관련 계율서가 간행되는 점을 볼 때 일부에서나마 비공식적 수계갈마를 통해 출가자를 배출하였을 가능성은 높다.

19세기에는 거의 끊어져 가던 계맥을 대은 낭오가 서상수계瑞祥受戒를 통해 회생시켰다고 하며, 한편에서는 서상수계에 의한 계맥 전승을 부정하여 1892년 만하 승림이 중국에 가서 대·소승계를 받고 계맥을 전수해 왔다고 한다. 일제강점기에는 대은과 만하 두 파를 계승한 율사들이 중심이 되어 사찰 단위로, 혹은 율사 중심으로 수계산림을 통해 승려를 배출하였다. 하지만 당시 승가의 계율경시 풍조는 수계 전통까지 위협하였고 이후 대처 등 식민지 불교의 잔재 척결을 위해 전개된 불교정화 기간 동안 무자격 승려의 출가가 많은 문제점을 노출하였다. 이에 '선교육 후

득도'를 내용으로 하는 새 계단법이 제정되었지만 큰 효과를 보지 못하였고, 자운율사가 1981년 율장의 가르침에 입각해 단일계단을 조성하고 종단 차원에서 수계산림을 단일화하였다. 오랜 세월 침체되어 있던 여법한 갈마의 실행이 현대에 새롭게 부흥한 것이다.

지금까지 '한국불교 횡단성의 전개: 글로벌리티의 확산'이라는 주제 하에서 2단계 아젠다 목표인 횡단성의 관점에서 본서의 8개 테마의 내용을 요약하였다. 〈문헌과 사상〉 영역에서는 텍스트로 『법계도기』와 『금강삼매경론』, 콘텍스트로 금석문, 교관에 대해 살펴보았다. 〈종교와 문화〉에서는 권력과 종교 유형으로 호국·호법과 지옥을 정리하였고 문화와 의례는 어록과 갈마를 다루었다. 다음에 나올 『테마한국불교』 6에서는 『유가론기』와 『삼국유사』, 과문과 선교, 정교와 윤회, 언해불서와 청규의 8개 테마를 가지고 '횡단성의 발현'에 대해 구체적으로 검토해 볼 것이다.

제1부

문헌과 사상

텍스트

법계도기

금강삼매경론

콘텍스트

금석문

교관

텍스트

법계도기 法界圖記

· 박서연

I. 의상의 당唐 유학과 『일승법계도』 저술

  의상과 중국 화엄교학/ 지엄 문하에서의 수학/ 『일승법계도』의 구성과 내용/ 『일승법계도』의 화엄사상

II. 『일승법계도』의 동아시아적 전개

  의상의 화엄교단/ 수십전법수+錢法과 법장/ 일본에 미친 영향

III. 통일신라~고려시대 의상 화엄사상의 계승

  『일승법계도』의 주기註記/ 균여의 오척신五尺身 이해/ 『법계도기총수록』과 의상계 화엄

IV. 조선시대 「법성게」 주해와 의상 화엄사상의 변용

  설잠 김시습의 선적禪的 해석/ 『법성게과주法性偈科註』와 법성성기사상

■ 동아시아에 펼쳐진 일승법계의 인드라망

I. 의상의 당唐 유학과 『일승법계도』의 저술

의상과 중국 화엄교학

의상義湘(625~702)은 625년(진평왕眞平王 47) 신라의 귀족 김한신金韓信의 아들로 태어났다. 일찍이 출가하여 황복사皇福寺에서 스님이 되었으며, 뒤에 원효元曉(617~686)와 함께 당에 구법의 길을 떠났으나 뜻을 이루지 못하고 되돌아왔다. 그 뒤 37세 때인 661년(문무왕文武王 원년)에 혼자 해로로 당에 들어갔으며, 이듬해에 종남산 지상사에서 화엄을 펴고 있던 지엄을 찾아갔다.

지엄智儼(602~668)은 중국 화엄종의 토대를 마련한 인물이다. 천수天水 출신으로 속성은 조趙씨이며, 12세 때인 613년(대업 9)에 두순의 문하로 들어갔다. 두순은 지엄을 상수제자인 달達법사에게 맡겨 교육시켰다. 그 뒤 지엄은 법상法常에게서 『섭대승론』을 배웠으며, 변辨법사에게 『십지경』과 『성실론』 등 여러 경론을 배웠다. 또한 임琳법사에게서 『화엄경』을 배웠으며, 그 뒤 지정智正(559~639)에게서 『화엄경』 강의를 들었다. 광통光統율사 혜광慧光의 『화엄경소』를 통하여 별교일승무진연기別敎一乘無盡緣起를 통달하였으며, 한 이승異僧에게서 육상의六相義에 대해 배웠다. 그 뒤 27세 때(649)에 『수현기搜玄記』(5권)를 지었다. 또한 그의 저술로서 『화엄오십요문답華嚴五十要問答』(2권) · 『화엄공목장華嚴孔目章』(4권) 등이 현존한다. 지엄은 진제 계통의 유식학에 기반을 두고 있지만, 특히 만년의 저술인 『화엄오십요문답』과 『화엄공목장』은 현장이 번역한 유식학의 영향을 받은 것으로 알려져 있다. 한편 고려시대에 편찬된 『법계도기총수록』(이하 『총수록』)에는 지엄이 지은 『입법계품초』가 인용되어 있고, 의천의 『신편제종교장총록』에 의하면 지엄의 『입법계품초』에 대해 의상이 『입법계품초기』를 지었다고 하는데 이 두 문헌은 현존하지 않는다.

두순杜順(557~640)은 전통적으로 중국 화엄종의 초조로 알려진 인물이다. 두순은 옹주雍州 사람으로 속성은 두杜씨이며 법명은 법순法順이다. 그는 18세에 인성사因聖寺 승진僧珍에게 출가하였다. '신승神僧 두순'으로도 불리는 그는 보현행자로 알려져 있으며, 신이한 행적으로 많은 사람들을 구제하였다. 그리하여 632년(정관 6)에는 태종으로부터 '제심존자帝心尊者'라는 칭호를 하사받았다. 그의 제자로서, 지엄 외에 번현지樊玄智·달법사 등이 있다. 두순은 번현지에게 『화엄경』을 독송하고 보현행을 실천하도록 권하였다. 현재 두순의 저술로 알려진 것은 『법계관문法界觀門』인데, 이 책의 원본은 전하지 않으며 저자에 대해서는 이설이 있다. 두순이 정업定業을 닦은 것과 마찬가지로 지엄 역시 선관禪觀을 중시하는 실천적 성격을 띠었던 것으로 보인다.[1] 나아가 두순이 종교적 실천자로서 보현행의 실천을 중시하였다면, 지엄은 화엄교학 형성의 사상적 토대를 마련하였다고 할 수 있다.

지엄은 현장과 진제의 유식학을 모두 수용하였으며, 항상 『화엄경』과 『섭대승론』을 강의하였다. 지엄의 저술에는 『섭대승론』이 자주 인용되고 있으며, 진제가 한역한 『섭대승론』은 아뢰야식을 주로 다루고 있다. 『일승법계도』 및 이후 신라 의상계에서 아뢰야식에 관한 천착이 이뤄지고 있는 것은 이러한 영향을 받은 것으로 보인다.

---

[1] 藤堂恭俊·塩入良道 지음, 차차석 옮김, 『중국불교사-漢민족의 불교-불교전래로부터 수·당 시대까지』, 서울: 대원정사, 1992, p.386

두순이 『화엄경』의 독송과 보현행의 실천을 강조하였듯이, 지엄 역시 『화엄경』의 독송을 중시하였다. 이러한 경향은 의상에게도 나타난다. 의상은 부석사를 창건한 뒤 항상 『화엄경』을 강론하였다고 전해진다.

중국 화엄교학의 성립에 영향을 준 것은 『십지경론』을 중심으로 하는 지론학파와 『섭대승론』을 중심으로 하는 섭론교학이다. 보리유지 등에 의해 번역된 『십지경론』을 연구하고 강의했던 혜광에 의한 지론학파의 성립은 『화엄경』의 연구를 촉진시켰다.[2] 지엄의 점漸·돈頓·원圓의 삼교판三敎判[3]은 혜광의 『화엄경소』에 영향을 받은 것으로, 『화엄경』을 원교로 하는 것은 혜광에게서 비롯된 것이다. 지엄은 종남산 지상사至相寺에 머물렀으므로 '지상대사至相大師'라고 하며, 장안의 운화사雲華寺에도 있었기 때문에 '운화존자雲華尊者'로도 불린다. 의상은 지상사뿐만 아니라 운화사에서도 지엄에게 가르침을 받았다.

지엄 문하에서의 수학

의상이 종남산 지상사로 지엄을 찾아간 때는 지엄이 두순을 이어 이곳에 머무르며 지정 등으로부터 이어 온 『화엄경』 연찬의 분위기를 계승하여 남북조 불교교학을 총괄적으로 엮어 내던 시기였다. 지엄은 의상이 오기 전날 밤에 신기한 꿈을 꾸었다. 꿈에 큰 나무 한 그루가 해동에서 생겨나 가지와 잎이 널리 무성해지고 그늘을 드리우며 중국 신주神州에까지 와서 덮었다. 나무 위에 봉황의 둥지가 있어 올라가 보았는데 마니보주 하나가 있고 그 빛이 멀리까지 뻗쳤다. 꿈에서 깬 지엄은 신기하

---

2 藤堂恭俊·塩入良道 지음, 차차석 옮김, 앞의 책, 1992, p.382
3 지엄, 『수현기』(『대정장』 35, 13c).

게 여기며 청소를 하고 기다리는데 때마침 의상이 왔다. 이에 지엄이 맞이하고는, "내가 어젯밤에 꾼 꿈은 그대가 나에게 올 징조였다."고 말하였다. 지엄은 의상의 뛰어난 자질을 보고 기뻐하며 가르쳤고 의상은 지엄의 문하에서 『화엄경』의 오묘한 뜻을 세밀히 깨우쳤다.[4]

의상이 지상사에서 수학할 때 남산율종의 개조인 도선道宣(596~667)과 교유하였다고 전해진다. 도선은 항상 하늘의 공양을 받았는데 매일 재齋를 올릴 때마다 하늘에서 음식을 보내왔다. 하루는 도선이 의상을 청하여 재를 올렸는데 의상이 좌정한 지 오래 지났으나 하늘에서 보내는 음식이 식사 때가 지나도록 도착하지 않았다. 의상이 빈 발우를 들고 돌아가고 나자 하늘의 사자가 내려왔다. 도선이 그 까닭을 묻자 하늘의 사자는 "온 고을에 신병神兵이 가득 차 가로막고 있어서 들어올 수가 없었다."고 하였다. 이에 도선은 의상에게 신병의 호위가 있음을 알고 그의 뛰어난 도력에 감복해 이튿날 지엄과 의상을 맞이하여 재를 올렸다고 한다.[5]

의상은 삼의일발三衣一鉢을 준수하며 행차할 때 탈 것을 이용하지 않고 걸어 다니는 등 철저히 계율을 실천했다. 의상이 보여 준 엄정한 지계정신은 이때의 교유에 영향을 받았을 것으로 보인다. 또한 의상은 의정義淨(635~713)의 세예법洗穢法을 실천하였다고 하는데, 의정과 교류하였다는 사실은 전하지 않는다.

지엄이 살았던 시기, 그리고 종남산은 중국불교사에서 또 하나의 의미를 갖는다. 그것은 바로 신행信行(540~594)에 의해 흥기한 삼계교三階教와의 관련성이다. 지엄의 저술인 『화엄오십요문답』에는 삼계교의 가

---

[4] 『삼국유사』 권4, 「義解」 5(『한불전』 6, 348c)
[5] 『삼국유사』 권3, 「塔像」 4(『한불전』 6, 325c)

르침이 언급되어 있다.⁶ 지엄은 삼계교에 대한 비판과 탄압의 강화라고 하는 시대적 분위기 속에서 삼계교의 사상을 대부분 정확하게 인식하고 상당히 높이 평가하였으며, 교판적으로는 일승동교의 입장에서 적극적으로 수용하였다.⁷ 여래의 가르침이 중생을 위한 것이라고 본 지엄의 사상은 의상에게도 영향을 미쳤을 것이며, 이는 그가 귀국한 후 신라에서 보여 준 교화활동을 통해 증명된다.

의상은 지엄 문하에서 7년여 간 화엄을 수학하고 668년(문무왕 8)에 『일승법계도』를 저술하였다. 『일승법계도』를 저술하게 된 배경에 대해서는 최치원이 지은 의상의 전기에 그 내용이 전한다. 의상이 지엄 문하에서 화엄을 배울 때에 매우 크고 훌륭한 모습을 한 신령스런 사람이 나타나서 의상에게 "스스로 깨달은 것을 기록하여 사람들에게 베푸는 것이 마땅하다."라고 말하는 꿈을 꾸고 지엄에게 말하자 지엄이 이를 듣고서 "멀리 바다를 건너와 부지런히 수행하더니 그 보답이 이렇게 나타난 것이다."라고 하고 이를 계기로 그동안 공부한 것을 글로 짓게 하였다. 그리하여 『대승장大乘章』 10권을 짓고 지엄에게 잘못된 곳을 고쳐 달라고 청하였는데, 지엄이 뜻은 매우 아름답지만 문장이 약간 어색하다고 하였다. 이에 의상은 번잡한 부분을 삭제하고 4권으로 만들었다. 지엄은 곧장 의상과 함께 불전에 나아가 "이 책의 말이 성인의 뜻에 부합하는 것이라면 타지 말지어다."라고 서원하면서 불살랐다. 얼마 뒤 잿더미 속에서 210글자를 얻었으며, 지엄은 의상에게 그것을 주워 모으게 하고 다시 서원하면서 타는 불 속에 던졌다. 그런데 끝끝내 그 글자들이 타지

---

6 지엄, 『화엄오십요문답』(『대정장』 45, 532b~534a)
7 기무라 기요타카 지음, 정병삼 외 옮김, 『중국화엄사상사』, 서울: 민족사, 2005, pp.131~132

않자 지엄은 글자들을 모아 게송을 짓도록 하였다. 이에 의상은 방문을 걸어 잠그고 며칠 동안 고심한 뒤 30구를 완성하였는데, 이것이 『일승법계도』에 들어 있는 7언 30구로 된 「법성게」이다.[8] 「법성게」는 지금도 한국불교 의례에서 중요하게 독송되고 있다. 지엄은 의상이 지은 『일승법계도』를 보고 "이것이야말로 법성을 궁증窮證하고 불타의 의취義趣를 다한 것이니 여기에 어찌 해석을 가하랴."라며 칭찬하였다고 한다.[9] 이처럼 지엄의 극찬을 받은 『일승법계도』는 한편으로는 지엄의 사상을 계승하면서 여기에 지론교학의 일면을 반영하고 의상 자신의 독자적인 사유를 진전시킨 독특한 사상을 간결하게 엮은 저술인 것이다.

의상이 『일승법계도』를 지은 지 석 달 정도 지나 10월 29일에 지엄이 입적하였다. 그는 입적하기 전까지 의상을 비롯한 제자들에게 화엄의 의리義理를 가르쳤다. 10월 11일에 청선사淸禪寺 반야원般若院에서 의상이 보법普法의 궤칙을 수지하는 것에 대해 질문하자 지엄은 십중총별十重總別로써 대답하여 의문을 풀어 주었고, 입적하기 10일 전에는 연기緣起 무자성無自性의 이치를 의상 등에게 깨우쳐 주었다. 이처럼 문답을 통해 철저히 이해하도록 하는 전수 방법을 훗날 의상도 그대로 계승하여 자신의 제자들을 이끌게 된다.

『일승법계도』의 구성과 내용

『일승법계도』는 자서自敍, 반시槃詩, 석문釋文, 발문跋文의 네 부분으로

---

8 균여, 『일승법계도원통기』 권상(『한불전』 4, 1a~b)
9 金煐泰, 『신라불교연구』, 서울: 민족문화사, 1987, p.291; 金戊祚, 「의상전교설화의 신라적 수용」, 『한국전통사상과 신라불교』, 부산: 新知書院, 1999, p.163에서 재인용.

구성되어 있다. 자서는 서문에 해당하며, 『일승법계도』의 저술 목적과 시詩를 읽는 방법이 서술되어 있다. 자서에서 의상은, "위대한 성인의 가르침은 일정한 방법이 없어 근기에 응하고 병에 따라 하나가 아니다. 미혹한 자는 자취를 고수하여 본체를 잃는 줄 알지 못해서 부지런히 하여도 근본(宗)으로 돌아갈 날이 없다. 그러므로 이치(理)에 의지하고 가르침(敎)에 근거하여 간략히 반시를 지어서 이름에 집착하는 무리가 이름 없는 참된 근원으로 되돌아가기를 바란다."고 밝혔다. 그리고 시, 즉 「법성게」는 가운데의 '법法' 자에서 시작하여 번다하게 굴곡을 구불구불 돌아가며 도인圖印의 길을 따라 읽어 가다 마지막의 '불佛' 자에서 끝난다고 설명하였다.

반시는 일승법계도합시일인一乘法界圖合詩一印이라고도 하며, 법계도인法界圖印과 「법성게」를 합한 것이다. 법계도인은 흰 종이 위에 붉은 줄로 이어진 것이며, 「법성게」는 검은 글씨로 적힌 7언 30구 210자의 시이다. 반시에서 흰 바탕은 기세간器世間을, 붉은 줄은 불보살의 경지인 지정각세간을, 그리고 검은 글자는 중생세간을 상징한다. 이러한 세 가지 세간이 일체의 모든 법을 다 포함하고 있으며, 도인은 세 가지 세간이 해인삼매에 의해 드러나는 경지를 도상화圖像化하여 보여 준다.

석문은 도인의 뜻을 총체적으로 해석한 것(總釋印意)과 도인의 모양을 나누어 풀이한 것(別解印相)의 두 부분으로 이루어져 있다. 도인의 뜻을 총체적으로 해석한 부분에서 도인에 의거한 이유는, 석가여래의 가르침의 그물에 포섭되는 세 가지 세간이 해인삼매로부터 나타난 것임을 표현하려고 했기 때문이라고 하였다. 여기서 세 가지 세간은 기세간·중생세간·지정각세간이며, 지정각은 부처와 보살을 말한다. 이러한 세 가지 세간이 법을 다 포섭하기 때문에 다른 것은 논하지 않는다고 하였다. 그리고 도인의 모양을 나누어 풀이한 것은 다시 도인의 글의 모양을 설명한 것(說印文相)·글자의 모양을 밝힌 것(明字相)·글의 뜻을 해석한 것(釋文意)의 세 부분으로 이루어져 있다.

먼저 도인의 글의 모양을 설명한 것에서, 도인의 글이 오직 한길인 것은 여래의 일음一音을 나타내며, 번다하게 도는 굴곡이 많은 것은 중생의 근기와 욕망이 같지 않기 때문이며, 한길에 시작과 끝이 없는 것은 선교방편은 시공간적으로 법계法界와 십세十世에 상응하여 원융만족함을 나타내고, 네 면과 네 모서리가 있는 것은 사섭법四攝法과 사무량심四無量心을 상징적으로 드러낸 것이다.

다음으로 글자의 모양을 밝힌 것에서, 글자에 시작과 끝이 있는 것은 수행 방편을 기준으로 하여 원인과 결과가 같지 않음을 나타내며, 글자 중에 굴곡이 많은 것은 삼승의 근기와 욕망이 차별되어 같지 않음을 나타낸다. 그리고 처음과 마지막의 두 글자인 '법' 자와 '불' 자를 한가운데에 둔 것은 인因·과果의 두 지위가 법성가法性家 안의 진실한 덕용德用이어서 그 성품이 중도에 있음을 보이기 위해서라고 밝혔다.[10]

글의 뜻을 해석한 것에서,「법성게」7언 30구를 크게 셋으로 구분하여 설명하였다. 즉 제1구부터 제18구까지는 자리행自利行을 기준으로 한 것이고, 제19구부터 제22구까지는 이타행利他行이며, 제23구부터 제30구까지는 수행자의 방편과 이익 얻음을 분별한 것이다. 그리고 자리행 18구를 다시 세분화하였는데, 처음 4구는 증분證分을, 나머지 14구는 연기분을 나타낸다고 하였다. 이처럼 『일승법계도』의 구성이 자리행과 이타행, 수행 방편 등 행문行門을 밝히는 수행 중심의 구조로 되어 있는 것은 수행자의 종교적 실천을 중시했던 의상의 화엄사상을 보여 주는

---

10 『일승법계도』,『한불전』2, 1b)

것이다.

발문에서는 『일승법계도』가 『화엄경』과 세친의 『십지경론』에 의거하여 원교의 종요를 나타낸 것이라고 하고, 668년(총장總章 원년) 7월 15일에 이루어졌음을 밝혔다. 하지만 저자가 누구인지 명기하지 않았는데, 이에 대해서는 연생의 모든 법은 주자主者가 없기 때문이라고 하고, 연월일年月日을 밝힌 것은 일체의 모든 법이 연에 의지하여 생겨나기 때문이라고 하였다. 이처럼 저자의 이름을 밝히지 않았기 때문에 저자에 대한 논란이 일찍부터 있어 왔으나, 고려 초 균여는 『일승법계도원통기』에서 여러 가지 예증을 제시하여 『일승법계도』가 의상의 저술임을 분명히 하였다.

『일승법계도』의 화엄사상

『일승법계도』에는 법성法性, 성기性起, 중도中道, 구래불舊來佛, 해인삼매海印三昧, 육상六相, 수십전법數十錢法 등이 설해져 있다. 『일승법계도』의 중심이 되는 「법성게」 7언 30구는 법성으로 시작된다. 이것은 『일승법계도』에 나타난 성기의 다른 표현으로, 의상의 성기관은 법성의 현현顯現으로서 법성성기라고 할 수 있다. 또한 의상은 중도는 무분별이며 부주不住의 뜻이라고 하고 법성과 연결시켜 설명하였다.

육상은 일승에서 제법諸法의 관계를 설명하는 주요 개념이다. 화엄 육상설은 『십지경』에 교설된 총상總相·별상別相·동상同相·이상異相·성상成相·괴상壞相을 세친이 『십지경론』에서 보살행의 방편으로 주목하면서 화엄의 주요 교설로 자리 잡기 시작하였다. 세친이 『십지경론』에서 『십지경』의 육상에 해석을 가함으로써 육상의 의미가 부각되었고, 이어

『십지경론』을 소의로 하는 지론종 남도파의 법상法上(495~580)과 혜원慧遠(523~592), 화엄종의 지엄과 의상, 법장(643~712), 징관澄觀(737~838) 등의 화엄조사들에 의해 육상론이 전개되어 감에 따라 육상설이 화엄교학에서 큰 비중을 차지하게 되었다.[11] 의상은 『일승법계도』에서 법계도인에 대해 총상의 근본인과 별상의 굴곡 등을 육상으로써 설명하였다. 의상은 일체의 연緣으로 생겨난 법은 육상으로 이루어지지 않은 것이 없다고 하고, 이러한 육상은 부즉불리不卽不離이고 불일불이不一不異이며 항상 중도에 있으며, 연기 무분별의 이치를 나타내기 위한 것이라고 하였다.[12]

『일승법계도』에서는 법계연기론의 핵심적인 개념의 하나인 상즉·상입의 연기법을 다라니법陀羅尼法이라 하였다. 수십전법을 다라니법의 이해를 위한 것으로 설하는 것은 의상의 『일승법계도』가 처음이라고 할 수 있다.[13] 육상설과 수십전법은 화엄의 교리를 심오하게 하고자 한 것이 아니었으며, 실천적인 다라니법을 쉽게 이해시키고자 하는 데 그 일차적인 뜻이 있었다. 의상이 연기다라니법을 부주不住·중도中道의 무분별 세계로까지 확대해석한 점이 주목되며, 이는 육상설의 경우와 마찬가지로 의상의 성기사상과 연관된다. 육상설과 수십전법을 통해 의상이 화엄철학을 수행의 실제에 접목시키고자 하였음을 알 수 있다.

의상의 교판설 역시 『일승법계도』에서 찾을 수 있다. 의상은 지엄의 교판설을 수용하면서도 특별히 원교일승圓敎一乘을 중시하였다. 이는

---

11 전해주, 「화엄 육상설 연구Ⅰ」, 『불교학보』 31, 동국대 불교문화연구원, 1994, pp.159~163
12 『일승법계도』(『한불전』 2, 1c)
13 고익진, 『고대한국불교사상사』, 서울: 동국대출판부, 1989, p.291

『화엄경』과 세친의 『십지경론』에 의거하여 원교의 종요를 밝힌다고 한 『일승법계도』의 저술 취지와 부합된다.

의상은 「법성게」 마지막 구절인 '구래부동명위불舊來不動名爲佛'에서 구래부동은 구래불의 뜻이며, 구래불은 바로 십불이라고 하였다.[14] 의상은 스승인 지엄이 근원적인 부처, 깨달음 그 자체인 부처를 표현한 것으로 간주한 행경行境의 십불을 중시하였다.[15] 의상은 구래불인 십불의 출현은 해인삼매에 의지하며, 석가여래의 가르침의 그물에 포섭되는 세 가지 세간이 해인삼매로부터 나타난다고 하였다. 이것을 상징적으로 나타낸 것이 법계도이며, 도장을 찍을 때 그 표면이 한꺼번에 나타나듯이 한길로 이어진 전체 속에서 모든 법은 동시에 현현顯現한다는 것이다. 그래서 『일승법계도』를 『해인도』라고도 한다. 해인삼매는 바로 성기이며, 의상의 해인삼매설은 『일승법계도』가 성기 자체임을 말해 준다. 『일승법계도』에 나타난 법성성기사상, 구래불설, 해인삼매설 등은 이후 오척신사상으로 전개되었다.

특히 의상의 법성성기사상은 보조선에 수용되어 돈오점수의 사상적 근간을 이루게 되며, 조선 초기 설잠雪岑 김시습金時習(1435~1493)에게 영향을 미치게 된다.[16]

---

14 60권 『화엄경』, 「離世間品」(『대정장』 9, 663b)의 十佛 명목이 『일승법계도』(『한불전』 2, 5c)에도 보이는데, 다섯 번째 '涅槃佛'이 『일승법계도』에는 '化佛'로 되어 있다.
15 기무라 기요타카 지음, 정병삼 외 옮김, 앞의 책, 2005, pp.123~124
16 이지관, 「화엄사상」, 『한국불교사상개관』, 서울: 불교학술연구소, 1997, p.93

II.『일승법계도』의 동아시아적 전개

의상의 화엄교단

 의상이 당에서 귀국하여 활동한 때는 바로 문무왕이 삼국통일을 완수하고 체제를 정비하던 시기였다. 이 시기에 의상은 불교의 가르침에 입각하여 사람들을 교화함으로써 문무왕의 치세를 도왔다. 의상은 676년(문무왕 16) 2월 왕명으로 태백산에 부석사를 창건하고 이곳에서『화엄경』의 가르침을 선양하면서 부지런히 수행하였으며, 이에 그 명성이 전국에 알려져 많은 사람들이 배움을 구하기 위해 구름처럼 몰려들었다. 후에 의상의 10대제자가 된 진정眞定 역시 그들 가운데 한 명이었다. 그는 태백산 부석사에서 의상이 크게 교화를 편다는 소문을 듣고 문하에 들었으며, 3년 뒤 어머니의 부음을 받았을 때 의상은 문도들을 데리고 소백산 추동錐洞으로 가서 3천 명을 모아 놓고『화엄경』을 강설하였다.[17] 이로 미루어 볼 때, 의상이 부석사를 중심으로 하여『화엄경』에 의거한 교단을 형성하였음을 짐작할 수 있다. 의상은 그의 문하에 들어온 사람들을 당시의 신분제적 사회분위기에 영향받지 않고 평등한 이념으로 대하며 교단을 이끌었다. 후일 의상이 부석존자浮石尊者로 일컬어지는 것도 이로 말미암는다고 하겠다.

 의상은 태백산과 소백산 지역에서 제자들에게『일승법계도』를 강의하며 신라 화엄학의 기반을 확대해 나갔다. 의상 문하의 제자들은『일승법계도』강의를 듣고 그 요체를 이해하고자 노력하였다. 표훈表訓은 674년(문무왕 14) 진정 등 10여 명의 대덕大德과 함께 황복사에서 의상에게

---

[17]『삼국유사』권5,「孝善」9(『한불전』6, 367a~b)

법계도인을 배우고 오관석五觀釋을 지었으며, 진정은 삼문석三門釋을 지었다.[18] 의상은 스승인 지엄처럼 문답 방식으로 제자들을 교육하였는데, 그 예는 『총수록』의 곳곳에 보인다. 의상은 미진微塵은 무주無住의 소小이고 시방세계十方世界는 무주의 대大인지를 묻는 상원相元에게 하나의 양量이라고 대답하고, 미진과 시방세계는 자성이 없어서 무주일 따름이라고 설명해 주었다.[19] 또 의상은 나의 당불當佛이 나를 교화하여 수행하게 한다고 하였으며, 스스로가 예로부터 부처이지만 이 사실을 알지 못하기 때문에 스스로가 본래 부처임을 알게 하는 것을 '교화'라 이름할 뿐이며 실實은 교화하되 교화하는 바가 없고 성불하되 성불하는 바가 없다고 문답을 통해 말하였다.[20] 부석산浮石山 40일 법회에서 의상은 지통과 상원에게 일승의 십지十地는 적멸도량에서 처음 정각을 이룬 부처의 마음에 의지하여 보는 것이라고 깨우쳐 주기도 하였다.[21]

한편, 의상의 10대제자 중 한 명인 지통智通은 의상에게 화엄을 배우는 것 외에 태백산 미리암彌里庵 굴에서 화엄관을 수행하였다. 어느 날 홀연히 큰 멧돼지 한 마리가 굴문을 지나가는 것을 보았다. 지통은 늘 하던 대로 목각존상에게 정성껏 예배하였는데, 그 목각존상이 "굴 앞을 지나간 멧돼지는 바로 너의 과거 몸이고 나는 너의 당과불이다."라고 말하였다. 지통은 이 말을 듣자마자 곧 삼세일제三世一際의 도리를 깨달았다. 그 후에 의상에게 가서 이러한 사실을 말하자 의상은 그의 그릇이 이루어졌음을 알고 법계도인法界圖印을 수여하였다고 한다.[22] 지통이 닦

---

18 『법계도기총수록』 권상(『한불전』 6, 775b~776a)
19 『법계도기총수록』 권상(『한불전』 6, 780c)
20 균여, 『석화엄지귀장원통초』 권하(『한불전』 4, 150a)
21 『법계도기총수록』 권상(『한불전』 6, 809a)
22 균여, 『석화엄지귀장원통초』 권하(『한불전』 4, 139c~140a)

은 화엄관 수행은 『일승법계도』의 사상을 실천적으로 이해하기 위한 방편이었을 것으로 생각된다. 지통이 깨달은 삼세일제의 도리는 의상이 『일승법계도』에서 강조한 '일무분별一無分別'의 체득이었으며, 의상이 일도인一道印이 그려진 법계도인을 인가의 증표로 준 것은 지통이 의상 화엄사상의 요체를 터득하였음을 보여 준다.[23]

의상은 제자들과의 문답을 통해, 범부 오척五尺의 몸을 중시하였을 뿐만 아니라 자신이 예로부터 부처임을 강조하였다.[24] 이는 구래불과 그 사상적 맥을 같이하며, 『일승법계도』의 화엄사상에서 한 걸음 더 나아간 것이다. 이러한 사상적 기반 위에서 의상은 실천적 화엄교단을 이끌어 나갔던 것이다.

의상은 교단의 평등 지향적 분위기를 토대로 하여, 도성 중심으로 화려하게 전개되던 국가불교의 번화한 모습과는 다른 교단 불교를 사상 연찬과 실천적 신앙으로 지방사회에서 이끌어 감으로써 지방에 문화를 확산시키는 단초를 열었고 지역 민심의 안정을 통해 신라 중대 사회의 안정을 도모하였다. 이렇게 부석사를 중심으로 의상과 그 문도들이 교단체제를 형성하고 『일승법계도』를 중심으로 화엄사상을 강론하여 전승하며 신앙을 실천해 나감으로써 신라 화엄종은 교단의 성립을 보게 되었다.[25] 702년 의상이 입적한 후 대개 8세기 전반까지는 의상의 직제자들에 의해 그의 화엄사상이 계승되었다.

---

23 박서연, 「의상계 화엄수행론의 심리치유 가능성 고찰」, 『불교학보』 75, 동국대학교 불교문화연구원, 2016, p.20
24 균여, 『석화엄지귀장원통초』 권하(『한불전』 4, 150a)
25 정병삼, 『의상 화엄사상 연구』, 서울: 서울대출판부, 2001, pp.113~114

수십전법數十錢法과 법장

수십전법은 의상이 지엄의 수전법에 동전의 비유를 적용하여 법계연기의 다라니법을 깨우치기 위한 법문으로 발전시킨 것이다. 의상은 『일승법계도』에서 법계연기의 모든 법을 다라니법이라 하고, 연기실상다라니법을 관觀하고자 하면 먼저 수십전법을 깨우쳐야 한다고 강조하였다. 수십전법은 세속에서 흔히 사용하는 일전一錢에서 십전十錢까지 동전 열 개를 세는 법에 비유하여 연생의 모든 법이 무자성임을 설명한다.

수십전법에는 중문中門과 즉문卽門의 두 가지 방식이 있다. 중문은 하나 가운데 열이고 열 가운데 하나(一中十 十中一)이며, 즉문은 하나가 곧 열이고 열이 곧 하나(一卽十 十卽一)이다. '일중십 십중일'은 열 개의 동전이 서로 유기적인 관계를 맺고 있지만 각각의 개성이 있다는 관점에서 세어 가는 것이고, '일즉십 십즉일'은 열 개의 동전이 개성이 있다는 점을 강조하기보다는 유기적 관계 속에 있다는 관점에서 세어 가는 것이다.[26] 수십전법에서 '하나(一)'는 본수이며, '열(十)'은 한량없음을 나타낸다. 대연기다라니법大緣起陀羅尼法에서 하나가 없으면 일체는 이루어지지 않는다. 여기서 말한 일과 십은 자성自性으로서의 일과 십이 아니라 연생緣生의 일과 십이다.[27] 의상은 수십전법으로써 연緣으로 생긴 모든 법이 무자성임을 관찰하게 하였다. 후대에 의상계에서는 수십전법을 체득하여 통달하면 일상의 모든 경계에서 보고 듣는 바에 따라 취하지 않고 집착하지 않아서 하나하나의 털구멍, 하나하나의 티끌 속에서 모든

---

26 이병욱, 「의상 화엄사상의 중심개념으로서 中道」, 『정신문화연구』 29-4, 성남: 한국정신문화연구원, 2006, p.39
27 『일승법계도』(『한불전』 2, 6b)

부처를 보고 일체의 법을 들으며 마음을 일으키고 생각을 움직이며 발을 들고 발을 내림에 모든 베푸는 것이 궁극적으로 불사佛事를 만족하지 않음이 없으므로 병을 다스리는 제일가는 약이며 덕을 이루는 가장 뛰어난 문이라고 하였다.[28] 수십전법은 연기법의 실상을 바르게 알고 집착하지 않음으로써 현실의 괴로움에서 벗어나도록 인도하는 가르침으로서 중시되었던 것이다.

지엄에게는 많은 제자가 있었는데, 그중에서 특히 의상과 법장이 뛰어났다고 한다. 지엄은 생전에 의상에게 '의지義持'라는 호를, 법장에게는 '문지文持'라는 호를 내려 주었다. 이처럼 이름만 보더라도 의상과 법장이 차지하는 화엄사상가로서의 위상을 미루어 알 수 있다.

동아시아 화엄사상사에서 의상과 법장은 지엄의 문하에서 각자 자신들의 사상을 심화시켰으며, 신라와 중국 화엄학의 대표자로서 저술 및 실천을 통한 화엄학 선양에 힘썼다.[29] 지엄 화엄의 이론적인 면은 법장을 통해서 중국 화엄으로 형성되고 실천적인 면은 의상에게 전수되어 해동화엄의 주류를 형성하였다는 의의를 갖는다.[30]

『화엄경』에 연원을 둔 지엄의 수전법에서 한층 더 발전된 형태인 의상의 수십전법은 중국 화엄종을 완성시킨 법장의 수십전유數十錢喩에 영향을 미침으로써 동아시아 화엄학 발전에 공헌하였다. 의상과 동시대의 원효 역시 수십전법을 수용하였으며 보법普法의 뜻을 설명하기 위해 수십전유를 사용하였다.[31] 대연기다라니법의 실상을 설명하는 일종의

---

28 『법계도기총수록』(『한불전』 6, 838a)
29 김천학, 「동아시아 화엄사상에서 의상과 법장의 위상」, 『불교학보』 61, 동국대 불교문화연구원, 2012, p.67
30 김지견, 『화엄사상과 선』, 서울: 민족사, 2002, p.29
31 表員, 『華嚴經文義要決問答』 권1(『한불전』 2, 358b)

관법으로 제시된 수십전법은 연성의 중즉中卽구조를 통해 부주不住, 중도, 무분별의 뜻을 강조함으로써 의상의 성기사상과 연관된다는 점에서 법장의 사상과 구별된다. 중국 화엄종 외에도 법안종의 영명 연수永明延壽(904~975)는 『종경록』에 의상의 상즉론相卽論을 인용하기도 하였다.³²

일본에 미친 영향

의상의 『일승법계도』는 일본 화엄종에도 영향을 미쳤는데, 나라시대에 의상의 『일승법계도』가 필사되기도 하였다.³³ 비록 의상의 화엄사상이 초기 일본 화엄사상 내에서 상당한 반발을 일으키기는 하였지만, 그럼에도 불구하고 헤이안시대부터 의상의 『일승법계도』가 일본 화엄종 저술에 긍정적으로 인용된 사례가 나타난다.³⁴

의상의 수십전법과 원효의 수십전유는 일본에도 전해져 일본 화엄 관련 문헌에 종종 인용되었다. 일본 심승審乘의 『화엄오교장문답초華嚴五敎章問答抄』에는 의상의 수십전법이 인용되어 있으며,³⁵ 수영壽靈의 『화엄오교장지사華嚴五敎章指事』에는 원효의 수십전유가 인용되어 있다.³⁶ 원효의 수십전유는 의상 수십전법의 즉문에 해당하는 내용으로, 원효는 향상거向上去에서 '일즉이一卽二'를 말하고 향하래向下來에서 '십즉구十卽九' 등을 들며 수십전법의 즉문을 부연 설명하였다. 이는 의상의 수십전

---

32 김천학, 앞의 논문, 2012, p.82
33 최연식, 「일본 고대화엄과 신라불교-奈良·平安시대 화엄학 문헌에 반영된 신라불교학」, 『한국사상사학』 21, 한국사상사학회, 2003, p.20
34 김천학, 앞의 논문, 2012, p.82
35 審乘, 『華嚴五敎章問答抄』(『대정장』 72, 664)
36 壽靈, 『華嚴五敎章指事』(『대정장』 72, 240)

법이 원효에게 일정 부분 영향을 미쳤음을 뜻한다.[37] 또한 인용문 말미에 "이 수전법은 지엄법사가 창출하였는데 역시 도리가 있으므로 이제 취한다."고 한 것은 균여의 『일승법계도원통기』[38]에 인용된 『화엄종요』의 내용과 동일하다.

의상의 수십전법과 이에 영향을 받은 원효의 수십전유가 일본에 전해져 일본 화엄종에 영향을 미친 것 외에도 일본에 미친 의상의 영향은 적지 않았던 것 같다. 일본의 국보로 지정되어 오늘날까지 전해지고 있는 『화엄조사회전華嚴祖師繪傳』에는 의상의 전기가 그림과 함께 들어 있다. 원효의 전기와 함께 신라의 두 고승을 담고 있는 이 『화엄조사회전』은 일본의 명혜 고변明惠高辨(1173~1232)이 찬했다고 하며, 현재 일본 경도의 고산사에 그 원본이 보존되어 있다.[39] 『화엄조사회전』은 총 6권이며 4권은 의상과 선묘의 설화를 그림으로 나타낸 것이고 2권은 원효와 의상의 행적을 담은 것이다. 고산사에서는 이 회전뿐만 아니라 의상과 원효의 인물화를 모셔 놓고 명신明神, 즉 부처와 동격의 신으로 받들어 왔다. 이는 의상과 원효가 일본불교에 미친 영향을 단적으로 보여 주는 사례라 하겠다.

---

37 박서연, 「화엄 數十錢喩에 관한 고찰」, 『문학 사학 철학』 14, 한국불교사연구소, 2008, pp.212~213
38 均如, 『一乘法界圖圓通記』(『한불전』 4, 25a)
39 김영태, 「설화를 통해 본 신라 의상」, 『불교학보』 18, 동국대학교 불교문화연구원, 1981, p.10

III. 통일신라~고려시대 의상 화엄사상의 계승

『일승법계도』의 주기註記

『일승법계도』는 의상 이후 신라, 고려, 조선에 이르기까지 지속적으로 연구되었다. 의상과 그 문도들에게 있어『일승법계도』는 사상적 깊이만큼이나 그들이 펼친 해동화엄의 주요 토대가 되었다.『일승법계도』에 대한 주석서들이 후대에 여러 편 지어졌으며, 신라시대의 주기로서 현재 전하는 것은「법융기法融記」·「대기大記」·「진수기眞秀記」이다.[40] 이 세 가지 주기는 현재『총수록』외에 다른 문헌에서는 발견되지 않는다.『총수록』은 의상의『일승법계도』에 대한 주기들을 중심으로 하여 이와 관련된 화엄 전적들을 모아 고려시대에 편찬된 문헌이다.「법융기」·「대기」·「진수기」는『일승법계도』에 대한 수문석隨文釋이며, 이를 통해 의상의 화엄사상이 어떻게 계승되고 심화되었는지 알 수 있다.[41] 이처럼 의상계의 화엄사상을 알 수 있는 중요 문헌인『총수록』은 그 편찬 시기나 편자 등에 관해 확실하게 알려진 바가 없으나 14세기에 활동했던 체원體元이 편찬했을 것이라는 설[42]이 있으며, 13세기 중엽의 천기天其가 찬했을 것이라는 견해[43]도 있다.

『일승법계도』의 주기들 가운데『총수록』에 가장 많이 인용된 것은「대

---

40 『법계도기총수록』의 주기에 관한 연구로는 김천학,「법융 화엄사상의 일고찰」,『동방학』33, 2015가 있다.
41 전해주,『의상 화엄사상사 연구』, 서울: 민족사, 1993, p.159
42 金知見 編,『法界圖記叢髓錄』, 서울: 동방원, 1988, 간행사 참조.
43 김상현,『신라화엄사상사연구』, 서울: 민족사, 1991, pp.39~41 ; 박서연,「천기와『법계도기총수록』의 편자」,『천태학연구』6, 천태불교문화연구원, 2004 참조.

기」이다. 「대기」의 저자가 누구인지 언제 저술되었는지 명확하지 않은데, 그 내용으로 미루어 9세기 중엽 이후에 저술되었을 것으로 추정된다. 「대기」에는 의상과 그 직제자들인 진정, 표훈表訓 등의 학설 외에 지엄의 『입법계품초』와 그의 오중해인설五重海印說도 들어 있다. 「대기」는 특히 의상의 법성성기사상을 계승하고 있으며, 「법성게」 중에서 '해인'이라는 용어가 있는 이타행 4구의 제4중해인을 중시하였다.

「법융기」는 『일승법계도』에 대한 법융의 주기로서, 「법융대덕기」·「법기」·「융기」라고도 한다. 법융은 부석적손浮石嫡孫 신림神琳[44]의 제자로서 800년 전후 시기에 활동한 학엄학승이다. 「법융기」에는 의상의 직설은 물론 의상의 직제자인 상원 및 법손인 신림, 그리고 지엄·법장의 학설도 수록되어 있다. 「법융기」는 『일승법계도』의 수문석이기는 하지만 증분證分과 법성에 대한 설명이 대부분을 차지한다. 그리고 『일승법계도』에는 성기性起라는 용어가 나타나 있지 않은데, 법융은 의상의 십불설十佛說을 해석하면서 성기라는 말을 직접 사용하였다. 뿐만 아니라 「법융기」에서는 일승연기 역시 성기와의 관련 속에서 이해하였다.

「진수기」는 『일승법계도』에 대한 진수의 주기로서, 「진수대덕기」·「진기」라고도 한다. 진수가 누구인지 언제 활동하였는지 정확히 알려진 바가 없다. 「진수기」에는 지엄과 법장의 설이 들어 있으며, 성기라는 용어가 사용되고 있다. 「진수기」에서는 증분 4구를 오척五尺으로써 설명하고 있으며, 법성에 대해 미진법성微塵法性·수미산법성須彌山法性·일척법성一尺法性·오척법성五尺法性 등으로 말하였다. 그리고 오척법성에 대해 옆에 나머지 사물이 없기 때문에 '본래 적정하다'고 하는 것이라고 해

---

44 신림은 『총수록』에 '神琳' 혹은 '神林'으로 표기되어 있으며, 본고에서는 '神琳'으로 표기하였다.

석하였다. 또한 우리 오척법성이 구래부동의 부처임도 강조하였다. 『일승법계도』에 설해진 구래불은 성기적 세계관을 나타낸 것이라 할 수 있고, 의상이 말한 오척신은 그러한 성기적 경계를 범부 오척의 몸에 나타낸 것이다.

『일승법계도』에 대한 이들 세 주기인 「법융기」・「대기」・「진수기」를 통해 의상의 화엄사상이 신라 하대에까지 어떻게 계승, 발전되어 갔는지를 알 수 있다.

균여의 오척신五尺身 이해

고려 초기 균여均如(923~973)는 불교의 가르침을 널리 펴서 사람들을 이롭게 하는 것을 자신의 소임으로 생각하고 제가諸家의 문헌 중에서 그 뜻이 잘 이해되지 않는 것이 있으면 그에 대해서 기記와 석釋을 지었다. 그의 저술로서 『공목장기孔目章記』 등 모두 10부가 있었다고 하나,[45] 현재 전하는 것은 『일승법계도원통기一乘法界圖圓通記』・『십구장원통기十句章圓通記』・『석화엄지귀장원통초釋華嚴旨歸章圓通鈔』・『석화엄삼보장원통기釋華嚴三寶章圓通記』・『석화엄교분기원통초釋華嚴教分記圓通鈔』 등 5부이다.

『일승법계도원통기』는 내용상 제1 정조자定造者・제2 석제목釋題目・제3 입문해석入文解釋의 세 단락으로 구성되어 있다. 이 책은 균여가 958년 7월에 개경의 마하갑사摩訶岬寺에서 『일승법계도』에 대하여 강의한 내용을 정리한 것으로서, 수차례의 편집과정을 거쳐 1287년에 현재의 형태로 완성되었다. 『일승법계도원통기』는 현존하는 균여의 여러 저

---

45 赫連挺, 「大華嚴首座圓通兩重大師均如傳」(『한불전』 4, 512b)

술 중에서 시기적으로 가장 앞설 뿐 아니라 균여의 초기 화엄사상을 보여 주는 자료이다.[46] 『일승법계도원통기』는 원래 목판본이었으나 필사본들만 전해진다. 현존하는 『일승법계도원통기』는 상하 두 권으로 되어 있으나 원래는 3권이었던 것으로 보인다. 이 책은 『총수록』 및 김시습의 『대화엄일승법계도주大華嚴一乘法界圖註』와 함께 해동화엄학 연구의 주요 자료이다.

『일승법계도원통기』에는 의상의 제자 지통의 『지통문답』, 도신의 『도신장』, 양원의 「기記」 등이 인용되어 있다. 균여는 구래성불을 해설하면서, 『도신장』에 수록된 의상과 제자 간의 문답을 인용하고 있다. 이에 따르면, 의상은 꿈속에서 본 호랑이를 비유로 들어, 어리석은 사람이 비록 미혹되어 있더라도 실제로는 예로부터 깨달아 있으며 단지 그것을 알지 못할 뿐이라고 설명하였다. 이러한 『도신장』의 내용을 인용하고 나서, 균여는 예로부터 깨달아 있으나 미혹한 까닭에 알지 못하는 것이며 번뇌를 길이 끊을 때에야 비로소 예로부터 깨달아 있음을 알게 된다고 하였다.[47] 균여는 꿈속에서 본 것은 자기 마음속의 호랑이이며 수면睡眠의 연緣으로 말미암아 망령되이 공포를 일으키는 것이라고 하고, 잠에서 깨고 나면 마음의 호랑이임을 알게 되므로 두려워하지 않는다는 것이다. 이와 같이 중생도 본래는 부처이지만 번뇌 망상의 꿈으로 말미암아 자신이 예로부터 부처임을 알지 못하며, 큰 꿈(大夢)에서 깨고 나면 비로소 스스로가 부처임을 깨닫게 된다고 하였다.[48]

『총수록』에는 균여의 저술이 『원통수좌기圓通首座記』라는 이름으로 2

---

46 균여, 최연식 옮김, 『일승법계도원통기』, 서울: 동국대출판부, 2010, pp.7~21
47 균여, 『일승법계도원통기』 권하(『한불전』 4, 20b~c)
48 균여, 『일승법계도원통기』 권하(『한불전』 4, 22a)

회 인용되어 있는데, 여기에 의상이 강조한 오척이라는 말이 보인다. 의상의 화엄사상을 계승한 균여는 내 몸을 기준으로 하여 10문을 논하면서, 내 오척의 몸이 알음알이를 내도록 표한 것은 교敎로 삼고, 설명된 것을 뜻으로 삼는다고 해설하였다. 또한 내 오척의 몸이 법성과 같음을 이치로 삼는다고 하였으며, 내 오척의 몸이 머리부터 발끝까지 공적하여 걸림이 없는 것으로 관하는 대상을 삼고, 이와 같이 관하는 자는 바로 나의 심지心智이니 관하는 지혜를 삼는다고 하였다. 또한 오척과 증분의 관계를 설명하기도 하였는데, 균여는 『화엄경』 첫머리의 '여시아문如是我聞' 네 글자를 풀이하면 세 가지 뜻이 있다고 하고, 그 첫 번째로서 '말을 여읜 현묘하고 적정한 곳'을 들고 있다. 이른바 상相이 끊어져 지목할 수 없는 법성은 현묘하고 미세하여 뜻의 밖을 벗어난 곳이다. '지목할 수 없는 법성'이란 법계의 법의 이름과 지위가 움직이지 않는 곳이다. 만약 지금 내가 오척의 몸이면 오직 오척이 옳을 뿐이며, 이 오척 위에 다시 부처의 이름과 법의 이름을 지목하는 것을 허락하지 않기 때문에 '지목할 수 없는 법성'이라 한 것이라고 해석하였다. 또한 이름이 끊어지고 상을 여의었는데 오척이라는 이름을 드는 것은, 증분에서는 오척이라는 이름이 곧 실제의 법체이고, 이 이름 외에 다시 법체가 없기 때문이라고 설명하였다.[49]

『법계도기총수록』과 의상계 화엄

『총수록』은 상하 2권씩 총 4권으로 구성되어 있다. 상권1에서는 서문

---

[49] 『법계도기총수록』 권하(『한불전』 6, 847b~848a).

과 「법성게」에 대해 상세하게 주석하였고, 상권2에서는 석문釋文 내용을 부분적으로 발췌하여 주석하였다. 그리고 하권1은 석문의釋文意에서 30구를 자리행 등으로 배대한 것이고, 하권2는 득익得益을 밝히는 데서부터 끝까지이다. 상권1에서는 「법성게」 구절을 세분화하여 그 하나하나에 대해 주기들의 해석을 제시하고 인용문헌을 제시하였으나, 상권2 이하에서는 일부 생략하며 부분적으로 주석하였다. 각 권의 처음에 『법계도』 원문을 제시하고 이어 원문에 대한 주기의 해석을 실었다. 원문에 대해 세 가지 주기의 해석이 모두 연달아 나오는 경우도 있지만, 「법융기」·「진수기」, 「법융기」·「대기」, 혹은 「진수기」·「법기」 등 두 가지 주기가 이어지는 경우도 있다. 인용문헌들은 이들 주기 안에 인용되어 있기도 하고 주기와 별도로 한 칸 내려서 인용되어 있기도 하다.

　한 칸 내려 인용된 문헌 중에는 『추혈문답錐穴問答』·『도신장道身章』·「고기古記」·『자체불관론自體佛觀論』·『남악관공기南岳觀公記』 등 지금은 전하지 않는 신라 승려들의 저술이 다수 들어 있다. 『추혈문답』과 『도신장』, 『자체불관론』은 의상의 불신관佛身觀에 대해 알 수 있는 문헌들이고, 「고기」에도 의상의 학설이 들어 있다. 한 칸 내려 인용된 문헌 중 그 빈도가 가장 많은 것은 「고기」이다. 「고기」의 저자에 대해서는 알 수 없으나, 대략 9세기 중엽 이후에 저술된 것으로 추정된다.[50] 특히 「고기」에는 표훈이 무주無住에 대해 의상에게 질문한 내용과[51] 부석사 40일 법회에서 의상과 그 제자인 상원·지통 등이 일승의 십지十地를 어떻게 볼 것인가에 대해 논의한 것,[52] 의상이 668년 10월 11일에 청선사 반야원에서

---

50 김상현, 앞의 책, 1991, p.46
51 『법계도기총수록』 권상(『한불전』 6, 776c)
52 『법계도기총수록』 권상(『한불전』 6, 809a~c)

지엄에게 보법의 궤칙을 어떻게 수지해야 하는지 질문한 것,[53] 지엄이 수전유를 가르치게 된 동기와 의상의 수십전법에 관한 내용[54] 등이 실려 있다. 이들 자료를 통해, 의상이 당 유학 시기에 지엄에게서 배운 화엄사상 및 그와 관련된 일화 등을 알 수 있다. 그리고 현존하는 지엄의 저술에는 보이지 않는 지엄의 화엄사상 및 의상과 그 제자들의 사상, 나아가 당시 화엄사상의 조류까지도 살펴볼 수 있다. 「고기」 등이 갖는 이러한 문헌상의 중요성 때문에 『총수록』의 편자가 주기보다 한 칸 내려 「고기」를 비롯한 의상계의 문헌들을 다수 수록하지 않았을까 한다.

『총수록』에 인용된 의상계 문헌들이 대부분 현존하지 않지만 편찬 당시에는 유통되었던 것으로 보인다. 『총수록』의 편자는 「고기」 등 의상계의 문헌들을 세 가지 주기와 함께 집대성함으로써 의상과 그 제자들 및 법손들의 화엄사상을 후대에까지 전하고자 했던 것으로 생각된다.

『총수록』에는 『일승법계도』에는 보이지 않는 의상의 오척 몸에 대한 설이 있다. 의상은 우리 범부 오척의 몸이 법계에 칭합하여 움직이지 않는 것을 무주라고 정의하였다. 즉 무주를 우리 몸과 관련하여 중시한 것이다. 무주의 용례는 지엄이나 법장에게서도 보이지만 그것을 우리 오척의 몸과 관련시켜 논한 것은 의상의 독창적인 것이라 할 수 있다. 의상은 또한 십불을 해석하면서 오척의 몸과 관련하여 설명하였는데, 금일 나의 오척의 몸을 세간이라 이름한다고 하였다. 그리고 이 몸이 허공법계에 두루 가득 차서 이르지 않는 곳이 없으므로 '정각'이라 한다고 하고, 마음이 안주하면 일체 모든 법이 내 오척의 몸에 나타난다고 하였다. 이러한 오척신 사상은 금일 범부 오척의 몸 그 자체에서 부처의 세

---

53 『법계도기총수록』 권상(『한불전』 6, 800c~801b)
54 『법계도기총수록』 권하(『한불전』 6, 838a~c)

계를 드러내는 것이다. 이것은 지엄이나 법장의 저술에는 보이지 않으며, 해동화엄의 독자성을 보여 주는 것이다. 오척신 사상은 『일승법계도』에는 보이지 않지만 의상 화엄사상의 실천성이라는 큰 범주에서 볼 때 『일승법계도』의 법성관, 구래성불설 등과 연관된다.

『총수록』에서 지엄은 운화존자로 지칭되기도 하며, 그의 학설이 다수 실려 있다. 현존하는 지엄의 저술에는 보이지 않는 이 학설들은 지엄과 의상 간에 있었던 대화 내용이 의상과 그 제자들에 의해 신라에서 면면히 이어진 것으로 보이며, 이는 의상에 의한 지엄 화엄사상의 신라적 전승이라는 점에서 그 의의를 갖는다고 하겠다.

IV. 조선시대 「법성게」 주해와 의상 화엄사상의 변용

설잠 김시습의 선적禪的 해석

조선 초기에 설잠雪岑 김시습金時習은 선가禪家의 입장에서 『대화엄일승법계도주』(이하 『법계도주』)를 저술하였다. 김시습이 『법계도주』를 저술한 것은 그의 나이 42세 때인 1476년이며, 그가 성동城東의 폭천사瀑泉寺에 있을 때이다. 조선시대에 들어와 불교계는 11개 종파이던 교단이 1407년(태종 7)경에는 화엄종을 비롯한 7종으로 축소되었고, 1424년(세종 6)에는 다시 선종과 교종으로 통폐합되었다. 이에 따라 선종과 교종의 융합현상이 나타나게 되었으며, 선사가 경론을 주석하거나 강설하기도 하였다. 임제종 계통의 선사였던 함허 기화涵虛己和(1376~1433)는 『원각경소』·『금강경오가해설의』·『법화경송』·『미타찬』 등 경에 대한 주소註疏들을 찬술하였는데, 여기에는 경을 선의 입장에서 이해하려는 태도가 역력하다. 김시습이 교학을 선의 입장에서 해석한 『법계도주』는 선과 화엄을 융합시킨 것으로, 조선 초기의 선과 화엄을 이해하는 데 중요한 자료이다.

김시습은 서문에서 '일승법계도'는 하나의 '해인도'로서 가없는 교敎의 바다를 원만하게 섭수한 것이라 하며[55] 『일승법계도』가 함의하고 있는 총체적 내용을 단박에 드러내 보였다. 그는 『일승법계도』의 핵심은 법성이라고 보았으며, 원융한 법은 본래 이름과 모양이 없지만 언어를 빌려 말하면 경론이 되고 경론이 아니면 원융한 법을 천명할 수 없으므로 경론은 원융한 법성의 풍규風規이며 삼세 모든 부처의 대의大意가 된다고 설명하였다. 김시습은 화엄교관도 법성에 두고 있으며 이 법성은 연을 따른다(隨緣)고 하였다.[56]

그는 「법성게」의 증분 4구 중 첫 번째 구절인 법성원융무이상法性圓融無二相에 대해 '법'이란 육근 문 앞의 삼라만상인 유정과 무정이며, '성'이란 육근 문 앞에 항상 수용受用하지만 헤아려 찾을 수 없는 소식이며, '원융'이란 일체법이 일체성이며 일체성이 일체법이니, 바로 지금의 푸른 산 푸른 물이 곧 본래성이며 본래성이 곧 푸른 산 푸른 물이라고 하였다. 그리고 '두 모습이 없다(無二相)'를 푸른 산 푸른 물과 본래성이 원래 하나의 깨끗한 바탕이어서 본래 둘이 없으나, 다만 세상 사람들이 망령되이 분별을 내어 나와 남을 두고, 청정하여 걸림 없는 가운데서 문득 다른 생각을 내어 십법계十法界를 날조하여 맹렬히 작용하는 것이

---

55 김지견, 『대화엄일승법계도주병서』, 서울: 대한전통불교연구원, 1983, p.5
56 목정배, 「雪岑의 法界圖注考」, 『한국화엄사상연구』, 서울: 동국대출판부, 1986, p.273

라고 하였다.

　김시습은 전반적으로 선교일치의 입장에서 「법성게」 각 구절의 말미에는 선적 표현으로 귀결지었다. 또한 전반적으로 이로理路를 흩뜨리지 않고 화엄교관과 선관禪觀을 융섭하면서 「법성게」를 풀어 나갔다.[57] 김시습 이전에 이미 보조 지눌普照知訥(1158~1210)에 의해 선과 화엄의 융합이 있었으며, 그 토대는 구래불·법성성기사상 등 『일승법계도』를 중심으로 한 의상 화엄사상에 보이는 선적인 경향에서 찾을 수 있다. 한국불교에서 지눌 이후 선과 화엄의 융합은 중요한 지적 전통으로 자리 잡았으며, 조선시대에 들어와서도 화엄은 교학 중 최고의 위상을 부여받았다. 그리하여 선승들도 화엄교학을 중시하였는데, 의상 화엄사상의 선적 측면을 차치하더라도 김시습이 의상의 「법성게」에 대해 선적인 해석을 가한 것은 이러한 시대적 흐름에 따른 것이라 할 수 있을 것이다.

『법성게과주法性偈科註』와 법성성기사상

　조선 후기 영·정조 때에 「법성게」는 불교의식에서 독송되었다. 이 시기에 도봉 유문道峰有聞이 「법성게」에 대하여 주석한 것이 『법성게과주』이다. 현재 전해지는 『법성게과주』의 필사본에는 영파화상影波和尙 성규聖奎의 증정證正과 제자 현척賢陟의 「법성게서法性偈序」 및 「연담화상논변蓮潭和尙論辨」이 부기되어 있다. 도봉 유문에 대해서는 자세한 것을 알 수 없으나, 그의 저술과 관련된 사람들이 살았던 시기를 토대로 대략 추

57　목정배, 「雪岑의 法界圖注考」, 『한국화엄사상연구』, 서울: 동국대출판부, 1986, p.273

정해 볼 수 있다. 증정을 가한 영파 성규는 1728년(영조 4)에 태어나 1812년(순조 12)까지 생존한 인물이고, 1720년(숙종 46)에서 1799년(정조 23)까지 생존한 연담화상은 그의 만년에 논변을 가하였다. 그리고 현척이 「법성게서」를 쓴 때는 도봉 유문이 입적한 뒤인 1809년(순조 9)이다. 이러한 사정을 종합해 보면, 도봉 유문은 연담 유일이나 영파 성규와 동시대 인물이거나 영파 성규보다 먼저 입적하였을 수도 있다. 『법성게과주』는 1799년(정조 23) 이전에는 저술되어 있었을 것으로 보인다. 연담 유일과 영파 성규는 화엄의 종지宗旨와 선교禪敎에 정통한 승려였다. 이들은 환성 지안喚惺志安(1664~1729)의 법손이다. 환성 지안은 화엄에 있어 당시 제1인자라 일컬어지던 모운 진언慕雲震言에게서 강석을 물려받아 그 이름이 널리 알려졌다. 『법성게과주』에 연담 유일의 논변과 영파 성규의 증정이 들어 있으므로 도봉 유문은 이들 양사兩師와 관련이 있음을 짐작할 수 있다.

『법성게과주』는 다섯 부분으로 나뉘어 있으며, 법성과 연관 지어 설명하고 있다. 여기서 법성의 '법'은 사법계事法界이고, '성'은 이법계理法界를 뜻한다. 그리고 법성은 원융하므로 이사무애이고 사사무애라고 말한다. 도봉 유문은 법성은 두 모양이 없고, 이·사가 무분별인 도리로써 법계를 원만하게 증득하도록 한 것이 의상의 안목이라고 하였다. 또한 법계는 원래 우리 한 마음(一心)의 현량顯量이라고 하였는데, 영파 성규는 "일심으로부터 만법이 생한즉 모두 법계로부터 흘러나오지 않음이 없고 만법을 모아 일심에 돌아간즉 바로 이 법계에 돌아가지 않음이 없다."[58]고 하였다. 이러한 영파 성규의 증정은 우리의 한 마음을 법계와 동일시한 것이라 생각되며, 여기에는 화엄과 선의 관점이 모두 포함되

---

58 도봉 유문, 『법성게과주』(『한불전』 10, 387a)

어 있다고 하겠다. 도봉 유문은 『법성게과주』에서 법성을 「법성게」의 중요한 핵심으로 파악하여 의상의 법성성기사상을 드러내고 있으며, 「법성게」를 십현연기十玄緣起로 설명하고 있다. 도봉 유문은 「법성게」를 법계가 바로 중생이 본래 갖추고 있는 자기법성의 성기세계임을 노래한 것이라고 보았다.

조선 전기에는 교에 대한 선적인 해석 경향이 두드러졌던 데 비해 조선 후기 선가에서는 화엄·법화·정토 등의 교학을 수용하고 있으며, 그 결과 참선·강학·염불의 3문을 수업하는 현상이 나타났다.[59] 이것이 조선 후기 승가에서 행해진 삼문수업三門受業이다. 17세기 후반 이후 18세기에는 교학을 원론적으로 배제하고 선종의 절대적 우위를 강조하는 모습은 거의 보이지 않으며, 법맥상 선종 승려임에도 교학 학습에 매진하는 사례가 다수 확인되는 등 선과 교의 공존 양상이 나타났다.[60] 도봉 유문의 『법성게과주』 역시 이러한 경향을 반영한 것이라 하겠다.

---

59 동국대학교 불교문화연구원 편,『한국불교사상개관』, 서울: 불교학술연구소, 1997, p.17
60 김용태,『조선후기 불교사 연구-임제법통과 교학전통』, 성남: 신구문화사, 2011, pp.218~254

동아시아에 펼쳐진 일승법계의 인드라망

　의상은 당에 유학하여 지엄 문하에서 화엄을 수학하였다. 지엄과 그의 스승인 두순은 보현행을 실천하고 선관을 닦는 실천주의자들이었다. 그들의 화엄교학은 이론에 머물러 있지 않았으며, 많은 사람들과 함께 하는 실천불교였다. 두순–지엄으로 이어지는 이러한 사상적 경향은 의상에게 중요하게 작용한 듯하다. 의상의 화엄사상이 실천성을 띠는 것은 바로 이러한 수행중심적 불교에서 기인한 것으로 보인다.
　의상 역시 신라에 귀국한 뒤에 두순과 지엄처럼 실천불교에 앞장섰다. 개인적으로 검박한 생활을 하고 정계를 지녔으며, 사회적으로는 전쟁의 상흔에 지친 사람들을 어루만졌다. 그는 교단을 평등하게 이끌었고 다양한 계층에서 출가한 제자들을 교육하여 신라사회에 이바지할 인재로 길러 냈다. 의상은 부석사를 중심으로 한 태백산과 소백산 일대에서 제자들에게『일승법계도』를 강의하였다. 의상의 화엄교단은 민심의 안정을 통한 신라 중대 사회의 안정을 지향하였다. 이러한 그의 전교傳敎활동이야말로 그가 두순과 지엄에게서 배운 진정한 화엄의 실천이었다고 할 수 있다.
　의상이『일승법계도』를 지은 목적은 이름에 집착하는 이들이 이름 없는 참된 근원으로 되돌아가기를 바라는 마음에서였다. 의상은 모든 연생법緣生法은 육상으로 이루어지지 않음이 없다고 하고, 이러한 육상은 부즉불리不卽不離이고 불일불이不一不異이며 항상 중도에 있다고 말하였다. 또 의상은 석가여래의 가르침의 그물에 포섭되는 기세간·중생세간·지정각세간의 세 가지 세간이 해인삼매로부터 나타난다고 하였다.

『일승법계도』 전반을 아우르는 중심사상이 바로 성기임을 말한 것이다.

이러한 의상의 사상은 조화와 균형의 가르침으로서 수십전법을 탄생시켰다. 수십전법은 동전 열 개를 세는 법에 비유하여 연생의 모든 법이 무자성임을 설명하는 가르침이다. 수십전법은 무자성에 기초하여 존재 상호 간의 유기적인 관계를 깨우치고 집착을 없애도록 한다. 의상은 대연기다라니법은 하나가 없으면 일체는 이루어지지 않는다고 전제하고, 연기실상다라니법을 관하고자 하면 먼저 수십전법을 깨우쳐야 한다고 말하였다. 여기서 하나(一)와 열(十)은 자성으로서의 하나와 열이 아니라 연으로 생겨난 하나와 열이다. 연생의 모든 법계 존재는 중즉中卽의 방식으로 연결되어 있음을 자각하게 하는 수십전법은 의상이 지엄의 수전법에 동전 열 개의 비유를 적용하여 더욱 발전시킨 것이다. 이러한 의상의 수십전법은 중국 화엄종을 완성한 법장의 수십전유에 영향을 주었으며, 원효 역시 수십전법을 받아들였다. 원효와 법장, 당대 최고의 불교사상가이자 화엄사상가들의 사유를 자극했던 의상의 수십전법은 연성의 중즉구조를 통해 부주不住, 중도, 무분별의 뜻을 강조함으로써 의상의 성기사상과 연관된다는 점에서 그 진가를 발휘한다. 이처럼 수십전법은 동아시아 화엄학 발전에 지대한 공헌을 하였으며, 중국 화엄종 외에도 법안종의 영명 연수는 『종경록』에 의상의 상즉론을 인용하기도 하였다. 의상의 『일승법계도』는 중국뿐 아니라 일본에도 전해져 나라시대에 필사되었으며, 수십전법은 일본 화엄 관련 문헌에 인용되는 등 일본 화엄학 발전에 기여하였다. 『일승법계도』는 의상 이후 신라, 고려, 조선에 이르기까지 지속적으로 연구되었다. 고려시대에 편찬된 『총수록』에는 『일승법계도』에 대한 신라시대의 세 주기 및 의상계의 문헌이 풍부하게 수록되어 있으며, 『일승법계도원통기』에는 의상의 구래불설에 대한 균여의 견해가 나타나 있다. 균여는 구래불을 해설하면서 의상의 설을 인용한 뒤 꿈속에서 본 것은 자기 마음속의 호랑이이며 깨고 나면 그것을 알게 되므로 두려워하지 않는 것처럼, 중생도 본래는 부처이지만 번뇌 망상의 꿈으로 말미암아 자신이 예로부터 부처임을 알지 못하지만 대몽大夢에서 깨고 나면 스스로가 부처임을 깨닫게 된다고 하여, 의상의 구래불설을 계승하고 있다. 조선 초기에 이르러 설잠 김시습은 선의 입장에서 의상의 「법성게」를 주해하였다. 이는 당시의 시대상황에 영향을 받은 것으로, 의상의 화엄사상에 내재되어 있는 선적 요소에서도 기인한다. 그리고 조선 후기에는 도봉 유문의 『법성게과주』를 통해 의상의 화엄사상에 대한 해석이 이루어졌다. 이들 주석서를 통해 의상의 화엄사상이 단절되지 않고 지속적으로 이어질 수 있었다.

해동화엄의 초조로서 이후 한국 화엄사상의 전개에 있어 구심점 역할을 한 의상은 중국 화엄종의 제3조 법장과 함께 지엄의 가장 뛰어난 제자였다. 지엄은 생전에 의상에게 '의지義持'라는 호를, 그리고 법장에게는 '문지文持'라는 호를 내려 주었는데, 이러한 이름을 보더라도 당시 의상과 법장이 지녔을 화엄사상가로서의 위상을 짐작할 수 있다.

의상은 금일 범부 오척의 몸을 움직이지 않고 바로 법신 자체라고 함으로써, 저 멀리 다른 곳이 아닌, 바로 지금 우리 범부의 몸에서 부처를 보고자 하였다. 의상은 내 오척의 몸을 세간이라 이름한다고 하고, 이 몸이 허공 법계에 가득 차서 이르지 않는 곳이 없으므로 '정각'이라 한다고 설명하였다. 그리고 마음이 안주하면 일체 모든 법이 내 오척의 몸에 나타난다고 가르쳤다. 이러한 의상의 오척신 사상은 금일 범부 오척의 몸에 부처의 세계를 드러내는 것이다. 이 '오척의 몸'이라는 표현은 지엄이나 법장의 저술에는 보이지 않는다. 해동화엄의 독자성을 보여 주는 오척신 사상은 『일승법계도』에는 보이지 않지만 의상 화엄사상의 실천성이라는 측면에서 『일승법계도』의 법성성기, 구래불과 연결된다. 『일승법계도』에 설해진 구래불은 성기 세계이며, 의상이 말한 범부 오척의 몸은 그러한 성기 세계를 드러내는 것이었다. 이러한 사상에 입각한 의상에게 있어 중생구제는 바로 부처의 세계를 쉼 없이 드러내는 과정이었던 것이다.

한국불교에서 의상 화엄사상이 갖는 사상적 특징은 『화엄경』에 입각한 수행 병수並修의 화엄사상이었다는 것이다. 의상은 신라에 귀국한 뒤 신라인들의 정신적 지주로서 국왕을 비롯한 많은 사람들을 교화하고 화엄사상을 선양하였다. 스승인 지엄이 지어 준 '의지'라는 이름처럼, 의상은 화엄사상의 본래 뜻을 찾아가고자 부단히 정진했던 보현행자였다. 그러한 모습이 실천적 행위로 펼쳐졌다고 생각한다. 그것은 곧 성기 세계의 드러남이었으며, 두순과 지엄이 몸소 보여 준 이름 없는 참된 근원으로 되돌아가는 여정이었다.

| 참고문헌 |

고익진, 『고대한국불교사상사』, 서울: 동국대출판부, 1989.
김상현, 『신라화엄사상사연구』, 서울: 민족사, 1991.
김영태, 『한국불교사』, 서울: 경서원, 1997.
김용태, 『조선후기 불교사 연구-임제법통과 교학전통』, 성남: 신구문화사, 2011.
김지견, 『화엄사상과 선』, 서울: 민족사, 2002.
김천학, 「동아시아 화엄사상에서 의상과 법장의 위상」, 『불교학보』 61, 동국대 불교문화연구원, 2012.
藤堂恭俊·塩入良道 지음, 차차석 옮김, 『중국불교사-漢민족의 불교-불교전래로부터 수·당 시대까지』, 서울: 대원정사, 1992.
전해주, 『의상 화엄사상사 연구』, 서울: 민족사, 1993.
정병삼, 『의상 화엄사상 연구』, 서울: 서울대학교출판부, 2001.
채인환, 「선사상」, 『한국불교사상개관』, 서울: 불교학술연구소, 1997.

텍스트

금강삼매경론
金剛三昧經論

• 김천학

I. 『금강삼매경』의 출현

　　용궁 출현설/ 『금강삼매경』의 성립/ 선종의 『이입사행론』

II. 『금강삼매경론』의 성립과 사상

　　대안과 원효/ 『경』의 구조 해석/ 『기신론』· 선종과의 관련/ '결정성'과 일미관행

III. 중국과 일본에 미친 영향

　　당·송에의 영향/ 원·명·청에의 영향/ 일본에 미친 영향

IV. 한국에 미친 영향

　　도륜의 『유가론기』에서의 인용/ 고려시대 의천과 혜심/ 조선시대의 유통

■ 일미관행一味觀行, 동아시아 불교를 관통하다

I. 『금강삼매경』의 출현

용궁 출현설

원효의 『금강삼매경론』(이하 『삼매경론』이라 약칭함)을 이해하기 위해서는 그 주석대상인 『금강삼매경』에 대한 이해가 먼저 해결되어야 한다. 『금강삼매경』의 번역 시기 등에 대해서는 아직 분명하지 않다. 현재 그 출현을 알 수 있는 자료는 『송고승전』에 실린 용궁 출현 설화뿐이다.

경전의 용궁 출현설은 『화엄경』 관련 설화에도 보인다. 지엄智儼은 『공목장孔目章』에서 용수보살이 용궁에 들어갔는데 상·중·하 3본의 『화엄경』이 있었고, 그 가운데 하본下本을 코탄에서 중국으로 가져왔다고 한다. 법장法藏의 『탐현기探玄記』에서는 이를 답습하여 소개한다. 그렇다면 나머지 2본은 아직 용궁에 있을 것이다. 그런데 이러한 전승은 이미 길장吉藏의 저술인 『정명현론淨名玄論』, 『유마경의소維摩經義疏』, 『화엄유의華嚴遊意』 등에서 볼 수 있다. 이 가운데 『정명현론』은 승담僧曇법사가 코탄에서 장안長安으로 돌아와 코탄에서 본 『용수전龍樹傳』을 출처로 소개하고 있다. 이와 같은 길장의 소개를 통해 『화엄경』이 번역되는 5세기 초에서 길장이 활동하던 6세기 후반에 사이에 코탄에서 『화엄경』의 용궁 출현설이 발생하였다고 이해할 수 있다.[1] 『금강삼매경』의 출현 시기도 이러한 맥락에서 이해하자면, 아무리 빨라도 용궁 출현설이 발생하

---

1 大西龍峰,「華嚴經の成立流傳に關する古傳說-上中下三本說について-」,『印度學佛敎學硏究』33-2, 日本印度學佛敎學會, 1985, p.88

는 5세기 초 이전으로 앞당겨지기는 어려울 것이다. 현재 『금강삼매경』
은 7세기 중엽 찬술된 것으로 추정하고 있다.

그런데 『금강삼매경』을 제일 처음 기록한 문헌은 도안道安(312~385)의
『종리중경목록綜理衆經目錄』(일명 『도안록道安錄』)의 「양토이경록凉土異經錄」
이다. 이 목록은 산실되었지만, 승우僧祐(445~518)의 『출삼장기집出三藏記
集』「신집안공량토이경목록新集安公凉土異經目錄」에 실려 있다. 이 때문에
연구 초기에는 『금강삼매경』이 『대승기신론』보다 연대가 앞서며, 뒤에
설명할 달마의 『이입사행론』보다 빠르다고 보았다.

『도안록』의 『금강삼매경』은 『출삼장기집』에 실역경전으로 기록된 『금
강청정경金剛淸淨經』과 동일한 경전으로 추정된다.[2] 『금강청정경』은 『금
강삼매본성청정불괴불멸경金剛三昧本性淸淨不壞不滅經』이라고도 하며, 현
재 대정신수대장경大正新修大藏經 제15권에 수록되어 있다. 그렇다면 『도
안록』의 『금강삼매경』과 용궁 출현설의 『금강삼매경』은 같을 수 없다. 더
구나 이미 지적한 것처럼, 용궁 출현설의 『금강삼매경』에는 현장 번역어
가 사용되었기 때문에 두 『금강삼매경』이 다른 경전임은 더욱 명백하다.

『금강삼매경』의 성립

이미 언급했듯이 『금강삼매경』은 번역 경전이 아닌 동아시아 찬술 경
전, 이른바 위경으로 분류된다. 찬술자와 찬술지에 대해서는 여러 의견
으로 갈리며, 이미 종합적으로 정리되어 있다.[3]

---

2 常盤大定, 『後漢より宋齊にいたる譯經總錄』, 東京: 國書刊行會, 1973, pp.583~
584(복각판임. 초판은 東方文化學院東京硏究所, 1938)
3 석길암, 「『금강삼매경』의 성립과 유통에 대한 재고」, 『보조사상』 31, 普照思想硏究院,

『금강삼매경』 연구사에 한 획을 그은 미즈모토 코겐(水野弘元)은 1955년에 기존의 설을 뒤엎고 『금강삼매경』이 이입사행설二入四行說의 뒤에 나온 동아시아 찬술경전이라고 주장하였다. 그리고 648년부터 665년 사이 십수 년간에 신라가 아닌 요동이나 산동 혹은 그 어디쯤 지역에서 당시 불교학설에 통효한 자가 제 학설을 정리하였다고 한다. 그 중요한 근거로는 현장이 648년에 번역한 『유식삼송』, 『반야심경』의 역어를 사용하고, 신라에서 전파된 것을 665년 전후로 상정하기 때문이다.[4] 그러나 1976년에 신라의 대안大安 혹은 원효 주변 인물이 찬술자라고 추정하는 연구가 나오면서,[5] 『금강삼매경』 연구에 새로운 방향을 제시하였다.[6] 이후 현재까지 『금강삼매경』의 신라 지역 찬술설이 유력하다.

　신라 찬술설에는 몇 가지 주장이 있다. 우선 로버트 버스웰(Robert E. Buswell)은 1985년에 동산법문계통인 법랑法朗 찬술설을 제기하였다[7]. 이어 김영태는 로버트 버스웰의 설을 비판하면서 혜공惠空, 사복蛇福을 찬술자로서 조심스럽게 제안하였다.[8] 1989년에 고익진은 동산법문계통의

　　2009, pp.6~13
4 　水野弘元, 「菩提達摩の二入四行論と金剛三昧経」, 『駒澤大學硏究紀要』 13, 駒澤大學, 1955, pp.40~56
5 　木村宣彰, 「金剛三昧經の眞僞問題」, 『佛敎史學硏究』 18-2, 1976, 佛敎史學會, pp.106~117
6 　남동신, 「신라 중대불교의 성립에 관한 연구-『금강삼매경』과 『금강삼매경론』의 분석을 중심으로」, 『한국문화』 21, 서울대학교 규장각한국학연구원, 1998, p.118
7 　김종명·조은수 옮김/로버트 버스웰 지음, 『중국과 한국의 선사상 형성』, 성남: 한국학중앙연구원출판부, 2015, pp.253~261(원서인 Robert E. Buswell, The Formation of Ch'an Ideoology in China and Korea: The "Vajrasamadh-sutra, A Buddhist Apocryphon"의 출판은 1989년이며, 원서의 원본은 1985년의 박사학위 논문인 The Korean Origin of the "Vajrasamadhi-sutra": A Case Study in Determining the Dating, Provenance, and Authorship of a Buddhist Apocryphal Scripture이다.)
8 　김영태, 「신라에서 이룩된 금강삼매경-그 성립사적 검토」, 『불교학보』 25, 동국대학

찬술설을 부정하면서 다시 대안 찬술설로 돌아온다.[9] 고익진이 동산법문계통의 설을 부정한 이유는 『금강삼매경』의 수일守一설이 동산법문에서와 같이 진정한 경지가 아니었기 때문이다.[10] 나아가 이기영은 찬자가 원효일지도 모른다는 추정에까지 이르게 된다.[11] 1993년에 야나기다 세이잔(柳田聖山)은 원효가 『삼매경론』을 저술하고, 그 가운데서 경문을 추출하여 대안大安 성자가 8품의 경전을 만들었다고 추정하기도 하지만,[12] 이것은 『금강삼매』 출현설화를 보더라도 무리일 것이다. 설화에서는 대안성자에게 먼저 경전의 품차를 정리하도록 하였기 때문이고, 주석이 저술된다는 것은 먼저 경經의 존재를 상정하는 것이 통례이기 때문이다. 이후 남동신은 신라찬술설을 견지하면서 찬술자에 대해서는 대안 및 그 주변 인물을 염두에 두고 있다.[13] 한보광도 야나기다 세이잔의 신라찬술설을 지지하면서 대안찬술설을 견지한다.[14]

신라찬술설이 우위를 차지하는 가운데 정성본은 1991년에 중국찬술설을 지지한다.[15] 1992년에 김상현도 원효가 『금강삼매경』을 진경으로 인식하였다는 점에서 신라에서 편찬된 설을 의심하고 있다.[16] 이와 같

교 불교문화연구원, 1988, pp.11~37

9 고익진, 『한국고대불교사상사』, 서울: 동국대학교 출판부, 1989, p.217
10 고익진, 앞의 논문, 1989, p.217.
11 이기영, 『금강삼매경론』, 서울: 한국불교연구원, 1996, pp.13~20
12 柳田聖山, 「金剛三昧經의 硏究」, 『白蓮佛敎論集』 3집(한국어 번역도 수록됨), 성철사상연구원, 1993. p.440 그런데 이와 같은 설은 동산법문 계통에 의해 저술되었다는 자신의 종래의 설을 번복한 것이다.
13 남동신, 『원효의 대중교화와 사상체계』, 1995, p.139(서울대학교 대학원 박사학위논문); 남동신, 앞의 논문, 1998, p.126
14 韓泰植(普光), 「韓半島で作られた疑僞經について」, 『印度學佛敎學硏究』 45-1, 日本印度學佛敎學會, 1996, pp.201~209
15 정성본, 『중국선종의 성립사연구』, 서울: 민족사, 1991, p.265
16 김상현, 『원효연구』, 서울: 민족사, 2000, p.137

이 신라찬술설과 중국찬술설이 주장되는 시점에서 최근에 석길암은 신행信行(540~594) 입적 후 7세기 중반 이후 종남산과 장안을 무대로 활동하였던 삼계교 집단이 자신들의 사상과 신앙에 대한 정당성을 획득하기 위해서 찬술하였을 것이라고 주장하였다.[17] 이러한 주장은 이시이 코세이(石井公成)의 『금강삼매경』 사상 분석에 많은 시사를 받았다. 즉 경전의 작자가 실천자로서 부대사傅大士와 같은 거사를 상정하고, 이와 같은 비승비속의 지경자持經者를 예경하며, 여래장불을 지향한다는 이시이의 설[18]을 발전시켜 그러한 사상이 삼계교 집단에서 발견된다는 것이다. 또한 이러한 주장의 배경에는 『금강삼매경』에 지장보살의 위치가 남다르게 높다는 의견도 반영되어 있다.[19]

그동안의 찬술지와 찬술자에 대한 논의를 정리하였는데, 현재로서는 어느 쪽이 『금강삼매경』의 진실을 전하는지는 알 수 없다. 삼계교 문헌이 신라를 통해 일본으로 전해졌을 수도 있다는 추정을 감안한다면,[20] 신라에도 삼계교를 중시하는 집단이 있었다고 상정할 수 있다. 이러한 전제 하에 찬술지역은 중국과 신라 둘 다 열어 두고 논의를 진행할 필요가 있다.

『금강삼매경』은 730년 『개원석교록開元釋敎錄』에 입장되며, 8세기 이후의 선종문헌에 활용된다.[21] 또한 신라인 찬술설이 대두되고 있는 『석

---

17 석길암, 앞의 논문, 2009, pp.5~49
18 石井公成, 「『金剛三昧經』の成立事情」, 『印度學佛敎學硏究』 46-2, 日本印度學佛敎學會, 1998, pp.551~556
19 김영태, 「金剛三昧經에 있어서 지장의 위치」, 『불교학보』 28, 동국대학교 불교문화연구원, 1991, pp.75~94
20 민영규, 「신라불교의 정립과 삼계교」, 『동방학지』 77·78·79, 연세대학교 국학연구원, 1993, pp.1~11
21 伊吹敦, 「원효와 『금강삼매경』」, 『원효학 연구』 11, 2006, p.39

마하연론釋摩訶衍論』에서도 『금강삼매경』을 『금강삼매계경金剛三昧契經』이라는 명칭으로 인용하고 있다.[22] 이것은 『금강삼매경』이 중국에서 730년 이후 활발하게 연구되었음을 시사한다.

선종의 『이입사행론』

『금강삼매경』의 성립 사정을 고려할 때 『이입사행론二入四行論』의 관련이 중요하다. 『이입사행론』은 깨달음에 들어가는 문을 이입理入과 행입行入으로 나누고, 후자에 다시 네 가지 실천문을 제시한 것이다. 달마의 가르침으로 전승되며, 담림曇林이라는 제자가 기록한 것이다. 담림의 생몰연대는 알 수 없지만 선종의 2조 혜가慧可(487~593)와 같은 시대에 활동했다.

『이입사행론』은 여래장사상과 실천을 극도로 중시하여 후대 선종의 기초가 되었으며, 여기에 이야기가 부가되어 『이입사행론장권자』가 만들어지고, 그 사상을 담은 『금강삼매경』을 만들어 내는 등 그 반향은 지대하였다.[23] 그런데 선종 문헌인 『이입사행론』과 『금강삼매경』의 이입사행의 사상을 동일한 취지로 이해하기는 어렵다. 두 내용을 비교하면 〈표 1〉과 같다.

---

22 김종명·조은수 옮김, 앞의 책, 2015, pp.262~264.
23 이부키 아츠시 지음/최연식 옮김, 『새롭게 다시 쓰는 중국 선의 역사』, 고양시: 대숲바람, 2005, pp.33~34(서울: 씨아이알, 2011년에 재간됨. 일본어 원서는 2001년 간행).

〈표 1〉 이입理入

『금강삼매경』(T9, 69c)	『속고승전』 16권(T50, 551c)
붓다께서 말씀하셨다. 두 가지 들어감은 첫째, 이입理入이고 둘째, 행입行入이다. 이입은, 중생이 진실한 본성(진성眞性)과 다르지 않고, 같지도 않으며, 함께하지도 않으며, 단지 객진 번뇌에 가려져 장애될 뿐, 가지도 않고, 오지도 않음을 굳게 믿는 것이다. <u>각관覺觀하여 응시하여 머물고 불성을 제관諦觀하라.</u> (불성은) 있지도 않고, 없지도 않으며, 자기도 아니고, 남도 아니어서 범부와 성인이 다르지 않다. 금강심지金剛心地의 경지에 견고하게 머물러 움직이지 않고, 적정寂靜하고 무위無爲하여 분별이 있지 않은 것을 이입이라고 이름한다.	그런데 도리에 들어감에는 많은 길이 있으나 요약하면 두 가지이다. 즉, 이입(理)과 행입(行)이다. 교리에 의지하여 핵심을 깨달으면, 중생이 (붓다와) 동일한 진실한 본성이지만, 객진의 장애가 있을 뿐이다. 거짓을 버리고 진성으로 돌아가서 <u>벽관壁觀으로 응시하여 머물러라.</u> 자기도 없고, 나도 없이 범부와 성인이 동등하게 하나이며, 견고하게 머물러 움직이지 않고 다른 교설에 따르지 않는다. 도리에 명합하면 적정寂靜하여 무위無爲함을 이입이라고 이름한다.

　〈표 1〉의 이입理入을 보면,『금강삼매경』이 각관覺觀하여 응시하는 데 반해,『속고승전』에서는 벽관壁觀하여 응시하라고 한다.『금강삼매경』이 불성을 제관諦觀하라고 하며, 진성眞性과 함께 불성의 존재를 드러내지만,『속고승전』에서는 진성만 강조한다. 이 두 구의 차이는 선종의 '이입'에 대해서 언급하는 기타 문헌에도 동일하다.[24]『금강삼매경』은 계위를 중시하며 불성을 강조하는 데 반해,『이입사행론』에서는 이입이 중요하다. 두 문헌에서 각기 사용하는 각관과 벽관의 차이는 양쪽이 여래장 계통에 속하면서도 두 파의 흐름이 있었다는 것을 시사한다.[25] 굳이 말하자면,『경』쪽이 여래장사상에 깊이 간여하고 있는 것처럼 보인다. 두 문헌에서 사용하는 각관과 벽관의 차이는 선종 문헌과『금강삼매경』의 실천관의 차이를 보여 준다. 각관은 심사尋伺의 구역어이다. 원효는 이 부

---

24 『小室六門』(大正藏48),『楞伽師資記』(大正藏85),『菩提達磨大師略辨大乘入道四行觀』(新纂續藏經63),『景德傳燈錄』권제30(大正藏 51)
25 柳田聖山, 앞의 논문, 1993, p.446

분에 대해서 "마음을 조용히 머물러 불성이 오고감이 없음을 관찰함"으로 풀이하였다. 관찰은 심사, 즉 불성에 대한 마음의 거칠고 미세한 작용을 가리킨다. 반면에 벽관은 달마의 선종을 특성화시키는 개념이지만 그 의미는 벽이 되어 관찰하는 것, 즉 공을 관찰하는 것이다.[26]

이입을 통해서 봤을 때 양 문헌이 관련이 있는 것은 사실이지만, 행입은 전혀 일치를 보이지 않는다. 따라서 그간에 간간이 제기되었던 동산법문과의 일치점을 적극적으로 해명하기는 쉽지 않다. 동산법문과의 관계를 증명하는 어구였던 수일守一을 『경』에서는 여래선으로 보는 점, 『경』이 비승비속의 거사상을 존중하는 점 등은 『금강삼매경』이 동산법문의 직계와 관련이 희박하다는 것을 말해 준다.[27] 그렇지만 어떤 형태로든 선종 문헌과 밀접한 관련이 있는 것은 부정할 수 없다.

II. 『금강삼매경론』의 성립과 사상

대안과 원효

대안과 원효는 『금강삼매경』을 개화시키고, 동아시아로 전파한 주역이다. 그것은 『송고승전』의 『금강삼매경』의 출현설화를 통해 추정할 수 있다. 이 내용은 『금강삼매경론』(이하 『삼매경론』으로 약칭함)의 성립과도 관련이 있다. 그 내용은 많은 글에서 빈번히 인용되는 만큼 사건을 중심으로 시간 계열로 아주 간략히 정리하면 다음과 같다.

---

26 柳田聖山, 『禪思想』, 東京: 中公新書, 1976, p.29
27 石井公成, 앞의 논문, 1998, pp.553~556

a. 왕의 부인이 병이 나서 사신을 당에 보냄.

　　b. 바다 한가운데 이르렀을 때 홀연히 노인이 배 위로 올라와 사신을 바다로 데리고 들어감.

　　c. 바닷속에 궁전이 있고 검해鈐海라는 용왕이 『금강삼매경』을 주면서 부인의 병을 고치고 경전도 유포하고자 함.

　　d. 아울러 용왕은 대안성자로 하여금 경을 차례로 엮도록 하고 원효법사에게 소를 지어 강석을 열도록 하면 부인의 병이 나을 것이라고 함.

　　e. 사신이 배를 타고 귀국함.

　이후 대안성자가 편차를 맡아 정리를 마친 후 원효만이 주석서를 지을 수 있다고 말했다. 이렇게 해서 『삼매경론』이 탄생한다. 『송고승전』에서는 원효가 주석서 5권을 짓고 강연 날짜까지 정했는데, 박덕한 무리가 『소』를 훔쳐가서 3일을 연기하여 3권소를 다시 지었다고 한다.

　『송고승전』에 따르면 대안성자는 그 깊이를 측량할 수 없는 사람이며, 의복도 특이하고 늘 저잣거리에서 통발을 두드리며 '크게 편안하라(大安), 크게 편안하라'고 소리를 내었다고 한다. 그래서 대안이라고 이름이 붙여졌다고 한다. 그는 『금강삼매경』의 편차를 정할 때도 왕궁의 명을 따르지 않고, 경을 가져오게 하여 8품으로 만들었다고 한다. 이것은 그의 행장이 민중과의 소통을 주요 실천으로 삼았다는 상징이 될 것이다. 그런 점에서 『삼국유사』에 나오는 혜공이나 혜숙과 같은 사상을 소유하고 있다고 본다.[28] 『삼국유사』에서는 『송고승전』을 축약하면서, 대안법사가 길을 헤치고 달려와 『소』를 작성하도록 종이를 붙이자(경전의 편차

28　남동신, 앞의 논문, 1995, p.85; 村上四南撰, 『三國遺事考證』卷下之二, 東京: 塙書房, 1995, p.141

를 정하자) 대안과 원효가 지음인 듯 창화唱和했다는 말을 덧붙인다. 이것이 대안에 대한 기록의 전부이지만, 원효와 밀접한 관련이 있음을 알 수 있다. 그리고 이러한 시간적 흐름으로 보았을 때 『경』과 『소』의 시간적 시차는 무시해도 좋을 뿐 아니라,29 『경』조차 대안과 원효가 함께 논의했다고 해석할 수도 있다. 『송고승전』이나 『삼국유사』나 똑같이 원효전에 부수적으로 대안이 등장하지만, 『금강삼매경』을 전파한 주역이 대안이며, 병을 고치게 한 주역은 『삼매경론』을 저술한 원효이다. 설화의 목적은 『금강삼매경』의 유통에 있는 만큼 두 사람이 공동 주인공이라 할 수 있다.

『경』의 구조 해석

『금강삼매경』은 1권 8품으로 구성되어 있는데 서품序品, 무상법품無相法品, 무생행품無生行品, 본각리품本覺利品, 입실제품入實際品, 진성공품眞性空品, 여래장품如來藏品, 총지품總持品이다.

원효는 「서품」을 서분으로, 「무상법품」부터 「총지품」의 일부를 정설분으로, 「총지품」의 뒷부분을 유통분으로 해석한다. 서분에서는 이 경전의 핵심사상을 밝혔다. 그것은 '일미관행一味觀行'을 요체로 삼아 10중의 법문을 여는 것이다. 즉 원효는 『금강삼매경』을 관법과 행위를 설하는 경전으로 본 것이다.30

원효는 정설분 가운데 특히 「무상법품」부터 「여래장품」까지의 6품을 별도로 해석한다. 그것을 묶으면 6품 각각의 의미를 해석하는 유형 두

29　남동신, 앞의 논문, 1995, p.139
30　고익진, 앞의 책, 1989, pp.218~221

가지, 두 품씩 묶어 해석하는 유형 두 가지, 세 품씩 묶어 해석하는 유형 두 가지로 총 6종류이다.[31] 이와 같이 정설분 가운데 6품만을 대상으로 한 것은 6품만으로 관과 행이 두루 만족하기 때문이다. 6가지를 유형별로 묶어서 원효의 설명을 정리하면 다음과 같다.

제2 「무상법품」은 무상관을 밝히는 품으로서 구체적으로는 무상법을 관찰한다. 그 핵심은 관찰되는 대상으로서의 법을 보이는 것이며, 그 법을 일심여래장체一心如來藏體라고 한다. 일심은 여래장과 동의어이다. 비록 모든 망상을 부정하였지만, 관찰하는 마음이 존재하면 본각에 계합하지 못하기 때문에 마음이 일어나고, 그 일어나는 마음을 없애기 위해서 다음으로 제3 「무생행품」이 설시된다. 이때의 실천(行)은 신위信位에서 등각위等覺位에 이르는 여섯 가지 실천을 일컫지만, 그 행위를 주체적으로 관찰하여 주관과 객관의 구별이 없는 무분별의 경지에 이르렀을 때 본각에 계합한다. 즉 실천의 핵심은 무분별관에 있다.

본각에 계합해야 중생을 이롭게 할 수 있다. 그러므로 제4 「본각리품」이 있다. 이 품은 일심 가운데 생멸문이다. 제5 「입실제품」은 중생이 허망으로부터 진실로 들어가는 문으로서 일심 가운데 진여문이다. 이 두 품, 즉 「본각리품」과 「입실제품」에 의해 자리와 이타의 실천이 갖추어진다.

제6 「진성공품」은 그 모든 행위가 진성공眞性空에 부합하는 것임을 설하는 품이다. 진리의 세계와 세속의 세계를 둘 다 부정하면서도, 그 둘을 무너뜨리지 않는다. 원효는 이 품에 대해서 "진여법은 모든 공덕을 갖추고 있고, 그것들과 함께 본성이 되므로 진성이라고 한다. 진성은 모

---

31 박태원, 「원효의 『금강삼매경』 6품 해석학」, 『철학논총』 77, 새한철학회, 2014, pp.383~404

든 명칭과 형상이 끊어졌기에 진성공이라고 이름한다."고 했다.[32] 이렇게 해서 모든 행위가 갖추어질 때, 모든 법문을 수렴하여 똑같은 여래장 일미의 근원으로 들어가므로 제7「여래장품」이 있는 것이다. 일미一味는 여래가 설하는 일승一乘을 의미한다.

둘째 유형은 6품을 쌍으로 묶어 설명한다. 첫 쌍(「무상법품」·「무생행품」)은 관행의 처음과 끝이라고 표현된다. 이것은 시종일관 망상을 버리고 본각으로 회귀하는 것을 의미한다. 즉 이것이 관행의 기본 구조가 된다는 의미이다.[33] 다음 쌍(「본각리품」·「입실제품」)은 교화의 근본과 지말이 되며 본각으로부터 행위를 일으킨다. 다음 쌍(「진성공품」·「여래장품」)은 원인을 수용하여 결과를 성취한다. 그것은 쌍으로 본각으로 회귀하고, 본각으로부터 다시 행위를 일으키는 두 가지를 다 나타내는 것이다.

셋째 유형은 6품을 세 쌍으로 묶는 경우이다. 첫 쌍은 망상과 일어나는 마음이 사라질 때 본각을 통해 이익을 주는 경계가 성립되는 것이니, 망상을 버리고 원인을 드러내는 것이다. 두 번째 쌍은 실제와 진공이 바로 여래장이라고 정의한다. 진리를 드러내어 결과를 성취하는 것이다. 원효는 이 여섯 종류의 법문이 대승을 두루 다 포함한다고 말한다.

그리고 결론적으로 「총지품」의 일문을 인용하면서 그것을 근거로 여섯 종류의 유형을 일미一味로 수렴한다. 망상과 생기하는 마음에는 본성이 없다. 본각조차도 본이랄 것이 없다. 실제는 한계를 떠나 있고 진성 또한 공이기 때문에 여래장성조차 부정되어, 얻을 바 없는 것이 일미一味이다. 이 일미야말로 바로 『금강삼매경』이 설하는 무량한 종지의 핵심이다. 이와 같이 원효는 『금강삼매경』의 각 품을 순차적·유기적인 관계

---

[32] 고익진, 앞의 책, 1989, p.229
[33] 고익진, 앞의 책, 1989, p.224

로 설명하면서 마지막에는 '무소득의 일미'로 모든 교설을 수렴시킨다.

『금강삼매경』에서는 본경의 이명으로 『섭대승경』, 『금강삼매』, 『무량의종』을 들고 있다. 원효는 6품을 해석할 때 '대승을 두루 포함한다'는 표현을 각 유형별로 한 번씩 세 번 사용하고, '무량의종'도 사용한다. 『금강삼매경』의 이명을 의식한 듯하다. 이미 말했듯이 『금강삼매경』에는 7세기 중반까지 중국에서 성행한 불교사상 대부분이 망라되어 있지만,[34] 6품의 해석에서 보았듯이 '무소득의 일미'를 가장 많이 강조한다. 이것은 『금강삼매경』을 관통하는 사상이 공사상이라는 해석과 상통한다.[35]

『기신론』· 선종과의 관련

〈시각·본각의 구조〉

『삼매경론』은 『기신론』의 이론적 바탕 위에 성립되었고,[36] 원효 자신의 『기신론』 사상과도 밀접한 관련이 있다.

우선 『삼매경론』에 나오는 '일미관행一味觀行'이란 어구에 주목해 보자. 이 어구는 오직 『삼매경론』에서만 사용한다. 원효는 '일미관행'을 줄여 '일관一觀'이라고 했다. 이것은 원효가 『금강삼매경』에 대해서 실천을 설하는 관행 위주의 경전으로 본 것을 의미한다.[37] 관찰을 통해 대상 경계에 통달하고 지혜가 생기며, 이 지혜는 본각과 시각을 아우른다. 즉, 원효의 경전 해석이 『기신론』 일심이문의 철학에 기반을 두고 있음

---

34 水野弘元, 앞의 논문, 1955, pp.40~56
35 남동신, 앞의 논문, 1998, pp.142~146
36 고익진, 앞의 책, 1989, p.218
37 고익진, 앞의 책, 1989, p.220

을 알 수 있다.[38]

『삼매경론』에서는 시각과 본각의 관계를 자주 언급한다. 예를 들어 「무상법품」의 '마음과 나를 모두 떠난다(皆離心我)'라는 어구를 해석할 때, 시리始離·본리本離라는 개념을 사용하는데, 각각 시각과 본각에 해당한다. 이 두 가지 각은 결국 하나의 각覺으로 수렴되며, 그것을 증명하기 위해 시각과 본각이 동일하다는 『기신론』 문장을 증거로 든다. 또한 『삼매경론』에서는 이와 같은 시각과 본각의 관계를 설명하기 위해 '본래 평등한 동일한 깨달음(本來平等同一覺)'이란 『기신론』의 표현[39]을 세 번 정도 구사한다.

같은 「무상법품」에서 "일어나지 않는 마음에는 출입이 없으며, 본각여래장은 본성상 적연하여 움직이지 않는다."[40]고 하였다. 이에 대해 원효는 무주를 얻었을 때 일어나지 않는 마음은 항상 적멸하므로 관찰로부터 나온다는 것도 있지 않으며, 본래 일어나지 않음에 달관하므로 처음으로 들어가는 것도 없다. 그러므로 '마음에 출입이 없다'고 한 것이니 마음을 관찰하여 출입이 없으면 '본각여래장심'이며, 이때 비로소 시각과 본각이 같아지는 것이라고 한다.[41]

역시 「무상법품」에서 원효는 "시각이 완성되었을 때, 불각不覺으로 인해 4상(생·주·이·멸)의 생각을 움직이지만 본래 일어나지 않음을 안다. 본래 망상이 없음을 알기 때문이다. 이것으로 시각과 본각이 다르지 않음을 알 수 있으며, 이러한 사유가 『기신론』에서 말한 것과 같다."고 밝

---

38 고익진, 앞의 책, 1989, p.220
39 『대승기신론』(大正藏 32, 576c)
40 『금강삼매경론』 권1(『한국불교전서』 1, 614c)
41 『금강삼매경론』 권1(『한국불교전서』 1, 615a)

히고 있다.⁴²

그런데 이렇게 시각과 본각이 같다거나 다르지 않다는 경우는 두 각覺의 동일성을 설명하는 것이지만, 그렇다고 시각이 완전히 본각과 동일하지는 않다.『삼매경론』에 따르면 일체중생은 본래 본각이지만, 모든 식이 적멸하여 일어남이 없음을 깨달았을 때 시각始覺이 성취하며 이때 시각과 본각이 같아진다.⁴³ 이것은 시각의 수행을 통해 본각과 같아진다는 의미이다. 원효가 「본각리품」 해석에서 "시각이 원만해지면 바로 본각과 같아진다. 이때 본각과 시각이 같아지므로 일각一覺이라고 한다."⁴⁴고 하는 것도, 또 「총지품」 해석에서 "시각의 구경처에서 곧 본각과 같아진다."⁴⁵라고 표현한 것도 실천적인 맥락에서 이해해야 할 것이다.

『금강삼매경』에서 '본각'은 언급되지만, '시각'이라는 용어는 사용하지 않는다. 시각과 본각의 구조는 원효의 독자적 해석이다. 이와 같이 두 각에 의해 '각'을 설명하는 것은『기신론』에 근거한 것임은 자명하다. 한편,『기신론』의 구상에서도 시각문에 의하면 수행이 있지만, 본각문에 의하면 시각의 본질은 본각과 본질과 동일하다.⁴⁶ 시각과 본각의 동일성은 실천과 본질적 동일성의 두 측면이 있으며,『삼매경론』과『기신론』의 시각·본각에 대한 이해는 일치함을 충분히 알 수 있다.

그 밖에도 「무상법품」에서는 '일각료의一覺了義'라는『금강삼매경』만의 특이한 개념을 해석할 때, 원효는 '일심본각여래장의一心本覺如來藏義', '일심여래장의一心如來藏義'라고 한다.『기신론』에 근거하기 때문에

---

42 『금강삼매경론』 권1(『한국불교전서』 1, 619a)
43 『금강삼매경론』 권2(『한국불교전서』 1, 631a)
44 『금강삼매경론』 권2(『한국불교전서』 1, 633b)
45 『금강삼매경론』 권3(『한국불교전서』 1, 674c)
46 平川彰, 佛典講座 22『大乘起信論』, 東京: 大藏出版, 1989, 8쇄, pp.113~116

'본각本覺'이란 말을 사용하는 것이다. 앞에서 「본각리품」은 일심 가운데의 생멸문이고, 「입실제품」은 일심 가운데의 진여문이라 하였다. 이러한 구분은 당연히 『기신론』에 의거한다. 그리고 이 두 문의 관계에서 생멸문을 거론함으로써 진여문을 드러내는 방식도 인정된다.

『삼매경론』에서는 인용 없이 『기신론별기』의 문장을 그대로 사용하기도 하고, 자세한 해석을 『이장의』에 미루기도 한다. 『이장의』는 『기신론이장장起信論二障章』이라는 명칭으로 유통되는 『기신론』 해설서이다. 이와 같이 『삼매경론』에서의 『기신론』 인용 및 개념의 사용은 원효의 기신론 사상을 전제로 이해할 수 있으며, 원효의 『기신론』 주석서와 직접적 관련이 있음을 알 수 있다.

〈선종〉

『금강삼매경』이 선종의 『이입사행론』과 관련이 있다는 것은 앞에서 언급하였다. 최근에 이러한 사상적 관련성에 주목하여 원효의 선종 사상에 관심을 보인다.[47] 『금강삼매경』은 관행의 실천을 설하는 경전이다. 관법을 중시하는 이상 선에 대한 이야기는 자연스레 나올 법하다. 또한 『금강삼매경』이 『이입사행론』을 통해 선종과 밀접하다는 것이 알려져 있듯이 『삼매경론』에서 선의 사상을 찾는 것은 어렵지 않다. 하지만 이입사행을 제외하고, 원효가 선에 대해서 언급한 것 가운데 선종과의 관련을 상기시킬 수 있는 부분은 거의 없다. 겨우 찾을 수 있는 것이 세간선과 출세선을 나누는 부분과 무생선에 관한 설명일 것이다.

---

47 김호귀, 「『금강삼매경론』의 선수행론 고찰」, 『불교학보』 58집, 동국대학교 불교문화연구원, 2011, pp.101~131; 박태원, 「원효의 선사상-『금강삼매경론』을 중심으로-」, 『철학논총』 68-2, 새한철학회, 2012, pp.6~39

우선 세간선과 출세선에 대해 말하자면, 이것은 욕계와 색계 4선에 대한 설명이다. 따라서 우리들이 흔히 말하는 선종의 선에 대한 주장과는 같지 않다. 또한 이 부분은 다분히 천태 지의의 영향을 받은 어투이다.[48] 하지만 무생선에 대해서는 『역대법보기歷代法寶記』(8세기말 성립), 『칠조법보기七祖法寶記』(8세기 말 성립), 종밀(780~841)의 『선원제전집도서禪源諸詮集都序』, 『경덕전등록』(1004), 『불해할당선사어록佛海瞎堂禪師語錄』(1103~1176) 등의 선종 문헌에 계속해서 활용된 내용으로 선종에서도 인정한 선사상의 하나이다.

원효는 무생선을 설하는 경문을 해석하면서 '선이 곧 움직임이다'라는 것은 세간선이 비록 산란하지는 않지만 경계의 모습을 취하는데, 모습을 취하면 마음이 일어나고 생기면 움직이기 때문이라고 하였다. 이와 같이 일어나 움직이는 선을 떠나기에 진리의 선정(理定)에 들어갈 수 있다. 이것을 무생선이라고 한다. 원효는 이어서 무생과 무주 등에 대해 길게 설명한 뒤에 선정의 결과 반야바라밀에 들어간다고 한다. 『금강삼매경』에서는 '무생반야'를 주장한다. 『금강삼매경』이나 『삼매경론』에서 선바라밀이라는 용어는 사용하지 않지만, 결국 6바라밀의 최종 단계인 반야에 들어가기 위한 전단계가 무생선이다.[49] 따라서 원효가 선종을 염두에 두고 서술한 흔적을 찾기는 쉽지 않다.

그렇다면 선종과의 관련이 뚜렷한 이입사행을 원효는 어떻게 생각할까? 앞에서도 『금강삼매경』의 이입에는 계위론이 포함되었다고 했다.

---

48 『법화경현의』(『大正藏』 33, 718a)
49 김호귀, 앞의 논문, 2011, 결론 부분에서도 "이처럼 집착이 없고 분별이 없는 평등한 경지인 무소득의 일미야말로 바로 반야바라밀의 수행론으로 향하는 『금강삼매경』의 종宗이고 요요이다"라고 한다. 『삼매경론』 역시 『금강삼매경』의 이와 같은 노선에 충실한 것이다.

원효는 이입에서 이를 더 구체적으로 명시한다. 이입理入은 아직 증행證行을 얻지 못한 상태이다. 그래서 전체적으로는 10지 이전에 머물러 있다. 반면에 행입行入은 10지 이후의 계위이다. 게다가『금강삼매경』의 이입은 입入의 해명에 초점이 맞추어져 있으며, 선종에서 설하는 이입의 중심이 이입理入에 있는 것과는 다르다.[50] 더구나 원효의 행입은 식설, 그 가운데서도 전의轉依를 통해 제9식第九識을 얻는 것에 초점이 맞추어져 있다. 이러한 이유로 무생선과 마찬가지로 원효가 선종을 의식해서 이입사행을 서술했을 가능성은 희박하다.

'결정성'과 일미관행

〈결정성〉

『금강삼매경』에서는 유독 '결정성決定性'이라는 용어가 자주 사용된다. 원효는 이 개념을 자주 사용하며 상세한 설명을 붙인다.『금강삼매경』에서 13회 정도,『삼매경론』에서 34회 정도 사용되는데, Cbeta를 검색할 때 '결정성'의 사용례는 거의 모든 문헌에서 1, 2회에 머문다. 사용례를 직접 조사하면『삼매경론』과 같은 개념이 아닌 것도 상당수이다. 이렇게 한 개념을 다른 문헌에 비교되지 않을 정도로 많이 사용하기 때문에『금강삼매경』에서 '결정성' 혹은 '결정'이라는 용어를 포함하는 문맥이 그만큼 중요하게 된다.

원효가 사용한 이 개념의 중요성에 대해서는 1996년 사토 시게키(佐藤繁樹)의 연구에서 언급이 있었다.[51] 그러나 그 후 연구자들의 관심에서

---

50 柳田聖山, 앞의 논문, 1993, pp.445~448
51 佐藤繁樹,『元曉의 和諍論理』, 서울: 민족사, 1996, pp.153~161

멀어졌다. 근년에 사토 시게키의 논의를 정리하면서 김종욱은 그 중요성에 대해 주목하였다. 이에 따르면 실상 또는 제법실상 속에 담긴 법성이라는 포지티브한 측면과 분별 너머의 진실이라는 네거티브한 측면 모두가 결정성이며, 연기법이 지닌 일종의 법주성法住性이 결정성이다.[52] 결정성은 어의가 풍기는 뜻과는 반대로 연기성을 지니는 셈이 된다. 이 개념은 비도그마틱한 가장 불교다운 개념이라고까지 높이 평가된다.[53] 『삼매경론』에서 설하는 결정성에 대한 이해방식은 인식론적 해석과 연기론적 해석으로 나눌 수 있다. 즉 결정성은 본성 혹은 성품의 차원에서 '성이 항상 그러함', '성이 항상 평등함', '마음의 본래의 적정성', '본각의 이익'을 매개로 하여 연기적 법성의 결정성이 일심과 연결되는 경우는 전자에 해당한다. 한편, 연기적 결정성은 진여로 이해되기도 하는데 이러한 이해는 후자에 해당한다.[54] 이후 『삼매경론』에서 본각의 결정성이라는 용어가 원효사상의 핵심적인 용어로 인식되기에 이르렀다.[55]

〈일미관행〉

원효의 『삼매경론』의 중심사상이 '일미관행一味觀行'이라는 것이 통설이다.[56] 그렇다면 '일미관행'은 무엇인가? 말의 뜻은 일미로서의 관행이며, 줄여서 일관一觀이다. 단 하나의 관찰과 행위, 원효는 이것이 『금강삼매경』을 관통하는 실천원리라고 본 것이다. 일미관행을 넓혀서 열 가

---

52 김종욱, 『원효와 하이데거의 대화』, 서울: 동국대출판부, 2013, pp.96~97
53 김종욱, 앞의 책, 2013, p.98
54 김종욱, 앞의 책, 2013, pp.99~105
55 고영섭, 「芬皇元曉의 本覺의 決定性 탐구」, 『불교학교』 67집, 동국대학교 불교문화연구원, 2014, pp.89~113
56 고익진, 「원효의 실천원리-금강삼매경론의 일미관행을 중심으로」, 숭산박길진박사화갑기념회, 『한국불교사상사』, 익산: 원광대학교출판국, 1982, pp.225~255

지로 설명하지만, 그것은 관행의 실천을 설한 것에 다름 아니다. 열 가지 설명은 첫째 설명에 수렴된다. 그것은 일심 가운데 한 생각이 움직일 때, 단 하나의 진리에 따르고, 단 하나의 행위를 수습하며, 단 하나의 탈 것에 들어가고, 단 하나의 길에 머무르며, 단 하나의 깨달음에 의지하여, 단 하나의 맛을 깨닫는 것이다. 이와 같이 일념一念으로부터 수행이 전개되어 일미를 깨닫는 것으로 결론을 맺는데, 이와 같이 여기에는 수직적인 계위가 내포되어 있고 공통분모로서 관찰이 있다. 또 하나 주목할 것이 전부 '하나'로 통일되어 있다는 것이다. 마음과 생각, 진리, 수행, 탈것, 가는 길, 깨달음, 느끼는 맛이 단 하나인 것이다. '하나'라는 것은 그 위에 더 얹을 것이 없고, 동일한 것이 없다는 의미이다. 따라서 첫째 설명은 경전을 관통하는 일미관행을 부연설명한 것임을 알 수 있다.

이때 관행의 대상은 『경』에서 말하는 일각의 완전한 뜻(一覺了義)이다. 원효는 이것을 일심본각여래장의 一心本覺如來藏義라고 해석한다. 원효만의 독특한 용어이다. 일심, 본각, 여래장 등 『기신론』에서 자주 나오는 용어들을 합친 듯하다. 『삼매경론』에서 원효는 『능가경』을 끌어와 "적멸한 것이 일심이고, 일심은 여래장이다."라고 한다. 『기신론소』에서는 전자는 일심의 심진여문으로, 후자는 일심의 심생멸문으로 해석한다. 그렇다면 일심본각여래장의는 심생멸문에 속하는 용어가 된다. 이것은 『경』의 '일각一覺'을 심생멸문으로 해석한다는 의미이기도 하다.

원효는 『삼매경론』에서 일체법은 일심이며, 중생은 본각인 것 그것이 '일각'이라고 한다. 다시 말하면, 생멸문에 속하는 일심으로서의 본각이 일각인 것이다. 단 한마음으로 수렴되는 모든 중생들의 본질이 본각인 것이다. 여래장은 여래의 본성이 감춰져 있는 상태이다. 생멸문에서 아직 드러나지 못한 여래의 본성인 여래장이며 동시에 다른 관점에서는 중생의 본각의 본질을 관법의 대상으로 삼는 것이다. 관법이 계위를 따라 수준이 높아지고, 관찰의 대상에 전일專一하는 일미관행의 결과로서 금강삼매에 들어가게 된다.

III. 중국과 일본에 미친 영향

당·송에의 영향

중국에서 종밀宗密(780~841)이 원효의 『삼매경론』을 처음 인용하는데, 이를 더욱 광범위하게 인용하는 이는 오월吳越시대에서 활동하고 송대 초까지 살았던 영명 연수永明延壽(904~975)이다. 종밀은 『금강삼매경소』가 아니라 『금강삼매경론』을 접한 것으로 추정된다. 특히 그의 『원각경』 관련 저술에서 『삼매경론』을 집중적으로 인용한다. 종밀은 『원각경』을 가장 많이 연구한 인물로서 유명한데, 그의 『원각경』 관련 저술로는 나이 44세(823)때 저술한 『원각경대소圓覺經大疏』 3권, 이후 이것을 주석한 『대소초大疏鈔』 13권, 다시 요점을 뽑아 놓은 『약소略疏』, 『약소』를 해석한 『약소초略疏鈔』 등이 있다. 우선 『원각경대소』에서는 『삼매경론』을 3회 정도 인용하였다. 그 인용처를 조사한 결과 여기에서 인용된 내용은 『대소초』에서 반복되고 확장된다.

종밀은 『삼매경론』을 인용할 때 '효공曉公'이라는 표현을 사용한다. 원효보다 조금 늦게 활동한 화엄종의 법장을 '장공藏公'으로 호칭하거나, 자신의 스승인 징관을 '관공觀公'으로 호칭한 예가 없는 것과 비교해 보면, 원효를 상당히 존중했음을 알 수 있다. 그리고 종밀은 『대소』를 저술할 단계부터 이미 원효의 『삼매경론』을 통독하여 『금강삼매경』을 언급할 때, 『삼매경론』의 내용을 경의 본문 옆에 주로써 설명하기도 한다. 이것은 종밀이 『삼매경론』을 깊이 이해하고 있었다는 증거이다.

한편 『대소초』에서는 『대소』에서 짧게 인용한 내용을 길게 인용하기도 하는데, 특히 『삼매경론』에서 제목의 '삼매'를 해석하는 부분은 장문이 인용된다. 그 밖에도 『대소초』에서는 '효공론曉公論', '효공석론曉公論釋', '금강삼매경론'의 명칭으로 원효의 『삼매경론』을 여러 번 인용하는데, 전체적으로는 『원각경대소』 3회 정도, 『원각경대소초』 5회 정도, 『원각경약소초』 3회 정도 인용된다. 인용 내용은 ① 삼매의 정의, ② 말세중생을 위한 일미설, ③ 대교화의 의미로 크게 나눌 수 있으며, 인용처는 삼매의 정의를 빼고는 『금강삼매경』 「무상법품」의 내용이다.

특히, 종밀은 『원각경』을 상법像法중생을 위한 설임을 천명하는데, 이것은 『금강삼매경』을 상법중생을 위한 경전으로 설명한 원효설을 수용하여 『원각경』에까지 확장한 것이다. 또한 ③ 대교화의 의미는 '공'에 대한 집착마저 버려야 하고, 굴릴 만한 법도 없고 법륜을 수용할 만한 사람도 없다는 교리 해석을 바탕으로 대교화가 성립된다는 『금강삼매경』설과 『원각경』설의 동일성을 파악하기 위해 그 구체적 논리를 원효한테 빌려 왔다는 데 의미가 있다.

종밀의 『원각경』 주석상의 관심이 교선일치 및 남북선종의 종합적 형태를 찾으려는 데 있다는 해석이 있는데,[57] 종밀의 인용이 『금강삼매경』 「무상법품」에 대한 원효의 해석에 집중하는 것도 이러한 관점에서 이해할 필요가 있을 것이다.

---

57 조윤호, 『동아시아 불교와 화엄사상』, 서울: 초롱, 2003, pp.36~50

다음으로 영명 연수는 『만선동귀집萬善同歸集』에서 2회 정도, 『종경록宗鏡錄』 100권 가운데 제3권에서 제99권까지 골고루 10여 회 넘게 인용된다. 『만선동귀집』 가운데서 연수는 안심입도安心入道의 방법과 '진공眞空'에 대한 인식 방법을 묻고, 이에 대해서 『유식론』, 『금강경』, 법장의 『보살계본소』를 인용한 후에 『금강삼매경』 「진성공품眞性空品」에서 "진제와 속제는 둘이 아니면서 하나를 지키지 않는다. 둘이 아니기 때문에 일심이며, 하나를 지키지 않기 때문에 전체가 둘이 되는 것이다."[58]라는 문장을 인용한다.

『삼매경론』에서 이 문장의 본래 취지는 『기신론』의 '일심이문' 내에 모든 존재를 포괄하는 데 있다. 즉 일심 안에서는 진제와 속제가 부정되지도 긍정되지도 않으면서도, 조건에 따라 생겨나기도 하고 적멸에 이르는 것을 의미한다. 연수 역시 부처는 항상 이제에 근거하여 법을 설하되, 진제도 얻을 수 없고, 속제도 얻을 수 없다고 한다. 다만 조건에 따를 뿐이다. 연수 자신이 생각하는 진속이제 논리의 한 부분을 해명하는 데 원효의 『삼매경론』의 논리를 빌려 온 것이다.

『종경록』에서는 『금강삼매경』을 인용한 후, 경문의 본래 의도를 알기 위해 『삼매경론』을 인용하는 경우가 대부분이다. 예를 들어 『종경록』에서는 허망한 언설이 진실인가를 묻는 질문에 대한 대답 가운데 하나로서, 『금강삼매경』 「여래장품」에서 문장의 뜻을 따르지 말고 마음을 뜻에 둘 것을 강조한 경문을 인용한 후 『삼매경론』을 인용한다. 원효의 『삼매경론』을 인용한 후 연수는 진리와 허망에 대한 분별을 없애야 선종의 핵심(종경宗鏡)에 들어갈 수 있다고 하며, 지혜로써 일심을 알아야 한다고 설명한다. 『삼매경론』의 취지는 모든 것은 일심이 짓는다는 데 있고, 일

---

58 『금강삼매경론』 권3(『한국불교전서』 1, 658c)

심을 강조하는 연수의 해석은 원효의 해석과 일치한다.

　이외에도 연수는 『종경록』에서 『삼매경론』만 단독으로 인용하기도 한다. 예를 들어 「무상행품」석을 인용할 때는 관법의 중요성을 부각하면서, 실상을 관찰하는 것이 신심이며 입도의 방법이고, 마음을 증득하는 것이 '일미해탈'이라고 설명한다. 또한 진제와 속제의 같고 다름에 대해서 질문하고, 『삼매경론』의 「무생행품」석을 인용하면서 이제의 도리를 부정하거나, 무이중도無二中道를 부정하는 두 가지 사견을 제거할 것을 주장한다.

　인용 내용을 종합하여 간략히 정리하면, 영명 연수는 『금강삼매경』 「무상법품」, 「본각리품」, 「진성공품」, 「여래장품」, 「총지품」을 인용하면서, 그에 대한 『삼매경론』의 주석을 인용하였다. 『삼매경론』을 독자적으로 인용할 경우에도 「무상법품」, 「무생행품」, 「여래장품」 등을 인용하였다. 연수는 『삼매경론』을 통해 일미, 일심에 대한 해명에 집중한다. 이것은 일심을 통해 만법을 재해석하려는 『종경록』의 관심과 부합된다.[59] 『삼매경론』의 일심사상이 연수의 일심사상 형성에 일정의 역할을 한 것이다.

원·명·청에의 영향

　종밀과 연수가 『삼매경론』을 수용한 이후, 원·명·청시대에는 종밀과 연수의 인용 내용을 답습한다. 예를 들어 종밀이 처음에 길게 인용한 삼매 해석은 원 정원淸遠의 『원각소초수문요해圓覺疏鈔隨文要解』나 명 초횡焦竑의 『원각경정해평림圓覺經精解評林』, 명 전겸익錢謙益의 『능엄경소해

---

[59] 박인석, 『영명연수 『종경록』의 '일심'사상 연구』, 서울: 은정불교문화진흥원, 2014, 제4장 참조.

몽초楞嚴經疏解蒙鈔』, 청 적진寂震의 『금강삼매경통종기金剛三昧經通宗記』에서 확인된다.

정원의 『원각소초수문요해』에는 『금강삼매경』의 '심과 아를 떠남(離心我)'의 '심과 아'를 해석하기 위해 '효법사론曉法師論'으로 『삼매경론』을 인용하고 각각 법집과 인집이라고 하였다. 아마도 종밀과 연수 이후 독자적 인용은 이 정도일 것이다. 그 밖에 적진寂震의 『금강삼매경통종기』에서는 '해동론석海東論釋', '효법사논석운曉法師論釋云' 등 종밀이나 연수가 인용했던 부분을 인용한다. 한편, 청 윤정胤禎의 『어록종경대강御錄宗鏡大綱』은 『종경록』의 요점을 추린 저술로서 '금강삼매론金剛三昧論', '논석운論釋云'으로 표현된 『종경록』의 인용문을 수차례 그대로 가지고 온다.

이와 같이 중국에서는 당의 종밀에서 청에 이르기까지 『삼매경론』이 인용되었음을 알 수 있는데, 특히 종밀은 『삼매경론』을 통독하여 자신의 사상 틀 안에 이를 수용한 모습을 볼 수 있고, 연수 역시 『삼매경론』의 일미 또는 일심을 중시하였다.

일본에 미친 영향

『삼매경론』은 『금강삼매경』과 함께 덴표(天平) 15년(743)에 일본에 전해지면서, 신고게이운(神護景雲) 2년(768)까지 26회 정도의 필사 기록이 있다. 일본 고문서 기록에는 『금강삼매론』, 『금강삼매경론』, 『금강삼매경소』, 『금강삼매경론소』, 『금강삼매경론기』 등의 명칭으로 전해진다. 이후 『삼매경론』은 목록집에 자주 보이는데, 일본에서는 『삼매경론』에 대한 주석서도 저술된다. 주요 목록류에서의 기록은 다음과 같다.

〈표 2〉『삼매경론』이 수록된 주요 목록[60]

목록류/편집연대	명칭	비고
圓超錄/914년	金剛三昧論 三卷	
永超 東域傳燈目錄/1094년	金剛三昧經論 三卷 金剛三昧經論疏 五卷	
大小乘經律論疏記目錄/平安時代 前期	金剛三昧經記疏 三卷	京都 法金剛院
古聖敎目錄/平安時代 末期	金剛三昧論私記 上下	名古屋 七寺藏
一切經論律章疏集/平安時代 末期	金剛三昧論 三卷	名古屋 七寺藏
凝然, 華嚴經論章疏目錄/1240~1321	金剛三昧經論 三卷	
釋敎諸師製作目錄/江戶 前期	金剛三昧論 三卷	圓超錄의 再錄

현재 목록류에서 볼 수 있는 원효『삼매경론』에 대한 기록은 3권, 5권으로 되어 있다.「대소승경률론소기목록大小乘經律論疏記目錄」에는『금강삼매경론사기金剛三昧經論私記』2권,『금강삼매경론지사金剛三昧經論指事』1권으로 된 주석서가 기록되어 있어 주목된다. 이 목록집이 헤이안시대 전기에 집록된 것이기 때문에, 적어도 그 이전에 일본에서 주석서가 저술되었다고 생각된다. 현존하지 않아 내용을 확인할 수 없는 것이 아쉽다.

중국에서도 일찍이 목록작업이 이루어지지만, 장소를 포함한 목록작업 가운데『삼매경론』이 포함된 것은 현재 확인되지 않는다. 근대에 대장경 간행사업을 주도한 금릉각경처金陵刻經處에서는 한국불교 문헌을 다수 간행한다. 그 가운데는 원효 저술로는『대승기신론소별기회본』,『무량수경종요』,『아미타경소』,『대승육정참회』등이 포함되어 있지만『삼매경론』은 포함되어 있지 않다.[61]

---

60 落合俊典 編,『七寺古逸經典硏究叢書』(第6卷), 東京: 大東出版社, 1998을 참조함. 김영태 엮음,『동아시아 한국불교사료: 일본문헌 편』, 글로컬한국불교총서 4, 서울: 동국대학교출판부, 2015,「목록류」참조.
61 朴現圭,「金陵刻經處와 한국인 편저 경판」,『국학연구』제6집, 한국국학진흥원,

반면 일본에서는, 『삼매경론』이 나라시대 고문서에 최초로 기록되어 있어 일본으로의 전파가 확인되며, 〈표 2〉와 같이 「소」 또는 「논」으로 전승되었고, 에도시대까지 줄곧 수록 대상이 되었다.

한편, 『삼매경론』을 인용하는 예는 나라시대 법상종 젠주(善珠)가 처음으로 『유식의등증명기唯識義燈增明記』에서 삼매에 관한 정의를 인용한다.[62] 삼매에 관한 인용은 후에 화엄종 교넨(凝然)의 『공목장발오기孔目章發悟記』에서도 확인된다.[63] 『공목장발오기』에서는 8식과 9식을 시각과 본각으로 설명하는 원효의 『삼매경론』의 설이 길게 인용되기도 한다.[64] 교넨의 제자인 신조(審承)의 『오교장문답초五敎章問答鈔』에서도 일천제와 관련된 원효의 해석을 2회 정도 인용한다.[65]

삼론종의 엔소(圓宗)는 『일승불성혜일초一乘佛性慧日鈔』에서 진여종자의 소의를 묻는 질문에 『삼매경』「진성공품」의 진여종자眞如種子가 언급되는 경문과 이에 대한 『삼매경론』의 해석을 인용하여 '제일의중도종자第一義空中道種子'라고 해석한다. 천태종의 안넨(安然)은 『태장금강보리심의약문답초台藏金剛菩提心義略問答鈔』에서 『삼매경론』「무생행품」으로부터 심왕心王에 대한 해석을 인용한다.[66] 그리고 이어지는 문답에서 『금강삼매경』「본각리품」에 대한 의문을 제기하고, 이에 대해 『삼매경론』의 해석으로 답한다.[67] 그 외 진언종에서도 1회 정도 『삼매경론』을 인용하는데, 전체적으로는 중국보다 『삼매경론』에 대한 의존도가 낮고, 일미 혹은 일

2005, pp.473~497
62 福士慈稔, 『新羅元曉研究』, 東京: 大東出版社, 2004, pp.305~306
63 福士慈稔, 앞의 책, 2004, pp.353~354
64 福士慈稔, 앞의 책, 2004, pp.353~354
65 福士慈稔, 앞의 책, 2004, p.369(원전은 『大正藏』72, 692c, 695a)
66 福士慈稔, 앞의 책, 2004, p.402 (원전은 『大正藏』75, 539b)
67 『태장금강보리심의약문답초』 제5(『大正藏』75, 539b)

심에 대한 직접적 중시도 보이지 않는다. 또한 일본에서 원효의 『기신론소』와 『별기』가 중시된 데 비하여도 그 중요도가 아주 낮다.

IV. 한국에 미친 영향

도륜의 『유가론기』에서의 인용

『삼매경론』이 저술된 후 한국찬술문헌에 인용된 예는 거의 찾을 수 없다. 다만, 신라승 도륜道倫의 『유가론기瑜伽論記』에 『삼매경론』으로부터의 인용을 1회 확인할 수 있다. 이 부분은 이전에는 추정에 머물렀지만,[68] 재검토해 본 결과, 『삼매경론』으로부터의 인용으로 확인된다. 도륜은 다음과 같이 인용한다.

> 신라 원효스님이 "삼마지와 삼매는 이름과 뜻이 각각 다르다. 그 이유는 『금광명경』 제3권에서 10지의 정定을 밝히면서, 처음 3지의 정을 삼마제라고 하며, 후 7지의 정을 삼매三昧라고 하였기 때문이다. 저것이 만약 한 명칭이지만 한역상에 방언과 정음이 있을 수 있다 해도, 무엇 때문에 한 사람이 역경하는 가운데 혹은 삼매라고 하고 혹은 삼마제로 했겠는가. 그러므로 다르다."고 말씀하셨다.[69]

위와 같이 도륜은 원효가 삼마지와 삼매의 차이를 주장했다고 한다.

---

[68] 김상현, 『원효연구』, 민족사, 2000, pp.141~142
[69] 『유가론기』 권4(『大正藏』 42, 378b)

한편, 이에 해당하는 『삼매경론』의 부분은 다음과 같다.

> 어떤 스님이 "삼매의 명칭과 삼마제의 명칭은 다만 이것은 등지일 뿐 다른 이름이 아니다."고 하였는데, 이 설은 옳지 않다. 왜냐하면, 『금고경』의 10종정 가운데 앞의 3지는 삼마제이고 뒤의 7지는 삼매이다. 이와 같이 두 명칭이 같은 '등지'라면, 무엇 때문에 명칭을 바꾸어 앞과 뒤에서 달리하겠는가. 또한 이 두 명칭이 무엇 때문에 같지 않은가. 만약 지방의 언어가 다르기 때문에 같지 않다면, 한 곳에서 두 가지 명칭을 갖추어 설하지 않아야 한다. 만약 전하는 사람에 시기의 전후가 있어 다르다면 한 본에 두 가지 명칭이 있지 않아야 한다. 삼마제와 삼마지는 이것은 역자의 전후가 있어 같지 않다. 그렇기 때문에 이것이 같다는 것은 분명히 알 수 있다. 삼매의 명칭과 삼마제의 명칭이 한 책에 함께 있으니, 어찌 다르지 않겠는가. 그러므로 앞의 설과 같음을 알아야 한다.[70]

『삼매경론』에서 원효는 삼마지가 아니라 삼마제와 삼매가 다르다고 주장한다. 따라서 도륜이 인용한 것과 차이가 난다고 볼 수 있지만, 위의 『삼매경론』의 문장에서 보듯이 원효는 삼마지와 삼마제를 동의어로 보고 있기 때문에 도륜이 취의한 것으로 보인다.

여기서 첫째, 『유가론기』에 두 명칭이 다르다고 제시된 이유인 '저것이 만약 한 명칭이지만 한역상에 와전과 바뀜이 있을 수 있다 해도, 무엇 때문에 한 사람이 역경하는 가운데 혹은 삼매라고 하고 혹은 삼마제로 했겠는가'라는 구절이 원효가 제시한 이유 가운데 '만약 전하는 사람

---

[70] 『금강삼매경론』 권1(『한국불교전서』 1, 606c) 번역은 은정희·송진현 역주, 『금강삼매경론』, 서울: 일지사, 2000, pp.60~61을 참조.

에 시기의 전후가 있어 다르다면 한 본에 두 가지 명칭이 있지 않아야 한다'와 가장 유사하다. 이렇게 보자면 도륜의 원효 인용은 『삼매경론』의 인용임을 인정할 수 있다.

둘째, 도륜이 인용한 문장에서 결정적인 증거는 『금광명경金光明經』의 인용 내용이다. 여기서 『금광명경』과 『금고경金鼓經』으로 명칭이 다른 것은 문제가 되지 않는다.[71] 중요한 것은 『금광명경』의 내용을 전 3지와 후 7지로 나누어 해명하는 것은 『삼매경론』에서만 보이기 때문이다. 이로써 인용문만으로도 『삼매경론』으로부터의 인용임을 충분히 입증할 수 있다.

고려시대 의천과 혜심

고려시대에는 의천의 『신편제종교장총록』에 『삼매경론』 6권(혹은 3권)이 현존한다고 기록되어 있다. 그러면서 6권으로 유통되고 있고 3권본도 있으며, 승전에서는 『소』 3권을 저술한 후에 번경삼장이 그것을 보고 논으로 명칭을 바꿨다고 한다. 따라서 처음에는 '소'로 명칭이 되어 있었을 것이다. 이후 정안鄭晏의 1244년 식어識語가 있는 『삼매경론』 3권본이 고려대장경에 입장된다.

이후 혜심慧諶의 『구자무불성화간병론狗子無佛性話揀病論』에 『삼매경론』이 인용된다. 다만 혜심의 저술에서는 『금강삼매경』으로 인용하였는데, 이것은 원효의 『삼매경론』으로부터의 직접 인용은 아니다. 영명 연수의 『만선동귀집』에서 약간 고쳐 재인용한 것에 해당한다.[72]

---

71 김상현, 앞의 책, 2000, p.142에서는 명칭의 차이에 주목하여, 『삼매경론』으로부터의 인용임을 확인하기 어렵다고 본다.
72 신규탁 옮김, 백파긍선, 『선문수경』, 서울: 동국대학교출판부, 2012, pp.141~142

혜심은 『구자무불성화간병론』에서 구자狗子 화두를 잘못 이해한 경우가 많으며, 이에 대혜大惠가 구자狗子 화두를 유와 무 가운데의 무로 해석하는 것을 경계했는데, 『금강삼매경』을 인용하면서 다시 구자의 무가 '진정한 무無'라고 오해하는 상황이 발생하자 이를 경계하는 내용이다. 즉, 경전의 의도와는 달리 경전을 잘못 사용하는 예로써 『삼매경론』을 인용한 것이다.

조선시대의 유통

혜심의 『구자무불성화간병론』은 조선시대 후기 백파 긍선白坡亘璇(1767~1852)의 『선문수경禪文手鏡』 안에서 주석된다. 백파는 『선문수경』에서 여래선에 해당하는 『삼매경론』의 내용을 조사선의 내용으로 오해하는 것을 경계한다. 즉 백파 긍선의 입장에서 『삼매경론』의 '진정한 무'를 조사선보다 한 단계 낮은 여래선으로 이해한 것이다. 물론 백파 긍선 역시 『삼매경』이 『삼매경론』임을 알지 못하였다.

다송자 보정茶松子寶鼎(1861~1930)[73]이 1922년에 편록한 『저역총보著譯叢譜』 권 제2의 일선저술부日鮮著述部에 『금강삼매경소』 6권과 『금강삼매경론소』 3권이 수록되어 있다.[74] 아마도 이것은 직접 본 것이 아니라 일본문헌의 목록에서 가져온 것으로 보인다.

1923년에는 조선불교회朝鮮佛敎會의 유경종劉敬鍾이 『삼매경론』의 교정본을 내놓았다.[75] 『삼매경론』을 어디서 구했는지는 밝혀 놓지 않았지

---

73 金龍泰, 「『錦溟寶鼎』의 浮休係 正統論과 曹溪宗 提唱」, 『韓國文化』 37, 서울대학교 규장각한국학연구원, 2006, pp.157~189
74 『저역총보』 권 제2(『한국불교전서』 12, 463b)
75 佐藤敦, 「朝鮮佛敎會의 歷史와 性格」, 2016년 불교학연구회 춘계학술대회발표문,

만, 출처는 고려대장경인 듯하다. 현재『삼매경론』은 고려대장경본과 교정본만이 현전하는데,『삼매경론』의 현대적 연구는 1244년에 고려대장경 보유판에 수록됨으로써 가능하게 되었다고 해도 과언이 아니다.

이상과 같이 한국찬술문헌에서의『삼매경론』유통은 도륜의 인용 1회 외에는 중국문헌으로부터의 재인용 2회만 확인된다. 즉, 직접『삼매경론』을 접하지 못했다는 의미이다. 원효의 저술을 다양하게 인용하고 있는 표원表員의『화엄경문의요결문답』에도 인용된 흔적이 없고, 균여는『석화엄교분기원통초』제7권에서『금강삼매경』의 게송을 2회 인용하며 직접 경전을 본 듯하지만[76], 원효의『삼매경론』에 대해서는 전혀 관심을 표시하지 않는다. 이후에도『삼매경론』은 한국찬술문헌 가운데 거의 주목받지 못하였다. 또한, 도륜의『유가론기』는 중국에서 저술되었을 가능성도 있다. 이렇게 보자면, 한반도에서 찬술된 불교문헌 가운데서『삼매경론』을 직접 보고 인용한 예는 찾을 수 없는 셈이 된다.

---

p.39
76 『석화엄교분기원통초』권 제7(『한국불교전서』4, 426a, 427a)

일미관행一味觀行, 동아시아 불교를 관통하다

　원효는 의상과 함께 신라의 최고 지식승이었다. 의상이 당시 신학문의 중심지인 당나라에서 10년간 유학을 하고 돌아온 반면에, 원효는 순수하게 국내파이다. 그러면서도 당시 유행하던 거의 모든 경론을 독파하고 주석서를 남겼다. 그 가운데 『금강삼매경』이 가장 먼저 유행한 곳이 신라이고, 주석서를 가장 처음 저술한 곳도 신라이다. 즉 원효의 『삼매경론』은 『금강삼매경』에 대한 최초의 주석서이다.

　『금강삼매경』은 용궁 설화에서 볼 수 있듯이 치병의 효과가 있었다고 하지만, 그 진상은 베일에 가려져 있다. 신라의 대안이 흩어진 경전의 순서를 맞추고, 원효만이 이해가 가능하다 해서 『삼매경론』이 저술된다. 처음에는 5권을 지었으나, 도둑이 훔쳐가서 급히 3권으로 만들었다. 다만, 사라진 5권본이 기록된 목록도 존재하기 때문에 재검토할 가치가 있다.

　『금강삼매경』은 총 6품으로 구성되어 있고, 각 품명은 수행의 상승 구조를 취한다. 즉, 전 품에서 다음 품으로 수행 경지가 상승하기에 붙여진 품명이다. 원효는 『금강삼매경』을 주석하면서 먼저 대의를 저술하고, 다음으로 경전의 핵심사상을 서술하고 나서 경의 제목을 해석하였다. 여기까지를 현담이라고 부를 수 있을 것이다. 이후 과문의 형식을 취하면서 본문을 각 품마다 해석하였다.

　원효는 『삼매경론』의 중심사상을 『기신론소』와 마찬가지로 '일심一心'으로 보았다. 그것을 『삼매경론』에서는 실천적 의미를 갖추어 '일미관행'이라고 표현하였다. 오직 한 가지 맛의 관찰과 실천이다. 원효가 『금강삼매경』을 원리에 근거하고 실천을 위주로 하는 경전으로 본 것을 의미한다.

　『금강삼매경』을 해석하는 『삼매경론』의 이러한 근본사상은 일본과 중국에 전파되면서 그 진가를 발휘한다. 우선, 중국에서는 종밀이 『원각경』을 주석하면서 『삼매경론』을 자주 인용한다. 일미설을 이야기할 때에 원효의 『삼매경론』을 끌어와, 여래의 일미설을 실천하여 일심의 근원으로 돌아가는 것, 그것이 바로 일승이라고 설명한다. 원효는 『금강삼매경』을 상법중생을 위한 교설이지만, 일미의 교설은 정법, 상법, 말법 중생을 관통하는 여래의 교설이라고 생각했다. 종밀 역시 『금강삼매경』의 중심이 일미임을 간파했고, 그것을 원효의 『삼매경론』을 통해 설명하였다. 영명 연수는 더욱 『삼매경론』의 일미설에 심취한다. 종밀은 일미설을 통해 남북선종의 통합을 꾀하였고, 연수는 일미설을 통해 일심사상으로 섭취하였다. 이후 종밀과 연구가 인용한 부분은 원·명·청의 『원각경』, 『금강삼매경』 주석가들이 『삼매경론』을 인용할 때 답습하기도 한다.

　한편, 『삼매경론』은 일본에 가장 먼저 전파되는데, 일본에서는 『삼매경론』을 참고하는 데 머물지 않고, 현재는 남아 있지 않아 아쉬움을 남기지만, 『삼매경론』에 대한 주석서도 두 종 저술된다. 아마도 이 주석서들에서는 일미설에 대해 심취했을 것으로 추측된다.

　일본에서는 나라시대 젠주부터 가마쿠라시대의 교넨에 이르기까지 법상종, 화엄종, 천태종 등에서 『삼매경론』을 인용하는데, 이들 문헌에서는 일미 또는 일심사상을 그대로 수용한 것이 아니라, 일심사상의 전개에 해당하는 시각·본각, 8식·9식, 심왕 등의 해석을 수용하면서 이해를 넓혀 간다. 중국에서 원효의 일미관행의 사상을 직접 수용하였다면, 일본에서는 일미를 인식론적으로 수용하여 전개한 것이다. 한편, 한국에서는 인용이 거의 없지만, 삼매三昧와 진무眞無 개념을 통해 『삼매경론』을 이해한다. 원효에 따르면, 삼매는 마음이 하나의 대상에 집중되어 있는 것이며 일심에 해당한다. '진정한 무'는 결정성을 의미한다. 모든 법의 진실한 모습이다. 일미의 관행이 추구하는 것은 일미 자체에 있다. 그것은 다른 표현으로 '일심', '결정성', '진무'이며 일미관행의 근거가 된다.

원효 『삼매경론』의 일미설은 종밀과 연수 등의 저술에 수용되지만, 일본과 한국에서는 일미의 실천적 또는 인식론적인 형태로 계승된다. 이러한 점에서 볼 때 원효가 제창한 '일미의 관행'은 시대를 불문하고 동아시아 불교를 관통하면서 활용되고, 각 시대별로 자신들의 불교사상을 구축하는 데 필요한 사상으로 수용되었다고 평가할 수 있다.

| 참고문헌 |

고익진, 「원효의 실천원리-금강삼매경론의 일미관행을 중심으로」, 숭산박길진박사화갑기념회, 『한국불교사상사』, 익산: 원광대학교출판국, 1982.

김상현, 『원효연구』, 서울: 민족사, 2000.

김영태, 「신라에서 이룩된 금강삼매경-그 성립사적 검토」, 『불교학보』 25, 동국대학교 불교문화연구원, 1988.

김종명, 조은수 역, 『중국과 한국의 선사상』, 성남: 한국학중앙연구원, 2015.

김종욱, 『원효와 하이데거의 대화』, 서울: 동국대출판부, 2013.

김호귀, 「『금강삼매경론』의 선수행론 고찰」, 『불교학보』 58집, 동국대학교 불교문화연구원, 2011.

남동신, 「신라 중대불교의 성립에 관한 연구-『금강삼매경』과 『금강삼매경론』의 분석을 중심으로」, 『한국문화』 21, 서울대규장각 한국학연구원, 1998.

柳田聖山, 「金剛三昧經의 硏究」, 『白蓮佛敎論集』 3집, 성철사상연구원, 1993.

박태원, 「원효의 『금강삼매경』 6품 해석학」, 『철학논총』 77, 새한철학회, 2014.

福士慈稔, 『新羅元曉硏究』, 東京: 大東出版社, 2004.

石井公成, 「『金剛三昧經』の成立事情」, 『印度學佛敎學硏究』 46-2, 日本印度學佛敎學會, 1998.

佐藤繁樹, 『元曉의 和諍論理』, 서울: 민족사, 1996.

콘텍스트

금석문 金石文

• 박광연

I. 금석문과 불교금석문

　　금석문이란 무엇인가/ 금석문과 불교/ 인도·중국·일본의 불교

　　금석문

II. 삼국·통일신라시대의 불교금석문

　　고구려·백제의 불상/ 신라의 불상·탑·종/ 고승비와 사적비

III. 고려·조선시대의 불교금석문

　　고승비와 묘지석/ 불상·탑·종·반자/ 매향비와 사적비

■ 쇠와 돌에 새겨진 불교와 불교인의 역사

I. 금석문과 불교금석문

금석문이란 무엇인가

『여씨춘추呂氏春秋』「구인求人」편에 "하우夏禹의 공적을 금석金石에 새겼다."는 구절이 있다. 일찍이 고대인들은 공적을 새겨 넣는 소재로서 금석, 즉 쇠(종과 가마솥)와 돌(비석)을 활용하였다. 금석에 새겨 넣은 문자,[1] 즉 금문金文과 석문石文을 통해 고대 언어와 역사를 연구하는 것이 금석학金石學이다.[2] 송대 구양수歐陽脩(1007~1072)의 『집고록集古錄』이 금석학의 시초로 꼽히는데, 금석학은 금석에 새겨진 다양한 문자를 탁본이나 다른 방법을 동원하여 해독하고 연구하는 것을 통칭한다.[3]

청초 고증학考證學 유행의 영향으로 금석문이 재조명되었다. 관념론적이고 자의적인 경서 해석을 배제하고 '실사구시實事求是'를 슬로건으로 내세운 고증학은 진한 이전 청동기에 새겨진 명문銘文, 석비의 각문刻文 등의 금석에 주목하였다.[4] 한국의 대표적인 금석학자는 추사秋史 김

---

1 금석문은 문자상으로는 금문과 석문만 해당되지만, 넓은 의미로 나무나 대나무 조각에 쓴 목간, 비단이나 삼베 등의 직물에 쓴 布記, 고분의 벽에 붓글씨로 기록한 묵서명, 칠기에 기록한 문서, 기와나 전돌에 포함된 명문 등을 포함시키기도 한다(조동원,「금석문의 역사와 자료적 가치」,『대동문화연구』55, 성균관대 대동문화연구원, 2006, p.6).
2 施蟄存, 이상천·백수진 옮김,『중국 금석문 이야기』, 서울: 주류성, 2014, pp.17~18
3 최영성,「한국 금석학의 성립과 발전: 연구사의 정리」,『동양고전연구』26, 2007, pp.381~412
4 溝口雄三 외 편저, 김석근 외 옮김,『중국사상문화사전』, 서울: 민족문화문고, 2003,

정희金正喜(1786~1856)라고 할 수 있는데, 김정희는 금석학과 서학書學의 대가였던 청의 학자 옹방강翁方綱(1733~1818)과의 교유로 금석학의 중요성을 깨닫고 몸소 경주를 답사하면서 금석문을 수집하고 연구에 매진하였다.[5]

우리나라 최초의 금석문 집성은 17세기 중엽 창강滄江 조속趙涑(1595~1668)의 『금석청완金石淸玩』으로, 삼국시대~조선 중기의 금석문 탁본 120여 점을 모아 편찬한 책이다.[6] 1668년(현종 9)에는 이우李俁가 300여 점의 금석문 탁본을 연대순으로 엮어 『대동금석서大東金石書』를 발간하였다. 중국에서 우리나라 금석문을 집성한 책이 발간되기도 하였는데, 청의 학자 유희해劉喜海(1794~1852)가 발간한 『해동금석원海東金石苑』(8권, 1832)과 『해동금석존고海東金石存攷』(1권)가 그것이다.

1910년대 조선총독부가 조사하여 편찬한 『조선금석총람朝鮮金石總覽』, 김상기의 『금석유문金石遺文』(1963), 황수영의 『한국금석유문韓國金石遺文』(1976, 일지사), 허흥식의 『한국금석전문韓國金石全文』(1984, 아세아문화사), 국립문화재연구소의 『한국금석문자료집(상)』(2005) 순으로 활자로 된 금석문 집성본이 출간되었고, 이에 대한 번역·주석서도 나왔다.[7] 탁본을 지역별, 시대별로 정리한 한국국학진흥원의 『한국금석문집성』, 조동원의 『한국금석문대계』도 계속 간행되고 있다. 또한 문화재청 국립문화

---

p.772

5 이은혁, 「추사 금석학의 성과와 의의」, 『한문고전연구』 13, 한국한문고전학회, 2006, pp.224~232
6 남동신, 「『金石淸玩』 연구」, 『한국중세사연구』 34, 한국중세사학회 2012, pp.361~362
7 한국고대사회연구소의 『한국고대금석문』(3권, 가락국사적개발연구원, 1992), 한국역사연구회 나말여초연구반의 『나말여초금석문』(2권, 혜안, 1996), 이지관의 『(교감역주)역대고승비문』(6권, 가산불교문화연구원출판부), 김용선의 『역주고려묘지명집성』(2권, 한림대출판부, 2006) 등이 있다.

재연구소에서 2004년부터 〈한국금석문종합영상시스템(http://gsm.nricp.go.kr)〉에서 금석문의 원문, 해석문, 탁본 등의 자료를 제공하고 있다.

금석문은 역사학, 고고학, 국문학, 미술사학 등 여러 학문 분야의 1차 자료로서 높이 평가 받고 있다. 특히 문헌 기록이 부족한 고대사 연구에서 금석문의 가치는 거의 절대적이다. 조선시대 이후로는 금석문의 중요성이 상대적으로 떨어지기는 하지만, 금석문은 문헌 사료의 중요성을 입체적으로 뒷받침하는 역할도 하고 있다.

금석문과 불교

불교 관련 금석문을 통칭하여 '불교금석문'이라 표현하는 경우가 있다.[8] 불교금석문을 학술용어로 사용하기 위해서는 개념 정의가 선행되어야 한다. '금석문 가운데 불교와 관련된 것'이라고 정의하면 그 범주가 너무 방대하다. 예를 들어 신라 법흥왕 때의 「울주천전리서석蔚州川前里書石(을묘명乙卯銘)」(534)에 '도인道人, 비구比丘, 사미沙彌, 중사衆士'와 같은 불교 출가자·재가자를 지칭하는 용어가 나오고, 「무술명오작비戊戌銘塢作碑」(578, 진지왕 3)에는 승관의 일종인 도유나都唯那가 나온다. 이 기록들은 불교 수용 초창기의 실상을 보여 주는 매우 중요한 금석문이다. 그렇지만 이러한 자료들까지 불교금석문이라 명명하기는 어렵다.

불교금석문은 '출가자·재가자의 생애나 행적에 관한 것, 불교 의식을 행할 때 사용하는 도구나 공간과 관련된 것'으로 한정하는 것이 좋을 듯하다. 구체적으로는 승僧의 행적을 담은 비 또는 묘지석, 사원 창건 또는 중수重修에 관한 비, 그리고 탑·불상·종·석등·당간(지주) 등 사원 내에

---

8 김영태, 『三國新羅時代佛敎金石文考證』, 서울: 민족사, 1992 참조.

있는 조상물에 새겨진 글, 그 밖에 반자(금구, 금고), 향완 등 사원에서 사용하는 도구에 새겨진 글들이 대상이 된다.

금석문 가운데 불교금석문이 차지하는 비중은 시대별로 차이가 있다. 현존하는 한국 최초의 불교금석문은 고구려 불상인 태화13년명석불상太和十三年銘石佛像(489)의 명문이다. 고구려 불상 명문은 모두 7개가 알려져 있는데, 와당, 묵서명, 묘지명 등 고구려의 여러 금석문 가운데 불교금석문이 차지하는 비중은 약 1/10에 불과하다. 이러한 사정은 삼국시대의 백제, 신라의 경우도 마찬가지이다. 신라의 초기 금석문 가운데는 고분 출토 유물을 비롯하여 영일냉수리비迎日冷水里碑, 울진봉평비蔚珍鳳坪碑, 진흥왕순수비眞興王巡狩碑, 남산신성비南山新城碑 등 중요한 것들이 매우 많아 불교금석문의 비중이 상대적으로 낮다.[9]

그런데 삼국통일 이후, 청주운천동사적비[10]를 비롯한 사찰 창건과 관련된 비문을 위시하여 불상, 탑, 종의 조성 불사에 대한 금석문이 증가하였다. 9~14세기의 금석문은 홍덕왕릉비편興德王陵碑片(836?), 배영숭각자석성裵零崇刻字石城(895), 그리고 채인범묘지명蔡仁範墓誌銘(1024)을 비롯한 묘지명들, 경주황남리효자손시양정려비慶州皇南里孝子孫時揚旌閭碑(1182) 등을 제외하고는 모두 불교금석문이다. 14세기 중반부터 조인규사당기趙仁規祠堂記(1341), 방신우사당비方臣祐祠堂碑(1342)를 시작으로 신도비神道碑가 등장하였는데, 조선시대에는 더욱 성행하여 불교금석문을 압도하였다. 조선시대 금석문은, 조사가 진행중이어서 단언하기 어

---

9 주보돈, 「금석문 자료와 한국고대사」, 『한국사시민강좌』 49, 서울: 일조각, 2011, pp.234~246

10 일반적으로 686년(수공 2) 건립되었다고 보았는데, 최근 윤경진(「청주운천동사적비」의 건립 시기에 대한 재검토」, 『사림』 45, 2013, pp.107~137)은 나말여초에 건립된 것으로 규정하였다.

렵지만, 17세기 들어 고승비 및 사적비의 조성이 급증하는 것이 특징이라 할 수 있다.

인도·중국·일본의 불교금석문

그레고리 쇼펜(Gregory Schopen)은 대승불교 재가불탑 기원설을 주장한 히라카와 아키라(平川彰)의 견해를 정면으로 반박하였다.[11] 쇼펜의 연구 방법은 6~12세기의 비문을 분석하는 것이었다. 그는 비문에서 대승은 적어도 4세기 이후에 나타나는 것으로 보아 4세기까지 대승은 독립된 교단을 형성하는 일 없이 부파 속에서 공존하고 그 후에 교단으로 자립하기 시작하였다고 주장하였다. 그는 비문 자료에 의한 연대 확정의 필요성을 증명하며 문헌 자료의 한계를 지적하였다. 시모다 마사히로(下田正弘)도, 비문을 보면 출가교단이 불탑·불상 숭배에 관여하고 있고, 어떤 경우에는 출가자가 불상 숭배를 주도하고 있음을 의심할 수 없다고 하면서, 문헌 '해석'과 비문의 성과를 다시 검토해야 할 필요성이 있다고 하였다.[12]

이처럼 인도 초기불교 연구에서도 금석문은 중요한 역할을 하고 있다. 인도의 금석문 연구 가운데 대표적인 아쇼까왕비문에 대해 간략히 소개하겠다. 아쇼까(Aśoka: 아육阿育, 무우無憂)왕은 일찍부터 동아시아에 그 존재가 알려져 『아육왕경阿育王經』, 『아육왕전阿育王傳』 등이 편찬되고 전륜성왕의 상징으로 인식되었지만, 인도에 아쇼까왕에 대한 문헌 기록

---

11 Schopen, G. "Mahāyāna in Indian Inscription," IIJ #21, 1979, pp.1~9
12 下田正弘, 『涅槃經の研究~大乘經典の研究方法試論』, 東京: 春秋社, 1997, pp.13~16

은 전혀 남아 있지 않다. 단지 왕의 법칙法勅(dhaṃma-lipi)이나 업적을 바위나 돌기둥에 새긴 글이 현존할 뿐이다. 바위에 새긴 글과 돌기둥에 새긴 글을 통틀어 '아쇼까왕비문'이라고 하는데, 고대 인도의 역사를 해명하는 가장 중요한 자료이다.

현재까지 발견된 비문은 40여 개로, ① 14장마애법칙十四章磨崖法勅, ② 별각마애법칙別刻磨崖法勅, ③ 소마애법칙小磨崖法勅, ④ 7장석주법칙七章石柱法勅, ⑤ 소석주법칙小石柱法勅, ⑥ 동원각문洞院刻文, ⑦ 황후법칙皇后法勅의 7종으로 분류한다.[13] 이 비문들을 통해 전설로만 알려져 있던 아쇼까왕에 대한 많은 것들이 밝혀졌다. 예를 들어, 아쇼까는 출가와 재가신도들을 구분하고, 정기적인 단식, 법法 순례, 스뚜빠 건립을 실천하였으며, 붓다의 말씀을 전하는 고정된 성전들의 낭송을 권장하였음을 알 수 있다. 문헌 속의 아쇼까와 비문의 아쇼까의 모습을 비교하는 연구가 많이 진행되고 있다.[14]

중국의 금석문은[15] 워낙 양이 많기 때문에 지역별, 시대별로 정리 작업이 진행되고 있는데, 『북경도서관장중국역대석각탁본회편北京圖書館藏中國歷代石刻拓本匯編』(1991), 『서안비림전집西安碑林全集』(1999) 등이 대표적이다. 이 가운데 불상, 탑, 경당 등에 새긴 불교금석문도 많다. 『용문석굴비각제기회록龍門石窟碑刻題記滙錄』(1998), 『대족석각명문록大足石刻銘文錄』(1999) 등 유명한 석굴의 조상제기造像題記를 정리한 도록이 다수 발

---

13 塚本啓祥, 호진·정수 옮김, 『아쇼까왕비문』, 서울: 불교시대사, 2008, pp.11~32
14 塚本啓祥, 호진·정수 옮김, 앞의 책, 2008, pp.259~337
15 중국과 일본의 불교금석문은 자료가 방대하여 그 전모를 파악하기 힘들기 때문에, 2005년 11월 성균관대학교박물관에서 주관한 「동아시아 중세사회의 금석문」이라는 주제의 학술대회에서 발표된 논문들을 많이 참조하였다. 『대동문화연구』 55(2006)에 특집으로 수록되어 있다.

간되었고, 1950년대 이래로 수많은 조상비가 출토되었는데, 특히 북조·수·당의 것이 많다. 탑명塔銘에는 묘지 형식의 승려 유골탑명과 사리석탑·석함 등 사리 보관 용기에 적힌 문자가 있다. 서안에서 출토된「당감로사니진여탑명唐甘露寺尼眞如塔銘」과「왕맹옥탑명王孟玉塔銘」, 장안에서 출토된「사대랑탑명師大娘塔銘」등의 묘지형 탑명과 감숙 출토의「당대운사사리탑명唐大雲寺舍利塔銘」, 섬서 출토의「경산사석사리보장慶山寺石舍利寶帳」등의 사리명문이 유명하다. 경당經幢은 불경을 특수한 석각 형식에 새긴 것으로, 당대唐代부터 시작되었고 주로『불정존승다라니경』을 많이 새겼다. 불경 이외에 당주幢主의 성명, 제작 연월일, 기복 내용 등이 새겨져 있고, 전국 각지에서 출토되었는데, 산서에서는 당대唐代 경당만 수십 개가 발견되었다고 한다.[16]

일본은 중국, 한국과 비교하였을 때 상대적으로 금석문의 수가 적은 편이다. 일본의 금석문은 조상명造像銘과 도검명刀劍銘 등의 금문金文이 주종을 이루고, 그 상당 부분이 불교와 관련되어 있다. 특히 일본 중세(11세기 헤이안 시대부터 16세기 후반 에도江戶 막부가 열리기 이전)의 금석문은 석탑, 범종 등 거의 모든 것이 불교신앙과 깊은 관계가 있다. 일본의 일반 금석문은 다리의 축조나 군의 설립 등 실용적 목적을 간략히 서술하고 있는 데 반해, 불교금석문은 이와 달리 교학을 갖춘 승려들이 늘어나면서 한문 문장 수준이 높다.[17]

---

16 趙力光,「中國의 碑刻 硏究 現況」,『대동문화연구』55, 성균관대 대동문화연구원, 2006 참조.
17 千千和倒,「日本의 金石文 硏究 現況」,『대동문화연구』55, 성균관대 대동문화연구원, 2006 참조.

II. 삼국·통일신라시대의 불교금석문

고구려·백제의 불상

한국의 금석문은 낙랑의 유물에서부터 시작된다. 평양에서 출토된 진25년명동과秦二十五年銘銅戈(BCE 222 추정)를 비롯하여 낙랑 지역에서 시원始元, 지절地節, 영광永光, 하평河平, 영시永始, 수화綏和, 원시元始 등의 연호가 있는 다수의 유물이 발견되었다. 한반도에서 발견된 비석 가운데 가장 오래된 것으로 알려진 점제현신사비秥蟬縣神祠碑(85년 추정)는 산신山神을 제사하는 내용을 담고 있다.

불교금석문은 고구려의 불상佛像 명문이 처음이다. 울산에서 발견된 태화13년명석불상太和十三年銘石佛像(489)에 악도惡途, 지옥地獄, □가문불상□迦文佛像 등 모두 15행 135자의 명문이 있는데, 불상을 건립하면서 발원한 내용을 담고 있다. 갑인명석가불광배甲寅銘釋迦佛光背는 일본 법륭사法隆寺에서 헌납한 48체불體佛이라 불리는 아스카 금동불군의 하나로, 왕연손王延孫이 현재의 부모가 팔난八難을 멀리 떠나고 정토淨土에 빨리 태어나기를 발원하며 만든 석가상이다. 고구려의 것인지 백제의 것인지 명확하지 않다.

백제의 불교금석문은 의외로 현존하는 수가 매우 적다. 삼국시대의 것으로는 정지원鄭智遠이 죽은 아내를 위해 만든 금동석가여래입상과 갑신년석가여래입상이 있다. 백제에 승비나 사적비는 없고, 재가자 사택지적砂宅智積이 나이 들어감을 한탄하며 진당珍堂(사찰)을 짓고 보탑寶塔을 세웠음을 기록한 사택지적비가 있다. 2009년 미륵사지석탑 해체 과정에서 발견된 금제사리봉안기金製舍利奉安記에는 석탑 건립의 주체가 왕비인 사택적덕沙宅積德의 딸이고 그 연대가 기해년, 즉 639년(무왕 40)으로 적혀 있어 학계의 주목을 받았다.

〈표 1〉 고구려 불교금석문

No.	명칭	건립(제작) 연도	소재지(소장처)
1	太和十三年銘石佛像	489 장수왕 77	동아대박물관
2	建興五年銘金銅佛像	536 안원왕 6 또는 596 영양왕 7	국립중앙박물관
3	延嘉七年銘金銅如來立像	539 안원왕 9 또는 599 영양왕 10	국립중앙박물관
4	永康七年銘金銅光背	551 양원왕 7	조선중앙역사박물관
5	金銅癸未銘三尊佛像	563 평원왕 5	간송미술관
6	金銅辛卯銘三尊佛像	571 평원왕 13	호암미술관
7	甲寅銘釋迦佛光背	594 영양왕 5? 위덕왕 41?	일본동경국립박물관
8	新浦市절골터金銅版銘	426 장수왕 14~ 666 보장왕 25	함경남도 신포

〈표 2〉 백제 불교금석문

No.	명칭	건립(제작) 연도	소재지(소장처)
1	金銅釋迦如來立像	6세기	국립부여박물관
2	百濟昌王銘石造舍利龕	567 위덕왕 14	국립부여박물관
3	王興寺舍利函記	577 위덕왕 24	국립부여문화재연구소
4	甲申銘金銅釋迦坐像	624 무왕 25?	일본 藤谷宗順
5	彌勒寺西塔金製舍利奉安記	640 무왕 40	국립미륵사지유물전시관
6	砂宅智積碑	654 의자왕 14	국립부여박물관

신라의 불상·탑·종

신라의 불교금석문은 고구려, 백제에 비하여 그 종류나 수가 풍부하다. 불상을 위시하여 탑, 종 등을 만들면서 새긴 명문들과 사원 건립에 대한 기록을 비문 형태로 남긴 것들이 있는데, 현존하는 것은 모두 8세기 이후의 것들이다.

신라의 불상 명문 가운데 가장 빠른 것은 단석산신선사마애불斷石山

神仙寺磨崖佛의 명문이다. 표현기법을 근거로 7세기 초반의 것으로 보고 있는데,[18] 보살계제자菩薩戒弟子, 미륵彌勒 등의 표현이 등장한다. 삼국통일 이후 백제 유민들이 향도香徒를 결성하여 만든 계유명전씨아미타불삼존석상癸酉銘全氏阿彌陀佛三尊石像과 계유명삼존천불비상癸酉銘三尊千佛碑像, 무인명석불상부대좌戊寅銘石佛像附臺座, 기축명아미타여래제불보살석상己丑銘阿彌陀如來諸佛菩薩石像이 있다. 감산사석조미륵보살입상甘山寺石造彌勒菩薩立像과 감산사석조아미타불입상甘山寺石造阿彌陀佛立像은 719년과 그 다음 해에 김지성이 발원하여 세운 것으로, 광배 뒤쪽의 명문을 통해 조성의 시대적·사상적 배경을 알 수 있고, 미륵과 아미타라는 조상명이 분명하여 학계의 관심이 지대하다. 홍성의 용봉사마애불龍鳳寺磨崖佛(799), 함안의 방어산마애불防禦山磨崖佛(801), 진천鎭川의 태화4년명마애불太和四年銘磨崖佛(830), 경주의 배리윤을곡마애불拜里潤乙谷磨崖佛(835)의 명문도 남아 있다. 마애불이 유행하다가 신라 하대에는 철로 만든 비로자나불이 등장하게 되는데, 철불의 조성은 선종의 수용과 관련 있다고 한다.[19]

신라 탑의 재료는 목재에서 석재로 변화하여, 삼국통일 전후부터 석탑이 유행하였다. 사리함 자체에 글씨를 새기기도 하고, 탑의 조성 과정을 밝힌 탑지塔誌를 별도로 넣기도 하였다. 탑 표면에 글을 새긴 경우도 있는데, 이를 탑기塔記라고 한다. 한편 황룡사9층목탑찰주본기皇龍寺九層木塔刹柱本記는 872년(경문왕 12)부터 탑을 중수한 배경, 과정, 참여자들에 대해서 박거물이 쓴 글을 사리내함에 새긴 것으로, 신라 하대 불교사

---

18 양은경, 「신라 단석산 마애불」, 『역사와 경계』 62, 2007, p.85
19 조범환, 「신라 하대 승려들의 압당 유학과 선종 불교 문화의 확산」, 『한국사상사학』 40, 2012 참조.

연구의 중요 사료이다. 범종에 새겨진 명문들도 많은 정보를 제공하고 있는데, 특히 국립경주박물관에 걸려 있는 성덕대왕신종聖德大王神鍾과 현재 일본에 있는 연지사종蓮池寺鐘이 중요하다.

〈표 3〉 신라 불상 명문

No.	명칭	건립(또는 제작) 연도	소재지(소장처)
1	斷石山神仙寺磨崖佛像群	7세기	경주
2	癸酉銘全氏阿彌陀佛三尊石像	673 문무왕 13	국립청주박물관
3	癸酉銘三尊千佛碑像	673 문무왕 13?	국립공주박물관
4	戊寅銘石佛像附臺座	678 문무왕 18?	세종시 연화사
5	己丑銘阿彌陀如來諸佛菩薩石像	689 신문왕 9?	국립청주박물관
6	甲辰銘金銅光背	704 성덕왕 3	하외주
7	甘山寺石造彌勒菩薩立像	719 성덕왕 18	국립중앙박물관
8	甘山寺石造阿彌陀佛立像	720 성덕왕 19	국립중앙박물관
9	龍鳳寺磨崖佛	799 소성왕 1	충남 홍성
10	防禦山磨崖佛	801 애장왕 2	경남 함안
11	太和四年銘磨崖佛	830 흥덕왕 5	충북 진천
12	拜里潤乙谷磨崖佛	835 흥덕왕 10	경북 경주
13	寶林寺鐵造毘盧舍那佛坐像	858 헌안왕 2	보림사
14	到彼岸寺鐵造毘盧蔗那佛坐像	865 경문왕 5	강원 철원
15	英陽蓮塘洞石佛坐像	899 진성여왕 3	경북 영양
16	三和寺鐵造盧舍那佛坐像	신라 말	강원 동해
17	芬皇寺七月三日銘石佛坐像	통일신라	국립경주박물관

〈표 4〉 신라 탑 관련 금석문

No.	명칭	건립(또는 제작) 연도	소재지(소장처)
1	神龍二年銘金銅舍利方函記	706 성덕왕 5	일본 三井家
2	皇福寺石塔金銅舍利函記	706 성덕왕 5	국립중앙박물관
3	永泰二年銘蠟石製壺	766 혜공왕 2	부산시립박물관
4	永泰二年銘塔誌	766 혜공왕 2	동국대박물관
5	葛項寺石塔記	8세기 후반 이후	국립중앙박물관
6	興法寺廉巨和尙塔誌	844 문성왕 6	국립경주박물관
7	法光寺石塔誌	846 문성왕 7	국립경주박물관
8	昌林寺無垢淨塔誌	855 문성왕 17	국립경주박물관
9	敏哀大王石塔舍利壺記	863 경문왕 3	동국대박물관
10	雲門寺鵲鴨殿出土舍利石塔壺銘	865 경문왕 5	경북 청도
11	鷲棲寺石塔舍利函記	867 경문왕 7	국립중앙박물관

12	寶林寺北塔誌	870 경문왕 10	국립광주박물관
13	寶林寺南塔誌	870 경문왕 10	국립광주박물관
14	皇龍寺九層木塔金銅刹柱本記	872 경문왕 12	국립중앙박물관
15	禪房寺塔誌	879 헌강왕 5	소재지 미상
16	中和三年銘金銅舍利器記	883 헌강왕 9	국립중앙박물관
17	海印寺妙吉祥塔誌	895 진성왕 9	국립중앙박물관
18	海印寺護國三寶戰亡緇素玉字	895 진성왕 9	국립중앙박물관
19	五臺山寺吉祥塔誌	895 진성왕 9	국립중앙박물관
20	百城山寺前臺吉祥塔中納法睠記	895 진성왕 9	국립중앙박물관
21	實相寺片雲和尙浮圖	910 효공왕 14	전북 남원

〈표 5〉 신라 종 금석문

No.	명칭	건립(또는 제작) 연도	소재지(소장처)
1	上院寺鐘	725 성덕왕 24	강원 평창
2	无盡寺鐘	745 경덕왕 4	일본 대마도, 현존×
3	聖德大王神鍾	771 혜공왕 7	국립경주박물관
4	禪林院鐘	804 애장왕 5	국립춘천박물관
5	蓮池寺鐘	833 흥덕왕 8	일본 常宮神社
6	竅興寺鐘	856 문성왕 18	일본 대마도, 현존×
7	松山村大寺鐘	904 효공왕 8	일본 宇佐神宮

고승비와 사적비

오늘날 고승들의 행적을 기록한 승비僧碑는 불교사 연구의 가장 기본적인 자료로 활용되고 있다. 일부 승려들의 저술을 제외하고는 불교계 동향을 보여 주는 문자 기록이 절대적으로 부족한 상황에서 승비는 승전僧傳이나 사지寺誌의 역할을 대신해 왔다고 할 수 있다.

승비의 등장은 9세기 전후이다. 선사禪師들의 승비가 세워지기에 앞서, 의상義湘(부석본비浮石本碑)·원효元曉 등 중대의 고승을 추모하는 성격의 비가 세워졌다. 비가 남아 있진 않지만, 문헌 기록을 통해 신라 하대 들어 아도阿道, 안함安含, 승전勝詮, 경흥憬興 등의 비도 세웠을 것이라 추정하기도 한다.[20] 최초의 선사비인 단속사신행선사비斷俗寺信行禪師 碑는 813년(헌덕왕 5)에 건립되었지만, 그 다음인 쌍봉사철감선사비雙峰寺 澈鑒禪師碑는 868년(경문왕 8)으로 시간 차가 있다. 선사비가 본격적으로 제작된 것은 경문왕(재위 861~875) 이후이다.

사적비寺蹟碑의 경우, 청주운천동사적비淸州雲泉洞寺蹟碑가 유명하다. 이 비는 1982년 운천동 공동우물에서 우연히 발견되었는데, 불법佛法을 찬양하고 임금의 덕德과 삼국통일의 위업을 칭송하는 내용도 포함되어 있다. 최치원이 찬한 숭복사비崇福寺碑가 온전하게 남아 있고, 성주사비 聖住寺碑, 황복사비皇福寺碑, 삼랑사비三郎寺碑는 비편이 일부 전한다. 현존하진 않지만, 불영사비佛影寺碑, 심묘사비深妙寺碑, 유덕사비有德寺碑, 창림사비昌林寺碑도 건립되었음을 문헌을 통해 알 수 있다. 비문의 찬자 撰者는 문한文翰의 직책을 맡고 있던 유학자인 경우가 많았다.[21] 무장사 아미타여래조상사적비鍪藏寺阿彌陀如來造像事蹟碑는 조금 성격을 달리하는데, 소성왕의 왕비인 계화왕후桂花王后가 왕이 죽은 후 그 명복을 빌기 위하여 아미타불상을 만들고서 그 내용을 기록한 것으로 『삼국유사三國 遺事』「무장사미타전鍪藏寺彌陀殿」에도 소개되어 있다.

〈표 6〉 신라 고승비

No.	명칭	건립(또는 제작) 연도	고승	소재지(소장처)
1	浮石寺義湘大師碑	8세기 후반?	義湘	현존×
2	高仙寺誓幢和上碑	800~808 애장왕대	元曉	동국대박물관 국립중앙박물관

---

20 곽승훈, 「문헌에 실린 신라 불교 금석문 연구」, 『역사와실학』 25, 역사실학회, 2004, pp.75~88
21 김상현, 「文獻으로 본 韓國古代 金石文」, 『문화사학』 21, 2004, 한국문화사학회, pp.393~396

3	斷俗寺信行禪師碑	813 헌덕왕 5	神行	현존×
4	雙峰寺澈鑒禪師碑	868 경문왕 8	澈鑒 道允	전남 화순
5	大安寺寂忍禪師碑	872 경문왕 12	寂忍 慧徹	현존×
6	寶林寺普照禪師碑	884 헌강왕 10	普照 體澄	전남 장흥
7	禪林院址弘覺禪師碑	886 정강왕 원	弘覺	국립춘천박물관 동국대박물관
8	雙溪寺眞鑑禪師碑	887 진성왕 원	眞鑑 慧昭	경남 하동
9	月光寺圓朗禪師碑	890 진성왕 4	圓朗 大通	국립중앙박물관
10	實相寺秀澈和尙碑	893 진성왕 7	秀澈	전북 남원
11	實相寺證覺大師碑	9세기?	證覺 洪陟	전북 남원
12	聖住寺郎慧和尙碑	890 진성왕 4	朗慧 無染	충남 보령
13	鳳巖寺智證大師碑	924 경애왕 1	智證 道憲	경북 문경
14	鳳林寺眞鏡大師碑	924 경명왕 8 [음기]933 경순왕 7	眞鏡 審希	국립중앙박물관
15	寧越興寧寺澄曉碑	924 경명왕 8 찬 944 혜종 1 립	澄曉 折中	강원 영월

〈표 7〉 신라 사적비

No.	명칭	건립(또는 제작) 연도	소재지(소장처)
1	淸州雲泉洞寺蹟碑	686 신문왕 6 또는 나말여초	국립청주박물관
2	鍪藏寺阿彌陀如來造像事蹟碑	799~800 소성왕 연간	국립경주박물관
3	金立之撰聖住寺碑	845~857 문성왕 7~10	충남대·동국대박물관
4	崇福寺碑	896 진성왕 10	동국대박물관
5	英陽化川洞寺址發見碑片	통일신라	경북 영양
6	皇福寺碑片	통일신라	국립경주박물관·동국대박물관
7	傳三郞寺碑片	통일신라	단국대박물관

〈표 8〉 신라 기타 불교금석문

No.	명칭	건립(또는 제작) 연도	소재지(소장처)
1	昌寧塔金堂治成文記碑	810 헌덕왕 2	경남 창녕
2	異次頓殉敎碑	818 헌덕왕 10	국립경주박물관
3	中初寺址幢竿支柱銘	827 흥덕왕 2	경기 안양
4	咸通銘禁口	865 경문왕 5	국립중앙박물관
5	開仙寺石燈記	(앞)868 경문왕 8 (뒤)891 진성왕 5	전남 담양
6	新羅法華經石片	신라 하대	국립경주박물관 6편 동국대박물관 17편 등
7	七佛庵出土金剛經石片	신라 하대	국립경주박물관
8	華嚴寺華嚴石經	신라 하대	전남 구례

III. 고려·조선시대의 불교금석문

고승비와 묘지석

비문에 새겨진, 국가의 지도적 위치에 있었던 승들의 행적을 통해 고려시대 불교사의 얼개가 그려졌다. 출가, 수계受戒 등 승들의 일생과 승과僧科, 승직僧職 등 승정제도를 통해 국가의 불교정책을 파악하였고, 사원寺院의 기능과 운영 조직 등 불교계 전반에 대한 이해도 가능해졌다.[22] 찬술 또는 건립연대를 확인할 수 있는 승비가 62개 이상이다.

현존하는 고려시대의 개인 비석은 승들의 것뿐이고, 관료들은 대부분 묘지墓誌를 매납하였다. 묘지석 문화의 유행으로 승들의 묘지도 만들어졌는데, 『고려묘지명집성』에 수록된 전체 306개의 묘지명 가운데 승의 묘지명은 20개다.[23] 묘비나 묘지는 주인공의 덕과 공을 기린다는 목적은 같지만, 묘비는 묘 앞에 세우고 상대적으로 풍부한 내용을 담고 장식성이 큰 반면, 묘지는 묘 안에 묻고 규모가 작아 주인공의 생애를 제한된 공간에 간략하게 서술하는 경향이 있다.

고려 말 사대부의 신도비神道碑가 등장한 이후, 조선시대에도 일반인의 신도비, 묘갈墓碣, 묘표墓標 등 묘비 건립이 확산된 데 비하여 승비의 건립은 주춤하였다. 조선 건국 초 목암 찬영木庵粲英(1328~1390), 환암 혼수幻庵混修(1320~1392), 축원 지천竺源智泉(1324~1395), 무학 자초無學自超(1327~1405)의 비석이 왕명에 의해 건립된 이후, 15~16세기 200여 년

---

22 정병삼, 「고려 고승비문 역주의 과제와 방향」, 『고려시대연구 1』, 성남: 한국정신문화연구원, 2000 참조.
23 김용선, 『고려묘지명집성』, 춘천: 한림대학교출판부, 1993 참조.

동안 승비는 건립되지 않았다. 그러다가 17세기 들어 해인사사명대사석장비海印寺四溟大師石藏碑(1612)를 시작으로 인조대에 9기, 효종대에 7기 등 조선 말에 이르기까지 170여 기가 지속적으로 건립되었다(〈표 9〉에는 대표적인 비만 제시하였음). 17세기의 승비는 사족층과 불교계의 관계를 재정립하고 청허계淸虛系를 중심으로 불교계를 재편하는 과정의 산물이며, 청허계 각 문파 형성·분화의 계기가 되기도 하였다고 한다.[24]

고려시대와 조선시대의 승비의 차이점을 다음과 같이 분석하기도 한다. 조선 초 이전에는 국사國師나 왕사王師, 이에 준하는 고승의 비만 남아 있으나, 조선 후기에는 승직을 제수받은 승려뿐만 아니라 승직이 없더라도 명망 있고 문도門徒가 번성한 경우 비석을 건립하였다. 조선 초 이전에는 문도의 요청을 왕이 허락해 주어야 승비를 건립할 수 있었지만, 조선 후기에는 문도의 청탁만으로 건립이 가능하였다. 즉 신라·고려시대에는 승이 입적한 뒤 문도가 주청하면 왕이 시호와 탑호를 하사하고 신하에게 비문을 짓게 하여 비석을 건립하였지만, 조선 후기에는 승의 문도가 고위관료나 명문장가에게 청탁하여 비문을 받고 비석을 건립하였다.[25]

〈표 9〉 고려시대 고승비

No.	명칭	건립(또는 제작) 연도	고승	소재지(소장처)
1	廣照寺眞澈大師碑	937 태조 20	眞澈 利嚴	황남 해주
2	瑞雲寺了悟和尙碑	937 태조 20	了悟 順之	국립중앙박물관
3	菩提寺大鏡大師碑	939 태조 22	大鏡 麗嚴	국립중앙박물관
4	毘盧寺眞空大師碑	939 태조 22	眞空 □運	경북 영주
5	普賢寺朗圓大師碑	940 태조 23	朗圓 開淸	강원 강릉

24 손성필, 「17세기 전반 고승비 건립과 조선 불교계」, 『한국사연구』 156, 한국사연구회, 2012, pp.145~150, 182~183
25 손성필, 앞의 논문, 2012, pp.151~155

6	興法寺眞空大師碑	940 태조 23	眞空 忠湛	국립중앙박물관
7	鳴鳳寺境淸禪院慈寂禪師碑	941 태조 24	慈寂 弘俊	경북 예천
8	淨土寺法鏡大師碑	943 태조 26	法鏡 玄暉	충북 충주
9	五龍寺法鏡大師碑	944 혜종 1	法鏡 慶猷	황북 개성
10	興寧寺澄曉大師碑	944 혜종 1	澄曉 折中	
11	無爲寺先覺大師碑	946 정종 1	先覺 逈微	전남 강진
12	大安寺廣慈大師碑	950 광종 1	廣慈 允多	전남 곡성
13	太子寺郎空大師碑	954 광종 5	郎空 行寂	국립중앙박물관
14	玉龍寺洞眞大師碑	958 광종 9	洞眞 慶甫	현존×
15	覺淵寺通一大師碑	958~960 광종 9~11	通一 □通	충북 괴산
16	鳳巖寺靜眞大師碑	965 광종 16	靜眞 兢讓	경북 문경
17	高達寺元宗大師碑	975 광종 26	元宗 璨幽	국립중앙박물관
18	寧國寺慧炬國師碑	광종 이후 949~975	慧炬 弘炤	미상. 대동금석서
19	普願寺法印國師碑	978 경종 3	法印 坦文	충남 서산
20	鷰谷寺玄覺禪師碑	979 경종 4	玄覺	전남 구례
21	智谷寺眞觀禪師碑	981 경종 6	眞觀 釋超	현존×, 석원사림
22	淨土寺弘法國師碑	1017 현종 8	弘法	국립중앙박물관
23	靈巖寺寂然國師碑	1023 현종 14	寂然 英俊	현존×
24	居頓寺圓空國師碑	1025 현종 16	圓空 智宗	강원 원주
25	浮石寺圓融國師碑	1053 문종 7	圓融 決凝	경북 영주
26	七長寺慧炤國師碑	1060 문종 14	慧炤 鼎賢	경기 안성
27	三川寺大智國師碑	문종대 1046~1083	大智 法鏡	서울 은평
28	法泉寺智光國師碑	1085 선종 2	智光 海麟	강원 원주
29	金山寺慧德王師碑	1111 예종 6	慧德 韶顯	전북 김제
30	般若寺元景王師碑	1125 인종 3	元景 樂眞	해인사 소재
31	靈通寺大覺國師碑	1125 인종 3	大覺 義天	황북 개성
32	僊鳳寺大覺國師碑	1132 인종 10	大覺 義天	경북 칠곡
33	雲門寺圓應國師碑	1147 의종 1	圓應 學一	경북 청도
34	斷俗寺大鑑國師碑	1172 명종 2	大鑑 坦然	현존×
35	玉龍寺先覺國師碑	1172 명종 2	道詵	현존×
36	寧國寺圓覺國師碑	1180 명종 10	圓覺 德素	충북 영동
37	瑞峯寺玄悟國師碑	1185 명종 15	玄悟 宗璘	경기 용인
38	興敎寺沖曦禪師碑片	1190 명종 20	元敬 沖曦	
39	芬皇寺和諍國師碑片	1190 명종 20	元曉	동국대박물관&분황사
40	鉢淵藪眞表律師藏骨碑	1199 신종 2	眞表	강원 간성
41	松廣寺普照國師碑	1211 각 1213 강종 2 입비	普照 知訥	전남 화순
42	寶鏡寺圓眞國師碑	1224 고종 11	圓眞 承逈	경북 포항
43	華藏寺靜覺國寺碑	1229 고종 16	靜覺 志謙	현존×
44	月南寺址眞覺國師碑	1235 고종 22	眞覺 慧諶	전남 강진

45	白蓮寺圓妙國師碑	1245 고종 32	圓妙 了世	현존×
46	慈雲寺眞明國師碑	1272 원종 13	眞明 混元	현존×
47	佛臺寺慈眞圓悟國師碑	1286 충렬왕 12	圓悟 天英	현존×
48	麟角寺普覺國師碑	1295 충렬왕 21	普覺 一然	경북 군위
49	桐華寺弘眞國尊碑	1298 충렬왕 24	弘眞 惠永	대구
50	松廣寺圓鑑國師碑	1314 충숙왕 1	圓鑑 沖止	현존×
51	修禪社慧鑑國師碑	1319 충숙왕 6	慧鑑 萬恒	현존×
52	瑩源寺寶鑑國師碑	1322 충숙왕 9	寶鑑 混丘	
53	法住寺慈淨國尊碑	1342 충혜왕 복위 3	慈淨 彌授	충북 보은
54	大崇恩福元寺圓公碑	1344 충혜왕 복위 5	海圓	현존×
55	佛岬寺覺眞國師碑	1359 공민왕 8	覺眞 復丘	현존×
56	檜巖寺址禪覺王師碑	1377 우왕 3	禪覺 惠勤	경기도박물관
57	安心寺指空懶翁石鐘碑	1384 우왕 10	指空·懶翁	평북 묘향산
58	太古寺圓證國師碑	1385 우왕 11	圓證 普愚	경기 고양
59	彰聖寺眞覺國師碑	1386 우왕 12	眞覺 千熙	경기 수원
60	億政寺大智國師碑	1393 태조 2	木菴 粲英	충북 충주
61	靑龍寺普覺國師碑	1394 태조 3	幻庵 混修	충북 충주
62	龍門寺正智國師碑	1398 태조 7	竺源 智泉	경기 양평
63	國泰寺應眞大師碑片	1019 현종 10		31자만 남음.
64	斷俗寺眞靜大師碑片	미상		국립중앙박물관
65	符仁寺高僧碑片	고려?		경북대박물관
66	公州傳九龍寺址高僧碑片	고려?		동국대박물관
67	慈雲寺依止大師碑片	1192 명종 22		북한 개성, 현존×
68	指空大師碑	1372 공민왕 21		동국대박물관
69	普光寺大普光禪師碑	1358 공민왕 7		국립부여박물관
70	葛陽寺惠居國師碑	미상		경기 화성, 현존×

〈표 10〉 고려시대 승 묘지명

No.	명칭	건립(또는 제작)	고승	소재지(소장처)
1	玄化寺僧統覺觀墓誌銘	1175 명종 5	覺觀	국립중앙박물관
2	洪圓寺廣濟僧統聰諝墓誌銘	1139 인종 17	聰諝	국립중앙박물관
3	興王寺大覺國師墓誌銘	1101 숙종 6	義天	국립중앙박물관
4	僧正景廉石棺銘	1102 숙종 7	景廉	국립중앙박물관
5	福興寺景德國師墓誌銘	1072 문종 26?	爛圓	국립중앙박물관
6	弘護寺等觀僧統昶雲墓誌銘	1104 숙종 9	昶雲	일본 德富猪一郎 소장 현재 소재 미상
7	歸法寺寂炤首座玄應墓誌銘	1139 인종 17	玄應	국립중앙박물관
8	國淸寺妙應大禪師敎雄墓誌銘	1142 인종 20	敎雄	현재 소재 미상

No.	명칭	건립(또는 제작) 연도	고승	소재지(소장처)
9	廣智大禪師之印墓誌銘	1158 의종 12	之印	국립중앙도서관
10	靈通寺通炤僧統智偁墓誌銘	1193 명종 23	智偁	국립중앙박물관
11	興王寺圓明國師墓誌銘	1141 인종 19	澄儼	일본 동경국립박물관
12	玄化寺主持闡祥墓誌銘	1141 인종 19	闡祥	국립중앙박물관
13	洪圓寺超悟僧統敎雄墓誌銘	1153 의종 7	敎雄	국립중앙박물관
14	松川寺妙能三重大師世賢墓誌銘	1143 인종 21	世賢	국립중앙박물관
15	圓證僧統德謙墓誌銘	1150 의종 4	德謙	국립중앙박물관
16	正覺首座義光墓誌銘	1158 의종 12	義光	일본 동경대학교
17	證智首座觀奧墓誌銘	1158 의종 12	觀奧	국립중앙박물관

〈표 11〉 조선시대 고승비

No.	명칭	건립(또는 제작) 연도	고승	소재지(소장처)
1	海印寺四溟大師石藏碑	1612 광해군 4	四溟 惟政	경남 합천
2	普賢寺玩虛堂大師石鐘碑	1632 인조 10	玩虛 圓俊	북한 묘향산
3	淸虛堂休靜大師碑	1632 인조 10	淸虛 休靜	북한
4	道岬寺妙覺和尙碑	1633 인조 11	妙覺 守眉	전남 영암
5	深源寺霽月堂敬軒大師碑	1636 인조 14	霽月 敬軒	경기 연천(鐵原)
7	普賢寺鞭羊堂大師碑	1645 인조 23	鞭羊 彦機	북한
8	大興寺淸虛堂休靜大師碑	1647 인조 25	淸虛 休靜	전남 해남
9	楡岾寺松月堂應祥大師碑	1647 인조 25	松月 應祥	북한 高城
10	常泰寺圓覺祖師塔碑	1648 인조 26	圓覺 摩訖	경북 포항
11	把溪寺會眞堂圓義大師碑	1648 인조 26	會眞 圓義	대구
12	福泉寺雪潭堂自優大師碑	1650 효종 1	雪潭 自優	전북 순창
13	把溪寺葆光堂傳明大師碑	1651 효종 2	葆光 傳明	대구
14	金山寺逍遙堂大師碑	1651 효종 2	逍遙 太能	전북 김제
15	深源寺翠雲堂大師碑	1652 효종 3	翠雲 學璘	경기 연천
16	道岬寺道詵守眉兩大師碑	1653 효종 4	道詵, 守眉	전남 영암
17	楡岾寺奇嚴堂法堅大師碑	1653 효종 4	奇嚴 法堅	북한 고성
18	挑李寺阿度和尙事蹟碑	1655 효종 6	阿道	경북 구미
19	七長寺碧應堂釋崇大師碑	1660 현종 1	碧應 釋崇	경기 안성
20	安心寺表訓寺虛白堂大寺碑	1662 현종 3	虛白 明照	북한
21	華嚴寺碧岩大師碑	1663 현종 4	碧巖 覺性	전남 구례
22	法住寺碧巖大師碑	1664 현종 5	碧巖 覺性	충북 보은
23	文殊寺楓潭大師碑	1668 현종 9	楓潭 義諶	경기 김포
24	表訓寺楓潭堂義諶大禪師碑	1668 현종 9	楓潭 義諶	북한 淮陽
25	松川寺僧大將悔隱長老碑	1671 현종 12	悔隱 應俊	전남 광양
26	楡岾寺春坡堂大師碑	1671 현종 12	春坡 雙彦	북한 고성
27	普賢寺楓潭大師碑	1681 숙종 7	楓潭 義諶	북한
28	水泰寺退休堂時勝大師碑	1682 숙종 8	退休 時勝	북한 金化

29	壽陁寺紅蕅堂善天大師碑	1690 숙종 16	紅蕅 善天	강원 홍천
30	大興寺楓潭堂義諶大師碑	1692 숙종 18	楓潭 義諶	전남 해남
31	寶林寺蓮華堂升誠大師碑	1694 숙종 20	蓮華 升誠	북한 三和
32	普賢寺靈巖大師石鐘碑	1694 숙종 20	靈巖 智圓	북한
33	普賢寺松巖堂性眞大師碑	1700 숙종 26?	松巖 性眞	북한 영변
34	丹光寺禪華堂敬琳大師碑	1706 숙종 32	禪華 敬琳	경기 화성
35	把溪寺玄應堂靈源大師碑	1710 숙종 36	玄應 靈源	대구
36	普賢寺雲峯堂靈佑大師碑	1716 숙종 42	雲峯 靈佑	북한 영변
37	普賢寺月渚大師碑	1716 숙종 42	月渚 道安	북한
38	鳳巖寺霜峯堂淨源禪師碑	1716 숙종 42	霜峯 淨源	경북 문경
39	佳會面鳳巖堂采歡大禪師碑	1719 숙종 45	鳳巖 采煥	경남 합천
40	佛影寺養性堂禪師惠能浮屠碑	1738 영조 14	性堂 惠能	성균관대
41	通度寺雪松堂演初大禪師碑	1754 영조 30	雪松 演初	경남 양산
42	雲門寺雪松大師碑	1754 영조 30	雪松	탁본
43	箕城大師碑	1772 영조 48	箕城 快善	경북 칠곡
44	楡岾寺楓嶽堂大師碑	1774 영조 50	楓嶽 普印	북한 고승
45	七長寺海月大師碑	1781 정조 5	海月 敬律	탁본
46	仙巖寺霜月大師碑	1782 정조 6	霜月	전남 순천
47	直指寺秋潭大師碑	1787 정조 11	秋潭 玿澄	경북 김천
48	乾鳳寺泗溟大師紀蹟碑	1799 정조 23	泗溟 惟政	북한
49	桐華寺仁嶽大師碑	1808 순조 8	仁嶽 義沾	대구
50	大芚寺性波大師碑	1812 순조 12	性波 道彦	경북 구미
51	銀海寺影波大師碑	1816 순조 16	影波	경북 영천
52	檜巖寺指空禪師浮屠碑	1828 순조 28	指空	탁본
53	無學大師碑	1828 순조 28	無學	경기 양주
54	禪雲寺白坡大師碑	1858 철종 9	白坡	탁본

불상·탑·종·반자

고려시대 금석문은, 묘지명을 제외하고는, 대부분 불교금석문이다. 불상, 탑, 종 등 사찰 내에 봉안하는 유물뿐만 아니라 이 글에 정리하지는 못했지만 당간에 새긴 글씨도 있고(용두사당간기龍頭寺幢竿記, 962), 절터에서 출토된 기와도 많다(안성봉업사지 출토 기와 등). 고려·조선시대 불교금석문의 수를 이전 시기와 비교하면, 불상은 줄어들고, 탑은 비슷하게 유지되며, 종과 반자가 많이 증가하였다. 이러한 변화는 불사佛事를 주관하는 집단 및 구성원들의 변화와 관련 있을 것으로 보이는데, 앞으로의 연구가 필요하다.

향도香徒를 비롯한 재가자의 불교 문화에 대해서도 불교금석문을 통해 알 수 있다. 불사에 참여한 향도가 향촌공동체인지 단지 신앙공동체일 뿐인지 이견이 존재하는데, 현종 2년(1011)에 완공된 예천 개심사지5층석탑開心寺址五層石塔에 대한 연구가 논의의 시발점이었다.[26] 개심사석탑 건립에 참여한 두 향도(미륵향도彌勒香徒 42명·추향도椎香徒 98명) 조직과 승僧·속俗·랑낭娘 1만 인의 성격을 어떻게 봐야 할 것인가 하는 문제였다.[27] 이처럼 탑, 종, 반자 등의 조성에 참여한 동량棟樑과 단월檀越의 명단은 불교사, 나아가 지방 사회 공동체의 성격을 이해하는 데 중요한 사료로서 활용되고 있다.

현존하는 고려 전기의 종은 대부분 일본에 있다. 퇴화군대사종退火郡大寺鐘(956, 광종7), 고미현서원종古弥縣西院鐘(963, 광종14), 임강사종臨江寺鐘(1019, 현종10), 하청부곡북사종河淸部曲北寺鐘(1026, 현종17), 태평10년명종太平十年銘鐘(1030, 현종21), 청부대사종淸鳧大寺鐘(1032, 덕종1), 계지사금종戒持寺金鐘(1065, 문종19), 신해명회진사종辛亥銘迴眞寺鍾(1071, 문종25), 천북관세음사종川北觀世音寺鐘(1107 예종2) 등이 대표적이다. 이들 종명에는 종을 주조한 때, 봉안한 사원명, 재료의 무게, 동량棟樑 및 백사百士·대장大匠의 이름 및 명수가 적혀 있는데, 종의 명문은 전체 문장이 우리말

---

26 이태진, 「예천 개심사석탑기의 분석」, 『역사학보』 53·54, 역사학회, 1972 참조.
27 채웅석, 「고려시대 향도의 사회적 성격과 변화」, 『국사관논총』 2, 국사편찬위원회, 1989; 구산우, 「고려전기 향도의 불사 조성과 구성원 규모」, 『한국중세연구』 10, 한국중세사학회, 2001 참조.

어순으로 되어 있는 경우가 많아 이두 연구에도 활용되고 있다.[28]

신라시대의 반자는 함통명금구咸通銘禁口(865, 경문왕 5)가 유일하지만, 고려시대의 것은 명문이 확인되는 것만 해도 50개가 넘고, 전 시기에 걸쳐 고루 분포하고 있다. 반자는 금고金鼓 또는 금구禁口라고도 하는데, 반자에 해당하는 한자는 盤子·鉡子·半子·鈑子·般子·飯子·䭃子·判子(판자)가 있고, 금고에 해당하는 한자는 金鼓·禁鼓가 있다. 반자와 금고를 합하여 반자고飯子鼓라고 명명한 경우도 있다. 반자는 사찰의식 법구寺刹儀式法具의 하나로, 주로 공양시간을 알리거나 대중을 불러 모을 때 사용하던 청동 북이다. 징과 같은 형태를 가진 금고는 뒷면이 비어 있으며, 측면에는 매달 수 있도록 2, 3개의 고리가 달려 있다. 반자의 명문은 종명과 유사하게, 공양에 참여한 명단을 적고 있다.

〈표 12〉 고려·조선시대 불상

No.	명칭	건립(또는 제작) 연도	소재지(소장처)
1	星州石佛坐像	967 광종 18	영남대박물관
2	太平二年銘磨崖藥師佛坐像	977 경종 2	경기 하남 선법사
3	太平興國銘磨崖菩薩坐像	981 경종 6	경기 이천
4	高靈開浦洞石造觀音菩薩坐像	985 성종 4	경북 고령
5	晩日寺金銅觀音菩薩立像	1002 목종 5	충남 천안
6	茸長寺址磨崖如來坐像	1022 현종 13	경북 경주
7	僧伽寺石造僧伽大師像	1024 현종 15	서울 종로
8	迦葉庵址磨崖三尊佛像	1111 예종 6	경남 거창
9	浮石寺金銅觀音鑄成記	1330 충숙왕 17	대마도→부석사
10	消災寺香垸臺座	1358 공민왕 7	대영박물관
11	泉隱寺懶翁和尙願佛	고려 말?	전남 구례
12	戊戌銘月城栗洞磨崖像	고려? 戊戌年	경북 월성
13	開嶺庵址磨崖佛像群銘文	고려?	전북 남원
14	癸酉銘靑銅神將立像臺座	고려?	박경원 소장

---

28 김기종, 「고려시대 불교금석문의 변체한문과 그 성격」, 『불교학보』 64, 동국대 불교문화연구원, 2013 참조.

15	戊子銘法泉寺光明臺1	고려?	서울 강남 한독약품
16	戊子銘法泉寺光明臺2	고려?	차명호
17	靈通寺銘靑銅尊者像	고려?	국립중앙박물관
18	德隱里石佛像背記	1445 세종 27	경기 파주

〈표 13〉 고려시대 탑

No.	명칭	건립(또는 제작) 연도	소재지(소장처)
1	呉越國王錢弘俶八萬四千銅塔	955 광종 6	일본 伊藤槙雄
2	芝峴里三層石塔	991 성종 10	충남 서천
3	統和銘安城長命寺石塔誌	997 성종 16	국립중앙박물관
4	東臺塔誌石	1005 목종 8	동국대박물관
5	聖楓寺址五層石塔	1009 목종 12	전남 영암
6	開心寺址五層石塔	1011 현종 2	경북 예천
7	興國寺石塔	1021 현종 12	북한 개성역사박물관
8	高興上林里三層石塔	1021 현종 12	전남 고흥
9	師子頻迅寺址石塔	1022 현종 13	충북 제천
10	淨兜寺址五層石塔	1031 현종 22	국립대구박물관
11	安養寺七層塔	1131 인종 9	현전×
12	普賢寺石塔	1044 정종 10	평북 향산군
13	長岬寺靑石塔	1162 의종 16	
14	開天寺石塔	1214 고종 1	충남 천안/현재 미상
15	海印寺石灯	1273 원종 14	경남 합천
16	至大三年銘金銅舍利塔	1310 충선왕 2	박종화
17	至正元年銘玉燈	1341 충혜왕 복위 2	동국대박물관
18	神光寺石塔	1342 충혜왕 복위 3	황남 해주 신광사
19	敬天寺十層石塔	1348 충목왕 4	국립중앙박물관
20	神勒寺普濟尊者石鐘碑	1379 우왕 5	경기 여주
21	正陽寺懶翁塔	1380년대 초반	북한 강원 금강군
22	太古寺圓證國師塔碑	1385 우왕 11	경기 고양
23	舍那寺圓證國師石鐘碑	1386 우왕 12	경기 양평
24	李成桂發願銀製鍍金舍利小塔	1391 공양왕 3	국립중앙박물관
25	槐山外沙里石造僧塔	고려?	간송미술관
26	釋迦如來銘銀製舍利小塔		미국 보스턴미술관 경기도 華藏寺
27	法華寺靑銅三角塔	고려?	경남 함양
26	戊辰銘石燈	고려?	전남 무안

〈표 14〉 고려시대 탑

No.	명칭	건립(또는 제작) 연도	소재지(소장처)
1	演福寺塔重創碑	1394 태조 3	북한
2	桐華寺金堂庵東塔誌	1544 중종 39	대구
3	明高麗釋迦金骨舍利浮圖碑	1603 선조 36	북한
4	普賢寺釋迦如來舍利碑	1603 선조 36	
5	淨巖寺水瑪瑙塔誌石4	1653 효종 4	강원 고성
6	龍淵寺釋伽如來浮屠碑	1676 숙종 2	대구
7	法泉寺牧牛庵石燈	1681 숙종 7	전남 무안
8	洛山寺海水觀音空中舍利塔碑	1694 숙종 20	강원 양양
9	通度寺舍利塔碑	1706 숙종 32	경남 양산
10	淨巖寺水瑪瑙塔誌石1	1719 숙종 45	강원 정선
11	神勒寺東臺塔重修碑	1726 영조 2	경기 여주
12	乾鳳寺釋迦齒相立塔碑	1726 영조 2	북한
13	歡喜寺佛享碑	1726 영조 2	북한
14	法廣寺釋迦佛舍利塔重修碑	1750 영조 26	경북 포항
15	安心寺世尊舍利碑	1781 정조 5	충북 청원
16	禪雲寺幢竿支柱銘	1797 정조 21	전북 고창

〈표 15〉 고려시대 종

No.	명칭	건립(또는 제작) 연도	소재지(소장처)
1	退火郡大寺鐘	956 광종 7	일본 沖繩, 현존×
2	古弥縣西院鐘	963 광종 14	靈岩郡 西院 일본 廣島縣 照蓮寺
3	聖居山天興寺銅鐘	1010 현종 1	국립중앙박물관
4	臨江寺鐘	1019 현종 10	일본 大阪市
5	河淸部曲北寺鐘	1026 현종 17	일본 佐賀縣 惠日寺
6	太平十年銘鐘	1030 현종 21	일본 大阪市 鶴滿寺
7	淸鳧大寺鐘	1032 덕종 1	일본 滋賀縣
8	驪州出土淸寧四年銘銅鐘	1058 문종 12	국립중앙박물관
9	戒持寺金鐘	1065 문종 19	일본 후쿠오카縣 承天寺
10	仙岳寺鐘	1066 문종 20	미상
11	辛亥銘廻眞寺鍾	1071 문종 25?	일본 島根縣 天倫寺
12	泰安元年銘鐘	1085 선종 2	현존×
13	太安二年長生寺金鐘	1086 선종 3	국립부여박물관
14	羅州西門石燈	1093 선종 10	국립중앙박물관
15	川北觀世音寺鐘	1107 예종 2	일본 동경박물관
16	正豊二年銘小鍾	1157 의종 11	박병래

17	丁丑銘靑銅小鍾	1178 명종 8	차명호
18	連年有兵銘鍾	고려 전기?	일본 大阪市 聖福寺
19	乙巳銘銅鍾	1185 명종 15?	국립중앙박물관
20	明昌二年銘鍾	1191 명종 21	
21	德興寺鍾	1196 명종 26	일본 동경국립박물관
22	丁巳銘尙州安水寺鍾	1197 명종 27	부산박물관
23	天井寺鍾	1201 신종 4	일본 今淵家, 天井寺
24	善慶院鍾	1206 희종 2	일본 南部利淳
25	安城縣鳳安寺鍾	1216 고종 3	국립중앙박물관
26	吾魚寺銅鍾	1216 고종 3	경북 포항
27	來蘇寺高麗銅鍾	1222 고종 9	전북 부안
28	癸未銘銅鍾	1223 고종 10	윤학찬
29	月奉寺鍾	1223 고종 10	국립중앙박물관
30	貞右十三年銘鍾鐘	1225 고종 12	일본 鄭詔文
31	塔山寺銅鍾	1233 고종 20	대흥사 성보박물관
32	甲午銘日輪寺鍾	1234 고종 21?	일본 曼陀羅寺
33	神龍寺小鍾	1238 고종 25	부산박물관
34	戊戌銘銅鍾	1238?	국립부여박물관
35	辛丑銘鍾	1241 고종 28	일본 井上家
36	甲辰銘小鍾	1244 고종 31	김신근
37	甲申銘善法院銅鍾	1284 충렬왕 10/ 1344 충혜왕 복위 5	송성문
38	己丑銘竹丈寺銅鍾	1289 충렬왕 15	호암미술관
39	至元三十一年銘小鍾	1294 충렬왕 20	김양선
40	己亥銘頭正寺鍾	13세기?	고려대박물관
41	戊寅銘修淵院小鍾	13세기?	윤장섭
42	己酉銘五聖寺小鍾	1309 충선왕 1	국립경주박물관
43	至大四年銘銅鍾	1311 충선왕 3	파리 cerunuschi박물관
44	辛亥銘正方寺小鍾	1311 충선왕 3?	홍성하
45	甲寅銘生千寺小鍾	1314 충숙왕/ 1374 공민왕 23	국립청주박물관
46	幸西寺小鍾	1323 충숙왕 10	차명호
47	文聖庵鍾	1324 충숙왕 11	일본 가마쿠라市
48	乙丑銘寶嵒寺銅鍾	1325 충숙왕 12	국립중앙박물관
49	至元六年銘小鍾	1340 충혜왕 복위 원	
50	演福寺鍾	1346 충목왕 2	북한 개성시
51	己酉銘水國寺銅鍾	1369 공민왕 18	국립중앙박물관
52	洪武25年長興寺銘鍾鐘	1392 공양왕 4	서울 강남 봉은사
53	龍溪寺銘靑銅小鍾	고려?	호암미술관
54	甫州土銘小鍾	고려?	

55	扶餘博物館小鐘	14세기?	국립부여박물관
56	戊戌銘龍出寺小鍾	고려 후기?	국립중앙박물관
57	乙巳銘小鐘	고려 후기?	
58	癸酉銘鐘	고려?	일본 小倉武之助
59	己未銘小鐘	고려?	
60	施主大雄銘靑銅小鐘	고려 후기?	일본
61	辛亥銘銅鐘	고려?	국립경주박물관
62	香寂庵銘小鍾	고려?	홍성하

〈표 16〉 조선시대 종

No.	명칭	건립(또는 제작) 연도	소재지(소장처)
1	奉恩寺長興寺銘銅鐘	1392 태조 1	서울 강남
2	興天寺鐘銘	1462 세조 8	서울 성북
3	圓覺寺鐘銘(普信閣鐘記)	1468 세조 14	서울 종로
4	洛山寺鐘銘	1469 예종 1	강원 양양
5	奉先寺鐘銘	1469 예종 1	경기 남양주
6	泰安寺天順銘銅鐘	1581 선조 14	전남 곡성
7	岬寺鐘記	1584 선조 17	충남 공주
8	日光山朝鮮鐘銘	1642 인조 20	일본 도치기현
9	龍興寺順治銘銅鐘	1644 인조 22	전남 담양
10	仙岩寺大覺庵順治銘銅鐘	1657 효종 8	전남 순천
11	萬淵寺順治銘銅鐘	1660 현종 1	전남 화순
12	高興楞伽寺康熙銘銅鐘	1698 숙종 24	전남 고흥
13	仙岩寺梵鐘閣康熙銘銅鐘	1700 숙종 26	전남 순천
14	長安寺鐘記	1708 숙종 34	북한
15	大興寺淸神庵銅鐘	1709 숙종 35	전남 해남
16	元曉寺康熙銘銅鐘	1710 숙종 36	광주
17	大同門鐘記	1726 영조 2	북한
18	寶林寺庚午銘銅鐘	1750 영조 26	전남 장흥
19	新興寺乾隆銘銅鐘	1751 영조 27	전남 장흥
20	影浪寺鍾銘	1759 영조 35	충남 당진
21	寧國寺鐘銘	1761 영조 37	충북 영동
22	多寶寺乾隆銘銅鐘	1767 영조 43	전남 나주
23	玉泉寺鐘銘	1776 정조 1	경남 고성
24	靑龍寺鐘銘	1782 정조 6	경기 안성
25	聖住寺鐘銘	1783 정조 7	경남 창원

〈표 17〉 고려시대 반자

No.	명칭	건립(또는 제작) 연도	소재지(소장처)
1	瓊巖寺盤子	1073 문종 27	국립중앙박물관
2	法海寺鈐子	1084 선종 1	일본
3	黃利縣半子	1085 선종 2	동아대박물관
4	內院寺金鼓	1091 선종 8	경남 양산 내원사
5	重興寺鈑子	1103 숙종 8	호암미술관
6	重林寺鈑子	1109 예종 4	국립경주박물관
7	德山寺禁口	1143 인종 21	국립중앙박물관
8	楊等寺半子	1160 의종 14	일본 伊藤偵雄
9	大定三十年銘義林寺般子	1190 명종 20	국립중앙박물관
10	彌勒院鈐子	1191 명종 21	한국불교미술박물관
11	大定十九年銘飯子	1179 명종 9	국립중앙박물관
12	大定二十三年屈石寺般子	1183 명종 13	경북 경주 백률사
13	正隆七年銘禁口	1162 의종 16	온양민속박물관
14	大定九年銘禁口	1169 의종 23	국립중앙박물관
15	興德寺禁口	1194 명종 24/ 1254 고종 41	국립청주박물관
16	庚申銘飯子	1200년?	호림박물관
17	景禪寺金鼓	1201 신종 4	차명호
18	蒲溪寺盤子	1202 신종 5	이화여대박물관
19	泰和貳年銘半子	1202 신종 5	한국불교미술박물관
20	德周寺禁口	1206 희종 2	전충신
21	泰和七年銘資福寺鈐子	1207 희종 3	경희대박물관
22	高嶺寺飯子	1214 고종 1	일본 동경박물관
23	貞祐四年銘半子	1216 고종 3	동국대박물관
24	竹州奉業寺貞祐五年銘飯子	1217 고종 4	연세대박물관
25	丁丑銘般子	1217 고종 4	고부군 은성우 구장현재
26	景禪寺禁口	1218 고종 5	차명호
27	貞祐六年銘靑銅飯子	1218 고종 5	호암미술관
28	翠嵓寺餙子	1222 고종 9	경기도박물관
29	利義寺飯子	1224 고종 11	국립청주박물관
30	乙酉銘華嚴寺半子	1225 고종 12	국립부여박물관
31	修定寺飯子	1240 고종 27	호암미술관
32	甲午銘金鍵	1234 고종 21?	국립중앙박물관
33	福泉寺飯子	1238 고종 25	부산박물관
34	乙巳銘飯子	1245 고종 32	일본 長崎県
35	月峯寺金鼓	1249 고종 36	국립중앙박물관
36	己酉銘靑銅金鼓	1249 고종 36?	국립청주박물관
37	玉泉寺壬子銘飯子	1252 고종 39	경남 고성 옥천사

38	己巳銘靑銅金鼓	1269 원종 10	국립청주박물관
39	大德五年銘靑雲寺飯子鼓	1301 충렬왕 27	국립중앙박물관
40	乙巳銘仁福寺金鼓	1305 충렬왕 31/ 1365 공민왕 14	동국대박물관
41	大德九年銘判子	1305 충렬왕 31	국립경주박물관
42	藥師寺禁口	1322 충숙왕 9	일본 교토府 智恩寺
43	寂照寺般子	1327 충숙왕 14	국립중앙박물관
44	至正四年銘金鼓	1344 충목왕 1	미상, 중국 瀋陽市 출토
45	兜率山飯子	1346 충목왕 2	현존×
46	感恩寺飯子	1351 충정왕 3	국립경주박물관
47	己酉銘菩提寺盤子	1369 공민왕 18	국립중앙박물관
48	二月開銘靑銅飯子	고려?	국립중앙박물관
49	壬午銘資福寺飯子	고려?	국립중앙박물관
50	寶林寺飯子	고려?	충북 충주 백운암
51	癸亥銘龍泉寺鉢子	고려?	차명호
52	丙戌銘觀音寺般子	고려?	호림박물관
53	丙寅銘禁鼓	고려?	국립공주박물관
54	己未銘禁口	고려 후기?	김종성
55	庚戌銘淸州白雲寺飯子	고려 후기?	국립중앙박물관
56	乙丑銘飯子	고려 말?	호림박물관
57	己巳銘般子	신라?	국립청주박물관

매향비와 사적비

매향비埋香碑는 문헌상으로는 1002년(목종 5)의 신안팔금면매향비가 있지만,[29] 실물로는 1309년 고성삼일포매향비高城三日浦埋香碑가 가장 이른 시기의 것이다(비문은 사라지고 탁본만 남아 있음). 가장 늦은 시기의 것은 1457년(세조 3)의 신안고란리매향비新安古蘭里埋香碑이다. 현재까지 발견된 15기가 14~15세기의 것으로, 이 시기에 매향이 유행하였음을 알 수 있다. 매향이란 향목香木 등의 나무를 갯벌에 묻어두는 것을 말하는데,

---

29 『세종실록』 권16, 세종 4년 3월 병진

이는 미륵불의 용화회에 공양할 침향을 마련하는 불교신앙 행위의 일종이라고 한다. 매향비가 남해안과 서해안에 집중적으로 분포되어 있어, 매향의 유행이 왜구의 침략과 관련 있다고 보는 것이 일반적이었다. 그런데 1309년 〈고성삼일포매향비〉와 1335년 〈정주매향암각〉은 시기나 지역상 왜구 문제가 심각하지 않다는 점에서, 공동체의 결속력 강화라는 다른 해석도 제시되었다.[30]

조선시대 들어 사원의 창건과 중수에 관한 기록이 증가한다. 특히 17세기 이후 사적비寺蹟碑의 건립이 증가하는데, 이는 당시 사지寺誌 간행의 유행과도 맥락을 같이한다. 왜란과 호란 양난 이후, 문도별로 계파를 현창하고 법통을 정립하려는 움직임이 한창이었고, 사원의 개창비 또는 중수비는 계파의 법통의식을 표방하기 위한 목적에서 만들어졌다.

조선 후기 불교계는 청허 휴정淸虛休靜(1520~1604)을 잇는 청허계淸虛系와 부휴 선수浮休善修(1543~1615)의 법맥을 잇는 부휴계浮休系가 양대 계파를 이루었는데, 청허계가 승비를 매개로 법통을 표방하였다면, 부휴계는 사적비를 강조한 것으로 보인다. 부휴계는 1609년(광해군 원년) 순천 송광사松廣寺 중창에 참여한 것을 계기로 하여 이후 송광사를 본산으로 삼았고, 송광사와 지눌을 매개로 계파로서의 정체성을 확립하였다. 전주 원암사圓巖寺 승들이 1622년(광해군 14)에 불탄 사찰을 대신하여 새 사찰을 창건한 뒤 부휴계의 적전 벽암 각성碧巖覺性(1575~1660)을 초빙하였는데, 벽암은 중앙의 고위 인사들에게 부탁하여 새 사찰을 송광사라 명명하고 사찰의 창건과 자신의 주석 사실을 기록한 송광사개창비松廣寺開創碑(1636, 인조 14)를 건립하여 완주 송광사가 중앙에까지 인정받을

---

30 채웅석, 「여말선초 향촌사회의 변화와 매향활동」, 『역사학보』 173, 역사학회, 2002 참조.

수 있도록 하였다.[31] 이 송광사개창비가 17세기 사적비의 시작으로 보인다. 1678년(숙종 4)에 건립된 순천 송광사의 송광사사원사적비松廣寺嗣院事蹟碑에는 부휴의 손제자인 백암 성총佰庵性聰(1631~1700)의 법통 인식이 고스란히 담겨 있다.[32]

〈표 18〉 고려시대 매향비

No.	명칭	건립(또는 제작) 연도	소재지(소장처)
1	高城三日浦埋香碑	1309 충선왕 1	강원 고성 현존×
2	定州沈香洞埋香岩刻	1335 충숙왕 복위 4	평북 정주 현존×
3	靈岩庵吉里埋香岩刻	1344 충혜왕 복위 5/충목왕 1	전남 영암
4	靈光法聖浦埋香碑	우 1371 공민왕 20 앞 1410 태종 10	전남 영광
5	泗川興士里埋香碑	1387 우왕 13	경남 사천
6	唐津庚戌年埋香碑	1310? 1370? 1430?	충남 당진
7	唐津庚午年埋香碑	1330? 1390?	충남 당진

〈표 19〉 조선시대 매향비

No.	명칭	건립(또는 제작) 연도	소재지(소장처)
1	禮山孝橋里埋香碑	1403 태종 3	이영희
2	新安岩泰島埋香碑	1405 태종 5	전남 신안
3	海南孟津里埋香岩刻	1406 태종 6	전남 해남
4	三千浦香村洞埋香岩刻	1418 태종 18	경남 사천
5	海美埋香碑	1427 세종 9	충남 해미(홍성 어사리)
6	靈岩採芝里埋香碑	1430 세종 12	전남 영암
7	長興德岩里埋香岩刻	1434 세종 16	전남 장흥
8	新安古蘭里埋香碑	1457 세조 3	전남 신안

---

31 최연식, 「완주 송광사의 창건 배경 및 사찰 성격의 변화 양상」, 『보조사상』 47, 2017 참조.
32 김용태, 「부휴계의 계파인식과 보조 유풍」, 『보조사상』 25, 보조사상연구원, 2006, pp.320~327

〈표 20〉 고려시대 사적비

No.	명칭	건립(또는 제작) 연도	소재지(소장처)
1	玄化寺碑	1021 현종 12	황북 개성
2	奉先弘慶寺事蹟碣碑	1026 현종 17	충남 천안
3	僧伽窟重修碑	1106 예종 1	서울 종로
4	眞樂公文殊院記	1130 인종 8	동국대박물관
5	妙香山普賢寺記	1141 인종 19	북한 묘향산
6	龍壽寺開創碑	1181 명종 11	경북 안동 현존×
7	龍門寺重修碑	1185 명종 15	경북 예천
8	寶盖山石臺記	1307 충렬왕 33 찬 1320 충숙왕 7 각	현존×
9	神福寺重興記	1335 충숙왕 복위 4	경기 광주 현존×
10	妙蓮寺重興碑	1336 충숙왕 복위 5	북한 개성 현존×
11	艶陽寺重興記	1340 충혜왕 복위 1	강원 강릉 현존×
12	長安寺重興碑	1345 충목왕 1	금강산 현존×
13	廣通普濟禪寺碑	1377 우왕 3	황북 개성
14	佛殿之記銘瑩源寺碑片	고려 후기?	경남 밀양

〈표 21〉 조선시대 사적비

No.	명칭	건립(또는 제작) 연도	소재지(소장처)
1	圓覺寺碑	1471 성종 2	서울 종로
2	花巖寺重創記碑	1572 선조 5	전북 완주
3	松廣寺開創碑	1636 인조 14	전북 완주
4	岬寺事蹟碑	1659 효종 10	충남 공주
5	月裏寺事蹟碑記	1665 현종 6	충북 청원
6	松廣寺嗣院事蹟碑	1678 숙종 4	전남 순천
7	寶月寺重修碑	1681 숙종 7	북한
8	白蓮寺事蹟碑	1681 숙종 7	전남 강진
9	直指寺事蹟碑	1681 숙종 7	경북 김천
10	興敎寺事蹟碑	1682 숙종 8	북한
11	菩薩寺重修碑	1683 숙종 9	충북 청주
12	空林寺事蹟碑	1688 숙종 14	충북 괴산
13	泉谷寺事蹟碑	1689 숙종 15	경북 포항
14	淸溪寺事蹟記碑	1689 숙종 15	경기 의왕
15	楞伽寺事蹟碑	1690 숙종 16	전남 고흥
16	少林寺事蹟碑	1690 숙종 16	북한
17	美黃寺事蹟碑	1692 숙종 18	전남 해남
18	水泰寺事蹟碑	1695 숙종 21	북한

19	仙巖寺重修碑	1707 숙종 33	전남 순천
20	明月寺事蹟碑	1708 숙종 34	부산 강서
21	凌波橋記	1708 숙종 34	강원 고성 건봉사
22	釋王寺事蹟碑	1708 숙종 34	북한
23	心源寺事蹟碑	1709 숙종 35	북한
24	仙岩寺昇仙橋碑	1713 숙종 39	전남 순천
25	圓井寺事積碑	1713 숙종 39	북한
26	積石寺事蹟碑	1714 숙종 40	인천 강화
27	雲興寺石長栍	1719 숙종 45	전남 나주
28	成佛寺事蹟碑	1727 영조 3	북한
29	廣法寺事蹟碑	1727 영조 3	북한
30	佛岩寺事蹟碑	1731 영조 7	경기 남양주
31	甘露寺鎭南樓石柱記	1732 영조 8	경기 남양주
32	守國寺事蹟碑	1738 영조 14	수국사
33	雙溪寺重建碑	1739 영조 15	충남 논산 쌍계사
34	深源寺事蹟碑	1740 영조 16	북한
35	灌燭寺事跡碑	1743 영조 19	충남 논산
36	神勒寺九龍樓重修碑	1751 영조 27	경기 여주
37	月精寺重建事蹟碑	1752 영조 28	북한
38	安心寺事蹟碑	1759 영조 35	전북 완주
39	神興寺事蹟碑	1764 영조 40	강원 양양
40	海印寺復古事蹟碑	1769 영조 45	경남 합천
41	大芚寺事蹟碑	1803 순조 3	전남 해남

쇠와 돌에 새겨진 불교와 불교인의 역사

『삼국사기三國史記』, 『고려사高麗史』, 『고려사절요高麗史節要』, 『조선왕조실록朝鮮王朝實錄』 같은 정사正史에는 실리지 못한 역사가 있다. 아니 많다. 당대當代 최고의 지식인들이 남긴 이들 사서에는 당대의 권력 지향이 담겨 있기 마련이다. 『고려사절요』 범례를 보면, "사원寺院으로 행차하거나 보살계菩薩戒를 받고 도량道場을 베푸는 등 당시 임금들의 일상적인 일들은 기록하기에 그 번잡함을 감당할 수가 없으니, 각각의 왕마다 처음 보이는 것을 기록하고 특별한 일이 있는 것을 기록하였다. 반승飯僧한 수가 십만 명에 이르러 거금을 허비한 경우는 반드시 기록하였다."[33]고 말하고 있다. 왕이 친히 사원에 행차하고, 보살계를 받고, 도량을 베푼 일도 번잡하다는 이유로 기록하지 않은 것이 많은 반면, 유학자의 비판거리가 될 만한 반승飯僧은 반드시 기록하였다고 한다. 왕이 친히 제사를 지낸 것은 모두 기록한다는 원칙과 비교할 때, 그 괴리가 크다. 이 같은 편집 원칙 때문에 정사에는 기본적인 국가 주도의 불교의례조차 온전하게 기록되지 못하였다. 왕의 불교 관련 행적마저도 이처럼 취사선택하여 실었으니, 다른 이들의 불교 관련 자취를 정사에서 찾기란 불가능에 가깝다.

역사학자들은 정사에 실리지 못한 삶의 궤적을 추적한다. 그 궤적들을 쫓아가다 보면, 흔치 않게 불교와 접하게 된다. 특히 금석문은 불교가 한국인의 삶 속에 어떤 모습으로 스며들어 있었는가를 보여 주는 자

---

[33] 『高麗史節要』, 「凡例」, "遊幸寺院及受菩薩戒設道場時君常事, 書不勝煩, 每王書初見, 有事則書. 飯僧數至千百, 虛費鉅萬者, 必書"

료의 보고寶庫이다. 삼국통일 이후부터 고려시대까지의 금석문 가운데, 묘지명을 제외하면, 90% 이상이 불교금석문이다. 물론 이 시대 한국인의 종교적 사유·생활에 불교만 관여한 것은 아니다. 무巫, 선仙 등 다양한 언어로 설명되는 토착신앙도 있었고, 유교적인 인식도 있었다. 그럼에도 현재 전하는 금석문의 대다수가 불교를 빼놓고는 설명할 수 없다는 것은 불교의 영향력이 지대하였음을 반증한다. 사원, 불상, 탑, 종, 반자, 석등, 당간 등의 조성 불사佛事에 참여한 이들의 명단을 보면, 출가자뿐만 아니라 중앙 관직을 가진 이들, 지방의 향직을 가진 이들, 여성들, 향도香徒·결사結社를 결성한 지방 공동체 등 그 참여 구성원도 다양하다.

금석문이 불교사 연구의 진전에 가장 크게 기여한 바는 불교제도 및 불교의례의 실상이다. 한국에 과연 중국의 도승격道僧格, 일본의 승니령僧尼令과 같은 출가자를 대상으로 한 법령이 존재하였는지, 승관제僧官制나 승정僧政 체계가 어떠하였는지 자료의 부족으로 명확하게 설명할 수가 없다. 그나마 신라의 경우, 『삼국유사』를 통해 일부 알 수 있지만,[34] 원성왕 때 정법전政法典 설치 이전까지 불교교단의 통제를 총괄한 기구의 이름이나 운영 방식, 중앙 교단과 지방 사원의 연결 시스템, 사원 내 삼강의 조직, 관단官壇 수계受戒의 시행始行 시기 등 풀리지 않은 문제가 너무나 많다. 반면 고려시대는 풍부한 금석문, 특히 승비僧碑를 통해 승계僧階, 승록사僧錄司와 승정僧政 운영, 승과僧科, 국사·왕사제도 등의 불교제도에 대한 많은 부분을 해명하였다.[35] 불교의례의 경우도, 『고려사』,

---

[34] 『三國遺事』卷4,「義解」第5, 慈藏定律, "新羅眞興王十一年庚午 以安藏法師爲大書省一人 又有小書省二人 明年辛木以高麗惠亮法師爲國統(亦云寺主) 寶良法師爲大都維那一人"

[35] 허흥식,『고려불교사연구』, 서울: 일조각, 1989 참조.

『고려사절요』에는 국왕이 직접 참석한 의례만을 싣고 있는 데 반해, 금석문에는 국왕이 불참하더라도 특기할 만한 것들을 기록하고 있어 새롭게 알 수 있는 의례들이 적지 않고, 의례 개설의 상황을 상술하고 있어 그 배경을 이해하는 데 도움이 되고 있다.

오랜 시간에 걸쳐 금석문을 수집하고 정리하고 분석한 선학들의 노고 덕분에 오늘날은 금석문을 연구에 활용하는 것이 손쉬워졌다. 금석문에 애착을 가지고 연구에 매진하는 이들이 늘어나고 있지만, 지금보다 더 많은 관심이 필요한 것 같다. 불교금석문을 총망라하여 목록을 작성함으로써 앞으로의 불교금석문 연구에 조금이나마 도움이 되고자 하였으나, 필시 누락된 것도 많고, 오류도 있을 것이다. 계속 보완해 가도록 하겠다. 금석문

| 참고문헌 |

한국금석문종합영상시스템 http://gsm.nricp.go.kr/_third/user/main.jsp
국립문화재연구소, 『한국금석문자료집(상)』, 다홀미디어, 2005.
최영성, 『한국금석학연구』, 서울 : 이른아침, 2014.
허흥식, 『고려불교사연구』, 서울 : 일조각, 1989.

손성필, 「17세기 전반 고승비 건립과 조선 불교계」, 『한국사연구』 156, 한국사연구회, 2012.
정병삼, 「고려 고승비문 역주의 과제와 방향」, 『고려시대연구 1』, 성남 : 한국학중앙연구원, 2000.
조동원, 「금석문의 역사와 자료적 가치」, 『대동문화연구』 55, 성균관대 대동문화연구원, 2006.
趙力光, 「中國의 碑刻 硏究 現況」, 『대동문화연구』 55, 성균관대 대동문화연구원, 2006.
千千和倒, 「日本의 金石文 硏究 現況」, 『대동문화연구』 55, 성균관대 대동문화연구원, 2006.
허흥식, 「고려 불교금석문의 특성과 정리방향」, 『대동문화연구』 55, 성균관대 대동문화연구원, 2006.

콘텍스트

교관 教觀

• 박용진

I. 교관 용어의 성립과 전개

    교관에 대하여/ 지관止觀(śamatha와 vipaśyanā)과 관관觀觀/

    한국불교사의 교관 용례

II. 중국불교와 교관

    천태교관의 성립과 전개/ 화엄교관의 성립과 전개

III. 삼국 · 통일신라시대의 교관

    법화신앙 및 천태교관/ 의상계 화엄교학과 관행/

    원효 및 비의상계 화엄교학과 관행

IV. 고려시대의 교관

    고려 전기 천태교관/ 균여와 의천의 화엄교관/

    천태종 백련사와 묘련사계 교관

V. 조선시대의 교관

    천태교관: 『연경별찬』과 『선학입문』/

    화엄교관: 『법계도주』와 조선 후기의 화엄사기

■ 교학과 관행의 융합과 한국적 발현

I. 교관 용어의 성립과 전개

교관에 대하여

교관은 교관이문教觀二門, 교문관문教門觀門, 교상教相과 관심觀心을 말한다. 교상은 석가 일대의 교설을 각자 종파의 입장에서 분류한 교판教判, 곧 이론적인 교리조직이고, 관심은 자종파가 내세운 진리를 관념하는 것으로 자종의 주장에 따라 실천하는 수행을 말한다.[1]

교문은 불경의 형식, 내용, 관점 등에 대한 분류, 정리, 판단이고, 나아가 그 진리를 해석하고 궁구하는 사상 이론 체계에 속한다면, 관문은 석가의 가르침에 내재한 진제眞諦를 체험하기 위하여 진행하는 수행 실천의 방법이라 볼 수 있다. 따라서 자종파의 교리인 교문과 그 교문에서 내세운 진리를 관념하는 관문은 교즉관으로 겸수이자 상의상자相依相資이다.

교관이라는 용어의 개념을 이해하기 위해서는 천태교학의 핵심인 천태 3대부에서 밝힌 교관에 대한 내용을 살펴볼 필요가 있다. 천태 3대부 가운데 『법화현의』 및 『법화문구』는 주로 교상문을 중심으로 서술하였고, 『마하지관』은 주로 관문을 밝히고 일부 교상을 설했다. 『법화현의』 권8에 실상문에 들어가는 것을 밝히는 문단에서 '교가 곧 관문이 되고, 관이 곧 교문이 된다'[2]고 하였으며, 『법화문구기』 권8에서는 교관이 상순

---

1 교관의 개념에 대해서는 동국역경원의 『佛教辭典』, 『望月仏教大辭典』 등 사전류를 참조하였다.
2 天台說, 『妙法蓮華經玄義』 권8上(『大正藏』 33, 784a).

相循하여 편중되지 않도록 하였다.³ 이렇듯 천태교관의 2문은 입교와 실천의 양 방면이지만 교즉관이고 관즉교로 상즉함을 알 수 있다.

천태종은 오시팔교를 교상으로 일심삼관의 천태지관을 관문으로 하며, 화엄종의 경우 오교십종을 교상으로 법계연기 등을 관심의 대상으로 한다. 결국 이 교관 2문은 제 종파에 통하지만 천태종의 교관이 체계적으로 조직되어 완성된 점을 보다 주목해 왔다. 천태종은 교리체계가 면밀하게 조직되어 있고, 수행 실천의 방법 차제가 완비되어 대승불교의 각 종파 가운데 교와 관이 결합된 완전한 하나의 종파로 인정되어 왔다. 이로 인해 교관 하면 천태교관 또는 천태종을 떠올리는 경향이 있고, 기타 종파에서는 마치 수행 실천의 관행문이 없는 것처럼 비치기도 하였다.

송대 지반의 『불조통기』에서는 화엄을 '유교무관有敎無觀'이라 평하였다. 화엄종은 과연 관행문이 없는가. 화엄종의 법장은 『기신론의기』 권 하의 수행신심분에서 '수지修止'를 해석하는 가운데 '천태 지의 선사의 『이권지관二卷止觀』에서 설한 것과 같다'⁴라고 하여, 화엄종의 지관행은 천태 지의가 설한 지관의 작법 형식과 같다고 언급하였다. 그러나 관행에 있어 실천의 방법과 형식이라고 할 수 있는 일반적이고 공통적인 작법의 부재를 언급하여 관행이 없다고 할 수는 없다. 법장의 『탐현기』 권13에서는 교와 관, 해와 행을 구별하여 화엄에 십중유식관이 있음을 밝혔다. 이는 유식에 오중유식관이 있는 것과 같다고 할 수 있다. 따라서 화엄교관에도 관문이 있지만 천태교관처럼 일반적 작법을 구체적으로

---

3 湛然, 『法華文句記』 권8,(『大正藏』 34, 307a), "敎觀相循 共顯其妙 敎觀若偏 二俱無力."
4 法藏, 『大乘起信論義記』 卷下本(『大正藏』 44, 283a).

조직한 내용은 잘 찾아지지 않는다.

지관止觀(śamatha와 vipaśyanā)과 관觀

지관은 지와 관의 병칭이고, 산스크리트 원어는 śamatha와 vipaśyanā이며, 한어 음사는 사마타奢摩他·비발사나毘鉢舍那이다. 지관이라는 말은 원시불교에서는 다소 늦게 성립한 용어이며 불교 이전에는 사용하지 않았다. 지와 관은 늦게 사용된 용어지만 마음을 고요하게 하는 것인 '지'와 진리를 '관'하는 것을 병칭하여 지관이 되었다. 지관이라는 말은 위진 남북조의 어느 시기에 역출되었고 지의에 이르러 중국 불교용어로 정착되었다. 한편 지·관으로 한역된 말의 원어로서 sthāpana·upalaksane가 있다. 이것은 육식념六息念, 즉 수數·수隨·지止·관觀·환還·정淨에서 유래하였다. 『선문수증禪門修証』의 지관은 육묘문六妙門의 sthāna·upalakṣaṇa에 대응된다고 하였다. 지止(sthāpana)·관觀(upalakṣaṇa)을 가장 명확히 규정한 것은 『구사론俱舍論』이다. sthāpana는 마음을 멈추고 호흡을 관찰한다는 의미이고, śamatha에 속한다. upalakṣaṇa는 오음을 관찰한다는 의미이고 vipaśyanā에 속한다. 육식념은 기본적으로 지止(śamatha)·관觀(vipaśyanā)과의 대응이 성립한다. 『마하지관』의 지관은 불도의 전체를 총칭하고, 불도의 기본원리를 지칭한다. 지의는 육식념의 지관을 천태의 지관에 흡수함은 물론 선이라는 용어 대신 사용하여 지관 체계를 정립하였다.

이처럼 지관은 천태지관에 고유하거나 한정된 것은 아니었는데, 천태 지의智顗(538~597)가 『마하지관』을 낸 이후에는 지관이라면 천태지관 법문을 떠올리는 경향이 있다. 지의의 초기 찬술인 『석선바라밀차제법문』에는 불도 수증의 전체가 '선'이라는 한 자에 집약되어 있고 '지관'은 사용되지 않았다. 지의가 '지관'이라는 용어를 처음 사용한 것은 『천태소지관』이며, 전체가 좌선을 설하는 것으로 그 좌선의 내용은 지관에 해당한다. 지의의 지관은 정혜의 2법이고, 선정과 지혜를 성취하기 위한 수행실천에 해당한다. 『선문수증』은 인도에서 성립한 선관법문의 총집이라 칭할 만한 내용이며, 『마하지관』은 인도적 선관법문의 규제를 탈각하여 지의 독자의 선관법문을 수립한 것이다.[5]

'관'에 대해서 살펴보면, 『마하지관』 제2 석명장釋名章에서 지관의 뜻을 해석하였는데, '지'는 식식息, 정停, 부지不止에 대한 지止, '관'은 관천貫穿, 관달觀達, 불관不觀에 대한 관의 뜻으로 나뉜다. 제3 체상장體相章에서는 체진體眞의 지, 방편수연의 지, 식이변息二邊 분별의 지와 종가입공관從假入空觀, 종공입가관從空入假觀, 중도제일의제관中道第一義諦觀의 3지3관이 설해졌다. 3관은 『영락경』에 나오지만 3지는 경론에 없고 3관에 비춰 의리에 따라 이름을 세운 것으로 지의의 독창적 법문이다. 이 관은 관심이고 십승관법이 주체가 된다. 이 경우 관은 지관을 아우르는 것으로 천태교관의 한 축을 이룬다. 특히, 천태교관의 '관'은 '관행'으로서 실상 등의 이치를 관찰하고 사유하는 실천적 방면을 말한다. '관'이라는 말은 불교에서 진리를 보는 방법을 '관'이라는 시점에서 포착하고 정리한 것이라 생각된다. 이것은 일면에서 교판이라는 지극히 이론적인 문제를 어디까지나 실천적이고 주체적인 장의 문제로 전환한 것이라 볼 수 있다.

---

5 關口眞大, 『止觀の硏究』, 東京: 岩波書店, 1975.

한국불교사의 교관 용례

한국불교사에 있어 교관이라는 용어의 활용은 대각국사 의천(1055~1101)이 입송구법 이후 선종에게 올린「사방죄표賜放罪表」에서 '교관을 구하기 위해 바다를 건넜다'라는 글에서 찾을 수 있다. 이후 의천이 편찬한『원종문류』나『대각국사문집』에는 다수의 교관 용어 활용이 나타난다. 물론 신라나 고려시대에 유통된 천태 전적류에서 교관이라는 용어가 나오지만 이는 불교계 내외에서 활용된 용어가 아닌 점에서 차별성이 있다.

고려 전기 교관 용례는 교관, 현수교관, 천태교관이며, 고려 후기에는 자은교관이 확인된다. 의천은『원종문류』를 편찬하면서 흥왕사주지興王寺住持 전현수교관傳賢首敎觀 겸兼 강천태교관講天台敎觀으로 자칭하였다. 이후 교관이라는 용어는 화엄종이나 천태종 그리고 자은종 등에서 교문과 관문을 겸수하는 종풍을 강조하는 한편 학파 또는 종파의 이칭으로 활용되는 경향성을 보인다.

고려 전기 의천은『원종문류』에서 화엄종의 입장에서 화엄교관에 정통해야 함을 언급하였고, 송나라 체류 시에는 천태지자탑에서 고려의 제관이 지자의 교관을 강설한 점, 의천 자신이 입송하여 종간從諫의 강하에서 교관을 이어받았다고 하여 천태교관을 언급하였다. 화엄교관은 송이나 고려 모두 '현수교관'으로 칭해졌으며, 현수교 등으로 불려 화엄종에 대응됨을 알 수 있다. 의천은 입송구법 이후 전현수교관, 강천태교관이라 자칭하였다. 의천 이후 고려의 천태종은 의천계 문도인 묘응대선사妙應大禪師 교웅敎雄의 비문에서도 교관이라는 용어가 쓰였으며, 고려 후기 백련결사의 제4세인 천책天頙의『호산록湖山錄』에도 요세에 의해 교관이 발흥되었다고 하여 천태교관이 고려 후기에도 천태종의 대명사로 인식되고 활용되었다.

고려 중기 선종의 원응국사圓應國師 학일學—의 비문에는 의천을 학천태교관學天台敎觀이라 하여, 천태교관을 전한 사실을 기록하고 있다. 인종대인 1141년에 세워진 『묘향산 보현사기』에도 탐밀探密이 화엄교관을 배웠다고 하였다. 의종대 광지대선사廣智大禪師 지인之印은 혜소慧炤로부터 선나법인 선을 배워 선학과 교관에도 해박하였다고 하여, 선종 이외에 제종의 교학에 해당되는 교관을 제시하였다. 또한 수선사 원오국사圓悟國師 천영天英(1215~1286)의 비문에 송나라 건경사建慶寺 전천태교관傳天台敎觀 승려 법언法言이 기록되어 있다. 따라서 선종의 수선사에서도 천태종의 교학조직 또는 종파에 대해 천태교관으로 인식하고 호칭하였음을 알 수 있다.

한편 고려 후기 원간섭기 1342년에 속리산 법주사 자정국존비慈淨國尊碑에는 미수彌授의 문도인 거현居玄이 자은교관慈恩敎觀 원흥사주지元興寺住持 도승통대사都僧統大師로 기록되었고, 또 다른 문도는 대자은종사大慈恩宗師 전자은교관傳慈恩敎觀 오교도승통五敎都僧統 중흥사 겸 천신사 주지重興寺兼天神寺住持로 기록되어 있다. 자정국존 미수는 자은종사의 칭호를 하사받은 바 있어 자은교관은 자은종을 지칭한다. 이와 같이 의천대 이래 사용된 교관이라는 용어는 학파나 종파의 교학을 총괄하는 용어로 쓰여 '종'이나 '학'에 대응됨을 알 수 있다. 또한 교관이라는 용어를 활용한 각 종파에서는 교상문과 관행문을 겸수하는 종교의 내외적 일관성을 견지한 것으로 이해된다.

한국불교사에 있어 삼국시대 불교 수용 이후 자료에서 확인할 수 있는 '교관'의 용례는 일부에 그친다. 그러나 교관이라는 용어가 쓰이지 않았다고 하여 제 종파의 실천 수행이나 그 조직 체계인 관행이 없었던 것은 아니었다. 고려시대에는 의천의 입송구법 이후 화엄종, 천태종, 자은종에서 자칭 타칭 교관을 표방하였다. 이는 고려의 교종 불교계가 선종을 의식하면서 교관편수 경향에 대한 비판과 반성에 기인한 것이었으며, 한편으로는 송나라 교종 불교계의 선종에 대한 대항의식의 수용과도 관련이 있다. 조선시대에는 교관의 용어가 활용된 사례를 잘 찾기 어렵지만, 성총의 『정토보서』에 '천태 지자 대사의 법화 일가 교관'을 찾을 수 있다. 물론 이것은 천태교관을 지칭하는 용어에 해당한다. 조선시대에는 불교의 제 종파가 통합되어 선종 일변도였기에 교관을 표방하는 종파를 확인할 수 없다.

II. 중국불교와 교관

천태교관의 성립과 전개

천태교관은 지의에 의해 체계를 갖추었는데, 『법화문구』를 통하여 교관체계가 형성되었고, 『법화현의』를 통하여 교문의 사상체계가 이루어졌으며, 『마하지관』을 통하여 관문의 사상체계가 확립되었다. 지의는 『법화문구』를 통하여 교관체계를 인연석因緣釋·약교석約敎釋·본적석本迹釋·관심석觀心釋의 4종석으로 제시하였으며, 특히 교관과 관련하여서는 약교석과 관심석의 해석이 중요하다. 약교석은 장藏·통通·별別·원圓의 화법사교, 돈頓·점漸·비밀祕密·부정교不定敎의 화의사교, 그리고 5시時 등 교敎를 기준으로 해석하는 것이다. 관심석은 공空·가假·중

中 삼관三觀과 4교에 따른 석공관析空觀, 체공관體空觀, 차제삼관次第三觀, 일심삼관一心三觀 등으로 해석하는 것이다.[6]

『법화현의』에서 약교석은 오중현의五重玄義로 하는데, 석명에서는 묘妙를 가지고 삼제원융三諦圓融의 원리를 구명하였다. 『마하지관』에서는 관심석을 실천의 측면에서 해석하는데, 삼제원융 및 일념삼천의 관심을 실수實修하는 일심삼관을 설명한다. 이 지관에서는 25방편·10경·10승 관법과 함께 4종삼매가 중심이 되며, 외형적인 신의身儀에 의한 4종삼매와 내면적으로는 십승관법을 삼관을 통하여 쌓운하는 것을 그 내용으로 한다.

이와 같이 지의가 조직한 천태교관의 체계는 교상문에 4교, 관심문에 3관을 기본으로 성립되었다. 더 나아가 4교와 3관의 유기적 설명을 위해 오시팔교가 제시되는데, 『천태사교의』에서는 석가의 설법 순서에 따라 5시, 설법의 내용에 따른 화법사교化法四敎, 중생을 교화하는 형식과 방법에 따라 분류한 화의사교化儀四敎가 그것이다. 또한 관문의 핵심인 천태지관법문에는 불도를 깨닫는 방법을 분류한 조직으로 삼종지관三種止觀이 있다. 이 지관의 실천 수행에 있어 준비 과정에 해당하는 25방편과 10경境, 중심 행법인 십승관법이 골격이 된다.

천태교판은 여타 교판의 기초 위에 전개되었다. 지의는 『법화현의』 제5 석교상장釋敎相章에서 당시 영향력 있는 교판으로 남3 북7의 10가를 들었다. 이들 10가의 교판은 차이가 있지만 공통점은 돈·점·부정의 3종교상敎相이었고, 지의가 주장한 바의 3종교상과 관련이 있을 수 있다. 이를 포함하여 5시설과 관련된 오미근기설五味根機說, 교관통일론敎觀統

---

6 이영자, 『천태불교학』, 불지사, 2001; 동국대불교문화연구소, 『韓國天台思想研究』, 동국대학교출판부, 1983의 내용을 중심으로 재구성하였다.

一論 등을 들 수 있다. 천태교판의 오시팔교에 있어 석가의 설법 순서에 따른 분류인 5시는 화엄華嚴·녹원鹿苑·방등方等·반야般若·법화열반法華涅槃이며, 중생을 교화하는 형식과 방법에 따라 돈·점·비밀·부정교의 네 종류로 분류하는 화의사교, 그리고 중생의 근기에 따라 교화하는 교리의 내용을 장·통·별·원의 네 종류로 구분한 것이 화법사교이다.

천태교관에 있어 관문의 핵심은 천태지관이다. 이 지관은 지의가 그 시대까지의 다양한 선관을 체계화하여 천태지관으로 조직한 것이다.[7] 지의의 지관법문은 점차지관·부정지관·원돈지관의 삼종지관이다. 이 삼종지관의 성립을 살펴보면, 점차지관은 『차제선문』에, 부정지관은 『육묘법문』에, 그리고 원돈지관은 『마하지관』에서 설해진 것이다. 점차지관은 낮은 데서 깊은 데로 점차 차제를 거쳐 수습되는 선법의 체계이고, 부정지관은 일정한 순서 차제 없이 수식數息·수식隨息·지심止心·수관修觀·환還·정淨의 6문을 수의隨意로 수습하는 것, 그리고 원돈지관은 차제, 불차제와 관련 없이 바로 빠르게 실상의 구진究盡을 목표로 하는 완전 원만한 선법의 체계이고, 구체적으로는 10경 10승의 관법이다. 이 가운데 원교의 수선행법修禪行法으로서 가장 중시되는 것이 원돈지관이다.[8] 이러한 천태 지의의 교관 통일 이론과 지관문 조직체계는 이후 화엄종, 유식, 선종에도 영향을 미쳤다.

천태교관의 전개에 있어 당대 제6조 형계 담연 이후에는 쇠퇴하였지만, 오대 시기의 오월국에서 교학은 재흥하였다. 오월왕은 고려에 사신을 파견하여 천태 관계의 불전을 구하였고, 961년경 고려에서는 제관을

---

7 藤井敎公, 「止觀の系譜~天台智顗を中心に」, 『仏敎の修行法』, 東京: 春秋社, 2003, pp.197~210

8 關口眞大, 『天台止觀の硏究』, 東京: 岩波書店, 1985, pp.52~54; 關口眞大, 『止觀の硏究』, 東京: 岩波書店, 1975.

통해 천태 전적을 재전하였다. 제관은 의적義寂의 문하에 있으면서 『천태사교의』를 저술하였다. 이후 송대 약 300년간 황실의 보호를 받아 번영하였는데, 이 시기 산가山家와 산외파山外派의 논쟁이 있었다. 이 논쟁은 천태교관의 관심문과 관련하여 중요한데, 『금광명현의』의 광본과 약본의 진위문제에서 발단하였다. 일심에 공가중의 삼제를 관하는 일심삼관이라는 천태지관 수행에 있어, 관심의 대상이 되는 일심은 실체에 대한 문제였다. 관행석(광본)에는 일상허망의 마음을 관의 대상으로 하는 망심관이고, 약본에는 절대 진실의 마음을 관의 대상으로 하는 진심관이다. 천태관문에서는 『마하지관』이 대표되고 관법을 중시한다. 이 관의 대상에 대해서 '진심가'는 부처나 중생을 내는 절대적인 심, 참의 실재로서의 심(理心)을 관법의 대상으로 해야만 한다고 주장한다. 즉 우리들 의식을 넘은 존재의 근저에 있는 마음을 관해야 한다는 것이다. 한편 '망심가'의 견해는 범부는 처음부터 '이심' 등을 관할 수 없고, 일상의 분별적인 심·정식情識으로서의 심에 즉해서 삼제와 삼천을 관해야만 하고, 여기에서 번뇌, 즉 보리를 실현할 수 있다고 주장한다. 즉 6식의 세계를 관법의 대상으로 해야 할 것을 제시하였다.

화엄교관의 성립과 전개

화엄교관은 『화엄경』에 대한 연구가 시작된 이래 화엄종으로 성립하여 전개된 사상체계의 전체를 지칭하는 화엄교학을 의미한다. 앞의 천태교관이 교의이론과 수행실천방법에 대해 교문과 관문을 둔 것과 같이 화엄종에서도 교문과 관문으로 구분할 수 있다. 화엄종의 사상은 두순, 지엄, 법장, 징관, 종밀 등 5조에 의해 형성되었다고 할 수 있다. 실제 그

대부분은 두순, 지엄에 의해 기초가 확립되고, 법장이 이것을 대성했다고 볼 수 있다. 따라서 화엄교관은 이들의 저술을 중심으로 분석할 필요가 있다. 중국 화엄종의 조통설을 살펴보면 종밀이 『주법계관문注法界觀門』에서 초조 두순, 2조 지엄, 3조 법장의 3조설을 세웠고, 송대 정원淨源은 마명, 용수, 두순, 지엄, 법장, 징관, 종밀의 7조설을 세웠다. 이러한 조통설은 화엄교학의 성립과 전개에 있어 중요한 의미를 갖는데, 특히 화엄의 관문서인 두순의 『법계관문』과 『오교지관』 등이 법장의 『화엄발보리심장』의 일부라는 위찬설도 있어 세밀한 검토가 요구된다. 최근의 연구에서는 법장 찬술의 『화엄경문답』이 신라에서 성립한 것으로 보는 한편 화엄종의 관행 문헌인 『유심법계기』나 『오교지관』도 신라나 고려 또는 일본에서 서사되었을 가능성도 제기되고 있다.[9]

화엄교관은 석가여래의 해인정중海印定中에 돈현頓現한 법문이다. 따라서 이는 불자소증佛自所證의 극치이자 칭법계의 원담圓談으로 일즉일체, 일체즉일, 중중무진, 주반무애를 그 특징으로 한다. 또한 일미진 가운데 일체를 갖춘 제망무애한 법계연기의 법문이므로 관경觀境에 제한을 두지 않는다. 따라서 인, 법, 이, 사, 염법, 정법 등 일체 모두가 관법의 대상이 된다. 이러한 화엄의 관법에 대해서는 '관일체법' 또는 '관법계'로 정의되기도 한다. 화엄관법은 수·당불교의 종교적 형성 가운데 특히 선종에 자극을 받아 화엄적 실천관행으로 성립되었다. 그 결과 많은 화엄관법서가 저술되었다. 이러한 화엄관법은 철학적인 면과 실천적인 면으로 나뉘며, 일방에 편중되기도 하고, 『화엄보현관행법문』에는 보현관과 보현행으로 나뉜 것도 있다. 이 관법이라는 용어는 관행, 관문,

---

9 田中良昭編, 『中國仏敎研究入門』, 大藏出版, 2006, p.199.

관심문 등으로 병칭되며, 모두 실천행도의 의미를 갖는다.[10]

화엄 제 조사의 교관을 살펴보면, 두순은 『화엄오교지관』을 찬술하고 소·시·종·돈·원의 오교에 기준하여 법유아무문·생즉무생문·사리원융문·어관쌍절문·화엄삼매문의 오문으로 관을 보였다. 또 진공·이사무애·주변함용의 3중의 법계관을 세웠다.

지엄은 두순을 이어 『화엄일승십현문』을 지어 교리, 이사, 해행, 인과, 인법, 분제경위, 법지사제, 주반의정, 역순체용, 수생근용성 등 10현 소사所事를 설하고, 만유의 염정·의정이 모두 십현무애임을 제시하였다. 다음으로 동시구족상응문 내지 탁사현법생해문의 10현문을 설하고, 일진일법이 10현을 갖추었음을 제시하였다. 이 십현문의 사사무애법계는 관념적으로만 얘기될 수 없고, 선정에 의해서 비로소 그 같은 법계가 현현된다. 기타 육상원융六相圓融의 묘의를 설하였고, 진여관·유식관·일체입관 등 18관을 제시하였다.

현수 법장은 법계를 깨치고 들어가는 관법을 밝혔다. 『유심법계기』, 『망진환원관』, 『화장세계관』, 『보현보살관』 내지 『대승기신론의기』에서 진여관 등을 밝혔다. 이어 징관은 삼성원융관·화엄심요관·십이인연관·사법계관을 설하였다. 종밀은 『원각경』의 소설에 의해 보왕여래성기의 법문으로, 일진일법도 소관의 대상이 되고 또 무진연기의 법문임을 밝혔다. 이처럼 화엄종의 관문은 실로 다종다양하여 모두 관문이 된다.

한편 화엄의 '관'은 사법계관四法界觀을 벗어나지 않는다. 그리고 이 사법계관이 곧 두순의 화엄관문에서 설한 3중의 법계관이고, 십현무애관·육상원융관·오온관·십이인연관이라 하지만, 모두 사법계관을 응

---

10 鎌田茂雄, 『화엄의 사상』, 서울: 고려원, 1989; 陳永裕, 『華嚴觀法の基礎的硏究』, 서울: 民昌文化社, 1995.

용하고 연역 부연한 것이다. 즉 오온관과 십이인연관은 사법계관事法界觀, 진여관과 공관은 이법계관理法界觀, 사리원융관은 이사무애理事無礙법계관, 십현무애관·삼성원융관은 사사무애事事無碍법계관이 되는 것과 같다. 더욱이 이를 요약하면, 성기관과 연기관의 2종을 벗어나지 않는다. 결국 화엄에서 법을 관상觀想하는 실천의 체계는 교상과 관행문, 즉 '교즉관'으로 교를 떠나서 관은 없고, 관을 떠나 따로 교를 세우지 않는다.[11] 이른바 화엄교학의 특징은 그 사상의 배후에 깊숙이 실천의 체계와 결합하는 교관상즉敎觀相卽으로 볼 수 있다.

III. 삼국·통일신라시대의 교관

법화신앙 및 천태교관

고구려의 파야波若(595~613)는 진나라로 갔다가 뒤에 천태산에 들어가 지의에게서 교관을 전수받았다. 도선의 『속고승전』에는 선법을 전수받은 것으로 되어 있어 『법화경』의 독송이나 학해보다는 관행이 부각되었다. 다만 파야는 진나라의 금릉에서 구법하였고, 또한 두루 유학한 점으로 미루어 법화학 등의 기반 위에 지의로부터 지관을 전수받은 것으로 이해된다. 그는 천태교관을 전수받은 최초의 고구려인이지만 귀국하지 않고 천태산에서 입적하였기 때문에 고구려를 비롯한 삼국의 전래나 영향은 분명치 않다.

백제의 법화신앙은 혜현惠現과 현광玄光에게서 찾을 수 있다. 『삼국유

---

11 張戒環, 「法藏의 敎相卽觀法에 대하여」, 『韓國仏敎學』 18, 1993, p.214.

사』에 따르면 혜현(560~627)은 『법화경』의 염송을 업으로 삼아 수덕사에서 강설하였다. 그의 교학은 『법화경』과 함께 삼론도 겸학하였으며, 실천행은 주로 『법화경』의 독송과 강설이었지만, 뒤에 강남의 달나산達拏山으로 옮겨 정좌구망靜坐求忘하였다. 이는 『법화경』의 이해와 신앙에서 지관 수행으로 확대된 모습이다.

백제 출신 현광은 『불조통기』 권9 「남악방출세가南岳旁出世家」에 입전되어 그의 활동이 전한다. 그는 진나라에 가서 남악 혜사南岳惠思(515~577) 문하에서 선법을 익히고, 위덕왕대(554~597)에 귀국하여 옹주 옹산에 절을 세우고 대중을 모아 설법하였다. 현광은 옹주에서 오랜 기간 법을 전하여 대중은 모두 개오하였으며, 승당수별자升堂受莂者가 1인, 화광삼매火光三昧와 수광삼매水光三昧에 든 자가 각 1인과 2인 등 4명이 대표적이다. 그는 혜사의 영당도影堂圖 인물 28명 가운데 들어 있고, 국청사 조도祖圖에도 포함될 정도였다. 현광은 혜사에게서 법화안락행문法華安樂行門을 받아 근행하여 곧 법화삼매를 증득하였다. 혜사의 『법화경안락행의』는 『법화경』의 「안락행품」에 의거한 삼매행을 밝힌 것으로 유상행有相行과 무상행無相行의 2종 삼매행 가운데 무상안락행을 강조했으며, 무상행은 선정을 정수하는 것이었다. 혜사를 사사한 현광은 선정의 수행과 염불, 그리고 지관을 종지로 활동한 것으로 보인다. 이는 이후 한반도의 천태교관 수용이나 이해에 기여하였을 것으로 추정된다.

신라의 법화신앙 및 천태교관은 광범하게 유포되었다. 신라 진평왕 초기에 활동한 연광緣光의 전기는 『홍찬법화전弘贊法華傳』 권3 「의해편」에 상세하다. 연광은 천태 지의에게 나아가 묘전을 들음에 해행이 깊어져 수년 만에 대오하였다. 이에 지의는 연광에게 법화경을 강의하게 하였고, 뒤에 연광은 천태별원에서 묘관을 닦았다. 『홍찬법화전』에는 연광이 인수仁壽 연간(601~604)에 수나라에 이르렀다고 하였지만, 지의로부터 교관을 전수받고 귀국한 시기로 추정된다. 연광은 귀국하여 『법화경』을 홍전하고 법문을 여는데, 이 법문은 묘관을 수행하는 천태지관이겠지만, 지의의 제자인 관정에 의해 정비된 천태교관과는 다소 이질적인 신라적 전개를 보였을 것으로 추정된다.

신라 문무왕 즉위 무렵 낭지朗智가 양주 아곡현(울산 지역)의 영취산에서 법화신앙을 폈다. 『삼국유사』 권5 「낭지승운보현수朗智乘雲普賢樹」조에 낭지의 활동이 전하는데, 의상계 화엄종의 지통은 의상의 문하에 들기 이전에 낭지에게 법화신앙을 전수받고 보현행을 행하며 보현이 내린 계율을 지녔다. 낭지의 보현행은 원효, 지통에게도 영향을 주었을 법하다. 특히 원효는 반고사磻高寺에 있으면서 낭지를 찾아뵈니 『초장관문初章觀文』과 『안신사심론安身事心論』을 짓도록 권유받았다. 이는 법화 관행이나 보현수행 등 관행과 관련된 것으로 추정된다.

신라의 『법화경』 관련 연구는 장소의 편찬에서 찾을 수 있지만 다수가 전하지 않고, 원효의 『법화경종요』와 의적의 『법화경론술기』 일부가 남아 있다. 원효는 일찍이 낭지에게서 『법화경』이나 관행을 배웠겠지만 『법화종요』에서 실천 체계인 관심석은 제시되지 않았다. 『법화종요』는 『법화경』의 대의를 개론한 것으로, 오중현의와 유사한 분석법을 취하지만 통석이 없고, 특히 관심석이 없어 원효의 관문에 대한 이해는 확인하기 어렵다. 또한 『법화종요』에서 일승사상, 성불의 교리와 회삼귀일 사상을 제시하였다.[12] 그의 회삼귀일사상은 '일一'을 빌려 '삼三'을 파하고 삼을 제거하면 일을 버리는 초월적 관법이다.

---

12 김두진, 「고려전기 법화사상의 변화」, 『한국사상과 문화』 21, 한국사상문화학회, 2003; 박광연, 『新羅法華思想史研究』, 혜안, 2013.

연회緣會는 원성왕대(785~799)에 국사로 책봉되었으며 『낭지전』을 편찬하였다. 그는 영취산에 머물면서 『법화경』을 읽고 보현관행을 닦았다. 낭지의 법화신앙 내에는 화엄사상의 영향이 나타나는데, 그가 거주한 영취산은 『화엄경』의 제10 법운지 보살의 거주처로 비정되었다. 연회의 법화신앙에는 문수보살과 변재천녀가 강조되는데, 화엄사상과 관음신앙을 함께 내세웠다. 즉 연회의 법화신앙에는 수행을 내세우는 보현행원과 관음보살을 매개로 한 변재천녀 신앙이 함께 추구되었지만 관음신앙이 강조되지는 않았다. 연회는 『법화경』 강독과 보현관행을 통한 법화삼매를 추구하였다.

이보다 앞선 시기에 신라인 법융法融, 이응理應, 순영純英의 3인이 중국 천태종 제8조인 좌계 현랑左溪玄朗(673~754)으로부터 구법하고 귀국하여 법을 전하였다. 현랑은 무주婺州(지금의 절강성)에 주석하면서 천태교법을 폈는데, 그 문하에 신라인 3인과 함께 천태종의 중흥조인 담연湛然이 있었다. 이들은 730년에 귀국하였지만 신라에서의 천태교관을 통한 교화 행적은 잘 찾아지지 않는다.

의상계 화엄교학과 관행

신라 중대의 불교계는 의상계 화엄종이 주도하였으며, 화엄종은 주류인 의상계와 비주류인 원효계와 비의상계로 나눌 수 있다. 『화엄경』은 60권본이 5세기에 한역되었기 때문에, 고구려의 승랑이나 백제에서도 일찍이 수용되었겠지만 그 성립이나 전개는 분명치 않다. 의상 이전에 자장은 『아미타경소』, 『사분율갈마사기』, 『관행법』 등을 저술하였지만 현전하지 않고, 출가하여 처음에는 심산유곡에서 고골관枯骨觀을 닦았던 점은 지관의 모습을 떠올린다. 그의 『화엄경』 이해는 상당하였던 듯한데, 당 태종을 위해 『화엄경』을 강경하였고, 귀국하여 『잡화만게雜華萬偈』를 강경한 점 등에서도 알 수 있다. 자장의 『화엄경』 강경이 바로 실천 관행으로 연결되었는지는 분명치 않고, 다만 자장은 『관행법』을 지었는데 이는 선관이나 지관을 중심으로 한 관행의 일종으로 추정된다.

신라의 화엄종은 이러한 자장의 불교계 활동 가운데 등장한 의상(625~702)에 의해 정립되었다. 의상은 661년(문무왕 1)에 입당하였으며 지엄의 문하에서 『화엄일승법계도』를 지었다. 의상의 저술은 『화엄일승법계도기』, 『백화도량발원문』이 현전하며, 기타 『십문간법관』, 『입법계품초기』, 『소아미타의기』 등이 있었다. 『법계도』는 중국 화엄종의 조사인 지엄의 73인印에 영향을 받아 지었으며, 『화엄일승법계도기』는 『법계도』에 대한 주석으로 의상의 강론을 제자들이 기록한 것이다. 이 가운데 『십문간법관』은 법계의 현의를 십문으로 열어 관행의 입장에서 화엄법계를 밝힌 관법의 저술에 해당한다. 이는 의상계 화엄 교관의 전개라는 점에 의의가 있다. 또한 횡진법계관, 삼십일보살불이관三十一菩薩不二觀도 의상 화엄교관의 관문의 이해에 도움이 될 수 있다.

의상의 화엄사상은 성기취입적으로 이해되는데, 연기된 법상의 실체를 부정하나 존재는 인정하였다. 이는 그의 육상원융관에서 살펴볼 수 있는데, 육상은 삼승 방편으로서 총상總相·별상別相·동상同相·이상異相·성상成相·괴상壞相이며, 그 차별은 총상과 별상의 성기관, 동상과 이상의 인연관, 성상과 괴상의 연기관의 3관으로 나뉜다. 총상과 별상은 무주無住, 동상과 이상은 무애, 성상과 괴상은 무측無側으로 보면 같아지고, 총상·동상·성상은 근본이라는 측면에서 연결될 수 있고, 별상·이상·괴상은 연성緣成의 측면에서 연결된다. 이 육상은 차별성을 갖지만 하나로 모아질 수 있어, 결국 6상은 구별이 없어져 근본인 하나 속에 융섭되면 원융무애해진다. 또한 차별의 기준인 3관도 하나로 파악되며 본성과 연성도 같게 된다. 이러한 육상원융의 교학은 관문과 즉하는 교즉관에 해당한다. 이러한 면은 화엄교학의 전반에 적용될 수 있으며, 의상 화엄사상의 여러 곳에서 살펴볼 수 있다.

의상의 화엄법계관은 균여의 저술에서 횡진법계관으로 서술되었고, 지엄의 문하에서 의상과 함께 수학했던 법장의 법계관은 수진법계관으로 정의되었다. 의상은 연기법계를 관하는 횡진법계관을 강조하였는데, 연기된 법상은 가상으로 근본적인 하나를 중시하며, 그 근본적인 하나를 통하여 전체를 파악하는 것이었다. 이는 근본적인 하나를 중시하는 성기론적 입장에 해당한다.[13] 화엄의 법계연기론은 연기와 성기로써 그 근본을 설명하는데, 의상의 법계관은 성기론적 융섭사상으로 규정될 수 있고, 이는 『법계도』의 중·즉문에서 제시되었다. 법장의 수진법계관은 연기된 법상의 차별을 인정하고 각각의 의미를 부각시킨 것으로 연기건립성을 제시한 점에서 의상의 횡진법계관과는 대조적인 법계관에 해당한다.

의상의 문하는 10대제자로 설정되는데 오진, 지통, 표훈, 진정, 진장, 도융, 양원, 상원, 능인, 의적 등이 있으며, 그 외에도 범체, 도신 등의 제자가 있었다. 도신의 교학은 『도신장』이 전하지 않아 분명치 않지만 의상의 융섭적인 성기사상을 계승하는 한편 법화동교일승의 입장에 입각한 회삼귀일사상으로 나타난다.

표훈은 경덕왕대에 불국사에 주석하면서 활동하였다. 그의 사상으로

---

13 김두진, 『의상』, 민음사, 1995; 『신라 화엄사상사 연구』, 서울대출판부, 2004. 화엄 교관과 관련하여서는 주로 이 연구의 성과를 중심으로 서술하였다. 본고는 개관에 해당하고 논증이나 인용은 대부분 생략하였으며, 최근의 관련 연구를 위주로 인용하였다.

오관석五觀釋과 삼본정三本定을 들 수 있다. 오관은 실상관, 무주관, 성기관, 연기관, 인연관이며, 삼본정은 불화엄정, 해인정, 사자분신정이다. 그의 관행과 삼매의 근본은 허공을 파악함으로써, 연기된 법상이 본성을 고수하지 않는 무주관을 내세웠다. 이 무주관은 중도실상관으로 이어진다.

신림은 의상의 적손으로 성덕왕대에서 경덕왕대에 걸쳐 활동하였다. 의상의 횡진법계관은 신림이 계승한 것으로 추정하는데, 신림은 오중총별, 근본입처팔난根本入處八難, 12중인과·연기가증실緣起可增失 등의 사상을 내세웠다. 그는 이런 사상을 통해 법상의 차별을 설정하였지만 실제는 그것을 융섭하여 같은 것으로 파악하였다.

지통은 문무왕대에 낭지에게 나아갔다가 의상의 문도가 되었다. 지통의 사상으로는 삼세일제법문으로 악업을 없애는 실천수행을 강조하였다. 또한 진정은 의상의 『법계도』에 대해 현사구덕문·사용현리문·수행증장문의 3문석을 제시했다. 그는 『법계도』를 이와 사가 융통하는 원교의 원융사상으로 이해하면서 아울러 실천수행을 강조하였다.[14] 이러한 그의 사상은 관행문과 관련이 있다. 진정은 모친의 부음을 듣고 선정에 들어가 7일 만에 깨어났는데, 선정에 들어 모친의 명복을 빌고 한편으로 모친이 천상에 태어남을 관하였다. 입정과 관법의 실천적 수행을 강조하였는데, 이는 의상계 화엄종의 실천수행과 연관될 수 있다.

원효 및 비의상계 화엄교학과 관행

신라 중대에 의상계 화엄종 이외에도 화엄사상을 중시한 인물로 원

---

14 김두진, 『신라 화엄사상사 연구』, 서울: 서울대출판부, 2004, p.110.

효나 비의상계 화엄승을 들 수 있다. 원효는 한국불교사에서 당대는 물론이고 후대에도 큰 영향을 끼쳤는데, 그의 화엄사상을 알 수 있는 자료에는 『진역화엄경소서』와 일부가 남아 있는 『화엄경소』「광명각품」이 전한다. 원효의 교판은 삼승별교·삼승통교·일승분교·일승만교의 사교판이고, 일승만교를 『화엄경』 보현교라 하였다. 이 일승분교와 만교의 구분 기준은 보법普法으로 일체법이 상입·상즉하여 혼융무애한 『화엄경』의 세계에 해당한다. 원효의 『기신론』의 이론 체계에서 체·상·용의 '삼대'는 『화엄경』의 보법과 동일한 내용으로 이해할 수 있다.[15] 원효의 사상은 일심으로 조직되었는데, 일심 내에서 진여문과 생멸문의 구별이 없어져 일체의 법상이 총섭되는 가운데 관행이 추구될 수 있다. 이 관행은 『대승기신론』의 「수행신심분」 제5문인 지관문에 상세하다.[16] 또한 원효는 『금강삼매경론』에서 일미관행一味觀行이라는 실천적인 관행을 조직하였는데, 그 이론적 원리는 『기신론』의 3대와 일치하는 것으로 이해된다. 이외 원효의 관법으로 『삼국유사』 권5 「광덕 엄장」조에 원효가 엄장에게 삽관법錨觀法(혹은 쟁관법錚觀法)을 닦도록 하였다. 원효의 관행은 『기신론소』와 『금강삼매경론』을 통하여 구현되는데, '지관'이나 '삼매', 그리고 '선'이라는 용어를 통한 관행의 모습은 좀 더 검토할 필요가 있다.

명효는 신라 중대 말의 화엄종 승려로 『해인삼매론』을 저술하였다. 『해인삼매론』은 7언 28구의 『해인삼매도』와 그에 대한 설명이며, 대행大行과 원지圓智를 모두에 언급하고, 이어 해인삼매인 다라니를 법에 대해서는 체·지·용의 3문으로, 그 의리는 대승원교의 광대한 묘의로 삼세제불의 비밀스런 법장을 총지하여 융섭한다. 명효의 해인삼매는 대행과 원지

---

15 고익진, 『한국고대불교사상사』, 서울: 동국대출판부, 1989, pp.244~246.
16 원효, 『起信論疏』 권하(『大正藏』 44, 216a).

에 이르기 위한 것으로 수행자는 정관이라는 관행을 필요로 한다. 이 중도 정관이 해인삼매인 다라니의 깊은 뜻을 알기 위한 능지能知에 해당한다.[17] 해인삼매는 화엄 전체를 총괄하는 선정에 해당하며 비로자나불의 삼매이자 우주 그것의 삼매이다. 법계 역시 해인삼매와 관행을 통해 체현된다는 신라 중대의 화엄관행을 살펴볼 수 있다.

견등은 활동 시기나 행적 등은 분명치 않지만 태현의 논소를 인용한 점으로 미루어 신라 하대 초기의 인물이며 또한 원효의 법손으로 추정하기도 한다. 그의 저술에는 『화엄일승성불묘의』와 『대승기신론동이략집』이 있다. 『화엄일승성불묘의』는 화엄 제 조사, 특히 현수의 해석에 기초하여 화엄종의 성불을 밝힌 것으로 출성불종出成佛種·변정득인弁定得人·현교차별顯敎差別·질득疾得成佛·문답분별품의 5문으로 이루어졌다. 특히 성불의 차별은 위·행·이理·질득성불의 네 종류로 구분하였다.[18] 견등의 일승성불사상은 성불경지의 차별을 설정했는데 불종자를 키우는 수행에 의해 점차 성불하는 3종 성불과 빠르게 깨우쳐 성불하는 질득성불로 나뉜다. 『대승기신론동이략집』은 건립진리동이建立眞理同異·건립진지동이·건립팔식동이·건립유식동이·건립훈습동이·건립삼신동이·건립집장동이·건립위행동이의 8문으로 서술하였다.[19] 이는 『기신론』과 『유식론』 두 논서의 같고 다름을 서술한 것으로, 지관이나 관행 등 수행문에 대한 내용은 잘 찾아지지 않는다.

표원은 신라 중대 말에 활동한 것으로 추측되는데 그의 저술은 『화

---

17 명효, 『해인삼매론』(『大正藏』 45, 774c).
18 靑丘沙門見登之集, 『華嚴一乘成仏妙義』(『大正藏』 45, 775c); 龜谷聖馨, 『華嚴聖典硏究』, 東京: 普文館, 1925.
19 靑丘沙門見登之補, 『大乘起信論同異略集本』(『卍續藏』 45, 255b)

엄경문의요결문답』 4권이 전한다. 『요결문답』은 화엄경문의 주요 교의를 18과로 나누고 각 과목마다 석명·출체·문답분별의 3문으로 나누어 설명하였다.[20] 표원은 연기법계사상과 구별하여 연집법계사상을 세웠는데, 유위·무위·자체법계·평등법계의 4문으로 나뉜다. 표원의 연집법계론은 궁극적으로는 해인삼매에 의해 구현된다. 그는 칠처구회에서 『화엄경』의 근본정인 해인삼매를 들고 한 삼매가 일체의 삼매를 융섭하는 삼매관행을 제시하였다. 이는 명효의 중도 정관의 해인삼매와 상통할 수 있다.

IV. 고려시대의 교관

고려 전기 천태교관

신라 중대 이래로 비교적 성행하였던 법화사상의 전통은 고려 초기의 천태교학을 일으키게 하였다. 나말여초 선종 승려들 가운데 법안종 승려인 지종智宗 그리고 현휘玄暉와 찬유璨幽는 천태교학에 접하였다. 고려 후기 민지閔漬는 고려 초에 후삼국의 통합과 연관하여 법화나 천태사상의 일심삼관법一心三觀法이 유포되어 있었다고 기록하였다. 왕건에게 회삼귀일會三歸一사상을 전한 능긍能兢은 법화 내지 천태종 계통의 승려였다. 의통이나 제관은 능긍을 배출한 고려 초기 천태교학의 분위기 속에서 성장하였다. 신라 말에 오월에 들어간 의통은 천태 덕소가 거주하던 운거사雲居寺에 머물렀으며, 지금은 전하지 않으나 『관무량수경

---

20 表員集, 『華嚴経文義要決問答』(『만속장』 8, 414a)

소기觀無量壽經疏記』・『광명현찬석光明玄贊釋』 등의 저술을 남겼다. 961년 (광종 12)에 오월왕 전숙錢俶은 당의 선승 현각玄覺이 지은 『선종영가집』을 읽다가 '동제사주同除四住'의 의미를 몰라, 천태 관계 교적을 고려에서 구하였다. 이에 고려는 961년(광종 12)에 사문 제관을 파견하여 천태 논소를 가지고 나계螺溪에 이르게 했다.[21] 오월왕 전숙의 요청으로 중국에 들어간 제관은 『천태사교의』를 저술하였다.

『천태사교의』는 오시팔교에 대한 설명을 통해 원교를 내세웠다. '오시'는 화엄시・녹원시・방등시・반야시・법화열반시이다. 화엄시는 돈부頓部에 해당하지만 화엄사상 전반이 아니라, 사물의 존재에 대한 가장 초보적인 인식을 추구하는 것이다. 녹원・방등・반야시는 점교漸敎에 관한 것이다. 법화열반시는 '회삼귀일' 사상을 포용하고 있지만, 화엄의 원교적인 성격을 내포하고 있다.[22] 제관은 8교 가운데 원교를 강조하였는데, 이것 역시 화엄의 보살행에 비추어 설명하였다. 물론 원교의 내용 속에 일심삼관법도 나타나 있으며, 그 마지막을 일승관법一乘觀法으로 장식하고 있다.

의천은 고려 초기 법화・천태사상의 기초 위에 중국 천태종의 정통인 산가파의 천태교관을 전수받아 천태종을 개창하였다. 의천은 천태삼관에 대한 기본적 이해 위에 입송구법을 단행하여 천태종 산가파의 종간을 만나 천태교관을 듣고 전법하였다. 의천은 귀국길에 천태산에 이르러 지자대사탑을 참배하고 발원문을 지어 천태종 개창을 서원하였다. 고려 초기 제관이 천태교관을 선양하였지만 그 법맥이 단절되었다가 의

---

21 志磐, 『仏祖統記』 권23(『大正藏』 49, 249b)
22 김두진, 「諦觀의 天台思想」, 『한국학논총』 8, 한국학연구소, 1984; 이영자, 『천태불교학』, 불지사, 2001.

천의 입송구법으로 천태교관이 재흥한 셈이다.

의천이 귀국 후 선종대에 국청사 공역이 시작되었고, 인예태후에 의해 천태종 예참법을 설행하는 만일염불결사가 이루어졌다. 의천은 1100년(숙종 5) 6월 국청사에서 천태 묘현, 즉 법화 3대부의 하나인 『법화현의』를 강설하였다. 『법화현의』를 강설하여 천태교학의 이해를 제고하는 한편 『십불이문』을 통하여 『법화현의』의 실천에도 주의하였다. 의천은 공·가·중도를 언급하였는데,[23] 공에 집착하거나 경서에 빠지지 말라고 하였다.[24] 그의 지관은 어묵이 자재하며 경문을 탐구하여 교리를 나타내고 깨닫는 것이다. 원명한 지관은 의천의 천태관문의 특징으로 볼 수 있다. 즉 의천의 천태교관은 교상문에는 '원묘한 일법'을, 관문으로는 일심삼관의 기본적인 천태삼관을 제시하였다.

균여와 의천의 화엄교관

고려 전기 화엄교관은 균여와 의천의 교관을 중심으로 살펴볼 수 있다. 균여의 화엄교관을 의천이 비판했는데, 양자의 화엄교관의 차이를 설정할 수 있어 주목되는 부분이다. 균여는 고려 923년(태조 5)에 출생하였으며 주로 광종대에 활동하였다. 균여의 저술로는 『수현방궤기』, 『법계도기』, 『입법계품초기』 등이 있었다. 균여의 화엄교관의 주요 내용을 살펴보면 첫째, 법장의 수진법계와 의상의 횡진법계를 대비시켜 이해하고 '주측周側'을 주장하여 두 사상을 회통하였다. 둘째, 법계연기사상으

---

23 林存, 「仁同僊鳳寺大覺國師碑」, 『조선금석총람』 권상, 서울: 아세아문화사, p.334, "欲說空法 則不可測 空卽是色 欲執仮名 豈亦可窮 色卽是空 作如是觀 名爲中道"
24 김부식, 「靈通寺大覺國師碑」, 『조선금석총람』 권상, 서울: 아세아문화사, p.123

로 수전론과 연계되어 이해되었다. 셋째, 성상융회의 사상이다. 이 사상은 이사론理事論을 통해서 전개되었다. 넷째로 외화·내증의 사상이다. 법계는 내증에, 연기는 외화에 연결시키거나 해인을 내증에, 삼승을 외화에 연결시켜 설명하는 등 『화엄경』을 내증으로 연결시켰다. 기타 육상원융·단혹성불·화장세계론 등이 있다.[25]

균여의 저술에서 실천수행에 대한 내용은 일부 확인되는데, 그는 돈원일승론에서 십현문과 육상을 체득하는 것을 내용으로 하는 실천수행방법으로서의 관문을 제시하였다. 『교분기원통초』 권8의 십현연기무애를 설명하는 부분에서 자신自身을 기준으로 십보법과 십현문을 논하였는데, 자기의 오척 몸과 그 작용을 분석하는 관행을 통하여 화엄교학의 핵심이라 할 수 있는 10대의 보법과 십현문을 체득하도록 하였다. 또한 균여는 육상을 별교일승의 핵심으로 중시하고 체득을 강조했다. 그는 육상에 대해 원융, 즉 별교일승의 본질적 성격이라면서 이것이 일승의 심법에 들어가는 방편이라 하였다. 또한 법계연기관의 연기실상 다라니법에 대해서는 수행방법으로 '수십전법數十錢法'을 들었다. 이를 통하여 균여는 원융무애를 체득하여 부처의 경계에 증입하도록 하였다.[26] 균여가 수행방법을 제시하면서 강조한 것은 십현문, 육상, 법계연기 등으로 화엄교학의 기본교리이자 교상문에 해당한다. 화엄교관에서는 교즉관으로 교상문과 관행이 상즉되므로 양자는 분리되어 이해될 수 없다.

균여의 화엄교관에 대해 의천은 '해동의 선대 제사가 전한 남은 저술은 학문이 정박하지 않고 억설이 매우 많으며, 방궤方軌로 받은 것은 한 책도 없었다. 그 때문에 성교를 명경으로 삼아 자심을 밝게 보지 못하고

---

25 김두진, 『균여화엄사상연구』, 서울: 일조각, 1997 중판을 중심으로 정리하였다.
26 최연식, 『균여화엄사상연구』, 서울대 박사학위논문, 1999, pp.196~207

일생 동안 구구하게 단지 남의 보배만 헤아렸다'라고 비판하였다. 균여를 비판한 의천의 화엄교관은 우선 『대각국사문집』에 나타난 그의 교관에 대한 인식을 통하여 살펴볼 수 있다. 의천은 입송구법 시 정원으로부터 화엄교관을 전수받았는데, 그 내용은 경수관학經授觀學, 즉 경전의 가르침을 전하고 관을 배워서 관행을 닦는 것이었다. 이 가운데 하나라도 빠뜨리면 삼중성덕과 『화엄경』의 오주인과, 즉 불법의 대체를 체득할 수 없다고 하였다.[27] 또한 의천은 『원각경』을 강경하면서 학교學敎나 습선習禪의 어느 한쪽에 치우침은 편집된 것이라 하였다. 이는 의천이 교의의 학습과 선관을 수습하는 교관겸수를 강조한 것이다. 의천의 관법의 구극은 연기법계를 관하는 것으로, 관공하여도 만행을 닦고, 법상에 접하여도 일도를 분명히 하였던 점은 교의의 학습과 선관의 수습을 의미하며 교즉관에 해당한다.

의천은 송에서 귀국한 이후 『원종문류』를 편찬하면서, 스스로 '흥왕사 주지 전현수교관 겸 강천태교관'이라 칭하였다. 또한 「용두사 우상대사 제문」에서는 '전현수교관'이라 칭하였다. 의천은 화엄교관을 중심으로 천태교관을 겸하여 관문을 중시하였다는 것을 알 수 있다.[28]

의천은 입적하기까지 평소와 같이 관심觀心과 지경持經을 병행하였다.[29] 또한 화엄교관을 바탕으로 교의의 학습과 선관의 수습을 견지하였다. 의천은 고려 초기의 화엄학자에 대해 성교를 명경으로 삼아 자심을 밝게 비춰 보지 못한다고 비판하였는데, 의천의 교관은 화엄의 교문과 관문을 함께 닦는 가운데 이루어졌다.

---

27 의천, 「示新參學徒緇秀」, 『大覺國師文集』 권16(『한불전』 4, 556c)
28 박용진, 『의천』, 서울: 혜안, 2011. 의천의 화엄 및 천태교관의 내용은 본서를 중심으로 수정 보완하였다.
29 金富軾, 「開城靈通寺大覺國師碑」, 『朝鮮金石總覽』 권상, 서울: 아세아문화사, p.309

천태종 백련사와 묘련사계 교관

고려 후기 천태교관은 백련사와 묘련사계의 성립과 전개를 통하여 살펴볼 수 있다. 백련사는 요세了世에 의해 결사되었다. 백련사는 제2세 주가 되는 정명靜明국사 천인天因과 제4세주가 되는 진정眞靜국사 천책 天頙(1206~?) 등이 천태교관을 계승하였다. 요세는 1232년(고종 19) 백련 사에 보현도량을 개설하여 극락정토에 왕생하기 위해 법화참을 닦았으며, 1240년에는 보현도량에서 『계환해묘법연화경』을 간행하였다. 요세를 중심으로 한 초기 백련사의 천태교관은 『묘종초』를 강의하고 참선하는 한편 보현도량에서는 법화삼매참의가 중심이 되었다. 요세의 백련결사는 천태종의 전통과 연결되지만, 그의 천태교관에는 보현도량과 선송이 강조되었으며, 염불을 행하면서 선정을 추구하였다. 또한 요세는 지례知禮의 저술인 『관무량수경소묘종초』를 즐겨 강의했다. 이것은 지의의 천태지관을 바탕으로 한 정토관을 계승한 내용을 담고 있다.[30] 요세는 천태교관을 닦음과 동시에 염불에 의한 정토왕생을 함께 추구하였다. 백련사는 천태삼매참의에 의하여 법화참을 수행하였다. 법화삼매는 원돈지관의 십승관법과 함께 구현되는데, 백련사의 보현도량에 설행된 법화삼매참이 원돈지관의 관행과 밀접하였을 것으로 추정된다.

요세를 계승한 천인이나 천책의 천태교관은 전존하는 찬술과 일부 문장에서 살펴볼 수 있다. 천인의 찬술로는 『정명국사후집』의 일부가 전한다. 이 후집은 자서自序, 미타찬게彌陀讚偈, 묘법연화경총찬妙法蓮華經摠讚, 묘법연화경수품별찬妙法蓮華經隨品別讚, 발문跋文으로 구성되었다.

---

30 채상식, 「白蓮社 성립과 그 사상적 기반」, 『고려후기 불교사연구』, 서울: 일조각, 1985, p.74

천인의 천태교관은 「원묘국사제문」과 소문疏文 등에서 제시되었는데, 백련사 보현도량의 법화삼매참은 천태지관에 근거한 것이며, 교문은 오시팔교의 교판에 의거하였다. 또한 관문에서는 반행반좌삼매, 즉 법화삼매를 닦음에 있어 옛 제도를 그대로 지켜 십승관법으로 관행하고, 일심삼관으로 정신을 닦아 깊이 삼매에 든다고 하였다. 이는 천태교관의 관문인 천태지관과 4종삼매의 정통적인 수행문으로 요세 이래 백련사의 천태교관의 사상적 전통을 계승한 것으로 이해된다.[31]

천책은 1228년 23세에 만덕산 백련사의 원묘국사 요세에게 출가하였다. 그는 「보현도량기시소」, 「백련결사문」을 지었으며, 백련사의 4세 주법이 되어 천태교관을 계승하였다. 천책의 천태교관은 요세나 천인의 그것과 크게 다르지 않았을 법하다. 천책은 불법이나 천태 관법이 5백 년의 세월을 두고 이루어졌음을 언급하면서, 법화삼매참법에 의해 삼칠일 만에 삼매에 들고 관법을 증득할 수 있다고 하였다. 또한 천책은 『아미타경』을 염송하면서 정토왕생을 추구하였는데, 이는 마음속에 정토를 설정한 유심정토이자 내재한 자성미타를 보는 것이었다. 즉, 백련사의 보현도량은 천태지관을 통해 선정을 닦으면서도 정토에의 왕생을 함께 추구한 점이 특징적이다. 천책의 교관은 선은 부처의 마음이고 교는 부처의 말씀이라 하면서 교와 선이 다르지 않다고 하였다.[32] 좌선에만 치우쳐 경전을 부정하는 분위기를 비판한 천책은 경전이 부처의 마음을 말한 것이라고 하였다. 선종에서 제가의 어록은 많이 읽으면서도 부처의 어록인 경전을 읽지 않는 풍토에 대해 불만을 토로하면서 궁극적으로는 교관의 겸수를 강조하였다.

---

31 이영자, 「天因의 法華懺法의 展開」, 『韓國天台思想硏究』, 서울: 동국대출판부, 1983.
32 천책, 「讀大藏住庵請田文」(『호산록』 권4), "禪是仏心 敎是仏語 如來心口 必不相違."

고려 후기의 대몽전쟁기를 거쳐 13세기 후반의 원 간섭기가 되면 지방의 백련사에서 그 중심이 서서히 개경의 묘련사로 옮겨 간다. 충렬왕과 그의 왕비인 제국대장공주가 묘련사를 창건했는데, 묘련사의 결사를 본격적으로 이끈 자는 원혜圓慧국사 경의景宜와 무외無畏국사 정오丁午였다. 백련사에 주석하고 있던 원혜국사는 충렬왕의 초청을 받고 묘련사로 나아갔으며, 이로 인해 백련사는 중앙으로 진출하게 되었다.

묘련사의 천태교관을 살펴보면, 『묘련사중흥비』에 불도에 드는 길은 『법화경』에 있고, 경의를 깊게 펴는 것은 천태소가 모두 갖추었으니, 경소經疏로써 도를 구하고 교의를 해석하는 것으로 중심을 삼는다고 하였다. 묘혜妙慧는 『법화영험전』의 발문에서 묘련사의 결사는 법화도량을 설행하여 사람들의 수명과 만백성의 안위를 구하였고, 각종 선과법계善果法界를 증득하여 모두 법화에 젖게 한다고 하였다. 묘련사의 천태교관은 『법화경』이나 『천태사교의』 등의 주소를 중시하는 한편 법화참법이나 천태관법의 법화도량을 설행하였다. 초기 묘련사의 결사에서 화엄법회를 설하는 모습을 보면 묘련사가 백련사보다 천태교문에 더 많은 관심을 나타냈을 가능성을 보여 준다.

V. 조선시대의 교관

천태교관:『연경별찬』과『선학입문』

설잠 김시습(1435~1493)의 『연경별찬』은 『법화경』을 찬송한 것으로 조선 전기 법화 천태종 교관의 일단을 살펴볼 수 있다. 『연경별찬』의 구성은 연경별찬서蓮經別讚序, 경의 종지를 밝힌 연경별찬蓮經別讚, 전체 대의를 밝히고 찬탄한 칠축대의七軸大意, 그리고 서품찬序品讚에서 보현보살권발품찬普賢菩薩勸發品讚까지 전 28품의 찬이 있고, 끝에는 법설송法說頌부터 유통송流通頌까지의 여섯 송의 찬탄이 있으며, 이어 총결의 찬탄문과 그 게송으로 맺고 있다. 이 가운데 칠축대의는 교판, 칠축대의, 약석제목, 일불승 등으로 구분하여 『법화경』의 대의를 제시하였다.

설잠은 『연경별찬서』에서 천태 지의가 『법화현의』와 『법화문구』를 저술하였고, 이를 가지고 고려의 제관이 『천태사교의』를 기록하였는데 이 저술이 세상에 유행한다고 하였다. 또한 이 경을 강설하는 자들이 따로 종취를 세워서 천태라 명하였으며 선에 속한다고 하였다. 이로 보면 설잠의 법화나 천태교학에 대한 이해는 지의의 『법화현의』와 『법화문구』, 그리고 제관의 『천태사교의』임을 알 수 있다. 한편 설잠은 1493년에 무량사에서 간행한 『계환해법화경요해』의 발문을 지었다. 그는 『법화경』을 원교로 보면서 점·돈·원교가 서로 원융무애하다는 기본적인 천태교판론을 제시하였다. 설잠은 『연경별찬』을 통하여 선의 입장에서 천태사상을 바라보는 독특한 천태관을 제시하였다.[33]

조선 후기의 천태교관을 살펴보면, 19세기에 『선학입문』이 편찬되어 천태교관에 대한 수요나 관심을 알 수 있다. 『선학입문』은 월창거사 김대현(?~1870)이 천태 지의가 설한 선법, 즉 『석선바라밀차제법문釋禪波羅蜜次第法門』(이하 『차제법문』) 10권을 요약하여 2권으로 편찬한 것이다. 『선학입문』은 입식문入式門·식문息門·색문色門·방편문方便門의 4문 42장으로 구성되어 있다. 입식문을 통해 전체적인 선바라밀의 구조를 파악

---

33 한종만, 「설잠 김시습의 천태사상연구」, 『한국불교학』 20, 한국불교학회, 1995, p. 194

하고, 이어 수증의 요체인 식문과 색문을 제시하여 그 대체를 알게 한 다음 방편문을 통하여 수행하도록 하였다. 『선학입문』에는 범례를 두고 있어 김대현의 기본적인 천태교관을 이해할 수 있다. 첫째, 식·색·심의 삼문을 종으로 하면서도 따로 심문은 세우지 않았는데, 이는 수식修息과 수색修色이 심외의 법칙이 아니기 때문이라고 하였다. 그리고 지관을 종으로 하면서 따로 별립하지 않은 이유는 수식과 수색이 수지와 수관에 해당하기 때문이라 하였다.[34] 이 『차제법문』은 지의의 초기 저술이고 불도 수증이 '선'이라는 용어로 집약되어 있어 '지관'이 사용되지 않았다. 이에 대해 김대현은 관심문과 지관문을 따로 두지 않았는데, 이는 수식과 수색에 해당된다고 하여 동일시한 점은 특징적이라 할 수 있다.

김대현은 천태종이 쇠퇴한 원인으로 "당·송 이래 교외별전이 세상에 성행하면서 근기가 뛰어나 경절을 즐겨하는 자는 이것이 상에 집착한다 하여 참구치 않았고, 근기가 낮아서 염송을 배우는 자는 이것이 심광하다 하여 넘보지를 아니하였다. 이 때문에 천태종이 전해지지 않게 되었다."라고 하였다. 김대현의 『선학입문』 편찬은 조선 후기 천태 전적이 산일된 가운데 『차제법문』을 절요할 정도의 천태교관에 대한 기본적인 이해가 바탕이 되었음을 고려할 필요가 있다. 조선 후기 천태교관에 대한 이해는 법화 및 천태 전적의 간행과 관음신앙 등 폭넓은 검토가 요구된다.

---

34 권기종, 「朝鮮時代의 天台思想과 그 특색」, 『한국천태사상연구』, 서울: 동국대학교 출판부, 1983 등을 참고하여 재구성하였다.

화엄교관: 설잠의 『법계도주』와 조선 후기의 화엄사기

『대화엄일승법계도주』는 설잠 김시습이 의상이 저술한 『일승법계도』의 「법성게」 7언 30구를 구절마다 선적으로 풀이한 것이다. 『법계도주』의 구성은 서문에 이어 총찬總讚과 대의를 두었고, 본문으로 『법성게』의 각 구절을 해설하였다. 이 『법계도주』는 고려 초 균여의 『법계도기원통초』와 고려 후기의 『법계도기총수록』의 계보를 잇는 것으로 주목된다. 『법계도주』는 『법성게』의 각 구절을 해설하여 그의 화엄사상을 잘 드러내고 있고, 서문에서 설잠의 교관에 대한 사상의 일단을 살펴볼 수 있다. 설잠은 서문에서 『법계도』의 종지는 법성이며, 이 법성을 구명하면 수연隨緣이라 하였다. 이 원융한 법성의 천명은 경론으로 가능하며, 그 교설은 점·돈·별·원으로 제시되었다. 『법계도주』에서는 법계도 전반을 언급하면서 교의를 밝혔는데, 화엄관과 선관의 일치를 보인다.[35] 설잠의 화엄교관은 의상의 『법계도』에 근거를 두었고, 『법계도주』의 서문에서 그 일단을 제시하였다. 설잠은 15세기 조선 불교계에 대해 교와 선의 한쪽에 치우치는 편벽된 경향성을 지적하였다. 당시 선을 참구하는 쪽은 교에 대해 교법이 얽힌 난맥상을 지적하였고, 교를 연학하는 쪽은 선에 대해 단지 벽관만을 전한다 하여 선정 수행 일변도에 대해 비판하였다. 결국 이러한 이와 사에 대한 편향이 원융한 불법을 이론과 실천, 이와 사, 교와 선으로 나뉘게 된 것으로 보았다. 이렇듯 설잠은 조선 전기 불교계의 교와 선관, 즉 교관의 어느 일방에 치우치는 편향성을 비판하면서 『법계도』를 통하여 화엄교관을 갖출 것을 제시하였다.

조선 후기 화엄교관은 관련 저술이 없어 그 일단을 밝히기는 어렵다.

---

35 睦禎培, 「雪岑의 法界圖注考」, 『韓國華嚴思想研究』, 서울: 동국대출판부, 1982.

다만 조선 후기 불교계는 화엄학을 중시하는 경향을 보이는데, 이는 조선 후기 승려 교육과정인 '이력과정'의 대교과에『화엄경』이 편성된 것과 관련이 있다. 또한 조선 후기 불교계를 중흥시킨 서산과 부휴는 선사로서 화엄학을 연학하였는데, 이는 조선 후기 불교계에 있어 화엄학을 중시하는 경향으로 이어졌다. 당시 선종은 선교겸수의 입장에서, 선종의 이치를 이론적으로 설명하기 위하여 화엄학을 중시하였다. 또한 17세기 이후 화엄학은 승속으로 확대되었는데, 대중 상대의 화엄학 강의 경향이나 사찰에서 승려 중심의 화엄경 강경 대회가 열리기도 하였다.[36] 조선 후기 화엄학은 이러한 조선 후기 불교계의 화엄학 중시 경향과 밀접한 관련이 있다.

조선 후기 화엄교관의 일단은 화엄사기류를 통하여 살펴볼 수 있는데, 이 사기는 18세기 초부터 확인되며 초기는 분과의 형식으로 주로 구성과 체제의 이해에 중점을 둔 것이라면, 중기 이후에는 사견을 제시하는 형태로 전개되었다. 화엄사기는 1701년 상봉 정원霜峯淨源(1627~1709)의『화엄과목』, 같은 시기의 모운 진언暮雲震言(1622~1730)의『화엄품목문목관절도』가 있었다. 또한 현존하지 않지만 1747년에 회암 정혜晦菴定慧(1685~1741)가 편록한『화엄경소은과』가 유통되었고, 설파 상언(1707~1791)의『화엄은과도』와『화엄십지품사기: 잡화부雜貨腐』가 확인된다. 또한 연담 유일蓮潭有一(1720~1799)은 선종 승려로 화엄학에 조예가 깊었는데, 그의 찬술로는『현담사기』,『화엄경소초유망기』가 전한다. 동시대의 묵암 최눌默庵最訥(1717~1790)은『화엄과도』를 지었는데『제경회요』의「화엄십례과욕현난사도華嚴十例科欲顯難思圖」에서 그 일면을 살펴

---

36 김용태,「18세기 강학의 성행과 화엄교학의 중시」,『조선후기불교사연구』, 서울: 신구문화사, 2010.

볼 수 있으며, 같은 시기의 인악 의첨義沾(1746~1796)은 『화엄사기』, 『화엄십지품사기: 잡화기』 등이 있다. 19세기에는 도봉 유문道峰有聞이 분과하고 주석한 과주에 영파 성규影波聖奎(1728~1812)가 교증한 『법성게과주』가 있다.[37] 연담 유일의 화엄사기에는 『화엄현담사기』와 『화엄경소초유망기』가 전하며, 유일의 화엄사기는 주로 징관 소초와 견해를 달리하거나 그 오류를 재해석하였고, 또한 소초를 교감하는 등 『화엄경』의 근본 대의를 선교융통의 차원에서 정리한 것으로 이해된다.[38] 기타 『화엄경담중현기』는 원나라 보서普瑞의 『화엄현담회현기』를 대본으로 한 것이다. 이 사기의 내용은 오탈자에 대한 교감과 자구나 문구의 해석에 중점을 두었다. 이상의 화엄사기류의 분석은 조선 후기 화엄교관의 이해에 필수적이지만, 사기의 저본이나 계통 분석을 통한 텍스트화 등 종합 정리의 과제가 남아 있다.

---

37 이종수, 『華嚴経玄談重玄記』 해제, 서울: 동국대출판부, 2013에 사기의 종류와 성립을 정리하였다.
38 李英茂, 「蓮潭私記를 통해 본 조선시대의 華嚴學」, 『韓國華嚴思想硏究』, 서울: 동국대출판부, 1982.

교학과 관행의 융합과 한국적 발현

　불교의 제종은 교리를 중심으로 한 교상문과 실천수행의 관행문을 갖고 있다. 또한 이 교와 관은 교즉관으로 상자상의의 관계이다. 이러한 교관이라는 용어는 한국불교사에 있어 주로 천태교학의 교관겸수 정도의 의미로 이해되어 왔다. 이는 한국불교의 제종이 교문과 관문을 갖추어 전개되었지만 조선시대를 거치면서 종파의 통합과 선종 편향성 등으로 신라나 고려의 제 종파의 교학이 제대로 전승되지 못한 데 기인한다.

　한국불교사에 있어 삼국 및 통일신라시대의 법화사상 및 천태교학의 수용은 여러 사료에서 찾을 수 있지만 천태교관이 불교계에서 전개된 모습은 잘 나타나지 않는다. 고구려의 파야, 백제의 혜현과 현광에게 나타나는 실천수행은 선관이었다. 7세기 이래 천태교관이 수용되었지만, 낭지와 연회의 법화신앙에는 화엄사상도 찾을 수 있으며, 또한 법화신앙에는 관음신앙이 자리하기도 하였다. 그러나 법화신앙 내에 보현관행이나 관법이 나타나지만 천태교관의 관문인 천태지관이 부각되지 않은 점은 좀 더 검토할 필요가 있다.

　신라 중대 의상계 화엄교학과 관행을 살펴보면, 의상의 육상원융이나 법계관 등의 여러 교학은 그대로 관행문이 되는 교즉관으로 의상 화엄사상에서 살펴볼 수 있다. 의상의 문하인 10대제자에도 다양한 관행이 나타나는데, 신라 중대 의상계 화엄의 성립과 전개는 교학적 측면이 강조되나 실천적 관행을 배제할 수 없다. 한편, 비의상계의 인물로 원효의 사상은 일심으로 조직되면서 관행이 추구되었고, 이 관행은 『대승기신론』의 지관문, 『금강삼매경론』에서 '일미관행'이라는 실천적인 관행으로 확인된다. 신라 중대의 명효는 해인삼매와 관행, 표원은 연집법계론을 통한 삼매관행을 제시하였다. 원효나 비의상계 화엄종에서도 교관에 유념하였음을 알 수 있다.

고려시대에 '교관'이라는 용어는 '학' 이나 '종'과 대응되면서 천태교관이나 화엄교관으로 칭해졌다. 고려 전기의 천태교관은 여전히 천태종이 성립되지 않았지만, 중국에 들어가 활동하는 제관과 의통은 천태학에 대한 이해가 있었다. 제관의 『천태사교의』는 오시팔교를 해설하면서 원교를 강조하였고, 회삼귀일사상을 포용하였다. 의천은 입송구법을 통하여 중국 천태종의 정통인 산가파의 천태교관을 전수받아 천태종을 개창하였다. 의천은 천태3대부인 『법화현의』를 강설하고 번역하는 한편 '일심삼관'의 기본적인 관행문을 제시하였다.

후대인 고려 후기의 천태종 백련사와 묘련사계의 교관은 무신집권기와 원 간섭기에 각각 전개되었는데, 요세의 백련결사의 보현도량은 기본적인 천태3대부 중심의 교관 이외에 보현도량에서 법화삼매참을 닦으면서 정토왕생을 추구하였다. 요세를 계승한 천인이나 천책의 교관도 천태지관과 4종삼매를 강조하였다. 한편 묘련사의 천태교관은 법화경이나 『천태사교의』 등의 주소註疏를 중시하는 한편 법화참법이나 천태관법의 법화도량을 설행하였다. 초기 묘련사의 결사에 화엄법회를 설하는 모습은 묘련사가 백련사보다 천태교문에 관심을 더 나타냈을 가능성을 보여 주며 다소 차별성을 갖는 점은 좀 더 추구할 필요가 있다.

고려시대 화엄교관은 균여와 의천의 교관을 중심으로 살펴볼 수 있다. 균여가 수행 방법을 제시하면서 강조한 것은 십현문, 육상, 법계연기 등으로 화엄교학의 기본교리이자 교상문에 해당한다. 의천의 교관은 교상문과 관문이 함께 반드시 갖추어야 하는 것으로, 교의 이론과 수행 실천으로 구분되지만 겸수하는 것이었다. 고려 후기 선종의 지눌은 화엄의 사사무애법계관은 깨달음에 장애가 되기 때문에 효과적인 관행이 아니라고 비판하였다.

조선시대에는 불교계의 개혁과 함께 종파가 통폐합된 이후 종파적 입장에서 천태교관이나 화엄교관과 관련된 저술이나 활동은 잘 찾아지지 않는다. 천태교관과 관련하여 설잠 김시습의 『연경별찬』은 『법화경』에 대하여 찬송한 것으로 선의 입장에서 천태사상을 보았고, 조선 후기의 월창 김대현은 『차제법문』을 요약하여 『선학입문』을 편찬하였다.

조선 전기 설잠 김시습은 불교계의 교와 관의 일방 편향성을 비판하면서 화엄교관이 갖춰진 『법계도』를 통하여 회복하도록 하였다. 조선 후기에는 승려 교육의 이력과정에 『화엄경』이 편성되면서 화엄학을 중시하게 되었고, 이는 사기의 활용으로 나타났다. 대부분의 사기는 오탈자에 대한 교감과 간단한 문구 해석으로 화엄교관을 명확히 제시할 수 없다는 한계가 있다. 화엄사기류의 분석은 조선 후기 화엄교관의 이해에 필수적이지만, 사기의 저본이나 계통 분석을 통한 텍스트화 등 종합 정리의 과제가 남아 있다.

한국불교사의 제종의 교관은 불교사상으로 구현되었기 때문에 그 속에는 종교인의 실천수행을 통한 체증과 비오가 담겨 있다. 그것은 논리적으로 설명될 수 없는 부분이기도 하다. 한국불교사상에 있어 관행의 내용과 계승을 확인하는 것은 교학과 관행의 융합의 한국적 발현을 확인하는 것으로 한국불교사상의 이해에 새로운 관점을 제시할 수 있다.

| 참고문헌 |

고익진, 『한국고대불교사상사』, 서울: 동국대출판부, 1989.
김두진, 『신라 화엄사상사 연구』, 서울: 서울대출판부, 2004.
김용태, 「18세기 강학의 성행과 화엄교학의 중시」, 『조선후기불교사연구』, 성남: 신구문화사, 2010.
동국대불교문화연구소, 『韓國天台思想硏究』, 서울: 동국대출판부, 1983.
박용진, 『의천』, 서울: 혜안, 2011.
이영자, 『천태불교학』, 서울: 불지사, 2001.
최연식, 『균여화엄사상연구』, 서울대 박사학위논문, 1999.
陳永裕, 『華嚴觀法の基礎的硏究』, 民昌文化社, 1995.
鎌田武雄, 『화엄의 사상』, 서울: 고려원, 1989.
關口眞大, 『止觀の硏究』, 岩波書店, 1975.

제2부
종교와 문화

권력과 종교

호국 · 호법

지옥

문화와 의례

어록

갈마

권력과 종교

호국護國·호법護法

· 이수미

I. 호국불교 담론의 원류와 문제점

　호국불교의 의미와 경전적 근거/ 호국불교 담론의 등장과 전개/ 호국불교 담론의 문제점

II. 인도, 중국과 일본에서의 불교와 왕권

　아쇼카왕과 전륜성왕 개념/ 중국에서의 호국사상과 왕권/ 일본의 진호국가 개념과 왕법즉불법 사상

III. 삼국과 통일신라의 호국불교 사상

　불국토 사상과 호국사찰/ 호국의례와 법회/ 왕들의 불교신앙

IV. 고려와 조선의 불교와 국가

　인왕경 법회와 불교의례들/ 호국염원과 대장경 조판/ 승군의 호국활동

■ 호국, 과연 한국불교의 전통인가?

I. 호국불교 담론의 원류와 문제점

호국불교의 의미와 경전적 근거

호국불교란 불교가 전쟁이나 자연재해 등의 내적, 외적 재난으로부터 국가를 보호한다는 사상이다. 동아시아에서는 적지 않은 군주들이 불교를 정치 원리로 채택하였기 때문에, 불교가 국가를 보호한다는 호국사상은 불교 교리적 차원뿐만 아니라 정치사회적인 측면에서 동아시아에서 널리 수용되어 실질적 영향을 미치고 있었다. 또한 불교의 호국 역할을 국가의 지배자인 왕을 매개로 하여 수행하는 것으로 여겼기 때문에, 불법 수호자로서의 국왕의 역할은 호국사상의 중요성이 인지됨에 따라 국가와 그 구성원을 보호하는 주체로서 중요한 역할을 담당하는 것으로 받아들여졌다.

동아시아에서 호국이라는 불교의 역할은 정치사회적 맥락 속에서 군주의 정치적 활동과 연결되어 이루어져 왔고, 이에 따라 호국불교에 대한 현대학자들의 연구 또한 불교의 정치사회적 역할 및 군주와의 관계라는 측면에 초점이 맞추어져 왔다. 하지만 호국사상은 불교 경전에 설해진 호국 개념을 교리적 근거로 하고 있다. 호국사상은 『법화경』의 「관세음보살보문품」과 「다라니품」, 『인왕경』의 「호국품」, 그리고 『금광명경』의 「사천왕품」과 「정법정론품」에 나타나 있다. 예를 들어 『인왕경』의 「호국품」에는 국가가 재난에 직면하고 적의 침입을 받을 때 왕은 인왕백고좌회라고 하는 법회를 개최해야 한다고 설해져 있다. 『금광명경』의 「사천왕품」에는 국왕이 이 경전을 잘 수지하고 정법에 대한 믿음을 갖고 있으면 사천왕과 같은 수호신이 그 왕과 국가를 보호한다고 한다. 또한 「정법정론품」에는 국왕이 불법에 의해 국가를 다스리려고 한다면 어떻게 해야 하는지, 즉 불교의 정법에 의한 치국 방법이 설해져 있다.

이와 같이 경전적 근거와 정치사회적인 영향력을 동시에 지니고 있는 호국사상은, 동아시아 전체에 있어서 긴 역사를 가지고 있다. 하지만 근대 한국불교학계에서 호국불교의 개념은, 일제 식민지시대 이래로 한국불교의 정체성을 찾는 문제와 맞물려 한국불교의 대표적 특징 중 하나로 거론되어 왔다. 한국불교의 고유성 또는 특수성을 찾는 노력이 지속되면서 호국불교를 한국불교의 독특한 특징 중 하나로 지목한 것이다. 그러나 1980년대 이래로 호국불교에 대한 기존의 평가와 입장에 대한 비판적 시각이 대두됨에 따라, 호국불교의 개념과 그 담론 자체에 대한 비판적 성찰이 현재까지 진행되어 오고 있다. 이러한 학계의 상황을 배경으로 하여, 이 글에서는 기존의 호국불교에 대한 시각들을, 호국불교에 대한 문제의식과 그 사상적 대안을 함께 고려하면서 정리해 보려고 한다.

호국불교 담론의 등장과 전개

호국불교의 개념이 근현대 한국불교계와 불교학계에서 특별히 주목받기 시작한 것은 일제강점기 무렵부터로 보인다. 국권 상실의 시대적 상황에서 민족의 정체성을 수립하려는 노력의 일환으로서 통불교 개념과 함께 호국불교를 한국불교의 특징의 하나로 주목하기 시작했을 것이다. 하지만 이 시기에는 호국불교를 한국불교의 특징으로 본격적으로

연구한 성과물이 나타나지는 않는다.[1]

해방 후 호국불교 개념은 민족주의 사상과 결합하여 한민족의 주체성을 찾는 개념으로 차용되었다. 즉, 식민지시대 당시 국가주의적 요소를 내포한 호국불교 개념은 해방 이후에 민족주의 사상과 함께 학계에 널리 받아들여졌다. 국가주의와 민족주의는 정치 이념으로서 식민지시대와 해방을 거치는 동안 강력한 영향력을 발휘했고, 이에 따라 국가 개념을 전제로 하는 호국불교 사상 또한 당시의 사회정치적 상황에 부합하는 개념적 도구로 받아들여진 것으로 보인다. 정치적으로 민족주의와 국가주의가 고양된 1960~70년대 당시에는 호국불교 사상은 이미 한국 사회에서 한국불교의 특징 중 하나를 나타내는 개념으로 정착되었다.[2]

식민지시대 이래 국가주의와 민족주의의 결합으로 주목을 받았던 호국불교 사상에 대한 반성과 함께, 예를 들어 신라의 호국불교 사상은 불교의 정치 예속의 사례에 다름 아니라고 보는 비판적 시각이 대두되었다.[3] 즉, 이전에는 호국불교를 한국적 특징으로 파악하면서, 종교적 순기능의 관점에서 호국불교의 의의와 고유성을 찾는 연구가 진행되었다고 한다면, 이러한 견해는 불교와 왕권과의 긴밀한 관계에 주목하면서 소위 호국불교를 정치적 예속이라는 시각에서 이해하고 있다. 하지만 비록 호국불교 사상에 대한 기본적 태도는 다르다 할지라도, 호국불교에 대한 이러한 비판 또한 그 이전의 연구들과 마찬가지로, 호국을 국가 또는 민족의 개념과 연결하여 논의하고 있는 것이다. 그리고 이런 점에

---

1 김상영, 「한국불교의 보편성과 특수성」, 『불교연구』 40, 한국불교연구원, 2014, p.174
2 호국불교가 한국불교의 대표적 특성으로 정착할 당시의 대표적 논문으로는 이기영의 「인왕반야경과 호국불교」, 『동양학』 5, 동양학연구소, 1975가 있다. 그 외에 김동화, 김영태, 목정배, 이재창, 홍정식, 고익진, 서윤길 등이 호국불교를 주제로 논문을 썼다.
3 이 입장을 대변하는 대표적 학자로 이기백(1924~2004)을 들 수 있다.

서 이 논의들은 모두 호국불교 담론의 전형적 전개양상의 틀에서 벗어나지 않는 것이라고 할 수 있다.

호국불교 담론의 문제점

한국 근대사의 이념적 배경에서 등장한 호국 개념은, 1980년대 이래 여러 방면의 비판에 직면하였다. 80년대 이래의 호국불교 사상에 대한 비판들은 크게 두 가지로 정리될 수 있다. 한편으로는 호국 개념 또는 호국불교 사상의 형성과정을 둘러싸고 비판이 제기되었고, 다른 한편으로는 호국사상의 내용의 정당성을 둘러싸고 보다 근본적 문제점들이 지적되었다.

먼저 호국불교 담론의 형성과정과 관련하여, 일제강점기 이래 호국불교 개념을 통해 민족 또는 국가의 주체성을 추구한 것은 일제의 국가불교적 호국개념을 그대로 답습한 것이라는 비판이 제기되었다. 메이지 유신 직후 일본에서는 신도와 불교가 분리되고 이와 함께 폐불훼석廢佛 毁釋이 실시되어 불교가 존망의 위기에 처하게 되었는데, 이때 불교는 그 자구책으로서 천황제 이데올로기 확립과 군국주의 강화에 협력하였고, 이에 따라 불교가 국가권력에 종속되는 과정에서 호국불교의 인식이 생성되었다.[4] 특히 1930년대 후반에 전시체제가 본격화되면서 일본불교는 천황과 불교를 결합한 황도불교皇道佛敎의 논리를 표방하게 되었다.[5] 이러한 일본의 국가불교의 개념은 당시 식민지였던 조선에도 전

---

[4] 김용태, 「한국불교사의 호국 사례와 호국불교 인식」, 『대각사상』 17, 대각사상연구원, 2012, p.45

[5] 김영진, 「식민지 조선의 황도불교와 공의 정치학」, 『한국학연구』 22, 인하대학교 한국

해져 영향을 미쳤다. 1930년대 이래 조선에서는 일본과 마찬가지로 호국불교 개념 및 진호불교, 전시불교 등이 거론되었고, 한국불교 내에서의 호국적 전통 또한 주목되었다.[6] 예를 들어 미국에서 열린 범태평양불교청년대회(The First General Conference of Pan-Pacific Young Buddhist Associations)에서 최남선(1890~1957)이 인도불교를 서론불교, 중국불교를 각론불교, 한국불교를 결론불교로 주장한 것 또한 당시 일본 불교학자들이 일본불교를 선양하기 위해 주장한 논리와 유사하다는 지적이 있다.[7] 그 대표적 예로서, 다카쿠스 준지로(高楠順次郎, 1866~1945)는 1938~1939년의 하와이대학에서의 강의를 바탕으로 The Essentials of Buddhist Philosophy를 출판하였는데, 여기에는 인도와 중국불교 철학 전체가 일본불교로 환원된다고 하는 취지의 글이 실렸다.[8] 다시 말해 호국불교 담론은 비록 일제에 대비되는 한민족의 주체성을 수립하기 위한 의도에서 시작되었지만, 그 내용과 형식에 있어서는 오히려 일제의 전시체제 논리를 그대로 차용하여 답습하고 있다는 비판이다.

다음으로, 호국불교의 사상 및 이념을 둘러싼 문제점은 크게 두 방향에서 제기되어 왔다. 첫째는 호국불교 사상을 근대적 국가 개념과 연결

학연구소, 2010, p.55

6 김용태, 앞의 논문, 2012, p.45;「조선중기 의승군 전통에 대한 재고: 호국불교의 조선적 발현」,『한국 호국불교의 재조명 5』, 서울: 조계종불교사회연구소, 2016, pp.171~173

7 Robert E. Buswell, "Imagining "Korean Buddhism": The Invention of a National Religious Tradition," in Nationalism and The Consturction of Korean Identity, eds. by Pai Hyung Il and Timothy R. Tangherlini (Berkeley: Institute of East Asian Studies, 1998), 103.

8 Junjirō Takakusu, The Essentials of Buddhist Philosophy, ed. W.T. Chan and Charles A. Moore(Honolulu: N.p.,1947), 10.

하여 해석하는 것이 정당한가 하는 것에 대한 재고이다. 다시 말해 호국사상의 국가 개념을 반드시 근대적 정치단위로 보고 호국불교 사상을 국가와의 상관관계라는 측면에서 해석해야 하는가라는 의문이다. 이러한 의문은 호국불교를 한국불교의 특징으로 보았던 60~70년대의 주장뿐 아니라, 그 이후 불교와 세속 정치와의 담합이라는 측면에 주목하여 호국불교를 비판하는 입장에도 마찬가지로 적용되는 문제 제기라고 할 수 있다. 즉, 이전의 호국불교 담론이 호국불교에 대해 호의적이든 아니면 비판적이든, 이들 모두가 호국의 '국가'를 근대적 국가 개념의 틀에서 보고 있는 것이다. 하지만 호국에 있어서의 국가는 근대적 정치 개체가 아님을 지적하는 견해가 있다. 이 견해는 한국불교의 특성이라는 관점에서 호국불교가 논의되고 있지만, 고대에는 한국이라는 근대적 국가 개념이 아직 정립되어 있지 않았음을 지적한다. 즉, 비록 이 시대에는 지역적, 인종적 구별에 바탕을 둔 '한국인'의 개념이 형성되어 있었지만, 이 개념은 결코 인도 또는 중국과 구분되는 근대적 국가 의미의 '한국', 나아가 '한국불교'로 연결되는 것이 아니라는 것이다. 불교의 정법 보호, 즉 호법이라는 관점에서는 인도, 중국, 한국 등은 동일한 시공간(homogeneous space and time)을 공유하였다고 본다. 이런 점에서 고대에는 불교인으로서의 보편적 정체성이 지역적, 인종적인 차별적 정체성과 함께 공존하고 있었다고 보고, 한편으로 이러한 보편성과 특수성은 역사를 통해 구성원들에 의해 끊임없이 다듬어지고 재규정되어 왔으므로 이를 고찰할 때는 매우 신중해야 함을 지적한다.[9] 다시 말해 근대의

---

9 Robert E. Buswell, 앞의 논문, 1998, pp.78~84. 故 김상현 또한 이와 유사한 견해를 가졌던 것으로 보인다. 그는 평소 제자들에게 '고대 동아시아 사회는 오늘날과 같은 국가와 국민의 개념이 있지 않았으므로 그 출신에 매달려 하나의 나라 안으로 그 역

국가 간의 구분을 전제로 하는 '한국불교'의 개념은 보편성과 특수성이 유기적으로 공존하던 고대의 불교전통에 적용할 때 적합하지 않다는 것이다.

두 번째는 호국불교를 한국불교의 특징으로 보는 것이 정당한가 하는 문제이다. 위의 첫 번째가 호국불교 논의에서 근대 국가의 개념이 적용될 수 있는가 하는 보다 본질적인 문제점을 논의하는 것이라면, 이 두 번째는 호국사상이 한국불교의 특징이라고 할 수 있는가라고 하는 실제적 양상의 측면에서의 문제점을 지적하고 있다. 이 문제점은 호국불교 담론이 객관적 학문의 영역에서 이루어진 것이 아니라 이념적 의도에서 비롯되었다는 비판으로 나타나기도 하였고,[10] 한편으로는 불교가 국가를 보호한다는 호국의 관념은 한국뿐 아니라 동아시아 전체, 나아가 모든 종교에 의해 표방되는 것이 아닌가 하는 반문으로도 표현되기도 하였다.[11] 이 문제는 한국불교의 정체성을 무엇으로 규정해야 하는가라는 한국불교계의 해묵은 질문과 연결되기도 하지만, 보다 근본적으로는 한국불교의 정체성을 논의하기 위해 먼저 '국가' 개념을 어떻게 이해하는가 하는 문제와 함께 '한국불교'의 정의는 무엇인가 하는 본질적 문제로 환원된다. 즉, 호국불교의 국가란 정치적 함의를 포함하는지, 모든 종교에서 논의될 수 있는 국가의 개념인지, 만일 그렇다면 그러한 국가 개념

할을 가둘 필요가 없다'라고 했고, 같은 맥락에서 가령 한반도 출신이지만 일찍이 중국으로 건너가 활동하다가 거기서 입적한 승랑이나 원측은 한국불교사의 시각에서 보다는 동아시아 불교라는 큰 틀에서 바라볼 필요가 있음을 피력했다고 한다.(이종수, 「현대한국의 불교학자〈14〉 김상현」, 『불교평론』 64, 만해사상실천선양회, 2015)

10 헨릭 소렌슨, 「호국불교, 나라를 지키는가 정권을 지키는가」, 『불교평론』 21, 만해사상 실천선양회, 2004

11 Bernard Senecal, "In Writing a History of Korean Buddhism: A Review of Books," Korea Journal 37, no.1 (1997): 172.

은 어떻게 규정되어야 하는지 등의 문제와 연관되어 있다. 이런 점에서 이 두 번째 문제는 첫 번째 문제인 '국가' 개념에 대한 본질적 이해라는 사항과 다시 맞물려 있음을 알 수 있고, 이런 점에서 이 두 문제는 상호 연관성을 갖고 있다고 할 수 있다. 두 문제점들은 모두 한국이라는 독립적 국가 개념을 바탕으로 하여 이루어지는 호국불교 사상에 관한 문제의식을 담지하고 있다.

이처럼 호국불교 사상에 대해 일련의 문제점들이 제기되었지만, 이로 인하여 이후 호국불교 담론이 중단된 것은 아니다. 호국불교 담론은 현재까지도 긍정적인 관점과 비판적 관점 양 진영에서 의견이 계속 개진되어 진행 중이다. 다만, 이와 같은 호국불교의 근본적 문제점들이 지적되기 이전과는 달리, 호국불교와 정치적 국가 개념을 노골적으로 결합하여 해석한다든지, 한국불교만의 특징으로 호국불교를 지목하는 등의 성향 등은 많이 감소한 것으로 보인다. 호국불교 담론에 있어서의 이러한 논조의 변화에 유의하면서, 삼국과 신라, 고려와 조선에 있어서 소위 호국불교의 대표적 일례들에 대한 논의가 어떤 양상으로 전개되어 왔는지를 살펴보고, 이를 바탕으로 앞으로의 전망을 논의해 보려 한다. 이에 앞서 인도와 중국, 일본의 불교전통에 있어서 소위 호국 사상과 연결되어 논의되는 일례들을 살펴보고 한국의 경우와 비교 논의해 본다.

II. 인도, 중국과 일본에서의 불교와 왕권

아쇼카왕과 전륜성왕 개념

호국불교 담론과 관련되어 인도불교에서 자주 논의되는 주제는 전륜성왕으로 알려져 있는 아쇼카왕(ca. 268~239 BC)이다. 불교에 있어서 이상적 군주상으로 논의되는 전륜성왕은, 무력이 아닌 정법에 의한 통치를 통하여 주변 왕국들이 스스로 복종하도록 하는 평화적 군주이다. 인도에서 비무력적 전륜성왕 사상이 받아들여질 수 있는 사회적 배경이 마련된 것은 통일전쟁이 완성되는 마우리아 제국 시대였고,[12] 전륜성왕의 전형적 일례로 제시되는 아쇼카왕은 인도 반도를 사실상 통일한 마우리아 왕조의 제3대 왕이다. 아쇼카왕은 통일전쟁 과정에서 많은 희생을 치렀으나 이에 대한 회한과 함께 불교에 귀의하고 '다르마 정책'을 펼쳐 정법정치를 실행한 것으로 일반적으로 논의되고 있다. 이러한 전륜성왕 개념은 후에 동아시아에도 그대로 수용되어, 국가 수호의 주체인 국왕의 이상적 표본으로서 전륜성왕이 이해되고 아쇼카왕은 그 전형적 예로 받아들여진다.[13]

하지만 아쇼카왕의 다르마 정책이 사실상 불교사상에 근거하는 것인가에 대해서는 학자들 간에 의견이 분분하다. 아쇼카왕의 정책이 불교사상을 기반으로 했다고 하는 학자들이 있는 한편으로, 특정 종교와의

---

12 박금표, 『불교와 인도 고대국가 성립에 관한 연구』, 파주: 한국학술정보[주], 2007, pp.60~61
13 중국과 한국의 삼국에서의 전륜성왕 개념의 수용에 대해서는 윤세원, 「전륜성왕의 개념형성과 수용과정에 관한 연구」, 『동양사회사상』 17, 동양사회사상학회, 2008, pp.173~202 참조.

연관성을 갖고 있지 않은 인간의 생활규범의 원리라고 보기도 하며, 불법이나 종교와 관련된 것이 아니라 마누법전과 같은 왕법 또는 바라문교의 다르마와 연결되기도 하기 때문이다.[14]

아쇼카왕의 정책이 불교에 근거를 두고 있다고 보는 입장은, 아쇼카왕의 비문에 사성계급의 평등을 주장한다고 해석되는 부분이 있다는 것에 근거를 두고 있다.[15] 하지만 이러한 사성평등사상을 아쇼카왕의 종교적 신념의 발현이라기보다는 오히려 당시의 정치사회적 상황과 연결시켜야 한다는 주장도 있다. 즉, 당시 통일전쟁 이후 정치사회적 배경에서 바라문 계급의 지위를 상대적으로 약화시키고자 하는 정치적 목적을 달성하기 위해 아쇼카왕이 사성평등사상을 표방했다는 주장이다.[16]

불교적 이상군주의 표본인 아쇼카왕의 실제적 의도에 대해 여러 해석이 존재하는 것을 볼 때, 인도에 있어서의 불교와 왕권의 관계도 단지 왕의 종교성만으로 설명된다고 결론 내릴 수는 없는 것으로 보인다. 비록 인도에 있어서 불교와 왕권의 관계는 전륜성왕의 개념을 아쇼카왕이라는 역사적 인물에 결합시켜 전형적인 사례로 제시하고 있지만, 이러한 사례는 종교적 신념이라는 측면에서만 해석되는 것은 아니고, 정치사회적인 당면의 필요성과도 여전히 연결되어 있음을 알 수 있다.

중국에서의 호국사상과 왕권

동아시아에서 호국불교 사상이 성행한 것은 불교에 대한 군주들의

---

14 윤세원, 앞의 논문, 2008, pp.180~181
15 이자랑, 「제정일치적 天降관념의 신라적 변용: 인도 아쇼까왕과의 비교를 중심으로」, 『불교학연구』 32, 불교학연구회, 2012, pp.367~368
16 이자랑, 앞의 논문, 2012, pp.371~372, 379~381

지원에 바탕을 두고 있다. 불교는 적지 않은 동아시아 군주들에 의해서 정치 이념으로 수용되었고, 이에 따라 정부 차원의 지원을 받으면서 영향력을 넓혀갈 수 있었다. 이런 점에서 불교가 왕의 정법치국을 매개로 하여 국가를 보호한다는 호국의 원래 의미는, 전제군주들이 자신들의 정치적 세력을 공고히 하기 위해 불교를 차용하였다는 정치적, 세속적 논리로 해석되는 경우가 많다. 즉, 호국불교의 논리는 필연적으로 불교와 정치 또는 불교와 군주와의 관계를 전제로 하기 때문에 세속적 정치 이념으로 원용될 소지를 안고 있다.

실제로 중국에서는 전제군주가 불교를 정치적 목적으로 이용하거나, 아니면 적어도 이런 방식으로 해석될 수 있는 예들이 존재한다. 중국에서 통치자가 불교에 대해 관심을 가지고 정부 차원에서 불교를 적극 후원하는 체제가 정착된 것은 남북조시대였는데, 북조에서는 황제를 여래와 동일시하는 '황제즉여래皇帝卽如來'의 관념이 등장하였다. 북중국 전체를 통일한 북위北魏(386~534)의 태조 도무제道武帝(재위 386~409)는 당시 궁중 승려인 법과法果(미상)로부터 '당금當今의 여래如來'라는 칭송을 받았고, 제5대 문성제文成帝(재위 452~465) 때에는 승려 담요曇曜(미상)가 북위의 역대 황제들을 모델로 운강에 5구의 불상을 조성하였다. 북위의 불교는 황실이 불교계를 통제 지원하는 한편, 승려들이 황제를 여래로 받들며 충성하는 구도에서 보통 교단의 성쇠가 군주의 권위에 의해 좌우된 것으로 이해된다.[17] 또한 중국역사상 유일한 여성 황제인 당나라 측천무후則天武后(690~705)도 자신의 전제권력을 합리화하기 위해 불교계를 동원하였고 '미륵불의 화신'임을 자처하였다고 한다.[18]

---

17 최연식, 「동아시아의 불교와 정치」, 『불교평론』 58, 만해사상실천선양회, 2014; 남동신, 「나말려초 국왕과 불교의 관계」, 『역사와 현실』 56, 한국역사연구회, 2005, p.83
18 남동신, 앞의 논문, 2005, p.84

그러나 불교와 정권 간의 밀접한 관계가 항상 세속적 정치세력에 의한 불교의 이용으로 해석되는 것은 아니다. 예를 들어 중국 남조에서 형성된 불교와 황실 간의 긴밀한 관계는, 북조 불교의 경우와는 달리 황제의 불교에 대한 종교적 신앙을 반영한 것이라는 해석이 있다. 호불군주로 잘 알려져 있는 양무제梁武帝(502~549)는 스스로 보살계를 받아 계율에 따라 생활하였으며, 자신을 사찰의 노비로 희사하는 사신捨身 또한 여러 차례 행하였고, 스스로를 전륜성왕이라고 자처하였다.[19] 남조에서 시작된 국왕의 보살계 수계는 그 후 수·당 대에 이르기까지 널리 행해졌다고 한다.[20] 또한 황제즉여래 개념은 북위 불교교단의 황제에 대한 절대적 충성을 의미하는 것으로 보통 해석되지만, 한편으로는 남조의 황제즉보살 개념과 마찬가지로 불교를 보호한 황제에 대한 찬사라는 주장도 있고, 이런 맥락에서 역대 북위 황제들의 불교에 대한 신앙과 보호정책을 다룬 연구도 있다.[21] 중국의 경우에도 불교와 왕권의 결합이라는 동일한 역사적 양상을, 왕권에 의한 불교의 이용으로 이해하는 관점이 있는가 하면, 다른 한편으로 국왕의 불교에 대한 존경과 신앙에 따른 보호정책으로 보는 시각이 있음을 알 수 있다.

일본의 진호국가 개념과 왕법즉불법 사상

일본에서의 불교 도입 또한 중국의 경우와 마찬가지로 중앙집권적 왕권 확립과 관계가 있다. 불교가 처음 전래되던 무렵인 아스카 시대의

---

19 최연식, 앞의 논문, 2014
20 남동신, 앞의 논문, 2005, p.87
21 남동신, 「신라 중고기 불교치국책과 황룡사」, 『신라문화제학술논문집』 22, 경주사학회, 2001, p.31 참조.

쇼토쿠(聖德, 574~622) 태자는 불교에 대한 독실한 신앙을 가졌다고 일반적으로 알려져 있다. 하지만 이러한 일반적 이해 이외에 쇼토쿠 태자의 정치적 배경을 분석하여 그의 불교 후원정책이 신앙적 차원의 것만이 아니라 정치적 요소 또한 개입되어 있음을 밝히는 연구가 있다. 즉, 쇼토쿠 태자와 긴밀한 관계를 맺고 있던 소가씨(蘇我氏) 일족은 당시 불교를 수입함으로써 중앙집권체제를 확립하려는 의도를 가지고 있었다는 연구이다.[22]

쇼토쿠 태자 이후 일본 역사에 있어서 왕권과 불교의 관계를 나타내는 대표적 일례 중 하나는 헤이안 시대의 왕법즉불법王法卽佛法사상이다. 일본학자 구로다 도시오(黑田俊雄)에 의하면, 왕법즉불법사상은 헤이안 시대에 현교顯敎와 밀교密敎를 결합한 현밀불교체제顯密佛敎體制가 9세기에 발전하기 시작하여 12세기까지 지속되는 과정에서 성립되었는데, 특히 정권이 바뀌는 11세기에 왕법과 불법이 서로 의존하고 있다는 '왕법불법상의론王法佛法相依論'이 정착되었고 이를 통해 불교의 호국의 역할 또한 강조되었다고 한다.[23] 이러한 왕법즉불법 사상은 불교 사상적 측면에서 현교와 밀교의 결합이라는 측면과 연결하여 설명되고 있지만, 한편으로 이 사상의 정치사회적인 측면 또한 지적되고 있다. 헤이안 시대 중기에 이르러 율령제에 의한 국가체제가 와해되고 중세 장원제로 이행되면서 국가지원을 받던 대사찰이 자기방어 차원에서 왕법즉불법 사상을 제기했다는 것이다. 그 후 13세기경에는 가마쿠라 신불교의 발흥으로 위협을 느낀 천태종과 밀교가 나라 6종과 함께 8종체제의 지배

---

22 원영상, 「일본불교와 국가」, 『한국 호국불교의 재조명 3』, 서울: 대한불교조계종 불교사회연구소, 2014, pp.230~231

23 Kuroda Toshio, "The Imperial Law and the Buddhist Law," trans. Jacqueline I. Stone, Japanese Journal of Religious Studies 23, no. 3-4(1996): 274-275.

적 입장을 공고히 하기 위해 이를 주창하였다고 한다. 또한 에도 말기에 이르러 이 사상은 반외세, 반기독교적 입장에서 호법불교를 통한 양이攘夷운동의 성격을 띠고 왕법불법일치론으로 다시 등장하였다고 한다.[24]

하지만 일본불교에 있어서도 종교와 왕권과의 관계가 항상 세속적 정권에 주안점을 두고 설명되는 것은 아니다. 가령 헤이안 시대까지의 일본불교는 왕권과 관계를 맺고 있다고 하더라도 명확히 국토와 백성을 위한 진호국가鎭護國家의 의의를 지니고 있다고 평가되기도 한다.[25] 그리고 헤이안 시대까지『법화경』,『인왕경』,『금광명경』등 소위 호국경전들이 독송된 것도 국가의 보호 및 민생안정을 위한 진호국가의 이념 하에서라고 한다. 헤이안 시대 현밀체제의 대표적 승려인 사이초(最澄, 767~822)와 구카이(空海, 774~835) 또한 그들이 세운 천태종 본사 엔랴쿠지(延曆寺)와 진언종 본사 토오지(東寺)를 각각 '진호국가의 도량'(鎭護國家の道場)과 '왕을 가르치고 호국하는 사찰'(敎王護國寺)이라고 불렀고 이런 점에서 이들도 진호국가 이념을 계승한 것으로 해석하기도 한다.[26]

하지만 16세기 말 17세기 초에, 가마쿠라 때의 신본불적神本佛迹 사상 사고에 기초하여 등장한, 일본이 신국神國이자 불국佛國이라는 인식은 정치와 종교의 결탁 양상을 보여 준다. 이 인식은 불교의 이념을 국토에 적용한 예라는 점에서 넓은 의미에서 호국사상의 일례로 해석되기도 하지만,[27] 신본불적이 신도를 불교보다 우위에 두는 사상이라는 점에서 직

---

24 원익선,「천황제 국가의 형성과 근대불교의 파행」,『불교평론』28, 만해사상 실천선양회, 2006
25 Kuroda, 1996, p.273
26 Christopher Ives, Imperial-Way Zen: Ichikawa Hakugen's Critique and Lingering Questions for Buddhist Ethics (Honolulu: University of Hawai'i Press, 2009), 108-109.
27 김용태, 앞의 논문, 2016, p.186

접적으로 불교적 호국사상과 연결되는 것으로 보이지는 않는다. 그리고 이 사상은 천황 중심의 신국론神國論을 제창하면서 정치적으로 이념화된 이세 신도(伊勢神道) 및 요시다 신도(吉田神道)와 연결된 개념이라는 점에서 정치와 종교의 전형적인 결합 양상을 보여 주는 것이라고 할 수 있겠다.[28]

이와 같이 일본에는 불교의 호국사상을 나타내는 것으로 해석되는 다양한 사례들이 있지만, 중국과 마찬가지로 이들에 대한 견해들은 종교적 또는 사회정치적 측면 가운데 어느 한쪽만이 아니라 양 측면 모두에서 고려가 이루어지고 있음을 볼 수 있다.

III. 삼국과 통일신라의 호국불교 사상

불국토 사상과 호국사찰

중국, 일본과 마찬가지로 한국에서도 불교와 왕권은 밀접한 관계를 가지고 전개되었다. 불교는 삼국시대에 국가적 차원에서 수용되고 공인되었으며 중앙집권화와 왕권강화 과정에서 지대한 영향력을 지니고 있었다. 불교를 정치 이념으로 수용한 삼국의 왕들은 불교를 국교로 정립하고 보호하는 정책을 펼쳤으며, 호국불교 사상은 바로 이러한 불교 수용 과정을 배경으로 나타났다고 해석되고 있다.

신라의 경우, 호국불교 사상을 나타내는 것으로 제시되는 대표적 예 중 한 가지는 불국토佛國土 사상이다. 불국토 사상이란 신라 국토가 곧

---

[28] 김후련, 『일본 신화와 천황제 이데올로기』, 서울: 책세상, 2012, pp.101~117

부처의 국토라고 인식하는 것으로서, 과거불인연설過去佛因緣說[29]과 조탑造塔 및 조상造像에 나타난 불국토 신앙, 진신상주신앙眞身常住信仰, 다불신앙多佛信仰 등 다양한 양상으로 전개되었다.[30] 이 가운데 특히 호국사상과 연결되어 자주 논의되는 것은, 진흥왕眞興王(재위 540~576) 때 건립한 황룡사에 안치된 장륙상丈六像의 불상과 9층목탑九層木塔이다.

황룡사의 본존불인 장륙상은 아쇼카왕의 불상 조성 설화[31]를 바탕으로 이루어진 것으로 전해지기 때문에 신라가 불교와 인연을 가지고 있음을 나타내는 대표적 예로 제시된다. 이 설화에 따르면 인도의 아쇼카왕이 불상을 조성하려 했으나 그 뜻을 이루지 못하고, 구리, 금과 불상의 모본을 실은 배를 띄워 인연이 있는 곳에서 불상의 조성이 이루어지길 기원했는데, 1천3백 년 후 마침내 신라에서 이 기원이 이루어져 진흥왕에 의해 불상이 만들어질 수 있었다는 것이다. 이러한 장륙상의 조상에 관한 설화를 바탕으로 하여, 신라는 불국토이고, 장륙상의 조상을 명한 진흥왕 또한 전륜성왕의 이념을 실천한 것으로 본다. 즉, 진흥왕은 전륜성왕으로 여겨지는 아쇼카왕의 불상 조성의 기원을 이룬 것이므로 전륜성왕의 정법치국正法治國 사상을 받아들이고 있고, 이런 점에서 불교적 이념상 호법과 동일시되는 호국사상을 나타내는 것으로 본다.[32] 9

---

[29] 과거불인연설이란 신라가 과거세 이래로 불교와 인연이 있는 곳이라는 주장으로, 七處伽藍說이 대표적 예이다. 칠처가람설에 의하면, 경주의 일곱 장소가 과거에 부처가 설법하였던 곳이고 법흥왕이 불교를 공인한 이후 이곳에 다시 사원들이 들어섰다는 것이다. 즉, 신라와 불교의 기연을 중시함으로써 신라의 불교 수용을 정당화하는 것이다. 신동하, 「신라 불국토사상과 황룡사」, 『신라문화제학술논문집』 22, 경주사학회, 2001, p.61

[30] 신동하, 『新羅 佛國土思想의 展開樣相과 歷史的 意義』, 서울대 박사학위논문, 2000, pp.1~2

[31] 『三國遺事』 卷3, 「塔像」 4, 皇龍寺丈六

[32] 호국사상을 불교의 종교적 이념적 측면에서 호법즉호국護法卽護國으로 보고 호법

층목탑은 오대산에서 문수보살에게서 부촉을 받은 자장慈藏(590~658)의 건의를 선덕여왕(재위 632~647)이 받아들여 고구려와 백제의 침입을 막기 위해 건립되었다고 한다. 즉, 외부의 침입으로부터 신라를 보호하기 위한 9층목탑의 건립 또한 호국의 성격을 지닌다는 것이다.[33]

황룡사 역시 장륙상이나 9층목탑이 안치되어 있다는 점에서 호국사상의 일례로 거론된다. 게다가 신라의 호국의례인 백고좌회百高座會가 대부분 황룡사에서 열렸다는 사실도 호국사찰로서의 황룡사의 위상을 나타내 주는 것이라고 할 수 있다. 『삼국유사』에는 신라에 삼보三寶가 있어 고구려왕이 신라를 침범하지 못했다는 기록이 있는데,[34] 여기서 삼보란 황룡사의 장륙상과 9층목탑, 그리고 천사옥대天賜玉帶로서 호국삼보護國三寶로 알려져 있다. 이 가운데 두 가지가 황룡사에 있다는 사실 또한 황룡사의 호국적 기능을 나타내는 것으로 여겨진다.

이외에 사천왕사四天王寺와 감은사感恩寺 또한 호국사상과 관련된 사찰이다. 황룡사가 신라 중고기 시대에 가장 영향력 있는 불교사찰이자 왕실의 원찰로서 호국기능을 수행하였다고 한다면, 사천왕사는 삼국의 통일 직후에 호국적 기능이 부각된, 중대에 있어서 가장 영향력을 가진 사찰로 여겨진다. 사천왕사는 호국사상이 설해진 『금광명경』의 「사천왕품」에 근거하여, 문무왕文武王(재위 661~681)이 670년 삼국통일전쟁 중 당나라 군사를 부처의 가피력으로 물리치려는 염원에서 건립하였다. 「사

과 동일시되는 호국 개념을 주장한 학자로는 이기영, 김영태가 있다. 이기영, 앞의 논문, 1975, pp.6~7, 16; 김영태, 「신라불교사상」, 『숭산박길진박사화갑기념 한국불교사상사』, 서울: 원광대출판국, 1975, p.116, 131

33 상동
34 『三國遺事』卷3, 「塔像」 4, 皇龍寺九層塔; 장지훈, 「신라 중고기의 호국불교」, 『한국사학보』 3·4, 고려사학회, 1998, p.25

천왕품」에는 국왕이 외침을 막기 위해『금광명경』을 수지해야 하며, 국왕이 이 경을 수지할 때 사천왕과 같은 천신이 그 국왕 및 국가를 보호한다고 설해져 있다. 실제로 이 절의 건립은 당군의 침입을 막은 것으로 전해지는데, 명랑明朗(ca. 7세기)이 당군을 막기 위해 사천왕사를 지은 후 문두루비법文豆婁秘法을 써서 외침을 격퇴했다고 한다.[35] 감은사는 황룡사, 사천왕사와 함께 신라의 3대 호국사찰로서 왜군를 막기 위해 지어졌으며, 682년 신문왕神文王(재위 681~692) 때 완공되었다.[36]

이와 같이 조탑이나 조상, 사찰의 건축 등을 불교적 관점에서 호국사상으로 보는 관점이 있었지만, 한편으로는 이러한 사례들을 정치적인 측면에서 해석하는 입장도 제기되었다. 삼국통일 이전의 시기는 중앙집권화와 왕권강화라는 목적으로 불교 사상이 새로운 정치 이념으로 적극 활용된 시기였다. 이런 점에 주목하여 통일 이전 중고기 시대의 불교를 국가권력에 의한 불교의 이용이라는 부분에 초점을 맞추는 연구들이 생겨났다. 예를 들어 황룡사가 불교교단에서 중심적 역할을 하고 있던 이 시대의 불교를 국가불교로 해석하고, 이런 점에서 9층목탑 또한 실추된 왕권의 회복과 국력 신장이라는 정치적 목적을 달성하기 위해 건립되었다고 보는 것이다.[37] 한편, 국가불교의 성격이 강한 중국 북조北朝 계통 불교의 수용으로 인하여 신라불교는 처음부터 국가 목적에 봉사하는 종교로서 받아들여졌다는 주장도 제기되었다.[38]

---

35 『三國史記』卷7,「新羅本紀」7, 文武王 19年(679) 8月
36 김상태,「7세기 호국호법삼부경에 의한 신라호국가람과 동아시아 불교건축 비교」,『동북아문화연구』13, 동북아시아문화학회, 2007, pp.127~130
37 李基白,「黃龍寺와 그 創建」,『新羅時代의 國家佛敎와 儒敎』, 서울: 韓國研究院, 1978;『新羅思想史研究』, 서울: 일조각, 1986, p.72
38 최병헌,「불교사상과 신앙」,『한국사특강』, 서울: 서울대학교출판부, 1990,

하지만 불교의 정치적인 측면에 경도된 1970년대 사학계의 관점을 비판하고 불교 교리적인 측면을 고려해야 한다는 지적이 나타났다. 예를 들어 김상현은 「신라삼보의 성립과 그 의의」[39]에서 신라 삼보의 의의를 왕권강화, 불교정치 이념, 불연佛緣의 호국불교 등으로 설명하면서 불교를 다만 정치의 도구로 해석하는 당시의 경향성을 비판하였다. 그리고 「사천왕사의 창건과 그 의의」[40]에서는 황룡사의 9층목탑과 마찬가지로 부처의 위신력으로 국난을 극복하고자 창건한 사천왕사에 대해 종합적으로 검토하였다.[41] 이러한 주장이 제기된 이래로 정치적 관점에 치중하여 신라 중고기 불교의 호국사상을 이해하는 관점에 대한 지속적 비판이 이어지고 있다.[42]

---

pp.319~321
39 김상현, 「신라삼보의 성립과 그 의의」, 『동국사학』 14, 동국사학회, 1980
40 김상현, 「사천왕사의 창건과 그 의의」, 『신라문화제학술발표논문집』 17, 동국대학교 신라문화연구소, 1996
41 이외에도 김상현은 「萬波息笛說話의 形成과 意義」, 『한국사연구』 34, 한국사연구회, 1981에서는 만파식적 설화로써 호국불교 사상 등 당시의 사상적 조류를 알 수 있다고 주장하였고, 「新羅 中代 專制王權과 華嚴宗」, 『동방학지』 44, 연세대학교 국학연구원, 1984에서는 정치적 측면에 경도된 관점을 가지고 신라 중대의 화엄종을 정치적으로 해석하는 기성 학계를 비판하였다.(이종수, 앞의 논문, 2015 참조)
42 장지훈은 앞의 논문(1998)에서 이런 관점을 비판하면서 황룡사의 위상에 다시 주목하고 있다. 최근에는 '불교가 위기로부터 국가/국왕을 수호하는 것'이라고 보는 국가적 관점에서의 호국 해석을 비판하고, '국가/국왕이 불법을 수호하는 것'이라는 불교적 관점에서 황룡사를 해석해야 한다는 주장이 제기되었다.(남동신, 앞의 논문, pp.8~9, 2001) 이 논문에서는, 9층목탑의 건립은 『인왕경』에 설해져 있는 것과 같이, 군주가 국가를 보호(호국)하기 위해 정법을 보호한(호법) 일례라고 주장한다. 이에 따르면, 9층목탑이 진신사리를 모신 진신사리탑이라는 것은, 인도 전역에 8만4천 개의 사리탑을 세운 아쇼카왕을 모델로 하기 때문에 전륜성왕 사상을 이념적 배경으로 하고 있다고 한다. 즉, 단지 정치적인 의도만으로 불교를 차용한 것이 아니라 전륜성왕 사상과 같은 불교적 이념을 신앙하고 보호함으로써 그 결과 정

한편, 신라의 불국토사상과 같은 계통의 사상을 일본 또는 중국의 전통에서 찾고 이들을 비교하는 연구들이 있다.⁴³ 이 연구들에 의하면 불국토 사상은 중국과 일본의 본지수적 사상에 대응성을 가진다는 것이다. 이러한 연구들에 비추어, 호국사상을 한국불교만의 특징으로 제한하였던 기존의 호국불교 담론에 문제점이 있었다는 사실이 점차 구체적으로 밝혀지고 있음을 알 수 있다.

호국의례와 법회

신라에서는 왕실과 국가의 안녕을 도모하고 외적의 침입을 물리치기 위한 인왕백고좌회仁王百高座會와, 삼국통일과정에서의 전사자의 명복을 비는 팔관회八關會 등 불교 의례를 주관한 것으로 알려져 있다. 백고좌회는『인왕경』「호국품」⁴⁴을 근거로 하는 의례인데, 여기에는 국가가 어떤 종류의 재난이나 외적의 침입에 의해 혼란에 빠질 때, 군주는 1백 구의 불상, 1백 구의 보살상, 그리고 1백 구의 나한상을 모시고 1백 명의 법사를 청하여 높은 사자후좌獅子吼座에서『인왕경』을 강경하도록 해야 한다고 되어 있다. 그리고 그 사자후좌 앞에는 1백 개의 등을 밝히고 1백 가지 향을 사르며 온갖 꽃을 삼보에 공양하고, 옷 등 생필품 및 소

치적인 이익을 도모하였다는 것이다.
43 이기영,「7·8세기 신라 및 일본의 불국토사상: 산악숭배와 사방불」,『한국종교사연구』2, 한국종교사학회, 1973; 신동하,「新羅 佛國土思想과 日本 本地垂迹思想의 비교 연구: 釋種意識과 釋迦垂迹 사례를 중심으로」,『인문과학연구』14, 동덕여자대학교 인문과학연구소, 2008; 정천구,「본지수적설(本地垂迹說)과 불국토사상(佛國土思想)의 비교:『佛祖統紀』·『三國遺事』·『元亨釋書』를 중심으로」,『정신문화연구』31(통권110호), 한국학중앙연구원, 2008
44 『仁王經』「護國品」(T08, 829c~830a)

반중식小飯中食을 법사들에게 제공해야 한다고 한다.⁴⁵ 신라에서는 진흥왕 때 신라로 망명한 고구려승으로서 승통僧統에 임명된 혜량惠亮(fl. 551)에 의해 백고좌회가 처음 실시된 이래⁴⁶ 전 시대에 걸쳐 실시된 것으로 알려져 있다.⁴⁷

호국불교담론 과정에 있어서 신라 백고좌회에 대한 해석은 주로 호국불교의 종교적 측면을 중심으로 이루어진 것으로 보인다. 70년대 호국불교사상이 고취되던 당시에는 불교의 호법이 곧 호국이라는 구도에서 백고좌회가 해석되었다.⁴⁸ 즉, 백고좌회를 개최하는 이론적 근거가 불교의 정법을 받아들임으로써 국가를 보호한다는 『인왕경』의 호국적 내용에 있다고 보았다. 또한 백고좌회가 『인왕경』이라는 불교경전에 따르면서 국가의 위기나 왕의 병환, 천재지변 등의 경우에 이루어진 점에 주목하여, 신라에서는 불교의 정법의 수호(호법)가 다름 아닌 국가의 보호(호국)였음이 주장되었다.⁴⁹ 이러한 관점이 이후에도 일반적으로 수용되어, 백고좌회와 같은 신라의 의례는 불교 이념으로서의 호국사상의 발현의 일례로 받아들여지고 있다. 신라가 통일전쟁을 수행하는 과정에서 『인왕경』의 호국 이념은 신라의 왕실에 있어서 정신적 지주가 되었고, 백고좌회는 그런 의미에서 국민정신의 단합과 국가의식의 고취를 위한 역할을 수행하였다고 하거나,⁵⁰ 백고좌회는 국왕이 각종 재난으로

---

45 이러한 『인왕경』에 설해진 백고좌회의 설명에 근거하여 실행된 신라의 백고좌회의 실질적 과정과 형식에 대한 연구는 김복순, 「신라의 백고좌법회」, 『신라문화』 26, 동국대학교 신라문화연구소, 2010, pp.98~112 참조.
46 『三國史記』 卷44, 「列傳」 4, 居柒夫, 眞興王 12年(551)
47 장지훈, 앞의 논문, 1998, pp.20~22
48 이기영, 「인왕반야경과 호국불교」, 『동양학』 5, 1975, pp.501~503
49 김영태, 「신라불교 호국사상」, 『박길진화갑기념 한국불교사상사』, 원광대출판부, 1975
50 정병조, 「新羅法會儀式의 思想的 性格」, 『신라문화제학술발표논문집』 4, 동국대학

부터 국토를 보호하기 위해 먼저 불교를 보호해야 한다는 『인왕경』의 정신에 근거하고 있다고도 본다.[51]

한편, 고구려 망명승 혜량은 백고좌회와 함께 팔관회도 개설하였다고 한다. 이 의례는 전사한 장병을 위해 지내는 위령제의 성격을 띤 것으로서, 토착적인 용신신앙이나 전통적 제천의례가 습합된 국가의례로 알려져 있다.[52] 신라시대의 팔관회의 의례가 수행된 사실에 대한 기록은 비록 『삼국사기』와 『삼국유사』 가운데 세 곳밖에 나타나지 않지만, 혜량법사가 백고좌회와 함께 이 의례를 시행했다는 사실을 바탕으로 신라에서 백고좌회와 함께 많이 행해졌을 것으로 추측되고 있다.[53]

신라의 백고좌회에 대한 기록은 비록 10회 정도이고, 팔관회는 3회로서 후일 고려에 백고좌회가 100회 이상[54] 베풀어졌다는 기록에 비해서는 매우 적지만, 호국불교 담론에서 백고좌회와 같은 법회는 신라 호국불교의 정착 과정에서 매우 중요한 역할을 담당하였고, 이런 맥락에서 주로 불교 본래의 종교적 측면과 연결되어 논의되어 온 것으로 보인다.

왕들의 불교신앙

앞서 삼국과 통일신라의 호국불교사상의 사례들이, 한편으로는 호법

교 신라문화연구소, 1991
51 남동신, 앞의 논문, 2001, pp.18~23
52 김용태, 앞의 논문, 2012, p.50
53 장지훈, 앞의 논문, 1998, pp.22~24
54 고려의 인왕회 개최 횟수에 대한 학자들의 의견은 조금씩 차이가 있다. 서윤길은 118회(서윤길, 「高麗時代의 仁王百座道場 硏究」, 동국대학교 석사학위논문, 1969, pp.56~66), 김종명은 120회로 본다(김종명, 「'호국불교' 개념의 재검토: 고려 인왕회의 경우」, 『종교연구』 21, 한국종교학회, 2000, pp.97~99).

이 곧 호국이라는 종교적 측면에 주목하고, 다른 한편으로는 중앙집권과 왕권강화라는 정치적 필요성에 중점을 두고 두 상반된 방면으로 해석되고 있음을 살펴보았다. 호국불교 사례들의 성격 규정이라는 문제와 관련하여 또 하나의 잣대로 거론되는 것은 바로 왕들의 불교에 대한 인식태도이다. 국왕 자신이 불교에 대해 취한 태도를 고찰하는 것은, 호국과 관련하여 왕들이 실행한 일들이 실제로 어떤 정신적 발로에서 시작되었는가 하는 것을 가늠할 수 있기 때문이다.

앞서 언급한 호국 사례들을 추진하고 실행한 왕들을 포함하여, 삼국과 신라의 왕들, 특히 신라 중고기 시대의 왕들은 일반적으로 불교를 신앙적으로 숭상하였다는 평가를 받고 있다.[55] 신라 중고기의 왕들인 법흥왕法興王, 진흥왕眞興王, 진지왕眞智王, 진평왕眞平王, 선덕왕善德王, 진덕왕眞德王이 모두 불교식 왕명을 택했다는 사실은 일반적으로 그들의 불교에 대한 종교적 신앙과 연결하여 설명된다. 즉, 법흥왕이 불교를 공인한 이후에 불교는 국가의 정책 수립과 시행의 중심 이념으로 작용하였을 뿐 아니라, 왕 자신들 또한 불교를 숭신하고 있었음이 그들의 불교식 왕명에 드러나고 있다는 것이다.

같은 맥락에서 진흥왕이 황룡사를 건립하고 장륙상을 봉안한 것은 전륜성왕을 본받으려 한 진흥왕의 의식을 나타낸 것이라고 보통 해석된다. 즉, 장륙존상이 아육왕상阿育王像 계열의 석가상이라는 것은 전륜성왕 의식이 작용한 것이라고 한다.[56] 게다가 진흥왕의 전륜성왕 의식은

---

55 신라 중고기 왕들의 불교신앙을 논의한 논문으로는 장지훈, 「신라중고기 제왕의 정법치국사상」, 『겨레문화』 10, 한국겨레문화연구원, 1996, pp.41~55 참조. 중대 왕실의 불교신앙에 대해서는 김상현, 「신라 중대의 불교사상 연구」, 『국사관논총』 85, 국사편찬위원회, 1999 참조.
56 남동신, 앞의 논문, 2001, p.15

그의 두 아들 이름을, 네 종류의 전륜성왕의 이름, 즉 금륜金輪, 은륜銀輪, 동륜銅輪, 철륜鐵輪 가운데 동륜과 사륜舍輪(철륜)[57]으로 지은 것과도 연결된다. 또한 이 사실은 진흥왕 자신이 동륜, 철륜을 거느린 금륜의 전륜성왕으로 자처했다는 의미로도 해석된다. 진흥왕의 말년 출가 또한 진흥왕 자신의 전륜성왕 의식과 관련이 있다는 것을 『장아함경』을 근거로 하여 밝히는 연구 또한 있다.[58]

9층목탑을 세운 선덕여왕의 경우, 분황사, 영묘사의 건립 등 많은 불사를 행하였고, 9층목탑의 건립 또한 승려인 자장의 건의를 받아들여 이루어졌으므로 이 또한 선덕왕의 불교신앙적 측면을 나타낸다고 볼 수 있다. 또한 『삼국유사』에는 선덕여왕이 자신의 죽음을 예언하면서 도리천에 묻어 달라고 한 것이 기록되어 있는데,[59] 이러한 일화는 여왕이 불교의 도리천에 대한 신앙을 지니고 있었음을 추측할 수 있게 한다. 최근에는 선덕왕에 의해 세워진 것으로 알려진 첨성대가 단지 천문관측기구로서의 역할을 담당하는 것이 아니라, 여왕의 도리천 신앙을 반영한 조형물이라는 주장이 제기되었다.[60]

하지만 이러한 왕들의 불교에 대한 인식태도 또한 국가불교의 틀 안에서 정치적 의도에 초점을 맞추어 해석하는 관점도 있다. 즉, 삼국 가

---

57 진흥왕은 태자를 동륜, 차자를 사륜이라 이름하였는데, 차자는 사륜 또는 금륜金輪이라고 불렸다고 한다. 그러나 전륜성왕의 순서상 철륜이라는 점을 고려하여, 사륜의 舍는 우리말 '쇠'를 음독식으로 표기한 것이고, 금륜의 金은 '쇠 金'을 의미하는 것으로서 훈독식으로 표기한 것이라고 볼 수 있다.(조경철, 「동아시아 불교식 왕호 비교: 4~8세기를 중심으로」, 『한국고대사연구』 43, 한국고대사학회, p.26 참조)
58 안지원, 「신라 眞平王代 帝釋信仰과 왕권」, 『역사교육』 63, 역사교육연구회, 1997, pp.72~73
59 『三國遺事』 卷1, 「善德王知幾三事」
60 김기흥, 『천년의 왕국 신라』, 서울: 창작과비평사, 2000, pp.256~260

운데 신라는 특히 고대국가로의 성장이 제일 느렸고 이러한 후진성으로 인하여 불교를 통한 국가체제 완비와 왕권강화를 필요로 하고 있었다는 것이다.[61] 이 주장에 따르면, 이러한 신라의 후진성으로 인하여 왕법과 불법은 처음부터 대립 없이 일체시된 상태로 수용될 수 있었고, 이에 따라 왕권강화 등 정치적 목적이 모두 불교를 통하여 이루어졌다고 한다. 그리고 이런 맥락에서 전륜성왕 개념이나, 왕족이 부처와 동일한 찰제리종刹帝利種이라는 진종설화眞種說話, 왕들의 불교식 왕명 등이 모두 국가불교의 성격을 나타내는 '왕즉불王卽佛 사상'의 연장선상에 있는 것으로 본다. 또한 진흥왕대의 전륜성왕 사상은 신라 지배체제를 공고히 하고 권위를 유지하려는 의도를 가지고 있었고 승관제는 불교통제책이었다고도 해석되고,[62] 법흥왕의 왕권강화정책과 함께 진흥왕의 전륜성왕 의식은 당대 불교정치사상의 필연적 귀결로서, 사상의 통일과 보편적 국가 경영 이데올로기의 정립과 직결되었다고도 본다.[63]

그렇지만 다른 한편으로는 신라 중고기 왕실의 진종설은 왕권을 신성화하는 역할을 한 것뿐이고 왕즉불 사상을 나타내는 것은 아니라는 주장도 있다.[64] 이 주장에 따르면, 한국사에서 중국 북위의 황제들과 마찬가지로 왕즉불을 직접 표방한 국왕으로는 나말여초의 궁예弓裔(901~918)가 유일한 예라고 한다. 궁예는 국왕에 즉위한 후 911년 미륵불

---

61 최병헌, 앞의 논문, 1990, pp.319~321; 김철준, 최병헌 공편, 『사료로 본 한국문화사: 고대편』, 서울: 일지사, 1986, pp.128~129; 박희택, 「신라의 국가불교 전개와 정치개혁」, 『한국정치연구』 12-1, 서울대학교 한국정치연구소, 2003, p.182 참조.
62 魏英, 「新羅 中古期 國家佛敎의 展開: 佛敎 公認과 僧官制를 中心으로」, 『문화사학』 15, 한국문화사학회, 2001, pp.117~118
63 박희택, 앞의 논문, 2003, pp.200~201
64 남동신, 「나말려초 국왕과 불교의 관계」, 『역사와 현실』 56, 한국역사연구회, 2005, pp.85~86

을 자처한 것으로 알려져 있고, 이러한 궁예의 정책이 바로 종교를 세속적 통치이념으로 전환한 일례로 볼 수 있다는 견해이다.

삼국, 특히 신라의 경우 호국불교의 일례들 및 왕들의 불교인식 태도에 비추어 볼 때, 호국불교 사상에 대한 두 상반된 관점, 즉 긍정적인 관점과 비판적인 관점이 대체되어 전개되어 오고 있음을 볼 수 있다. 여기서는 호국불교에 관련된 구체적 사례를 중심으로 논의하였지만, 불교와 정치와의 예속관계 여부에 관한 문제는 불교 교리적 측면에 있어서 특정 불교 교리가 정치 이념화되었는가 하는 주제에서도 논의될 수 있는 문제이다. 실제로 신라 중대에 있어서 화엄종이 전제왕권을 뒷받침했는가라는 문제를 둘러싸고 학자들 간의 논의가 전개되기도 하였다.[65] 호국불교 담론의 경향성을 논한다면, 근래의 신라불교에 있어서의 호국사상에 대한 연구는 주로 호국사상을 정치적 이념만으로 해석하는 관점을 비판하고 불교 본래의 종교적 의미를 찾는 연구가 다시 등장하고 있음을 알 수 있다.

IV. 고려와 조선의 불교와 국가

인왕경 법회와 불교의례들

호국불교를 한국불교의 특징 중 하나로 보았던 기존의 입장에서는 고려왕조 역시 신라의 호국사상을 계승하고 있다고 본다. 고려 태조太祖

---

65 김복순, 「신라 불교의 연구현황과 과제: 중대와 하대를 중심으로」, 『신라문화』 26, 동국대학교 신라문화연구소, 2005, p.286 참조.

(918~943)는 「훈요십조訓要十條」에서 국가의 대업이 부처의 호위력에 의지함을 밝히고, 연등회와 팔관회 등의 불교행사 또한 지속적으로 거행되어야 함을 당부하고 있다.[66] 또한 왕건이 후삼국을 통일하였을 때 개태사開泰寺의 발원문에서 전쟁에의 승리를 부처와 신령의 힘으로 돌리고 국가의 안정을 불교에 의지하여 기원하고 있음도 호국불교의 사례로 제시된다.[67]

고려대 호국불교의 대표적 사례로 제시되는 것은, 매우 다양한 불교의례가 국가적 차원에서 빈번하게 실행되었다는 것이다. 『고려사』에 따르면 각종 법회 종류가 83가지에 달하고 시행 횟수가 1,038회를 기록했다고 한다.[68] 이 가운데 신라에서도 행해진 『인왕경』에 바탕을 둔 불교법회인 백고좌회를 중심으로 논의해 본다. 백고좌회는 신라에 이어 고려시대에는 더욱 성행하였는데, 현종顯宗(재위 1009~1031) 때를 시작으로 이후 원 간섭기까지 정례화된 국가행사로 정착되어, 고려시대 전체로 보면 무려 1백 회 이상 시행되었다.

고려에서 시행된 백고좌회는 신라의 경우와 마찬가지로, 호국불교를 주장하는 학자들에 의해 호국을 목적으로 행해지는 법회로 해석되었다.[69] 즉, 불교의 호법을 실천하는 것이 곧 호국이라는 구도에서, 백고좌회라는 호법의례를 곧 호국과 연결하고 이 의례의 목적을 국가의 안녕과 백성의 보호로 보았다. 즉, 『인왕경』과 이 경에 설해진 인왕회를 통해 국왕은 호국과 안민을 도모하였다는 것이 호국불교 사상을 수용한 60,

---

66 『高麗史』, 卷2, 「世家」 2, 太祖 26年 4月
67 『東人之文四六』, 卷8, 「開泰寺華嚴法會疏」; 김용태, 앞의 논문, 2012, p.54 참조.
68 김종만, 「호국불교의 반성적 고찰」, 『불교평론』 3, 만해사상실천선양회, 2000
69 우정상, 김영태, 『한국불교사』, 서울: 진수당, 1969, p.127; 서윤길, 『고려시대의 인왕백고좌도량 연구』, 동국대 석사학위논문, 1969

70년대 학자들의 통설이다.

앞서 논의했듯이, 신라의 백고좌회는 최근 학자들에 의해 불교 본래의 종교적 측면에서 해석되는 경향을 보이고 있는 한편, 고려의 백고좌회 시행에 대한 근래의 연구는 비판적 관점을 나타내고 있다. 김종명은 「'호국불교' 개념의 재검토: 고려 인왕회의 경우」에서, 이러한 인왕회에 대한 기존의 통념을 비판하고 있다.[70] 그는 『인왕경』과 인왕회를 호국 안민을 위해 수용하였다고 하는 기록들은, 당시의 역사적, 시대적 배경을 감안한다면, 글자 그대로 받아들일 수 없다고 주장한다.[71] 예를 들어 예종睿宗(1105~1122)은 재위 시 인왕회 개최 횟수(12회)가 고려 왕들 가운데 두 번째로 많았으나 그 자신은 유흥에 심취해 있었고, 의종毅宗(1146~1170) 때에는 잦은 불교의례로 인해 국고가 고갈되었으며, 명종明宗(1170~1197) 또한 불교의례를 자주 개최하고 있었음에도 사회는 여전히 혼란하였고 명종 자신 또한 뇌물을 받았으며, 고려 왕들 가운데 인왕회를 네 번째로 많이 개최(8회)한 원종元宗(1259~1274) 또한 당시의 불안정한 시대상황에서 자신은 방탕한 생활을 하고 있었다고 한다.[72] 한편, 인왕회가 임금에 의해 개최되었다는 이유만으로 그 의례를 호국의례로 규정하고 임금과 국가를 동일체로 간주하고 있는 호국불교의 통설 또한 비판하고 있다. 즉, 고려의 승직에서 왕사王師와 국사國師가 분리되어 있음을 지적하면서, 실제로는 왕족의 개인적 신앙과 국사는 별개의 문제였음을 지적하고 있다.[73] 결국 고려 인왕회 개최의 실제 목적은 왕실의 조상제사 기능과 임금의 정신적 위안 및 왕실의 안녕을 도모하기 위

---

70 김종명, 앞의 논문, 2000
71 김종명, 앞의 논문, 2000, p.103
72 김종명, 앞의 논문, 2000, pp.109~110
73 김종명, 앞의 논문, 2000, pp.110~111

한 것이었지, 결코 호국과 안민이 아니라고 주장하는 것이다. 같은 맥락에서, 신라불교에 비해 고려불교가 기복소재祈福消災 형태로 변모되었고 재원만 낭비하는 '소비법회'에 그쳤다는 주장도 있다.[74] 이 주장에서는 고려의 승려의 타락으로 척불론이 대두된 것은 아마도 고려식 호국불교의 맹점에 따른 인과응보일 것이라고 규정하고 있다.

그러나 김종명의 의견에 이의를 제기하는 학자도 있다. 강호선은 김종명의 견해가 고려시대 국왕이 주재하는 불교의례의 의미를 지나치게 축소했고, 전근대 시기에는 국왕, 왕조, 국가의 구분이 명확하게 이루어지기 어려울 뿐 아니라, 국왕이 국가를 의미하기도 한다는 점을 간과한 것이라고 한다. 즉, 상례화된 국왕의 의례는 그 자체로 국가의례로서의 위상을 지니고 있는 것이므로 국왕 개인의 문제로 보아서는 안 된다는 것이다.[75]

다른 한편, 고려 초기 이래 정치와 불교의 관계는 왕권과 교권이 상호 조화 내지 공존을 추구하는 것이었다고 해석하는 학자도 있다. 즉, 국가의 이익과 불교교단의 이익이 불가분리의 관계에 있음을 「훈요십조」 등에서 태조가 인식한 이후에, 고려조에 있어서 호국과 호법을 동일시하는 원칙은 일관된 국시였다고 평가한다.[76] 게다가 고려 태조는 나말여초에 왕으로서 보살계를 받은 유일한 사례로서, 그는 스스로를 '보살계제자'로 칭하고 있으며, 이후 고려 역대 왕들은 11세기 전반 덕종대부터 후기 공민왕까지 거의 모두 보살계를 수계하였다고 한다.[77] 이와 같

---

74 김종만, 앞의 논문, 2000
75 강호선, 「고려시대 국가의례로서의 불교의례 설행과 그 정치적 의미」『한국호국불교의 재조명 4』, 대한불교조계종 불교사회연구소, 2015, pp.57~58, 53~107
76 남동신, 앞의 논문, 2005, p.108
77 남동신, 앞의 논문, 2005, p.87

은 예들은 고려의 국왕들의 불교에 대한 태도가 종교적 신앙과 완전히 단절한 것으로 볼 수 없음을 나타내는 것으로 해석될 수 있다.

호국염원과 대장경 조판

고려시대에 호국과 관련된 불사로서 빠지지 않고 거론되는 것은 대장경의 조판이다. 고려 때의 대장경 판각은 외침의 시기에 부처의 가피력에 의한 전쟁의 종식을 기원하며 두 번에 걸쳐 이루어졌다. 초조대장경은 거란의 침입 때 국난 극복의 발원을 세워 1011(현종 2년)부터 문종 때까지 약 40년에 걸쳐 주조된 대장경으로서 대구 부인사에 소장되었는데, 이 초조장이 1232년에 몽고의 침입으로 소실되자 최씨 정권이 주체가 되어 현재 팔만대장경으로 불리는 재조대장경이 1236년부터 1251년까지 16년에 걸쳐 조판되었다. 재조대장경 조성 당시 이 대장경의 조판을 알리는 이규보李奎報(1168~1241)의 글에는 불교에 의지하여 몽고의 침입을 물리치고 국가의 안녕을 기원하고자 하는 염원이 잘 나타나 있다.[78]

호국불교의 담론 안에서 대장경의 조판을 외적의 침입으로부터 국가를 보호하기 위한 염원에서 비롯되었다고 보는 견해 이외에, 대장경 조판은 당시의 정치적·시대적 상황과의 연결 하에 설명되기도 한다. 초조대장경의 경우, 외침이라는 국난 극복의 성격을 가지고 조판되었다는 주장 이외에, 현종이 부모의 추선을 위해 현화사玄化寺를 건립함과 함께 대장경을 조판하였다는 견해도 있다.[79] 또한 재조대장경의 경우에는 호

---

78 『東國李相國集』卷25, 雜著 大藏刻板君臣祈告文 丁酉年(1237); 민현구, 「고려의 대몽항쟁과 대장경」, 『한국학논총』 1, 국민대학교 한국학연구소, 1978, p.44 참조.
79 문경현, 「고려대장경 雕造의 史的 고찰」, 『이기영박사고희기념논총: 불교와 역사』,

국적 기원에서 대장경이 조성되었다는 해석 외에, 최씨 정권이 정권유지의 차원에서 기획되고 조판되었음을 주장하는 견해도 있다.[80] 즉, 최씨 정권은 몽고의 침입을 받자 대장경 조판이라는 불사를 통해 민심의 단합을 꾀하여 민중들로 하여금 몽고에 항쟁하도록 하는 정치적 목적을 가지고 있었고, 만약 이러한 최씨 정권의 정치력과 경제력이 없었다면 대장경 조판은 이루어지지 않았으리라고 보는 것이다. 이러한 맥락에서 재조대장경 조판의 주체를 국가로 보아야 할 것인지 아니면 최씨 정권으로 보아야 할 것인지의 문제 또한 제기되고 있다.[81]

대장경 조판을 둘러싼 사회적 정치적 상황을 조명하는 이러한 일련의 연구들은, 대장경의 조판을 호국불교사상의 전형적 사례로 보는 일원화된 관점을 보완하는 것으로 보인다.

승군의 호국활동

불교가 숭상되었던 신라와 고려와는 달리, 조선시대에는 숭유억불정책으로 인해 불교는 정권 차원의 지원을 받지 못하였다. 일반적으로는 조선시대의 불교는 억압 정책으로 인하여 선종 중심으로 겨우 명맥만을 이어갔다고 여겨진다. 하지만 불교의 수난기였음에도 불구하고 임진왜란이 발발했을 때 승려들이 자발적으로 의승군에 참여하여 국난을

서울: 한국불교연구원, 1991, p.477; 한기문, 「고려전기 부인사의 위상과 初雕大藏經板소장 배경」, 『한국중세사연구』 28, 한국중세사학회, 2010; 박용진, 「고려대장경의 정치 사회적 기능과 의의」, 『동국사학』 59, 동국사학회, 2015, pp.173~174 참조.
80 민현구, 앞의 논문, 1978, p.51
81 채상식, 「고려 조선시기 불교사 연구현황과 과제」, 『한국사론』 28, 국사편찬위원회, 1998

타개하려는 의지를 보인 것은 매우 특기할 만한 사례라고 할 수 있다.[82] 이런 점에서 조선시대의 의승군은 호국불교 담론에 있어서 빠지지 않는 사례 가운데 하나이다. 예를 들어 우정상과 김영태는 한국의 호국불교 사상의 사례를 거론하면서 임진왜란 당시의 의승군 활동을 매우 강조하고 있으며,[83] 다른 논문에서 김영태는 조선시대를 서술하면서 임진왜란 당시의 의병장 서산대사 휴정休靜(1520~1604)의 구국흥법救國興法에 대해 자세히 다루고 있다.[84]

조선시대 의승군의 활약은 이와 같이 호국사상의 대표적 사례 가운데 하나로 제시되었지만, 한편으로는 의승군의 결성과 전쟁참여라는 현상이 불교의 불살생계와 상충한다는 문제로 인해 그 종교적 정당성은 항상 의문시되어 왔다. 종교성과 정치성의 상호 화합을 전제로 호국불교를 해석하는 입장에서는, 불교를 정권 차원에서 지원하는 고려대까지의 호국 사례들은 어디까지나 호법과 호국의 등치의 공식을 설명된다. 즉, 불교의 종교적 입장을 국가적으로 지원하는 입장이었던 것이다. 하지만 억불정책을 시행한 조선시대에 있어서는, 종교적 입장은 더 이상 국가의 입장과 병행될 수 없는 상황이었다. 의승군의 전란 참여의 경우, 호국과 호법은 어느 한쪽을 만족하면 다른 쪽은 만족시킬 수 없는 상호 배리적인 관계에 있는 것이다.

이런 점에서, 앞서 논의한 고려시대의 호국사례들의 해석들이 주로 종교성과 정치성 가운데 어느 쪽을 위주로 하는 것인가에 따라 이분되

---

82 일본불교에도 가마쿠라 시대 이후 승려들이 무장한 예가 있지만 이는 단위사찰이나 종파를 지키기 위한 것으로서, 국가를 위한 전체 교단 차원의 궐기는 아니었다. 김용태, 앞의 논문, 2016, p.186 참조.
83 우정상, 김영태 공저, 앞의 책, 1969
84 김영태, 『한국불교사개설』, 서울: 경서원, 1986

는 것에 비해, 조선의 의승군의 전란 참여를 둘러싼 호국담론은 다소 다른 방향의 고찰이 이루어졌다. 즉, 의승군 활동 자체가 명백히 불교 교리에 어긋나는 것이라는 점에서 이 활동의 종교적 해석은 거의 이루어지지 못한 가운데, 교리적으로 모순을 내포하는 의승군 활동의 호국상을 당시의 사회상황과 연결하여 설명하려는 시도가 있었다.[85] 조선은 숭유억불을 기조로 하므로 국왕을 매개로 한 정법치국의 호국은 불가능한 상황이었고, 따라서 정법치국의 호국사상, 즉 불교 교리적 호국사상을 의승군 활동에 적용하여 그 근거를 찾으려는 시도는 한계가 있을 수밖에 없다.[86] 즉, 호법과 호국을 동일시하여 호법이 바로 호국이라고 하는 종교적 관점에서의 호국사상의 해석은, 국왕의 호법활동 자체를 기대할 수 없는 조선시대의 의승군 활동에는 적용되기가 어렵다는 것이다. 이런 점에서 의승군의 전란참여의 정당성을 불교의 교리 내에서가 아니라, 이것이 발생하게 된 사회적 상황을 고찰하여 이를 설명하는 연구가 진행되었다.

의승군의 참전을 당시의 사회상황과 연결시키는 연구들이 주목하는 점은, 전기 조선사회에서는 불교에 대한 핍박과 배척이 행해졌으나 임진왜란 이후 이러한 사회적 인식에 변화가 생겨났다는 점이다.[87] 고려에서의 불교의 폐단을 목도한 조선 전기 사대부들은 불교를 사회에 해악이 되는 종교로 치부하였으나, 임진왜란 등 국가적 전란에서의 의승

---

85 예를 들어, 김용태,「임진왜란 의승군 활동과 그 불교사적 의미」,『보조사상』37, 보조사상연구원, 2012; 조기룡,「청허 휴정과 의승군의 활동과 역할에 대한 재조명」,『원불교사상과 종교문화』69, 원광대학교 원불교사상연구원, 2016 등이 있다.
86 조기룡, 앞의 논문, 2016, p.406
87 조기룡, 앞의 논문, 2016, pp.408~416; 김용태, 앞의 논문, 2012, pp.229~256; 김용태, 앞의 논문, 2016, pp.179~195

병들의 두드러지는 공로는 불교에 대한 사회적 인식을 변화시켰다는 것이다. 이 주장에 따르면, 승려들의 전란에의 참여는 배불이라는 당시 시대상황에 있어서 교단의 존속이라는 실존적 문제와 관련되어 있다고 한다.[88] 즉, 불교도들은 참전을 통해 불교 또한 유교와 마찬가지로 보국안민할 수 있다는 것을 증명하려 했고, 이 과정에서 의승군의 참전은 유학적 가치 체계 내에서 불교가 인정받게 되는 계기가 되었다는 것이다.[89] 이런 점에서 조선시대의 의승군 활동은 교단을 지키기 위한 '호교적 호국활동'으로 해석되고 있다.[90] 이러한 의승군 활동에 대한 성찰에 의해서, 소위 근대 이래의 호국담론은 기존의 이분법적 성찰 이외에 방향의 고찰을 시도하였다고 할 수 있다.

---

[88] 조기룡, 앞의 논문, 2016, pp.407~408
[89] 조기룡, 앞의 논문, 2016, p.415
[90] 조기룡, 앞의 논문, 2016, p.395

호국, 과연 한국불교의 전통인가?

　한국의 호국불교 담론은 여러 단계를 거쳐 현재에 이르렀다. 초기에는 민족주의적, 국가주의적 이념을 필요로 하는 시대상황을 반영하면서 호국불교 사상은 각광받았으나, 이후 곧 호국불교 사상의 정치적 측면에 주목하는 학자들에 의해 기존의 종교적 관점에서의 호국불교 사상의 해석은 비판을 받았다. 이후 호국불교 담론의 태생적 원류 및 '국가'의 개념적 범주에 대한 보다 근본적인 문제점들이 지적되었다. 하지만 이러한 굴곡을 겪은 후에도 호국불교 논의는 여전히 이어져 오고 있다. 이것은 한편으로는 한국불교 전통에서의 호국담론이 이러한 근본적 문제점들을 극복할 잠재력을 지니고 있고 이를 현재 시험하고 있는 과정이라는 가능성을 나타내는 것일 수도 있지만, 다른 한편으로는 이러한 문제점들을 충분히 성찰하고 잘 극복하지 못한 채 다시 한 번 정치와 종교의 양 측면 사이에서 소모적인 논쟁을 되풀이하는 결과로 귀결하는 과정이라고 볼 수도 있다.

　기존의 호국불교 담론이 근본적 문제점을 지니고 있음이 밝혀진 이 시점에 있어서 아직도 호국불교 담론이 유효성을 가지고 있다면, 우리의 논의는 어느 방향을 향해 어떤 방식으로 나아가야 하는가? 앞서 지적된 호국불교의 근본적 문제점 가운데 하나는, 근대적 '국가' 개념을 전근대의 호국 현상에 적용시킨다는 개념적 범주의 오용임을 살펴보았다. 이 범주적 문제점은 호국불교 사상, 즉 호국불교를 선양하는 입장에 대한 비판으로서 처음 제기되었지만, 필자는 이 동일한 지적이 그 이후의 한국 호국불교 담론의 전체적 전개양상, 즉 종교와 정치를 양분하면서 전개된 호국불교 담론의 양상에도 동일하게 적용될 수 있다고 본다. 다시 말해, 호국불교 담론 과정에서 종교와 정치 가운데 어느 쪽에 중심을 두는가에 따라서 각각의 상반된 입장이 양산된 것은 근대적 '국가' 개념이 담론의 전제가 되었기 때문이 아닐까 한다. 왜냐하면 다른 국가와 구분되는 독립적 정치공동체로서 '한국'이라는 국가 개념을 전제로 할 때 이 국가라는 공동체에 종속시켜 불교를 해석하거나, 아니면 종속되지 않는 보편적 종교로서 불교를 해석하는가에 따라 각각 정치 또는 종교에 중점을 두는 호국불교의 해석이 생겨나기 때문이다. 국가 개념을 전제로 하고서 국가와 불교와의 관계를 어떻게 설정하는가에 따라 이분법적 해석이 생겨나는 것이다. 하지만 지적했듯이 전근대 시대에는 비록 지역사회의 구분은 존재했을지라도 불교를 종속시킬 범주로서의 '국가' 개념은 존재하지 않았다. 다시 말해, 전근대 시대에는 한국불교가 중국불교 또는 일본불교와 별개로서 구분되는 것이 아니었다. 당시의 불교는 중국, 일본, 한국이라는 지역사회가 공유하는 보편성을 지니고 있었던 반면에, 각각의 지역사회는 그 개개의 특수성에 불교를 귀속시킬 만한 힘을 가지고 있지 않았다. 근대적 '국가' 개념하에서는 종교적 보편성과 국가적 특수성은 서로 배타적인 범주들로 여겨지지만, '국가' 개념이 아직 뚜렷이 형성되지 않은 전근대 사회에서는 종교적 보편성과 지역적 특수성은 모순 없이 공존할 수 있었던 것이다.

　전근대 사회의 호국불교를 논의할 때 정치와 종교의 상반적 구도가 적용되지 않는 것은, 한편으로 비로소 근대 사회에 이르러 정교政敎의 분리가 공식적으로 이루어지기 시작한 것과도 연관성이 없지 않을 것으로 보인다. 왕의 정치적 의도와 신앙적 활동은 반드시 구분된 범주에 속하는 것이 아니라 어떤 면에서는 합치될 가능성 또한 고려되어야 한다는 것이다. 이런 점에서 보편성과 특수성은 동일한 스펙트럼에서 각각 이 양 극단에 위치할 때에는 서로 배리적, 모순적 개념일 수도 있겠지만, 역사적 실제에 있어서는 공존할 수 있는 범주였음을 간과해서는 안 될 것이다. 유의할 점은, 버스웰이 지적했듯이, 이러한 보편성과 특수성은 역사적 구성원들에 의해서 끊임없이 다듬어지고 재규정되어 항상 유동적으로 변화해 왔다는 것이다. 이런 점들을 고려할 때 앞으로의 호국불교 담론의 과제는 보편성과 특수성이 어느 시대의 어떤 구성원들에 의해 어떤 모습으로 규정되고 있는가를 밝혀내는 것이 아닐까 한다.

| 참고문헌 |

김상영, 「한국불교의 보편성과 특수성」, 『불교연구』 40, 불교학연구회, 2014.

김상현, 「사천왕사의 창건과 그 의의」, 『신라의 사상과 문화』, 서울: 일지사, 1996.

김용태, 「조선중기 의승군 전통에 대한 재고: 호국불교의 조선적 발현」, 『한국 호국불교의 재조명 5』, 대한불교조계종 불교사회연구소, 2016.

김종명, 「'호국불교' 개념의 재검토: 고려 인왕회의 경우」, 『종교연구』 21, 한국종교학회, 2000.

남동신, 「신라 중고기 불교치국책과 황룡사」, 『신라문화제학술발표논문집』 22, 경주사학회, 2001.

원익선, 「천황제 국가의 형성과 근대불교의 파행」, 『불교평론』 28, 만해사상실천선양회, 2006.

장지훈, 「신라 중고기의 호국불교」, 『한국사학보』 3·4, 고려사학회, 1998.

조기룡, 「청허 휴정과 의승군의 활동과 역할에 대한 재조명」, 『원불교사상과 종교문화』 69, 원광대학교 원불교사상연구원, 2016.

Buswell, Robert E. "Imagining "Korean Buddhism"". In Nationalism and The Construction of Korean Identity, eds. by Pai Hyung Il and Timothy R. Tangherlini, 73-107. Berkeley: Institute of East Asian Studies, 1998.

Senecal, Bernard. "In Writing a History of Korean Buddhism: A Review of Two Books." Korea Journal 37, no.1 (1997): 154-177.

권력과 종교

지옥 地獄

· 김기종

I. 불교의 지옥

　니리야와 나라카/ 야마와 염라왕/ 불전 속의 형상화

II. 중국과 일본의 지옥 관념

　태산부군泰山府君과 시왕十王/ 관리가 통제하는 감옥/ 징벌의 강조

III. 삼국~고려시대의 지옥 관념

　지옥 관념의 수용/ 시왕신앙의 유포/ 우란분재의 설행과 목련고사

IV. 조선시대 지옥 관념의 다양한 전개

　유가와 불가의 지옥 인식/ 시왕도十王圖/ 불교가사와 '회심곡'/ 한글소설

■ 도덕적 삶을 위한 심판과 징벌

I. 불교의 지옥

니라야와 나라카

지옥地獄은 '지하의 뇌옥牢獄'이란 뜻으로, 범어의 니라야(niraya) 또는 나라카(naraka)를 현실의 감옥에 비유하여 번역한 용어이다. 니라야와 나라카는 본래 '행복이 없는 곳'을 의미했고, 사람이 죽어서 가는 어두운 암흑세계를 뜻하는 말이었다.[1] 이 용어는 불전佛典의 한역漢譯 과정에서 각각 '니리야泥犁耶'·'니리泥犁'·'니려泥黎'와 '나락가奈落迦'·'나락奈落' 등으로 음역되거나, '협처狹處'·'부자재不自在'·지옥 등으로 의역되었다.

『법원주림法苑珠林』 권7의 '지옥부地獄部'에서는 여러 불전을 인용하여 이 용어들의 의미를 설명하고 있다. 곧 '니리야'는 즐거움·기쁨·복·덕이 없고, 그곳을 벗어날 수 없으며, 악업을 제거하지 못했다는 뜻이고, '니리'는 의리義利가 없다는 뜻이다. 그리고 '나락가'는 사람 사는 곳의 괴로움이 지극함을, '협처'는 땅과 허공이 없는 비좁은 곳을 의미한다. '부자재'의 경우는 죄인이 옥졸의 구속을 받아 자재하지 못하고, 또 지하에 갇혀 있어 자재하지 못함을 가리킨다.[2]

이렇듯 범어의 니라야·나라카는 다양한 용어로 번역되다가 점차 '지옥'으로 일원화된 것이라 할 수 있다. 한역의 초기에는 주로 음역어와

---

1 장미진,「불교문화권에 있어 '지옥'의 원신화적 요소와 그 의미」,『미술사학』7, 미술사학연구회, 1995, p.192

2 道世 撰,『法苑珠林』 권7(『大正藏』53, 322b~c)

'협처'·'부자재'의 의역어가 섞여서 사용되다가, 7세기 중반에 이르러 '지옥'의 역어가 보편화된 것으로 추정된다.[3] 막연하고 추상적인 이미지를 갖는 '니리야'·'협처'·'부자재'에서, 땅속의 감옥이라는 구체적이고 선명한 이미지의 번역어로 정착된 것이다.

야마와 염라왕

지옥을 주재하는 왕으로 알려진 염라 또는 염마閻摩는 범어 '야마(Yama)'의 음역이다. 고대 아리아 민족의 문헌인 『리그베다』에 의하면, 야마는 본래 태양신의 아들이었으나 어머니가 신이 아니었던 까닭에 죽을 수밖에 없는 운명으로 태어났다. 그는 인류 최초로 죽은 자가 되어 저승으로 가는 길을 개척하고 죽은 자들의 왕이 되었다. 그가 다스리는 나라는 쾌락을 누리는 곳으로, 사람들은 사후 이곳에 태어나기를 희망하였다. 그는 눈이 네 개이고 반점이 있는 개 두 마리를 데리고 다니면서 늘 이 세상의 모습을 감시한다고 한다. 후기 베다 문헌에 이르면, 야마는 감시자의 모습에서 인간의 선악 행위를 판정하는 사후 심판자의 모습으로 변하게 된다.[4]

이상과 같은 베다 문헌의 '야마'는 불교에 수용되어, 한편으로는 욕계의 제3천인 야마천을 주재하는 염마천왕이 되고, 또 한편으로는 지옥의 주재자인 염라왕이 되었다. 그런데 몇몇 불전에서 염라왕은 '야마'와 달리, 비사국의 왕이었던 것으로 나타난다. 곧 염라왕은 전생에 비사국의 왕이었는데, 이웃나라와의 전쟁에서 전세가 불리하게 되자, "지옥의 우

---

3 박영철, 「나라카(Naraka)에서 地獄으로」, 『역사교육』 63, 역사교육연구회, 1997, p.104
4 김정희, 『조선시대 지장시왕도 연구』, 서울: 일지사, 1996, pp.21~22

두머리가 되어 신하 18인의 도움을 받고 백만의 무리들을 거느리되, 모두가 다 성을 내고 원망을 하게 하소서. 뒷날 그들의 받듦과 도움으로 이 죄인들을 다스리겠습니다."라는 서원을 세웠고, 그 결과 지금의 염라왕이 된 것이다.[5]

한역 초기의 여러 불전에는 염라왕의 전생담과 함께, 염라왕이 죄인을 심문하는 내용 또한 서술되어 있다. 후대의 동아시아 불교설화나 소설·시가에서 염라왕이 죄목을 열거하면서 심판하는 것과는 다른 모습이다. 일례로 『장아함경』 권19에 따르면, 염라왕은 죄인에게 살아생전에 늙음·병듦·죽음의 세 '천사天使'를 보았는지 물어본다. 세 천사를 보았다는 죄인의 대답에, 염라왕은 늙음·병듦·죽음의 괴로움을 보면서도 '나도 장차 그렇게 되리라'는 생각을 하지 않은 채 악업을 지은 죄인을 질책하면서 다음과 같이 말하고 있다. "이제 마땅히 너로 하여금 함부로 놀았던 고통을 알게 하겠다. 부모의 잘못도 아니고, 형제의 죄도 아니며, 또한 천제天帝와 선조의 잘못도 아니며, 친구나 사문沙門의 잘못도 아니다. 네 스스로 악업을 지었기에 마땅히 네가 받아야 된다."[6]

염라왕의 이러한 언급은 염라왕의 심판이 망자의 '업'에 따라 행해지고, 이 업은 오직 망자 본인에 국한된 것임을 보여 주고 있다. 곧 지옥의 본질은 자업자득과 인과응보의 원리에 따르는 죄의 심판에 있는 것이다.

불전 속의 형상화

동아시아 문화권에 있어 지옥 관념의 유포는 불전의 한역과 함께 시

---

5 僧旻·寶唱 等集, 『經律異相』 권49(『大正新修大藏經』 53, 258c)
6 僧旻·寶唱 等集, 『經律異相』 권49(『大正新修大藏經』 53, 258c~259a)

작되었다. 가장 이른 시기의 지옥 관련 경전은 148~170년에 안세고安世高가 한역한『불설십팔니리경佛說十八泥犁經』·『불설죄업응보교화지옥경佛說罪業應報敎化地獄經』·『불설매의경佛說罵意經』 등이다.[7] 이후 여러 경전들이 번역되었고, 불교유서佛敎類書인『경율이상經律異相』(516) 권49·50과『법원주림』(668) 권7에는 각각 '지옥부'를 두어, 그 이전까지 한역된 지옥 관련 경전의 주요 내용을 발췌·정리하고 있다. 이들 불전은 대체로 지옥의 종류, 지옥행의 원인, 지옥에서의 징벌 양상 등의 내용을 포함하고 있다. 불전에 따라서는 지옥행의 원인이 보다 강조되어 있는 경우와, 징벌 양상의 비중이 큰 경우가 있다.

먼저, 지옥의 위치 및 종류에 대해『경율이상』은『장아함경』권19의「세기경」을 인용하여, "사천하의 바깥에는 팔만의 천하가 둘러싸고 있고, 그 바깥에는 큰 바다가 있으며, 바다 바깥에는 큰 금강산이 있고, 이 산 바깥에는 또 다른 금강산이 있다, 이 두 산 사이의 일월의 광명이 비추지 않는 곳에 여덟 가지의 큰 지옥이 있다. …(중략)… 그 하나의 지옥에는 각각 열여섯의 작은 지옥이 있다."라고 한 뒤, 상想·흑승黑繩·퇴압堆壓·규환叫喚·대규환大叫喚·소자燒炙·대소자大燒炙·무간無間의 8대지옥과 흑사黑沙·백정百釘·회하灰河·철환鐵丸·검수劍樹·한빙寒氷 등의 16소지옥을 제시하고 있다.[8]

망자는 첫 번째의 '상상지옥'에서 징벌을 받고 그 악업이 다하면, 16소지옥 중의 첫 번째인 '흑사지옥'으로 들어간다. 그곳에서부터 열여섯 번째 소지옥까지 벌을 받으며 지나가면, 자신의 악업에 따라 자신도 모르

---

7 연소영,「佛經의 地獄相 유형 연구」,『중국어문학논집』76, 중국어문학연구회, 2012, p.400
8 僧旻·寶唱 等集,『經律異相』권49(『大正新修大藏經』53, 260b)

게 두 번째의 대지옥인 '흑승지옥'으로 들어가게 되고 또 열여섯의 소지옥을 두루 거치다가 세 번째 대지옥으로 들어가게 된다. 여타의 불전에서도 대체로 이와 같은 방식으로 망자들이 여러 지옥을 거치면서 징벌을 받고, 이들 지옥을 모두 거친 뒤에야 지옥의 고통에서 벗어나는 것으로 되어 있다. 이러한 8대지옥과 16소지옥 외에도, 『지장경』은 염부제 동쪽에 위치한 철위산 안에 극무간極無間·대아비大阿鼻·규환叫喚·발설拔舌·분뇨糞尿 등의 45가지 지옥이 있음을 말하고 있으며,[9] 『법원주림』은 18지옥과 그곳을 다스리는 18왕의 이름을 소개하고 있다.[10]

지옥행의 원인으로는 대부분의 불전들이 '5역죄逆罪'와 '4종대죄種大罪'를 제시하고 있다. 5역죄는 부·모·아라한을 죽이고, 성문聲聞의 화합승和合僧을 파괴하며, 악한 마음으로 부처의 몸에 피를 내는 죄를 가리킨다. 4종의 대죄는 살생·사음邪婬과 삼보의 재물을 훔치는 것, 그리고 사견邪見으로 승가를 파괴하는 것을 말한다.[11] 『지장경』에서도 부모를 죽이고, 부처 몸에 피를 내거나 불·법·승의 삼보를 비방하며, 함부로 음행을 행하거나 승가의 재물을 도둑질하면 무간지옥에 떨어진다고 하였다.[12] 이외에 지옥에 가는 이유로 악구惡口·양설兩舌·기어綺語·간탐慳貪·질투와, 보시를 하지 않거나 보시의 인과를 믿지 않는 것 등이 제시되기도 한다.[13]

'징벌'의 경우는, 지옥의 위치·지옥행의 원인과 달리, 비록 비중의 차이는 있지만 지옥 관련 경전에서 모두 빠짐없이 서술되어 있다. 『지장

---

9 實叉難陀 譯, 『地藏菩薩本願經』, 地獄名號品 제5(『大正藏』 13, 781c)
10 道世 撰, 『法苑珠林』 권7(『大正藏』 53, 327a~b)
11 道世 撰, 『法苑珠林』 권7(『大正藏』 53, 328a)
12 實叉難陀 譯, 『地藏菩薩本願經』, 觀衆生業緣品 제3(『大正藏』 13, 779c~780a)
13 僧旻·寶唱 等集, 『經律異相』 권50(『大正藏』 53, 264b~267a)

경』의 다음과 같은 내용을 대표적인 예로 들 수 있다. "죄인의 혀를 빼어 소가 갈게 하고, 죄인의 간을 내어서 야차夜叉에 먹이고, 펄펄 끓는 가마에 죄인의 몸을 삶으며, 벌겋게 단 구리쇠 기둥을 죄인이 안게 한다. 또 한결같이 차디찬 얼음뿐이며, 똥오줌이 넘치고, 쇠뭉치가 날아들며, 불로 된 창으로 찌르고, 손과 발을 태운다."[14] 등의 묘사가 그것이다. 그런데 사실 앞에서 언급했던 여러 지옥들의 이름은 해당 지옥에서의 징벌의 종류 내지 내용에 의해 명명된 것이라 할 수 있다. 곧 '흑승지옥'에서는 여러 옥졸들이 죄인의 몸에 먹줄을 긋고 먹줄에 따라 도끼로 토막 내고 있으며, '퇴압지옥'은 큰 돌산이 죄인의 몸을 눌러 부서뜨리고, '소자·대소자지옥'에서는 죄인들을 쇠로 된 뜨거운 성 안에 넣고 태우거나 굽고 있는 것이다.[15] '회하·철환·검수·한빙' 등의 지옥 역시 그 명칭에 맞는 징벌이 행해지고 있다.

  이상의 내용을 통해, 지옥의 수효·명칭·징벌 양상 등은 불전에 따라 차이가 있지만, 대부분의 불전들이 지옥행의 주요 원인으로 삼보에 대한 비방·훼손과 5악[16] 또는 10악[17]을 제시하고 있음을 알 수 있다. 또한 불전의 지옥은 비록 매우 오랜 시간이 걸리기는 해도 자신의 악행에 대한 죄보罪報가 다하면 벗어날 수 있는 공간으로 묘사되고 있다.

---

14 實叉難陀 譯, 『地藏菩薩本願經』, 地獄名號品 제5(『大正藏』13, 782a~b)
15 僧旻·寶唱 等集, 『經律異相』권49(『大正藏』53, 261b~c)
16 5악은 재가자가 지켜야 할 계율인 5戒를 어긴 것으로, 살생·偸盜·사음·妄語·음주를 가리킨다.
17 10악은 身·口·意로 짓는 열 가지의 악업을 뜻한다. 먼저, 몸으로 짓는 악업으로 살생·투도·사음, 입으로 짓는 악업으로 妄語(거짓말)·兩舌(이간질하는 말)·惡口(괴롭히는 말)·綺語(속이기 위해 꾸미는 말), 마음으로 짓는 악업으로 貪欲·瞋恚·邪見 등이 있다.

II. 중국과 일본의 지옥 관념

태산부군泰山府君과 시왕十王

'태산부군'은 중국 산동성山東省의 태산에 거주하고 있는 도교道敎의 신神으로, 인간의 생사를 관장한다고 알려져 왔다. 도교에는 일찍부터 신령스런 힘이 인간의 생사를 다스린다는 관념이 존재했다. 특히 후한대後漢代에 이르면 태산은 영혼이 머무는 곳으로서, 거기에는 인간의 생적生籍과 사적死籍이 준비되어 있고, 사명司命의 신인 태산부군이 머무르고 있다는 관념이 형성된다. 이후 남북조시대에 이르러 불교의 지옥관념이 불전의 한역과 함께 수용·유포되면서, '염라왕'과 중국 고유의 태산부군이 결합되어 중국 지옥사상의 주류를 이루었다.[18]

그리고 당대唐代가 되면 모든 중생은 죽은 후 생전의 죄업에 따라 명부冥府의 시왕十王에게 심판을 받는다는 관념이 출현한다. 즉 중국의 전통적인 관료 제도를 지하의 명부세계에 그대로 적용하여 지상세계와 동일한 지배체계를 부여한 것이다.[19] 이러한 '시왕'의 관념은 9세기경 당의 사문沙門 장천藏川이 찬술한 『불설예수시왕생칠경佛說預修十王生七經』(이하 『시왕경』)에 의해 더욱 구체화되었다. 시왕신앙의 소의경전인 『시왕경』은, 석가불이 염라대왕에게 미래에 보현왕여래普賢王如來가 될 것을 예언하는 부분과, '예수시왕칠재預修十王七齋'의 공덕을 설명하는 부분, 그리고 망자를 심판하는 시왕의 명칭 및 심판의 시기에 관한 내용 등으로

---

18 김태훈, 「죽음관을 통해 본 시왕신앙」, 『한국종교』 33, 원광대 종교문제연구소, 2009, pp.114~116
19 김정희, 앞의 책, 1996, p.32

구성되어 있다.

이 경전에 따르면, 시왕의 명칭은 제1 진광왕秦廣王, 제2 초강왕初江王, 제3 송제왕宋帝王, 제4 오관왕五官王, 제5 염라왕閻羅王, 제6 변성왕變成王, 제7 태산왕泰山王, 제8 평등왕平等王, 제9 도시왕都市王, 제10 오도전륜대왕五道轉輪王으로 되어 있다. 그리고 망자는 초칠일初七日에는 진광왕, 2·7일에는 초강왕, 3·7일에는 송제왕, 4·7일에는 오관왕, 5·7일에는 염라왕, 6·7일에는 변성왕, 7·7일에는 태산왕, 백일째는 평등왕, 일 년째는 도시왕, 삼 년째는 오도전륜왕에게 차례로 심판을 받는다.

진광왕은 여러 관리들을 거느리고 망자를 질책하여 중생들로 하여금 악을 폐하고 선을 닦게 하는 일을 맡고 있다. 초강왕은 망자의 도하渡河를 감시하고, 송제왕은 망자의 이름과 살던 곳을 물으며, 오관왕과 염라왕은 각각 업칭業秤과 업경業鏡으로 망자의 죄를 심판한다. 변성왕은 업칭과 업경에 의해 심판을 받고도 죄가 남은 망자가 있으면 지옥에 보내고, 변성왕의 처소에서는 유족들이 망자를 위해 지은 공덕에 따라 망자가 천당과 지옥 중에서 어디로 갈지가 결정된다. 태산왕은 그 죄업에 따라 지옥으로 보내는 망자를 정하고, 평등왕은 지옥의 사자使者와 옥졸을 거느리고 형벌을 가하며, 도시왕은 경전과 불상 조성의 공덕을 말해 준다. 끝으로 오도전륜왕은 지옥을 제외한 5도 가운데 망자가 다시 태어날 곳을 결정한다.

여기에서 '태산왕'은 태산부군을 가리킨다. 그리고 염라왕은 다른 왕들과 마찬가지로 일정한 직분을 갖는 한 구성원으로 변모되었음을 알 수 있다. 이러한 시왕의 출현과 염라왕의 위상 변화는 '지옥의 중국화' 또는 '중국화된 지옥 관념'의 대표적인 예라 할 수 있을 것이다. 더 나아가 '시왕의 심판'은 한국과 일본의 지옥 관념 형성에 큰 영향을 미쳐서,

동아시아 지옥 관념의 핵심 요소로 자리 잡게 되었다.

관리가 통제하는 감옥

시왕과 판관·사자使者·옥졸로 구성되는 '명부'의 존재는, 『시왕경』이전의 문헌인 『법원주림』에 이미 나타나 있다. 『법원주림』 권7 지옥부의 '감응연感應緣'에 수록된 중국 설화들이 그것으로, 대표적인 예로 당나라 유지감柳智感의 이야기를 들 수 있다.

이 이야기는 한 지방의 현령이었던 유지감이 죽었다가 하루 만에 소생하여 자신이 겪은 일을 말하는 형식으로 되어 있다. 이 설화의 특징은 고을의 행정을 담당하던 주인공이 저승에서도 이와 유사한 일을 담당한다는 점이다. 원래는 죽어야 할 사람을 데려다가 저승의 일을 맡겨야 하지만, 유지감은 현세의 수명이 남아 있음에도, 낮에는 이승, 밤에는 저승을 옮겨 다니는 겸직을 하게 된다. 또 다른 특징으로는, 현세의 관청과 마찬가지로 저승에서도 백성에 대한 강압과 업무 처리에서의 임기응변이 횡행한다는 점이다. 저승에 끌려온 망자들은 지옥의 모습에서 공포를 느끼는 것이 아니라, 관청에서 핍박 받은 살아생전의 기억으로 저승의 심판대에서도 관리에 의해 핍박 받을 것을 두려워하고 있다.[20]

관료적 통제가 이루어지는 지옥의 모습은 『태평광기太平廣記』(977)의 지옥 관련 설화에서도 쉽게 볼 수 있다. 이들 설화에서 옥졸과 사자는 흉악한 모습이 아니라 그냥 '어떤 사람'이거나 '검은 옷' 혹은 '흰옷'을 입고 나타난 사람이며, 심지어 죽은 형이 사자가 되어 나타나기도 한다. 명부의 왕은 염라왕 외에 장관長官·대관大官·사명司命 등으로 다양하게

---

20 道世 撰, 『法苑珠林』 권7(『大正藏』 53, 332a~b)

불리며, 여기에 다시 판관·부좌府佐·주부主簿·전사典史·전리典吏·태감太監 등 여러 관리들이 있다. 그만큼 위계와 직분이 다양하면서도 구체적으로 묘사되고 있다. 이 관리들은 염라왕을 포함하여 살아생전에 인간들이었으며, 특히 다양한 직무에 종사한 관인들로서 사무에 능하다는 공통점을 지닌다.[21]

이상의 내용은 초기 불전의 방대하고 장황한 형태의 지옥이 중국화된 결과로, 현실의 관청과 감옥을 사후세계에 옮겨다 놓은 듯한 모습을 보인다. 이러한 모습은 '상상력의 현실화'를 지향했던 고대 중국인들의 특징적인 면모를 반영한다고 하겠다.[22]

징벌의 강조

지옥 관련 설화를 수록하고 있는 일본의 대표적인 설화집으로는, 『일본영이기日本靈異記』(823)·『일본극락왕생기日本極樂往生記』(986)·『대일본국법화경험기大日本國法華經驗記』(1040~44)와 그 후의 왕생전류, 『금석물어집今昔物語集』(1120~40) 등을 들 수 있다. 중세에 들어서면 불교설화집의 편찬사업이 드물어지면서 지옥 관련 설화를 수록하는 경우가 줄어드는 경향을 보인다.[23]

이들 설화집에 수록된 지옥설화의 유형은 다음과 같이 나눌 수 있다.

---

21 곽정식, 「한·중·일 명부설화 비교 연구」, 『새국어교육』 78, 한국국어교육학회, 2008, pp.395~396
22 안정훈, 「불교설화의 중국화에 관한 고찰」, 『중국어문학논집』 58, 중국어문학연구회, 2009, p.562
23 이시준, 「일본 지옥설화의 성립과 변용에 관한 통시적 연구」, 『외국문학연구』 28, 한국외국어대 외국문학연구소, 2007, p.362

① 지옥으로 가서 어떤 사정으로 인하여 현세로 귀환하는 이야기(지옥소생담地獄蘇生譚), ② 지옥과 현세를 왕래하는 이야기(지옥왕래담), ③ 현세에서 지옥의 괴로움을 경험하는 이야기(지옥현보담地獄現報譚), ④ 망령이 출현하는 이야기(망령출현담), ⑤ 생자生者에게 지옥의 사자가 출현하는 이야기(지옥사자담), ⑥ 지옥이 내영來迎하는 이야기(지옥내영담) 등이 이에 해당한다.[24] 이 가운데 '지옥소생담'이 가장 큰 비중을 차지하고 있다.

일본의 지옥설화는 대체로 생전의 선악에 대한 보응이 뚜렷함을 명부에서 직접 체험한다는 내용으로 되어 있고, 중국 설화에 비해 징벌의 괴로움이 보다 구체적으로 서술되어 있는 특징을 보인다. 예를 들면『일본영이기』상권 제30화에는 망부亡父가 못이 37개나 몸에 박혀 있는 채로 뜨거운 구리기둥에 묶여서, 매일 세 차례 300회씩 철 채찍으로 맞고 있는 장면이 묘사되고 있다.『금석물어집』권20 제16화에서도 죽은 아내가 철사로 사지를 결박당한 채 머리에 박힌 쇠못이 이마까지 뚫고 있음을 묘사하고 있다.

명부 관리들의 위계와 직분 또한 중국과 달리, 저승사자와 염라왕 외에 다른 관리들이 나타나지 않는다. 그리고 자주 실수를 범하는 것으로 묘사되는 중국 설화의 저승사자와 다르게, 일본의 저승사자는 실수를 거의 범하지 않는다. 망자의 환생이 중국처럼 저승사자의 실수로 인한 경우는 없고, 신불信佛·방생放生·보시와 같은 망자 자신의 생전 공덕에 의해 이루어지는 차이를 보인다.[25]

---

24 이시준, 앞의 논문, 2007, p.376
25 곽정식, 앞의 논문, 2008, p.413

III. 삼국~고려시대의 지옥 관념

지옥 관념의 수용

중국과 일본의 경우와 마찬가지로, 고대 한국에서도 한역 불전의 전래와 함께 지옥 관념이 수용되었고, 통일신라시대에는 지옥 관념이 유포되었을 것으로 여겨진다. 지옥 관념은 극락왕생을 기원하는 정토신앙과 짝을 이루므로, 통일신라시대 아미타신앙의 유행을 통해 지옥 관념이 전해졌을 가능성을 짐작할 수 있기 때문이다. 또한 말법시대에 죄업罪業으로 고통 받는 중생을 구제한다는 지장보살에 대한 신앙의 유행도 지옥 관념의 유포에 영향을 주었을 것이다.

그러나 통일신라에서 중국과 일본처럼 지옥 관련 이야기를 포함한 설화집이 편찬되었는지 현재로서는 알 수 없다. 설화뿐만 아니라 화상畵像 등에서도 지옥 관련 자료의 흔적을 찾아볼 수 없다. 삼국 및 통일신라시대의 불교설화를 수록하고 있는 『삼국유사』에서, 지옥 또는 명부 관련 설화는 〈선율환생善律還生〉의 한 편뿐이다. 〈선율환생〉은 『대품반야경』의 사경을 조성하는 중, 수명이 다해 명부로 끌려간 선율이 사경을 완성하고 오라는 명사冥司의 명령에 따라 죽은 지 10일 만에 다시 살아났다는 이야기다. 이른바 '명부설화'는 중국과 일본의 불교설화에서는 흔히 볼 수 있는 유형인데, 이 설화는 『삼국유사』뿐만 아니라 현재 전하는 고려시대 설화 가운데 유일한 예에 해당한다.

원래부터 무서운 저승에 관한 관념이 희박했다고 한다면, 불교의 지옥 관념이 들어왔을 때 사람들은 이에 대해 무관심하거나 의도적으로 회피하려는 태도를 취했을 가능성이 있다. 그리하여 불교 지옥관의 전래 초기인 통일신라기에 무서운 저승 관념이 상대적으로 강했던 주변 사회와 달리, 지옥 관련 이야기가 덜 유포되었던 것이라 할 수 있다.[26] 전통적으로 신라의 왕과 귀족들은 죽어서 천상세계로 간다는 생각이 강했고, 또 불교 수용 이후로는 불교적 생사관에 의해 천계天界나 열반에 이르기를 빌었다. 왕이나 상층귀족의 죽음에서는 당연히 좋은 곳으로 가도록 빌었지, 지옥에 빠질 수 있다는 염려는 하지 않았던 것으로 보인다. 윤리적 행위의 여부에 의해 내세의 삶이 변할 수 있다는 불교의 업설業說을 받아들이면서도, 상당수의 특권층들은 자신들이 이전부터 가지고 있던 안락한 사후의 삶에 대한 관념을 쉽게 버리지는 못했던 것이다.[27]

시왕신앙의 유포

시왕신앙의 소의경전인 『시왕경』의 최고본最古本이 현재 해인사 사간판寺刊板으로 남아 있다. 1246년(고종 33)에 최우의 조카인 정안鄭晏(?~1251)이 주도하여 간행한 것이다.[28] 시왕신앙의 소의경전이 간행되었다는 사실은 곧 이 시기에 시왕신앙이 성립되어 있었음을 의미한다. 이 책의 전체 9판 16장 중 제1~9장은 시왕들의 심판 광경을 묘사한 변상도變相圖이다. 화면의 왼쪽에 시왕이 탁자를 앞에 두고 비스듬히 앉아

---

26 나희라, 「고대 한국의 저승관과 지옥관념의 이해」, 『한국문화』 38, 서울대 규장각한국학연구원, 2006, p.189
27 나희라, 「통일신라와 나말여초기 지옥관념의 전개」, 『한국문화』 43, 서울대 규장각한국학연구원, 2008, p.260
28 한상길, 「조선시대 생전예수재 연구」, 『역사민속학』 49, 한국역사민속학회, 2015, p.185

있으며, 그 옆에는 동자·판관·옥졸·공양자들이 시립해 있고, 아래에는 죄인들이 재판 받는 여러 가지 광경이 묘사되어 있다.[29]

그리고 『고려사』에도 당시 시왕신앙의 흔적을 보여 주는 몇몇 기사들이 보인다. 『고려사』 열전의 김치양金致陽 조에는 "동주洞州에 절을 세우고 이름을 성수사星宿寺라 하고, 또 궁성의 서북 모퉁이에는 시왕사十王寺를 세웠는데, 그 도상圖像이 기괴하여 이루 형용하기가 어려웠다."[30]라는 기사가 있다. 목종대(997~1009)의 김치양(?~1009)이 궁성 서북쪽에 시왕사를 세웠고 그 절에는 시왕도가 있었다는 것이다. 이외에 1102년(숙종 7) 흥복사에 건립된 시왕당十王堂의 완성을 축하하기 위해 숙종이 왕비·세자와 함께 그곳에 갔다는 기사[31]와, 인종의 병이 위독해지자 1146년(인종 24) 정월에 시왕사에서 기도했다는 기사[32]가 있다.

이상의 내용을 통해, 10세기 말 11세기경에는 이미 시왕을 본존으로 모시는 사찰이 건립될 정도로 시왕신앙이 성행하였고, 시왕도 또한 제작되었음을 알 수 있다. "그 도상은 기괴하여 이루 형용하기가 어려웠다."라는 언급으로 보아, 아마도 지옥의 광경을 묘사한 그림이었을 것으로 추정된다. 그러나 일반 대중들 사이에서의 지옥 관념과 시왕신앙의 유포 현황은 조선시대에 이르러 구체적으로 나타난다.

우란분재의 설행과 목련 고사

12세기에는 궁중에서 우란분재盂蘭盆齋가 베풀어지고 『목련경』의 강

---

[29] 김정희, 앞의 책, 1996, p.141
[30] 『고려사』 권127, 「열전」 41, 김치양
[31] 『고려사』 권11, 「세가」 11, 肅宗 7년 9월 丁酉
[32] 『고려사』 권16, 「世家」 16, 仁宗 24년 정월 甲午

경강경經이 행해졌다.³³ 우란분재는 축법호竺法護 번역의 『불설우란분경』에 근거한 것이다. 『우란분경』은 목련이 석가불에게 아귀餓鬼가 된 망모亡母를 구할 방법을 묻자, 석가불이 7월 15일에 온갖 음식과 과일 등을 준비하여 시방의 불승佛僧에게 공양하면 그 괴로움을 없앨 수 있다고 설한 경전이다. 이 『우란분경』의 목련 고사를 바탕으로 중국에서 만들어진 위경僞經이 바로 『목련경』으로, 목련이 죄업으로 인해 아비지옥阿鼻地獄에 떨어진 자신의 어머니를 지극한 효성으로 구한다는 내용이다. 12세기에 강경이 행해질 정도로 고려 사회에 널리 유포되었던 이 경전은, 현재 고려시대의 간행본은 남아 있지 않고, 1536년(중종 31)에 간행된 연기사본을 최고본으로 하여 10여 종의 판본이 전하고 있다.³⁴

1459년(세조 5)에 간행된 『월인석보』 권23 소재의 목련 고사는 한글과 한문이라는 표기상의 차이가 있을 뿐, 연기사본의 『목련경』과 같은 내용으로 되어 있다. 『월인석보』의 저본이 된 목련 고사는 고려시대에 강경·유통되었던 『목련경』과 큰 차이가 없음을 알 수 있다. 비록 중국에서 만들어진 이야기이고 조선시대에 간행된 것이지만, 『월인석보』 권23의 목련 고사를 통해, 고려시대 일반 대중들의 지옥 관념을 엿볼 수 있다. 목련 고사는 주인공인 나복의 모친이 악행을 하고도 불법을 닦았다는 거짓말로 인해 7일 만에 급사急死한 전반부와, 어머니의 사후에 출가하여 목련으로 이름을 바꾼 주인공이 지옥을 순례하는 후반부로 나뉜다.

전반부가 목련의 효행에 초점을 두고 있다면, 후반부는 좌대剉碓·석개石磕·아귀餓鬼·회하灰河·확탕鑊湯·화분火盆·대아비大阿鼻 등의 여덟

---

33 『고려사』 권11, 「世家」 11, 睿宗 원년 7월 癸卯

34 사재동, 「한·중 목련고사의 流變關係」, 『논문집』 14-2, 충남대 인문과학연구소, 1987, pp.16~17

가지 지옥의 모습을 묘사하고 있다. 또한 각각의 지옥에 가게 되는 이유 및 그곳에서의 징벌에 관해 서술하고 있다. 제시되어 있는 죄목의 대부분은 '일체 짐승의 살생'과 관련되어 있다. '좌대지옥'은 일체 짐승을 잡아 썰거나 베어 먹은 사람들, '검수지옥'은 짐승을 꼬챙이에 꿰어 구워 먹은 사람들, 그리고 '화분지옥'은 짐승의 골수를 즐겨 먹던 사람들이 징벌을 받고 있다. 곧 여기에서는 재가자들이 지켜야 할 다섯 가지 계율 중의 하나인 '불살생不殺生'이 지옥행의 이유로 강조되어 있는 것이다. 앞에서 살펴본, 불전에서 제시하고 있는 지옥행의 이유와 크게 다르지 않음을 알 수 있다.

IV. 조선시대 지옥 관념의 다양한 전개

유가와 불가의 지옥 인식

조선 전기 유자들의 지옥 인식은 당시 활발하게 전개되었던 '척불' 논의의 과정에서 엿볼 수 있다. 모두 지옥의 존재와 지옥설의 폐해에 대한 비판적 인식에 해당한다.

먼저 하륜은 "사람이 죽으면 지옥에 돌아간다는 말이 거짓인가?"라는 정종의 물음에, "사람은 음양오행의 기운을 받아서 태어나고, 죽으면 음양이 흩어져서 혼魂은 올라가고 백魄은 내려가는 것이니, 다시 무슨 물건이 있어 지옥으로 돌아가겠습니까?"[35]라고 대답하고 있다. 하륜의 대답은 정도전이 「불씨지옥지변佛氏地獄之辨」에서 인용하고 있는 선유先

---

[35] 『정종실록』 권3, 2년 1월 10일(을해)

儒의 "만약 부처에게 공양하지 않고 중에게 밥을 주지 않는 자는 반드시 지옥에 떨어져 썰리고, 타고, 찧이고, 갈리는 갖가지의 고초를 받는다고 하니, 죽은 자의 형체가 썩어 없어지고 정신 또한 흩어져 버려, 비록 썰고 불태우고 찧고 갈려고 하여도, 손댈 곳이 없는 줄을 전연 모르기 때문이다."[36]라는 언급과 일치하고 있다. 곧 이들은 지옥의 고통을 받는 주체의 존재를 부정함으로써 지옥의 존재 자체를 부정하고 있는 것이다.

다음으로, 지옥설의 폐해에 대해서는, 부처에게 공양하지 않고 천도재를 지내지 않으면 망자가 지옥에 떨어진다는 당시 승려들의 위협으로 인해, 백성들이 먹을 것이 없어지고 생업을 잃으며,[37] 더 나아가 머리를 깎고 산으로 도망가서 군역에 종사할 사람이 날로 줄어들고 있음을 지적하고 있다.[38] 끝으로, 정도전은 지옥의 존재뿐만 아니라 지옥설의 효용성에 대해서도 부정하고 있다. 곧 군자는 자신에 대한 나쁜 평판을 마치 저잣거리에서 매를 맞는 것처럼 부끄러워하기 때문에 지옥설이 아니더라도 그들 스스로 악행을 저지르지 않는다는 것이다.[39] 인간의 본성 자체로 인해 악행을 막을 수 있다는 것으로, 교화적 효용성에 있어서도 지옥설은 필요가 없음을 말하고 있다.

그런데 조선 후기의 몇몇 유가 지식인들은 조선 전기의 유자들처럼 지옥의 존재는 부정하고 있지만, 그 교화적 효용성은 인정하고 있는 변화를 보인다.

---

36 鄭道傳,『三峯集』권5,「佛氏地獄之辨」
37 『세종실록』권1, 즉위년 10월 8일(갑신);『세종실록』권23, 6년 3월 12일(무자);『성종실록』권45, 5년 7월 16일(기사)
38 『세종실록』권88, 22년 1월 25일(무진);『성종실록』권44, 5년 윤6월 30일(계축);『연산군일기』권39, 6년 9월 27일(무인)
39 鄭道傳,『三峯集』권5,「佛氏地獄之辨」

이덕무(1741~1793)는 천당·지옥설을 여래가 본래 없는 것을 거짓으로 그 화복을 과장하여 말한 것으로 보면서도, 여래의 학문은 자비이기 때문에 중생의 욕심과 악이 많은 것을 불쌍히 여겨서 이 지옥설을 빌려 경계한 것이라고 하였다.[40] 김정희(1786~1856)는 최초의 한역불전인 『사십이장경四十二章經』을 읽은 뒤, "나는 이 경을 읽고서 불교 역시 사람을 권하여 착하게 만들고 경계하여 악한 짓을 못하게 하는 데 지나지 않으며, 이를테면 천당·지옥 같은 것은 가설하여 보이고 인증하여 깨우쳐 준 것이며 참은 아니라는 것을 알았다."[41]라고 적고 있다. 이렇듯 이덕무와 김정희는 불교의 지옥설을 참이 아닌 '거짓'으로 보고 있지만, 정도전과 달리 지옥설이 악행을 경계하고 선행을 권하는 측면이 있음을 긍정하고 있는 것이다.

조선 후기 유가 지식인 중 불교의 지옥에 가장 큰 관심을 보였던 이규경(1788~1856) 역시 지옥설을 '사설邪說'·'사람을 속이는 함정'이라고 하면서도 그 권선적·교화적 기능에 대해서는 긍정적인 시선을 보이고 있다. 그의 「지옥변증설地獄辨證說」은 여러 불전에 근거하여 지옥의 명칭·위치·종류와 염라왕·시왕·지장보살 등 지옥과 관련된 전반적인 사항을 적지 않은 분량으로 소개하고 있다. 이 글에서 이규경은 "천당과 지옥이 과연 있다면, 군자는 반드시 천당으로 올라갈 것이고 소인은 반드시 지옥으로 떨어지게 되어, 지옥설이 있음으로 인해 허물을 고쳐 선善에 옮길 수 있게 될 것이다."[42]라고 하여, 지옥설의 권선적 기능에 주목하고 있다. 또한 그는 청淸나라 초기의 학자인 위희魏禧(1624~1681)의

---

40 李德懋, 『靑莊館全書』 권48, 「耳目口心書(一)」
41 金正喜, 『阮堂全集』 권6, 「題佛說四十二章經後」
42 李圭景, 『五洲衍文長箋散稿』 권20, 「地獄辨證說」

"지옥설과 살생을 경계한 말에 대하여 나는 옛날 성현들의 미급한 바를 보충시킬 만하다고 생각한다."라는 구절을 인용한 뒤 공감을 표시하기도 하였다.[43]

남병철(1817~1863)의 경우는, 이규경의 지옥 인식에서 더 나아가 지옥설을 '거짓'이나 '사설邪說'로 보지 않으며, 지옥설을 통해 천하의 악인惡人들을 두렵게 할 수 있다고 보았다. 그는 천당·지옥설이 '부처의 민세憫世', 즉 부처가 세상을 가엾게 여긴 뜻에서 나온 것으로 전제한 뒤, "지옥이라는 것은 천하의 악인들을 두렵게 할 수 있다. 천당이 없다면 그만이지만 있다면 반드시 어진 사람들로 하여금 거居하게 할 것이요, 지옥이 없다면 그만이지만 있다면 반드시 악한 자들로 하여금 거하게 할 것이다."[44]라고 주장하였다.

이상과 같은 지옥 인식은 비록 일부 유가 지식인들에 국한된 것이지만, 이들이 당시 사상계와 정계에서 상당한 영향력을 행사하던 인물들이라는 점에서, 18·19세기 사상계의 한 경향성으로 파악할 수 있을 것이다.

한편, 조선시대 승려들의 문집이나 저서에는 지옥에 관한 담론이 많지 않으며, 있는 경우에도 불전의 지옥 관련 경문을 인용하는 수준에서 그치고 있다. 조선 전기에 있어서는 함허 기화(1376~1433)의 다음과 같은 언급이 유일하다. 곧 함허는 천당과 지옥이 실제로 있는 것이 아니고, 사람의 업감業感으로 저절로 그렇게 되는 것이라고 하였다. 또한 천당과 지옥이 없다고 하더라도 천당·지옥설을 듣는 사람은 천당을 사모하여 선善으로 나아가고, 지옥을 싫어하여 악을 버릴 것이므로, 백성들의

---

43 李圭景, 앞의 글.
44 南秉哲, 『圭齋遺藁』 권5, 「書大藏一覽後」.

교화에 큰 도움이 될 것이라고 하였다.[45] 그의 호불론인 『현정론』에 있는 이러한 주장은 앞에서 살펴보았던 동시대 유자들의 비판론에 대한 대응으로는 부족한 것이라 할 수 있다. 함허는 정도전이 인용한 선유의 언급과 지옥설의 폐해의 원인으로 지적된, 부처를 공양하지 않거나 믿지 않으면 지옥에 떨어진다는 문제에 대해서는 어떠한 언급도 없기 때문이다.

그런데 지옥행의 원인에 대한 문제의식은 다음 인용문에서 보듯이, 18세기 불교계의 중심인물인 연담 유일(1720~1799)의 언급에서 나타나고 있어 주목을 요한다.

> 시험 삼아 일찍이 극락국에 순선자純善者만이 왕생한다는 것을 논했었는데, 진실로 임금에게 충성하고 부모에게 효도하여 인의仁義와 자선慈善의 마음이 지극하다면 극락국에 왕생할 수 있는 것이지, 염불한 사람만 극락국에 왕생할 수 있는 것은 아닙니다. 그렇다면 <u>불충不忠한 사람, 불효한 사람으로 간사하고 패역悖逆한 사람은 다 지극히 고통스러운 지옥에 들어가는 것이지, 부처님을 비방하는 사람만 지옥에 가는 것은 아닙니다.</u> 그러므로 옛사람이 말하기를, "천당이 없다면 그만이지만 있다면 군자만이 갈 것이고, 지옥이 없다면 그만이지만 있다면 소인이 들어갈 것이다."라고 하였으니, 바로 실제의 말입니다.[46]

인용문은 연담의 「상한능주필수장서上韓綾州必壽長書」의 일부를 옮긴 것이다. 인용문에서 연담은 불교를 믿고 염불에 전념하는 사람만 극락에 왕생하는 것이 아니라, 임금에게 충성하고 부모에게 효도하여 인의

---

45 涵虛己和, 『顯正論』(『韓佛全』7, 221c~222a)
46 蓮潭有一, 「上韓綾州必壽長書」, 『蓮潭大師林下錄』 권4(『韓佛全』 10, 283a)

와 자선의 마음이 지극한 사람도 극락에 왕생할 수 있음을 주장하고 있다. 그리고 이 주장에 이어서, 부처를 비방하는 사람만 지옥에 가는 것이 아니고, 불충·불효하여 간사하고 패역한 사람 또한 지옥에 떨어질 수 있음을 말하고 있다. 지옥 관련 불전에 없었던 불충과 불효를 지옥행의 이유로 강조하고 있는 것이다. 연담의 이러한 주장은 사실, 연담 이전의 문헌에서도 볼 수 있다. 곧 1735년(영조 11) 창녕 관룡사에서 간행된 『상법멸의경像法滅義經』이 그것이다.

『상법멸의경』은 이 시기에 만들어진 한국의 '위경'으로, 총 글자수가 699자에 불과한 아주 짧은 경전이다. 이 경전은 불법의 파괴와 타락한 말세, 7년간의 재난과 세상의 종말, 영원한 지옥의 고통, 성인聖人의 출현과 새로운 이상사회의 건설 등의 내용으로 되어 있다.[47] 지옥의 고통을 서술하고 있는 부분은 다음과 같은데, "만약 이승에서 좋은 인연을 닦지 않은 자, 항상 악행을 짓는 자, 인과를 믿지 않는 자, 부모에게 불효한 자, 임금을 속여 부역을 피한 자, 스승을 천시하고 자신만을 높이는 자들은 이 재난을 만나 모두 아비지옥에 떨어지니, 천불千佛이 세상에 출현해도 영원히 구원받을 수 없다."[48]라는 내용이 이에 해당한다. 여기에서 '부모에게 불효한 자'와 '임금을 속여 부역을 피한 자'를 제외한 항목들은 모두 불전에 나오는 지옥행의 원인이고, 이 두 항목은 각각 연담이 언급한 '불효'와 '불충'에 대응된다.

『상법멸의경』이 연담과 마찬가지로 지옥행의 이유에 불충과 불효를 포함시키고 있는 점은 인용문의 내용이 연담만의 주장이 아니라, 당시

---

47 남동신,「조선후기 불교계 동향과『像法滅義經』의 성립」,『한국사연구』113, 한국사연구회, 2001, p.123
48 남동신, 앞의 논문, 2001, pp.137~138의 '부록: 관룡사본『상법멸의경』'

불교계의 사상적 동향을 반영한 것임을 알 수 있다. 곧 연담의 주장과 『상법멸의경』의 지옥 관련 서술은 청허 휴정 이후 줄곧 견지해 온 유불회통적儒佛會通的 관념을 더욱 발전시킨 것으로, 유교사회의 상식을 반영하여 유교와의 공존을 추구한 시대적 변용의 한 사례라 할 수 있다. 또한 조선 전기 유자들의 비판에 대한 불교계의 대응이면서, 동시에 조선 후기 유자들의 지옥 인식이 변하게 된 원인으로도 볼 수 있다.

시왕도十王圖

시왕도는 시왕상十王像의 뒤쪽에 봉안되는 그림이다. 시왕도의 상단은 각 왕이 여러 권속들을 거느리고 망자를 심판하는 광경, 하단에는 망자가 각자의 죄업에 따라 지옥에서 벌을 받는 장면이 묘사되어 있다. 시왕의 심판 모습과 함께 하단에 반드시 지옥 장면을 삽입한 것은, 각 왕이 다스리고 있는 지옥의 고통스럽고 끔찍한 광경을 보여 줌으로써 악업을 경계하고 선업을 장려하는 교화적 기능을 나타낸 것이라 할 수 있다.[49] 시왕도의 하단에 표현된 지옥 장면은 나라 또는 시대에 따라 다소 차이가 있지만, 조선시대의 시왕도는 대체로 '어느 왕 아래는 어떤 지옥을 배치한다'라는 일정한 규칙을 두고 제1대왕도에서부터 제10대왕도까지 인간이 죽어서 재생하기까지의 과정이 10단계의 장면으로 묘사되어 있다. 예를 들어 제1 진광대왕도에는 관에서 시체를 꺼내는 장면이 묘사되고, 제5 염라대왕도에는 업경대業鏡臺가 묘사되고 있는 것이다.[50]

현존하는 시왕도 중 조선 전기의 시왕도는 4건으로, 모두 해외에 소

---

[49] 김정희, 앞의 책, 1996, p.215
[50] 김정희, 앞의 책, 1996, pp.219~220

장되어 있다. 일본 호쇼지(寶性寺) 소장 〈시왕도〉, 일본 젠츠지(善通寺) 소장 〈진광대왕도〉, 일본 개인 소장 〈시왕도〉, 독일 쾰른 동아시아박물관 소장 〈제8 평등대왕도〉로, 모두 16세기 작품으로 추정되고 있다.[51] 조선 후기의 시왕도는 17세기 말 화사畵師 철현哲玄의 작품 5건을 제외하면 대부분 18~20세기의 작품이 남아 있다.[52] 조선 전기의 시왕도가 대부분 하단의 징벌 장면보다 상단에 있는 시왕의 묘사를 강조하고 있다면, 조선 후기의 시왕도는 지옥의 형벌 장면이 보다 구체화되어 지장보살과 사자使者가 나타나는 등 설명적으로 변해가고 있다. 특히 18세기가 되면서, 시왕의 심판 장면은 거의 도식화가 되고 지옥의 형벌은 여러 장면이 추가되면서 구체적이고 설명적으로 변하는 모습을 보인다.[53]

중국과 일본의 경우 시왕에 대한 신앙이 성행하여 많은 수의 시왕도가 조성되었지만, 대체로 송宋·원대元代와 무로마치 시대(1333~1573) 이후에는 일반 회화의 발전에 가려 쇠퇴하고 있다. 이에 반해 우리나라의 시왕도는 그 이후의 시기에 제작된 작품들이 수백 점 이상 남아 있기 때문에, 현재 중국과 일본에서 공백으로 남아 있는 시기의 시왕신앙을 살피는 데 절대적인 자료로 평가된다.[54]

---

51 김윤희, 「17세기 화승 哲玄作 시왕도 연구」, 『불교미술사학』 15, 불교미술사학회, 2013, pp.184~185
52 김혜원, 「조선시대 18세기 시왕도 연구」, 『동악미술사학』 13, 동악미술사학회, 2012, p.242
53 김혜원, 앞의 논문, 2012, p.259
54 김정희, 앞의 책, 1996, p.444

불교가사와 '회심곡'

현재 전하고 있는 17~19세기의 불교가사는 57편[55]이고, 이 가운데 '저승길의 여정'·'지옥행의 원인'·'지옥에서의 징벌' 등의 지옥 관련 화소를 포함하고 있는 작품은 16편이다. 이들 작품의 제목과 수록문헌 및 판본 등을 도표로 정리하여 제시하면 다음과 같다.

〈표〉 '지옥' 관련 조선 후기 불교가사

	작품	작자	출전	판본	비고
1	因果文	미상	『보권염불문』(1704)	목판본	순한글 표기.
2	地獄道頌	智瑩	『수선곡』(1795)	목판본	순한글 표기. 《전설인과곡》의 제2송. 『佛說六道伽陀經』의 번역.
3	天道頌	智瑩	『수선곡』(1795)	목판본	순한글 표기. 《전설인과곡》의 제6송. 지옥에 관한 부분은 『問地獄經』의 번역.
4	夢幻歌	미상	『영암화상토굴가』(1889)	필사본	순한글 표기.
5	勸往歌	東化竺典	『권왕문』(1908)	목판본	순한글 표기.
6	往生曲	미상	『불설멸의경』(연대 미상)	필사본	〈권왕가〉의 이본.
7	自責歌	미상	『권왕문』(1908)	목판본	순한글 표기.
8	僧元歌	미상	『나옹화상승원가』(연대 미상)	필사본	이두 표기. 〈자책가〉의 이본.
9	六度歌	미상	『육도가라』(연대 미상)	필사본	순한글 표기.
10	別回心曲	미상	『별회심곡』(연대 미상)	활자본	순한글 표기.
11	善心歌	미상	『불교가사』(1887)	필사본	순한글 표기.

---

55 임기중, 『불교가사 원전연구』, 서울: 동국대출판부, 2000, pp.65~776

12	別回心曲	미상	『악부』 (1930~34)	필사본	국한문 혼용 표기.
13	喚懺曲	미상	『환참곡』 (연대 미상)	필사본	순한글 표기.
14	續回心曲	미상	『악부』 (1930 34)	필사본	순한글 표기.
15	四諦歌	미상	『서방금곡』 (1931)	필사본	국한문 혼용 표기.
16	無量歌	미상	『무량가』 (연대 미상)	필사본	순한글 표기.

도표를 통해, 지옥 관련 불교가사는 18세기의 작품인 〈인과문〉·〈지옥도송〉·〈천도송〉을 제외하고는 모두 19세기에 창작된 것임을 알 수 있다. 또한 대부분의 작품들이 작자를 알 수 없으며, 필사본의 형태로 전하고 있다. 도표 10~16번의 작품들은 학계에서 이른바 '회심곡'류 불교가사로 부르고 있다. 이들 가사는 1800년대 민중예술의 발흥이라는 시대적 분위기에서 연출된 대중적인 노래로, 49재·수륙재·예수재 등의 불교의식에서 구연되거나, 걸립패·탁발승·향두꾼 등에 의해 일반 대중들에게 널리 확산된 것이다.[56]

이 '회심곡'과 도표 1~9번의 불교가사는 지옥 관련 화소의 비중에 차이를 보이고 있으며, 그 내용적 경향성 또한 다르게 나타난다. 곧 18세기와 19세기의 일부 불교가사는 대체로 '저승길' 화소가 없거나 축소되어 있는 반면, '회심곡'은 '지옥의 징벌' 화소가 축소되어 있다. 그리고 중생들이 지옥에 가는 이유로 제시되어 있는 악행의 구체적인 내용에 있어서도 차이를 보인다.

시왕께 잡혀드러 츄열다짐 시비쟝단

---

[56] 김종진, 『불교가사의 연행과 전승』, 서울: 이회문화사, 2002, pp.319~320

가지가지 무른실제 인간애 디은죄는
염나대왕 업경되예 낫낫치 비최엿고
뎨셕궁 나망즁에 낫낫치 어르여시니
어듸가 혼말이나 거즛다짐 ᄒ올손고
내닙으로 ᄉ론후에 그뉘라셔 구졔홀고
팔만ᄉ쳔 무간디옥 쳘위셩도 노프실샤
쇠문안 드리ᄃ라 목버히며 혀쌔며
굽거니 쏨거니 셔거니 쎅거니
가지가지로 다ᄉ리니 아야아야
우는 소리는 오뉴월 가온대
억머구리 소리로다 이흔몸 가지고
빅쳔가지 곳쳐되여 대고통 슈ᄒ올져긔
그엇지 아니 셜올손고 목ᄆ를나라
울져긔 구리쇠 노긴믈 머기시고
빈고파라 울져긔 몽동쳘환 삐피시고
ᄒᆞᄅ도 열두시요 혼들도 셜흔날애
일만번을 주기시고 일만번을 사로시니[57]

호싱오ᄉ ᄒ는마음 나와져와 일반인듸
닉욕심을 치우랴고 남의목슘 죽이오니
형셰강약 부동ᄒ야 죽인바를 입ᄉ오나
…(중략)…
검슈도산 져지옥에 근단골졀 몟번ᄒ며

---

[57] 작자 미상, 〈인과문〉(임기중, 앞의 책, 2000, pp.96~98)

확탕노탄 져지옥에 혈육초란 슈잇던가
지옥고를 필흔후에 피모디각 늒축되야
목슘빗즐 갑풀젹에 나는한번 죽여썬만
갑는슈는 무슈흔들 슈원슈구 한을훌소
…(중략)…
입으로 짓는허물 몰난결에 가죵만틱
발셜지옥 고를보쇼 혀를쎅여 밧틀가니
거즛말노 남쇽일까
…(중략)…
슐의허물 업실진딘 셩인이 금홀손가
똥과오짐 쓸는지옥 져고통이 무셔워라
…(중략)…
만일亽견 일아켜셔 션악인과 불신ᄒ면
무간지옥 들어가셔 쳔불츌셰 ᄒ드라도
나올긔약 바히업닉[58]

인용문은 작자 미상의 18세기 가사 〈인과문〉과, 동화 축전(1825~1854)의 〈권왕가〉에 해당한다. 먼저 〈인과문〉에서 시왕 앞에 끌려온 망자들은 업경대業鏡臺에 비친 생전의 죄업에 따라 무간지옥으로 보내지고 있다. 그리고 죄인들이 지옥에서 받는 징벌의 모습이, "목을 베고 혀를 뽑으며 (몸을) 굽고 삶고 켜고 빼며", "목마르다고 울적에 구리쇠를 녹인 물을 먹이고", "배고프다고 울적에는 철환鐵丸을 씹게 한다"라고 하여,

---

58 동화 축전, 〈권왕가〉(임기중, 앞의 책, 2000, pp.281~283)

비교적 상세하게 묘사되어 있다. 그런데 이 작품은 〈권왕가〉와 달리, 지옥행의 원인이 제시되어 있지 않은데, 인용하지 않은 〈인과문〉의 '저승길' 단락에는 지옥행의 이유로 볼 수 있는 항목들이 눈에 띈다. 곧 "因緣善從 父母孝養 念佛同參 佛供布施/ 우숩게 여겨 佛緣못맨 사람들아"가 그것으로, 이 구절은 바로 '인연선종'·'부모효양'·'염불동참'·'불공보시'를 행하지 않는 사람들이 무간지옥에 떨어짐을 암시하고 있는 것이다.

〈권왕가〉는 검수劍樹·도산刀山 등의 7가지 지옥과, 이들 지옥에 떨어지는 이유 및 그곳에서의 징벌 양상을 노래하고 있다. 살아생전에 사람을 죽인 망자는 검수·도산지옥에서 힘줄이 끊어지고 뼈가 부러지는 징벌을, 확탕·노탄지옥에서는 온몸이 불에 태워지는 고통을 받으며, 징벌이 끝난 뒤에는 소·양·개·돼지 등의 가축으로 태어난다는 것이다. 또한 '입으로 짓는 허물'·'술의 허물'·"사견邪見으로 선악의 인과를 믿지 않으면" 각각 발설·분뇨·무간지옥에서 혀가 뽑히고, 똥·오줌에 빠지며, 천불千佛이 세상에 있어도 빠져나올 기약이 없는 징벌을 받는다고 되어 있다. 여기에서 제시하고 있는 살생·망어妄語·음주 등의 죄목들은 불전에서 지옥행의 원인으로 자주 언급되는 '5악'에 다름 아니다.

    (1) 시왕젼의 교의노코 열시왕 렬좌허고
        최판관이 문서잡아 거힝허고 문쵸허니
        죄목다짐 바드면셔 형벌허여 뭇는말이
        남ᄌ죄인 잡아드려 인간죄욕 알위여라
        무슴공덕 허엿느냐 부모효셩 허엿느냐
        동긔우이 허엿느냐 친쳑화목 허엿느냐
        깁흔물에 다리노와 월쳔공덕 허엿느냐

㉠놉흔뫼에 불당지여 즁싱공덕 허엿느냐
당양헌듸 집을지어 걸인구졔 허엿느냐
㉡헐버스니 옷슬쥬어 구락션심 허엿느냐
㉢죠흔짜히 원두노와 만인히갈 허엿느냐
㉣병든사람 약을쥬어 급헌구졔 허엿느냐
늘근사람 공경허여 인亽공부 허엿느냐
㉤부쳐님게 공양허여 념불공부 허엿느냐
일분동참 시쥬허여 션심공덕 허엿느냐
㉥굼亼사람 밥을쥬어 긔사구졔 허엿느냐
㉦목말으니 물을쥬어 급슈공덕 허엿느냐
국녹지신 되야나셔 공졔국亽 허엿느냐
부모은혜 갑흐랴고 후셰길을 닥가늬여
연화지를 올녓느냐
…(중략)…
흉악허고 몹슬년들 잡아드려 문죠헐졔
쇠亽슬노 결박허여 텬동갓치 호령허여
이년드라 들어보라 네죄목을 네아느냐
젼싱죄를 닥그랴고 인간츌셰 허엿드니
션심공덕 바히업고 아직조타 지은죄를
엇지허여 버셔느리 네죄목을 드러보라
ⓐ싀부모와 친부모게 지셩효도 허엿느냐
졍셩으로 가장셤겨 렬녀말을 드럿느냐
ⓑ싀죡의계 화목허여 목죡인亽 바다느냐
빈곱푸니 밥을쥬어 부억공경 허엿느냐

셰간스리 알들허여 칭찬쇼리 드럿느냐
요악헌년 잡말마라 네죄상을 아는비라
간악허고 간스헌년 ⓒ부모말숨 딕답헌년
셔방쇽여 긔인년과 ⓓ동싱항렬 리간헌년
큰어미를 아당한년 업눈죄를 지어닌년
즉근어뮈 미워헌년 남의쳔량 욕심닌년
세상간악 다부리며 남의지물 탈취헌년
졔것갓치 갓다쓰고 쓴후안이 쥬는년
남즈보고 흠모헌년 험담픽셜 지어닌년
ⓔ열두시로 마음곳쳐 암큼헌일 싱각헌년
것면은 착허고 쇽마음은 간악헌년
동셰잡아 리간헌년 ⓕ못듯는딕 욕헌년
쥬앙압희 오줌누고 ⓖ군말허고 셩닌년들
딕강드러 보려무나 져형벌을 엇지허리

(2) 져년드를 결박허여 풍도셩의 보니리라
죄지경즁 상고허여 형벌계구 츠리면셔
단근허고 혀를셕여 져울츄의 다라보며
몸을쑤셔 피를닉여 칼산지옥 구렁지옥
독사지옥 귀쥴지옥 흑망지옥 침침지옥
슈탕지옥 빙암지옥 쳘망지옥 거스지옥
딕망지옥 긔귀지옥 모라다가 구류허고
오일오일 잡아닉여 형벌허고 문쵸허니
지은죄를 버셔날가 기름스려 살무면셔

쇼쳥이로 뒤져기니 그형벌을 엇지보랴

(3) 죄를엇지 지을쇼냐 쳣지죄는 부모불효
둘지죄는 가장불공 셋지죄는 도젹환양
넷지죄는 인간비방 다섯지죄는 몹쓸마음
엿셧지죄는 항렬불화 일곱지죄는 간스요악
여덜지죄는 남의모힌 아홉지죄는 불의힝스
열지죄는 가장구박 다른죄는 고스허고
십죄목을 어이허리 일언죄목 버셔나고
다시쳔도 바라나니 인간남녀 비방말고
마음닥가 션심허라[59]

'회심곡'류 불교가사 중 가장 많은 분량으로 된 〈속회심곡〉의 일부이다. 인용문의 (1) 단락은 최판관이 명부에 도착한 망자를 심문하는 부분이다. (1)에서 우선 눈에 띄는 것은 죄인을 남자와 여자로 구분한 뒤, 남자죄인에게는 '~하였느냐'라는 심문 형식을 통해 선행의 덕목을, 여자죄인에게는 대체로 심문의 형식 없이 악행의 항목을 제시하고 있는 점이다. 이러한 점은 여타의 '회심곡'에서도 볼 수 있는 또 다른 특징이라 할 수 있다.

〈속회심곡〉은 선행의 덕목으로 부모효성·동기우애·친척화목·월천공덕越川功德·중생공덕 등의 16가지 항목을 제시하고 있다. '인사공부'· '공제국사共濟國事'를 제외한, '월천공덕'부터 '연화재蓮花齋 올리기'까지

---

[59] 작자 미상, 〈속회심곡〉(임기중, 앞의 책, 2000, pp.434~438)

의 항목들은 불교에서 말하는 '보시행'의 범주에 속한다고 할 수 있다. '보시행'과 관련된 이들 항목은 다른 '회심곡'에서도 공통적으로 노래하고 있는데, ㉠~㉧의 밑줄 친 부분이 이에 해당한다. 그렇지만 '보시' 이외의 덕목들은 작품에 따라 조금씩 차이를 보인다. 곧 〈별회심곡〉·〈선심가〉·〈특별회심곡〉은 '임금께 극간하여 나라에 충성', 〈사제가〉는 '일가구제'·'동생후덕同生厚德'·'붕우유신'·'치민선정治民善政', 〈환참곡〉은 '형우제공兄友弟恭'·'부화부순夫和婦順' 등의 항목을 추가하고 있다. 이들 작품에서 새롭게 추가된 항목들은 대체로 '삼강오륜三綱五倫'을 포함한 유교적 윤리 덕목에 해당한다.

여자죄인의 경우는, 지성효도·가장공경·시족媤族화목 등의 '선행'과 부모 말씀 대답하기, 동생항렬 이간하기, 서방 속이기, 험담패설 지어내기, 군말하고 성내기 등의 '악행'이 제시되어 있다. 이들 중, '부모말씀 대답하기'·'군말하고 성내기' 등 '말'과 관련된 항목들은 불교의 '10악' 가운데 입으로 짓는 악업인 '망어·양설·악구·기어'와 관련이 있어 보인다. 그러나 나머지 항목들은 불교와 직접적인 관련이 없고 오히려 남자죄인의 '선행덕목'과 마찬가지로, 유교사회에서 지켜야 하거나 범해서는 안 되는 일상적인 윤리 규범이라 할 수 있다. 〈속회심곡〉의 여성 관련 죄목들은 '회심곡' 중에서 가장 많은 항목이 추가된 것으로, 인용문의 ⓐ~ⓖ는 여타의 '회심곡'에서도 제시되어 있는 항목들에 해당한다.

그런데 인용문의 (3) 단락은 다른 '회심곡'에서는 볼 수 없는 것으로, 이 작품에서만 제시되어 있다. (3)에서 제시하고 있는 '십죄목'은 (1) 단락에서 열거한 여성 관련 22가지 항목을 열 가지로 요약·강조한 것이다. '가장불공'·'가장구박' 등 '가장'과 관련된 항목들이 보이고 있어, 이 작품의 주요 청자가 여성들이었음을 알 수 있다. 또한 이들 항목은 불교와 관련이 없는 것으로, 〈속회심곡〉의 화자 또는 당시의 일반 대중들이 문젯거리로 인식하였던, 여성들이 일상생활에서 자주 범하는 악행들이라 할 수 있다.

한편, 인용문의 (2) 단락은 12가지의 지옥 이름을 나열한 뒤, 지옥에서의 징벌 양상을 서술하고 있다. 이러한 징벌에 대한 묘사 역시 이 작품에서만 보인다. 곧 〈별회심곡〉·〈선심가〉·〈특별회심곡〉 등은 도산·화산·한빙·검수 등의 지옥 이름을 열거한 뒤 "각처지옥 분부하여 모든 죄인 처결한후"라고 하여, 징벌의 양상은 생략하고 그 결과만 노래하고 있는 것이다. 〈사제가〉와 〈무량가〉의 경우는, 징벌의 내용뿐만 아니라 지옥의 이름까지 보이지 않고, 다만 심문이 끝난 죄인들을 '풍도지옥酆都地獄'에 가두는 것으로 되어 있다.

이상의 내용들은 '회심곡'의 관심 내지 지향이 '지옥의 징벌'보다는 '지옥행의 이유'에 있음을 보여 준다. 그리고 지옥행의 이유로 유교사회에서 범해서는 안 되는 일상적인 윤리 규범을 강조하고 있는 점은, '회심곡'을 여타의 불교가사와 구별 짓는 가장 큰 특징이라 할 수 있다.

한글소설

조선시대의 한문·한글소설에는 명부 또는 저승을 소재로 한 작품들이 많다. 그러나 '지옥행의 원인'·'지옥의 징벌' 화소를 포함하고 있는 작품, 작자 미상의 19세기 한글소설인 〈당태종전〉·〈저승전〉·〈목시룡전〉·〈설홍전〉·〈이계룡전〉 등의 5편이다. 방각본과 필사본이 함께 전하는 〈당태종전〉을 제외하면, 모두 필사본이다.

〈당태종전〉은 『서유기』 제10~12회를 바탕으로 새롭게 개작한 소설인데, 지옥 관련 부분은 『서유기』에 전혀 없는 내용이다.[60] 당태종이 목격한 저승은 지옥·선계仙界·극락이 공존하고 있는 공간으로, '선계'는 일반 대중들이, '극락'은 승려와 거사들이 살고 있는 곳으로 되어 있다. '선계'에 가게 되는 이유인 '충성'·'효성'·'우애'·'불쌍한 사람 구제' 등은 앞의 〈속회심곡〉에서 제시한 선행의 덕목과 일치한다.

지옥의 경우는 징벌의 종류에 따라 여섯 가지 유형이 제시되어 있는데, 이 가운데 세 가지의 지옥이 관료 내지 신하의 악행과 관련되어 있다. 죄인을 큰 가마에 넣어 삶고 있는 지옥은 충신을 모해하고 양민을 살육하며 재물을 탐한 '벼슬아치'가 가는 곳이고, 입이 바늘구멍처럼 작게 되어 음식을 먹을 수 없는 지옥은 백성의 세금을 착취하고 형벌을 혹독하게 하며 뇌물을 받은 '아전'이 가는 곳이다. 그리고 그 입구에 '오국지문誤國之門'의 현판이 걸려 있는 지옥은 "수십 인이 쇠로 만든 상 위에 칼을 쓰고 앉았는데, 무수한 귀졸들이 백 가지로 독한 형벌을 갖추어 하루 가운데 백 번을 살렸다가 천 번을 죽이니 그 죄인이 고초를 감당하지"[61] 못한다고 되어 있다. 그 이유로는 현판의 이름대로 "불충不忠하여 임금을 망하게 하고 나라를 망하게" 한 죄목을 제시하고 있다. 〈당태종전〉은 일반 백성보다는 위정자의 악행에 관심이 있음을 알 수 있다.

국왕이 주인공이었던 앞의 작품과 달리, 〈저승전〉은 승려의 저승체험을 다루고 있다. 송나라 옥룡산 백학사의 승려인 지선은 병으로 죽어서 명부에 가지만, 그곳에서 자신이 예전에 시신을 수습해 주었던 천태왕을 만나, 그의 도움으로 다시 이승으로 돌아온다. 이승으로 돌아오는

---

60 김유진, 「〈당태종전〉 연구」, 『청람어문교육』 4, 청람어문학회, 1991, p.46
61 작자 미상, 〈당태종전〉 (박용식 역주, 「당태종전」, 『한국고전문학전집』 16, 서울: 고려대 민족문화연구소, 1995, pp.299~301)

길에 그가 목격한 지옥은, 징벌과 악행의 내용에 따라 다음의 세 가지로 나뉜다. 첫 번째는 짐승에게 몸을 뜯기는 지옥으로, 독약을 먹여 상전을 죽인 계집종이 벌을 받고 있으며, 두 번째는 온갖 뱀들이 온몸을 뜯어 먹는 지옥으로, 재물을 탐하고 백성을 많이 죽인 벼슬아치와, 상전의 재물을 도적질하여 패가敗家하게 만든 종들이 가는 곳이다. 그리고 세 번째 지옥은 쇠로 귀를 꿰고 눈을 빼며, 불에 달구어 다리를 지지는 징벌을 가하고 있다. 이 지옥에는 "남의 것 도적하는 놈, 간부姦夫하는 계집, 상전 죽이고 도망가는 놈, 이집 저집 다니며 이간 붙이는 계집, 큰 어미에게 불순한 계집"[62] 등의 죄인들이 고통을 받고 있다. 〈저승전〉에서는 〈당태종전〉에 없던, 상전을 죽이거나 망하게 한 종에 관한 언급이 여러 차례 나오는데, 이 점은 '회심곡'뿐만 아니라 뒤에서 살펴볼 작품들에도 없는 이 작품만의 특징이라고 할 수 있다.

〈저승전〉은 지옥에 관한 내용 외에도 옥황상제가 선인과 악인의 환생처를 판결하는 장면이 묘사되어 있다. 이 '환생 판결'의 장면 바로 앞에는, 아래의 인용문과 같이 옥황상제가 '삼강오륜'을 설파하는 대목이 있어 주목된다.

또 한 곳을 바라보니 옥황상제 좌긔 하시고 만조빅관이 옹위하여는 듸 선관은 쓸 아리 업저더라. 상제 왈, "오날 인간의 나가는 사람이 몃치라 하느다 부르라." 선관이 명을 밧자와 즉시 불너드린듸 일만 명이라. 상제 보시고 하교 왈, "너희들이 인간의 나가 삼강오상을 전파하라. 삼강이란 말은 님군 일신하의 별이 되고 아비는 자식의 별이 되고 지아비난 어미 별이 되고, 오싱이란 말삼은 님군과 신하이고 아비와 자식이

---

62 작자 미상, 〈저승전〉 (단국대 나손문고 소장본, p.12)

친하미 잇고 아희는열은을 경되하고 부부는 분별잇고 붕우는 신이 잇
는이라."63

　인용문에서 옥황상제는 인간계로 환생하는 사람들을 판결하기에 앞
서, 그들에게 삼강오륜의 가르침을 인간세상에 널리 전파할 것을 명령
한 뒤, 삼강오륜의 뜻을 설명하고 있다. 이렇듯 승려가 주인공이고 불교
의 지옥을 제재로 한 작품에서 등장인물의 직접 발화를 통해 '삼강오륜'
의 실천을 권하고 있는 점은, 이 작품의 또 다른 특징이라 할 수 있다.
이러한 특징은 상전에 대한 하인의 도리를 강조하고 있는 사실과 함께,
〈저승전〉의 작가가 당시 19세기 조선사회가 직면했던 유교적 가치와 신
분제적 질서의 동요에 위기의식을 느끼고 있었음을 짐작하게 한다.
　지금까지 살펴본 작품들과 달리, 〈목시룡전〉·〈설홍전〉·〈이계룡전〉
은 주인공의 저승체험담 또는 지옥목격담이 단위 화소의 일부로 활용되
고 있다.
　〈목시룡전〉은 형제간의 지극한 우애를 주제로 한 윤리소설이다. 목
시룡은 동정호에 빠져 죽은 동생을 구해 주지 않은 용왕을 원망하다가
꿈에서 지옥으로 끌려간다. 하지만 죄가 없는 것으로 밝혀져 이승으로
돌아오는 길에, 그는 여러 가지 징벌을 받고 있는 죄인들을 보게 된다.
이 소설의 지옥 관련 삽화는 〈당태종전〉·〈저승전〉 등에 비해, 서술의
분량이 현저히 줄어들었고, 징벌의 양상 또한 축소되어 있다. 그리고 남
자죄인과 여자죄인을 구별하지 않았던 앞의 작품들과 달리, 여자죄인의
징벌이 큰 비중을 차지하고 있다. 곧 목시룡이 목격한 지옥에서는 옥졸
들이 한 여인을 가마솥에 넣어 삶고 있으며, 젊은 여인의 목에 줄을 매

63　단국대 나손문고 소장본, p.13

어 공중에 던지고 있다. 이들이 이 같은 징벌을 받는 이유로는 남의 자식을 얻어 키우다가 그 아이를 죽인 죄와, 과부가 어린 자식을 버리고 남자와 도망간 죄가 제시되어 있다. 이외에 부모에게 불효하고 형제간에 화목하지 못하며 충신을 모함한 죄인에게 살을 깎아 죽이는 징벌이 내려지고 있다.

그런데 이 작품의 여러 곳에서는 소설의 사건 전개와 상관없이, '오륜'을 강조하는 대목들이 문면에 직접 나타나고 있다. 시룡 형제의 부모가 남긴 유서는 "천지만물 가운데 가장 귀한 것은 오륜에 있다."[64]라는 구절로 시작하고 있고, 목시룡의 아내인 윤부인이 황제에게 올린 글은 글의 성격과 맞지 않게 '오륜'에 관한 장황한 서술로 되어 있다.[65] 이러한 '오륜'의 강조는 이 작품에 지옥 관련 이야기가 삽입된 이유를 보여 준다. 곧 〈목시룡전〉의 지옥은 '오륜'을 지키고 실천해야 하는 이유의 하나로 제시된 것이다. 징벌의 대상이 부모이기를 포기한 어머니와, 불효·불충·불목不睦에 국한된 것은 이 점에 기인한 것이라 할 수 있다.

〈설홍전〉은 주인공 설홍의 영웅적 일대기를 다룬 작품으로, 전반부는 주인공의 고행담과 결연담, 후반부는 전쟁터에서의 활약상을 담고 있다. 지옥 관련 삽화는 소설의 전반부에 나온다. 설홍은 어려서 조실부모하고 계모 밑에서 자라다가 산속에 버려진 후, 봉황이 물어다 준 천도天桃를 먹었다는 죄로 염라대왕에게 잡혀간다. 설홍 역시 목시룡처럼 무죄 방면되어 돌아오는 길에 징벌을 받는 여러 죄인들을 목격하게 된다. 이 작품에서도 지옥 관련 삽화의 비중이 작고, 징벌의 양상이 소략하게

---

64 작자 미상, 〈목시룡전〉(김수봉 역·주해, 『한글필사본 고소설 역·주해』, 서울: 국학자료원, 2006, p.114)
65 김수봉 역·주해, 앞의 책, 2006, pp.163~169

묘사되어 있는데, 여자의 악행과 남자의 선행을 교차하여 서술하고 있는 점은 〈목시룡전〉과 차이를 보인다. 그리고 선인 및 악인의 국적을 제시하고 있는 점 또한 〈설홍전〉의 특징으로 지적할 수 있다.

설홍은 한 소년이 청노새를 타고 군사를 거느리고 나오는 것을 목격하는데, 옆에 있던 저승사자는 그가 유리국 사람으로, 부모에게 효도하고 친척에게 화순하였으므로 임금이 되었음을 알려준다. 그 다음으로 설홍은 신하와 통간하여 어진 임금을 죽인 안남국 여인과, 재물로 활인活人을 많이 하여 선녀가 된 서양국의 소년, 거짓말·이간질·시샘을 잘하고 남의 없는 잘못을 지어낸 여인을 차례대로 보게 된다.[66] 여자죄인들이 받는 징벌은 각각 저승사자에게 결박되어 끌려가는 모습과, 까막까치가 날아와 눈을 파먹는 모습이 묘사되어 있다. 여기에서 알 수 있듯이, 〈설홍전〉의 지옥은 주로 여자죄인이 가는 곳으로 되어 있고, 지옥행의 이유인 거짓말·이간질·시샘하기·남의 잘못 지어내기 등은 〈목시룡전〉의 불효·불목과 함께 '회심곡'에서 노래하고 있는 악행의 항목들에 해당한다. 이들 한글소설 역시 지옥행의 원인을 통해 일상생활에서 지켜야 할 윤리 규범을 강조하고 있는 것이다.

죄인을 츄려 올일 졔, 첫직는 나라의 불츙한 놈 엽헤 노코 무슈이 슈룩훈 후의 칼을 씨여 일지옥의 가두고, 불효를 잡버드려 엽헤 노코 호난 마리, "네 죄목을 드러보라. …(중략)… 너는 웃더훈 사람이관딕 계우르고 쥬식잡기만 조화호야 부모를 봉양 못호고 부모의게 걱정만 되게 호고 무슨 말슴을 호시면 듯지 은이호고 눈을 흘기엿스니 네 죄 살지무셕이라." 호고, 군졸을 호령호야 큰 칼 씨우고 큰 북 지워 무수이 단이다

---

[66] 작자 미상, 〈설홍전〉(임주영 주해, 『설홍전』, 서울: 박이정, 2010, pp.31~32)

가 이지옥으로 보느니, 이곳은 만고의 불효만 모엿더라. 쏘 기집죄인 잡버드려 계하의 업허노코 슈죄하는 말이, "너는 웃지하야 부르면 되답을 악적으로 하며 고셩디독 싸움만 하고 남을 만나면 가너를 흠담하고, 쏘 가쟝을 되하야 막심불공하야 한 마디 하면 열 마디나 되답하고, 동긔간의 이간하야 닷투기을 일삼아스니, 네 죄샹니 즁키로 용셔치 못한다." 하고, 군졸을 호령하야 큰 북을 지우고 무슈히 희환한 연후의 습지옥의 가두니, 이곳은 만고의 불양한 기집만 갓친 곳이라.[67]

〈이계룡전〉은 주인공 이성희와 계룡 부자의 지극한 효성을 보여 주고 있는 윤리소설이다. 위의 인용문은 병들어 죽은 이성희가 염라대왕의 심판을 기다리면서 목격한 것으로, 세 가지 유형의 지옥이 제시되어 있다. 1지옥은 나라에 불충한 자, 2지옥은 불효자, 3지옥은 불량한 여자가 가는 곳이다. 인용문을 통해 2지옥에 관한 서술의 비중이 큼을 알 수 있다. '불효'의 구체적인 내용으로는 게으르고 주색잡기만 좋아하여 부모를 봉양하지 않기, 부모께 걱정만 끼치기, 부모 말씀 듣지 않고 눈 흘기기 등이 제시되어 있다.

그리고 이 작품에는 〈목시룡전〉·〈설홍전〉에 이어, 여자죄인만 따로 가두어 놓는 지옥이 등장하고 있다. 이 3지옥에 들어가는 여자들은 누가 부르면 대답을 못되게 하고 고성으로 싸움만 하며, 시집을 험담하고, 가장을 공경하지 않으며, 동기간을 이간질시키는 등의 악행을 저지른 것으로 되어 있다. 〈이계룡전〉의 '악행'과 '불효' 역시 일상생활에서 범하기 쉬운 윤리규범에 해당한다. 그런데 징벌의 양상은 인용문의 밑줄 친 부분에서 보듯이, 〈목시룡전〉·〈설홍전〉보다 더욱 축소되어 있다. 1지

---

[67] 작자 미상, 〈이계룡전〉(단국대 나손문고 소장본, pp.29~31)

옥은 죄인에게 칼을 씌우기만 하고, 2·3지옥의 죄인들은 큰칼을 쓰고 큰북을 지고 있는 것이다.

〈목시룡전〉·〈설홍전〉·〈이계룡전〉 등에 보이는 징벌 화소의 축소는 이들 작품의 지향 내지 관심이 '지옥행의 이유'에 있었고, 또한 이를 강조하기 위한 의도에서 기인한 것이라 할 수 있다. 곧 '회심곡'과 지옥 관련 한글소설은 지옥의 고통을 환기시켜 불도수행에 힘쓸 것을 권하기보다는, 일반 대중들에게 널리 알려진 '지옥'이란 제재를 통해, 일상생활에서 지켜야 하는 윤리적 덕목들을 제공하거나 교육시키는 데에 주된 목적이 있었다고 하겠다.

도덕적 삶을 위한 심판과 징벌

　동아시아 문화권에 있어서 지옥과 극락 관념은 불교의 업설業說과 윤회사상을 일반 대중들에게 전파시키는 데 가장 큰 역할을 하였다. 특히 지옥 관념은 인과응보설을 바탕으로 선행과 악행을 구분하고 판단하는 기준, 곧 사회적 행위의 규준規準을 제시한다. 그리하여 개인적·사회적 가치를 형성하고 사람들로 하여금 그 가치를 실천하도록 이끈다. 지옥 관념에 대한 이해는 일정 시대와 일정 사회를 살아 낸 사람들의 사고방식과 삶의 원리를 이해하는 방법일 수 있는 것이다.[68]

　불전의 지옥 관념은 동아시아의 여러 나라에 전파·유포되어, 중국과 일본의 경우는 일찍부터 지옥 및 명부를 형상화한 수많은 문학작품이 창작·향유되었고, 지옥도와 시왕도 역시 많은 작품이 제작되었다. 그러나 우리나라에서는 삼국~고려시대의 작품으로『삼국유사』의〈선율환생〉과〈왕랑반혼전〉만이 전하고 있으며,[69] 조선시대에 와서야 비로소 지옥 관련 문학작품 및 회화작품이 나타나기 시작하였다. 그런데 조선 후기 특히 18·19세기에는 지금까지 살펴보았듯이, 지옥을 구체적으로 형상화한 적지 않은 작품들이 창작·향유되고 있다. 15·16세기 이후 창작된 중국·일본의 지옥 관련 예술작품이 드물다는 점에서, 조선 후기 지옥 관련

68　나희라, 앞의 논문, 2008, pp.246~247
69　〈왕랑반혼전〉은 1304년(충렬왕 30)에 간행된『불설아미타경』에 수록되었던 것으로, 보우에 의해『권념요록』(1637)에 수록됨으로써 널리 알려지게 되었다. 이 작품은 '지옥'이란 어휘만 나올 뿐, 지옥에 대한 묘사가 전혀 없으므로 본고에서는 다루지 않았다. 한편, 본고의 Ⅲ장에서 살펴보았던『목련경』은 중국의 목련 고사와 내용이 같으므로, 우리나라 작품으로 볼 수 없다.

문학·회화 작품의 성행은 하나의 특징적인 현상이라 할 수 있다.

조선 후기 문학작품의 경우는, 가사와 소설이라는 장르적 차이와 창작·향유층의 차이에도 불구하고, 다음과 같은 내용적 경향성을 보인다. 곧 '회심곡'과 지옥 관련 한글소설은 지옥행의 원인에 비해 징벌 화소가 현저하게 축소되어 있고, 지옥행의 원인을 통해 일상생활에서 지켜야 할 윤리규범을 강조하고 있는 것이다. 이러한 특징적인 국면은 이들 작품이 일반 대중들에게 익숙한 지옥 관념을 활용하여, '삼강오륜'을 중심으로 한 윤리적 덕목들을 교육시키는 데에 주된 목적이 있었음을 보여준다.

유교적 윤리 규범의 강조는 사실, 지옥 관련 문학작품에만 국한되는 현상은 아니다. 이들 작품이 창작·유통된 19세기에는 유교적 윤리 규범을 강조하는 교화서·교훈가사·권선서의 찬술 및 간행이 급증하고 있는 것이다.[70] 이와 같은 유교적 윤리의식의 고양 내지 강화는 삼정三政의 문란, 잦은 민란의 발생, 천주교의 교세 확장 등 기존 체제를 위협하는 사회적 혼란에 대한 19세기 조선사회의 위기의식에서 기인한 것이라 할 수 있다. 특히 조선 후기 지옥 관련 문학작품의 창작·유통은 천주교의 유포 및 확산과 관련이 있다. 당시의 일반 대중들 사이에서 천주교가 널리 확산되었던 이유 중의 하나는 '천당·지옥설'이었고, 집권층 및 유가 지식인들의 주요 공격 대상이 되었던 천주교의 교리 또한 천당·지옥설이었기 때문이다.

이가환(1742~1801)은 그의 '벽이가사闢異歌辭'인 〈경세가警世歌〉에서,

---

70 황수연, 「19~20세기 초 규훈서 연구」, 『한국고전여성문학연구』 24, 한국고전여성문학회, 2012, pp.362~364; 조동일, 「가사에서 전개된 종교사상 논쟁」, 『한국시가의 역사의식』, 서울: 문예출판사, 1993, p.174; 이에나가 유코, 「조선후기 윤리신앙의 다변화와 도교 선서 유행」, 『역사민속학』 30, 역사민속학회, 2009, pp.310~312

"텬쥬공경 아니ᄒᆞ면 죄도만코 디옥간다", "공경ᄒᆞ면 텬당가고 불공경은 디옥이ᄅ", "불씨셕가 가르침은 디ᄌᆞ디비 ᄒᆞ렷거늘/ 텬쥬심ᄉ 얄궂도다"[71]라고 하여, 일상적인 선악의 유무와 상관없이 천주를 공경하지 않으면 지옥에 간다는 천주교 교리의 불합리성을 비난하고 있다. 전우(1841~1922) 역시 천주교의 천당·지옥설을 비판하면서, 천당과 지옥은 예수의 숭상 여부와 무관하며, 지옥이 있다고 하더라도 악인이 들어가는 것이지, 예수를 믿지 않는 사람과는 상관이 없다고 주장하였다.[72] 또한 고종의 「척사윤음斥邪綸音」(1866)에서도 "천당을 만든 것은 천주를 잘 섬긴 자들의 영혼에게 복을 누리도록 하기 위해서이며, 지옥을 만든 것은 천주를 잘 섬기지 않는 자들의 영혼에게 괴로움을 주기 위해서이다."[73]라는 당시 천주교인들의 주장을 소개하면서 그 주장의 황당함을 비판하고 있다.

여기에서 〈회심곡〉류 불교가사와 지옥 관련 한글소설이 지옥행의 이유를 강조하고, 그 이유로 일상생활의 윤리규범을 제시한 까닭의 일단을 짐작할 수 있다. 곧 이들 작품의 내용적 특징은 천주에 대한 맹목적인 믿음만을 요구하고 있는 천주교의 지옥설을 의식 내지 경계한 결과로 볼 수 있는 것이다. 결국 조선 후기 문학작품의 지옥 형상화는 19세기 조선사회가 직면했던 사회적 혼란에 대한 위기의식을 반영한 것이자, 당시 널리 확산되고 있던 천주교의 지옥설에 대한 문학적 대응의 성격을 갖는다고 할 수 있다.

---

71 李家煥, 〈警世歌〉(김영수 편, 『천주가사 자료집』 상, 서울: 가톨릭대 출판부, 2001, p.342)
72 田愚, 『艮齋集』 권1, 「自西徂東辨(辛丑)」
73 『고종실록』 권3, 3년 8월 3일(기축)

| 참고문헌 |

곽정식, 「한·중·일 명부설화 비교 연구」, 『새국어교육』 78, 한국국어교육학회, 2008.
김기종, 「조선후기 가사에 나타난 지옥의 양상과 시대적 의미」, 『한국시가문화연구』 38, 한국시가문화학회, 2016.
김정숙, 「조선시대 저승체험담 속 죽음과 환생의 이념성」, 『Journal of Korean Culture』 29, 2015.
김정희, 『조선시대 지장시왕도 연구』, 서울: 일지사, 1996.
나희라, 「통일신라와 나말여초기 지옥관념의 전개」, 『한국문화』 43, 서울대 규장각 한국학연구원, 2008.
박영철, 「나라카에서 지옥으로」, 『역사교육』 63, 역사교육연구회, 1997.
연소영, 「佛經의 地獄相 유형 연구」, 『중국어문학논집』 76, 중국어문학연구회, 2012.
이시준, 「일본 지옥설화의 성립과 변용에 관한 통시적 연구」, 『외국문학연구』 28, 한국외국어대 외국문학연구소, 2007.
앨리스 K. 터너, 이찬수 옮김, 『지옥의 역사』(Ⅰ·Ⅱ), 서울: 동연, 1998.
坂本要 編, 『地獄の世界』, 東京: 溪水社, 1991.

문화와 의례

어록 語錄

· 김호귀

I. 어록의 출현과 찬술경전

　　어록의 정의/ 어록의 등장/ 찬술경전의 쇠퇴

II. 중국과 일본의 선어록

　　선어록의 분류/ 중국의 선어록/ 일본의 선어록

III. 한국 선어록의 간행과 전개

　　선의 전래와 정착/ 고려의 선어록/ 조선의 승려문집

IV. 한국불교에 끼친 선어록의 역할과 기능

　　선어록의 유통/ 선어록의 역할/ 한국불교와 선어록

■ 불립문자와 기록의 아이러니

I. 어록의 출현과 찬술경전

어록의 정의

어록은 선자禪者의 일상적인 구어체의 설법을 제자 혹은 제삼자가 기록한 것이다. 이 때문에 저술과 같은 일정한 목적이나 의도가 구체적으로 나타나 있지는 않지만 불특정의 많은 사람들이나 직접 법문을 듣는 제자들을 교화하려는 의도가 다분히 깔려 있다. 적어도 법문을 하는 선자 자신의 의도는 물론이고, 그 밖에 선자 자신의 의도가 아닐지라도 법문을 기록한 당사자는 스승의 말씀을 오랫동안 남겨서 두고두고 가르침으로 삼으려는 목적이 개입되어 있다. 또한 많은 문중이 형성되는 과정에서 각자의 문중에 대한 홍보 내지 스승에 대한 권위를 드러내려는 목적도 아울러 포함되어 있다.

그러므로 선종에서 말하는 어록이란 조사들의 설법과 스승의 질문에 대하여 제자가 답변하고 응수한 내용을 다른 제자가 수문隨聞하고 수록隨錄한 것으로, 특수하게 성립된 선의 수문기隨聞記와 같은 문헌을 가리킨다. 여기에는 서로 모순되는 두 가지 점이 있다. 말하자면 허락된 특정 제자의 필록, 더욱이 그 내용은 수문 및 수록이기 때문에 반드시 애초의 이야기 그대로 수식이나 가감 없이 기록되어 충실하게 당시의 말을 전한다는 특징을 지니고 있다. 한편으로는 성전의 권위를 유지하면서도 다른 한편으로는 거친 언설까지도 포함하고 있다. 오랜 역사의 풍상을 거치면서 세련되게 다듬어진 성전과 비교해 보면 어록은 비교적

새로운 유형의 고전이라고 말할 수 있다.[1]

이와 같은 어록의 특징은 부단한 유동성을 지니고 있다는 점이다. 동시에 구어와 속어를 포함하고 있으면서도 가요와 변문의 텍스트와 다른 점은 항상 성전의 권위를 지니고 있으면서도 해당 인물의 권위화를 도모하지 않고 그때마다 새로운 요소를 포함시켜 전개하고 있다는 데 있다. 그래서 철저하게 개별적인 조사에 대한 면모를 추구함과 더불어 그 성과는 반드시 해당되는 조사나 그 말씀을 지지하고 따르는 일련의 문중 내지 대중의 관심에 근거하고 있는 사회운동의 소산이기도 하다. 따라서 그러한 운동은 모순되면서 스스로 확대되어 간다. 어록이 포함하고 있는 이와 같은 자기모순이야말로 선종의 발전과 함께 어록이 무한하게 양산되어가는 근거가 되었다.

어록의 등장

어록이란 조사들의 설법과 제자들과의 문답 등을 다른 제자가 수시로 듣고 수시로 기록한 것으로서 처음부터 계획적으로 이루어진 것이 아니다. 그래서 자신이 직접 붓을 들고 저술한 것과는 달리 반드시 조사의 설법을 듣고 기록한 것으로서 그 제자들에게는 일종의 성전과도 같은 성격을 지니고 있다. 대부분의 경우 조사가 입적한 이후에 성립되었지만, 간혹 제자가 기록한 것에 대하여 조사 자신이 직접 서문을 기록하는 경우도 있는 것을 보면 생전에 이루어진 것도 있다.[2] 따라서 어록은

---

1 柳田聖山, 『語錄の歷史』(『東方學報』 第57冊 拔刷. 1985), p.23
2 『宏智禪師廣錄』 卷9(『大正藏』 48, 101a~b)에는 굉지가 직접 쓴 자신이 수록되어 있다.

자신의 의도와는 달리 그것을 기록한 제자들에 따라서 약간의 수정 내지는 보완도 충분히 인정할 수 있다.

불서가 처음에 중국에 들어왔을 때는 경·율·론이라고 말했을 뿐으로 소위 어록이라는 것은 없었다. 달마가 서래하여 스스로 교외별전 직지심인이라 칭하고, 여러 대를 전승한 이후에 그 집단이 나날이 크게 형성되면서 어록이라는 것이 일어났다. 저속하고 거친 말씀을 받들어 보배처럼 간주하고, 부처님의 설법인 경전과 동등하게 취급하여 소중하게 보관하였다. 심지어 어떤 사람은 부처를 꾸짖고 조사를 꾸짖는 데에도 거리낌이 없었다. 더욱이 세상에서 부처를 말하는 사람들까지도 도리어 어록을 존숭하고, 교教·율律의 승려보다도 뛰어난 것으로 삼았다.³

그러나 대체적으로 그 성격을 살펴보면, 법어法語 및 수시로 행해지는 제자들과의 문답상량問答商量 등을 기록하고 있어서 전체 내용의 요약적인 성격이 강하기 때문에 어록의 내용을 이해하기 위해서는 어록의 당사자에 대한 생애가 아울러 수반될 필요가 있다. 그러나 오늘날에 전해지고 있는 어록의 대부분은 특별히 어록 당사자의 일대기를 붙이고 있는 경우가 대단히 드물기 때문에 어록이 자체로서 충분히 이해되기 위해서는 어록의 당사자에 대한 법맥法脈과 종파宗派 내지는 당시의 사회여건에 대한 이해가 필요하다.

이러한 선의 문헌이 어록이라는 이름으로 불린 것은 송대에 이르러서였다. 어록이라는 말이 처음 나타난 것은 『송고승전宋高僧傳』(988) 「조

---

3 柳田聖山, 『語錄の歷史』(『東方學報』 第57冊 拔刷. 1985), p.17

주종심전趙州從諗傳」⁴을 비롯하여 「황벽희운전黃檗希運傳」에도 "그 어록이 세상에 유행하고 있다."⁵라는 기록이 있다. 또한 이보다 오랜 『조당집祖堂集』(952)에 나오는 행록行錄·행장行狀·별록別錄 등의 용어가 이와 동일한 의미로 활용되고 있지만 거기에 딱히 어록이라는 말은 사용하고 있지 않다.

이와 같은 의미에서 어록이라 불리는 것은 『송고승전』 이후에 해당하지만, 그와 같은 특수한 형식과 내용을 지닌 문헌이 실제로 출현한 것은 마조 도일馬祖道一(708~788) 이후에 해당한다. 본디 그와 같은 특수한 설법양식을 지닌 상당上堂의 법어 및 제자와의 대화를 기록한 문헌이 출현한 것은 이 계통의 사람들에 의한 것인데, 종래의 불교학의 전통을 벗어나서 직접 민중 가운데 파고든 것이기 때문에 그들의 주장이 어느새 종래의 불교문헌의 영역에 멈추지 않고 새로운 내용에 어울리는 표현 내지 방편을 필요로 했다.

마조 도일 이후의 선은 경론의 문헌적 연구를 떠나 일상의 언행에 즉한 것이 되었기 때문에 그러한 기록이 다시 종래의 경론과 같은 역할을 지닌 것으로 대체되었다. 나아가서 오히려 거꾸로 종래의 경전을 붓다의 어록으로까지 간주하게 되었다.⁶ 불립문자不立文字 내지 부즉문자不卽文字라는 것은 단순한 경전의 부정이 아니라 교학의 주석적 연구에 대한 방법의 구별을 의미한다. 이미 달마에게는 자기의 입장을 "교학에 의지하여 종지를 깨친다."⁷는 말이 엿보인다. 그것은 붓다의 경전을 인간

---

4 『宋高僧傳』卷11 趙州從諗傳(『大正藏』50, 775c)
5 『宋高僧傳』卷20 黃檗希運傳(『大正藏』50, 842c) "語錄而行于世"
6 가령 『寶林傳』(801)의 편찬자가 그 첫 부분에다 『四十二章經』의 全文을 수록하고 있는 것은 그러한 경전관의 변천을 보여 주고 있다.
7 『少室六門』(『大正藏』48, 369c)

의 언어로써 이해하고 있음을 보여 주고 있는 것이다. 『속고승전續高僧傳』(645)에 달마의 말씀을 기록한 것은 그러한 사람의 언어를 파악함으로써 그 종지의 내용을 존중하고 있다는 것을 보여 준다. 이는 선인先人의 어록을 존중하는 태도는 이론보다는 사실 그 자체를 제일로 간주하기 때문이다.

찬술경전의 쇠퇴

부처님의 말씀을 기록한 것으로서 소위 진경眞經이라 불리는 경전은 본래 인도 내지 중앙아시아에서 전래된 것으로 국한된다. 그러나 불교가 전개되면서 그 밖의 지역에서 찬술된 경전도 등장하였는데 그것을 총칭하여 위경僞經·의경疑經·의위경疑僞經·위찬경僞撰經 등이라 말한다.[8] 이와 같은 일련의 찬술경전의 제작은 꽤 이른 시대부터 출현하였다. 동진시대의 도안道安은 경전의 목록을 작성하면서 당시의 찬술경전으로서 26부 30권을 들고 있다. 그것이 양나라 승우僧祐의 『출삼장기집出三藏記集』에서는 20부 26권, 수나라 법경法經의 『중경목록衆經目錄』에서는 141부 330권, 같은 수나라 언종彦琮의 『중경목록衆經目錄』에서는 209부 491권으로 증대되었다. 이와 같이 위경은 그 수량만으로도 대단하지만, 실제로 불교사에서 그것들이 끼친 영향은 진경 못지않은 역할을 하였다.

---

8 疑經이란 경전이라는 전통의 힘을 빌려서 번쇄한 사상을 단순화하여 현세주의적인 利害를 중시하는 것에서 그 특성이 전형적으로 드러나 있다. 그 특성은 크게 두 가지로 나뉘는데, 하나는 현세적 이익의 추구이고, 다른 하나는 사상과 실천의 간략화이다. 沖本克己, 「經錄と疑經」, 『東アジア佛教史』 06, 中國 Ⅰ. 南北朝, [佛教の東傳と受容]. 佼成出版社. 2010. p.299

호국경전으로서 『인왕반야경仁王般若經』은 국왕이 백강좌百講座를 열어서 백 명의 법사를 초청하고 반야바라밀을 강의하면 국가를 수호할 수가 있다고 설한다. 이 『인왕반야경』에 기초하여 보살의 계위를 논의한 『범망경梵網經』은 10중重48경계輕戒를 내세웠다. 또 지의智顗와 길장吉藏이 종종 인용했던 『상법결의경像法決疑經』도 의경에 속한다. 나아가서 『점찰선악업보경占察善惡業報經』 및 『관세음삼매경觀世音三昧經』 등도 이후에 큰 영향을 끼쳤다.

당唐 시대에는 찬술경전이 더욱더 증가하여 『개원석교록開元釋敎錄』에는 목록 전체 가운데서 부수의 3분의 1, 권수의 5분의 1이 찬술경전인데, 가령 『정토우란분경淨土盂蘭盆經』, 『부모은중경父母恩重經』 등이 포함되어 있다. 그 밖에 당의 불교교학에 큰 영향을 끼친 『원각경圓覺經』, 송·원·명대에 많은 영향을 끼쳤던 『수릉엄경首楞嚴經』, 그리고 『대승기신론大乘起信論』의 주석서인 『석마하연론釋摩訶衍論』 등도 찬술경전으로서 대표적인 경우에 속한다.

그러나 이들 찬술경전의 출현은 당대부터 본격적인 선어록이 출현하면서 쇠퇴의 모습을 보였다. 그 까닭은 중세시대의 시작과 더불어 자성의 자각에 따른 자유로운 사상의 표출이 모든 사람들에게까지 전파 및 보급된 것에 기인하였다. 그 전형적인 인물상이 곧 조사祖師였다. 이와 같은 조사상의 등장으로 인하여 그에 수반되는 새로운 모습의 말씀이 새로운 글의 형태인 선어록의 모습으로 출현하였다.

따라서 교조주의적인 교학의 불설佛說이 점차 독창적이고 개성적인 조사의 법어로 대체되면서 찬술경전의 출현은 현저하게 줄어들고 그를 대신하여 속어 및 구어체의 선어록이 출현한 것이다. 그것은 조사선의 발전과 더불어 조사의 권위가 상승된 것에 대한 결과였으며, 기존의 전통교학에 대한 반성이라 할 수 있다. 이와 같은 선어록의 위상은 조사의 지위가 부처님과 동등한 경우로까지 높아짐으로써 조사의 실명이 기록된 법어가 그대로 유통되면서 각자의 문중에 대한 홍보 내지 세력의 확장을 도모하게 되었다.[9]

이후 선어록이 지속적으로 출현하여 종교 및 사상의 범주를 초월하여 일종의 문학장르로 정착되었다. 이와 같은 모습은 보다 빈번하게 나타났다. 당과 오대를 지나면서 송대에 대장경의 출현과 더불어 선종의 어록은 그 지위가 더욱더 확고해졌다. 가흥대장경嘉興大藏經, 건륭대장경乾隆大藏經, 만속장경卍續藏經, 대정신수대장경大正新脩大藏經, 선종전서禪宗全書 등에 수록된 북송·남송·원·명·청대의 자료로서 순수 선어록으로만 국한시켜도 수백 종에 이른다.

II. 중국과 일본의 선어록

선어록의 분류

선어록은 선종의 어록이라는 뜻으로 활용된다. 여기에서 보다 넓은 의미로는 선전禪典·선적禪籍·선서禪書·선문헌禪文獻·선록禪錄 등으로 선에 대한 일반적인 전적을 가리킨다. 여기에서는 선리禪理에 대한 저술을 포함하여 선에 대한 사상류思想類·어록류語錄類·전등사서류傳燈史書類·청

---

[9] 조사선이 크게 발전했던 마조 도일 이후의 선은 경론의 문헌적 연구를 떠나 일상의 언행에 즉한 것이 되었기 때문에 그러한 기록이 다시 종래의 경론의 역할을 지닌 것으로 대체되었다. 오히려 거꾸로 종래의 경전까지도 붓다의 어록으로 간주하게 되었다.

규류清規類·공안집류公案集類·수필류隨筆類 및 잡류雜類 등이 모두 포함된다.[10] 그러나 좁은 의미로는 선자의 언행록에 한정된다.

사상류로는 선의 교의를 비롯하여 수행에 대한 지침 내지 안내서 등으로 주로 저술의 성격을 지닌 것인데『입도안심요방편법문入道安心要方便法門』,『수심요론修心要論』,『돈오입도요문론頓悟入道要門論』,『선원제전집도서禪源諸詮集都序』,『인천안목人天眼目』 등이 이에 속한다.

어록류로는 가장 보편적인 형태로서『달마어록達磨語錄』,『육조대사법보단경六祖大師法寶壇經』,『신회어록神會語綠』,『동산어록洞山語錄』,『마조어록馬祖語錄』,『임제록臨濟錄』 등과 같이 속어 내지 구어체로 기록되어 일상의 어투가 가장 잘 드러나 있다.

전등사서류로는 조사들의 계보를 기록한 것으로서 선종에서 자파의 정통성을 확보하기 위한 장치로서 큰 역할을 하였다. 가령『능가불인법지楞伽佛人法志』,『전법보기傳法寶紀』,『능가사자기楞伽師資記』,『보림전寶林傳』,『조당집祖堂集』,『경덕전등록景德傳燈錄』,『천성광등록天聖廣燈錄』,『속등록續燈錄』,『연등회요聯燈會要』,『오등회원五燈會元』,『선등세보禪燈世譜』 및 각종 고승전류高僧傳類 등은 각 문중의 법계를 기록할 뿐만 아니라 그들의 법어까지도 수록하였다.

청규류로는 선종이 발전하면서 기존의 율종으로부터 명실상부하게 독립된 종파로서 성립된 근거가 되는 문헌으로서 선종 내지 문중 자체의 내규를 기록한 선문헌에 속한다. 가령『고백장청규古百丈淸規』,『칙수백장청규勅修百丈淸規』,『선원청규禪苑淸規』,『환주암청규幻住庵淸規』,『위산경책潙山警策』,『계초심학인문誡初心學人文』 등이다.

공안집류로는 선수행에서 일종의 기관機關의 성격으로 활용되는 공

---

10 『禪學大辭典』, 大修館書店. 東京: 1986, pp.147~203

안을 수록한 것이다. 이들 공안집은 거擧·징徵·염拈·대代·별別 등 다양한 양식으로 발전되면서, 각각의 공안에 수시垂示, 착어著語, 송頌, 평창評唱 등의 형식이 부수되었다.[11] 가령 『설두송고雪竇頌古』, 『벽암록碧巖錄』, 『굉지송고宏智頌古』, 『종용록從容錄』, 『격절록擊節錄』, 『청익록請益錄』, 『무문관無門關』, 『송고연주통집頌古聯珠通集』, 『정법안장正法眼藏』, 『선문염송禪門拈頌』 등이 이에 속한다.

수필류로는 선문의 규범이나 출가자의 본분 등 일상의 살림살이에 대하여 교훈 및 경계하는 글로서 송대 이후에 크게 출현하였다. 『선림보훈禪林寶訓』, 『종문무고宗門武庫』, 『산방야화山房夜話』, 『나호야록羅湖野錄』 등이 이에 속한다.

기타 잡류로는 게송의 형식을 빌린 가송歌頌·명銘·전傳·문文·행장行狀·탑명塔銘·기記 등이 이에 속한다.

중국의 당 말기부터 본격적인 조사선이 전개되면서 마조 도일과 석두 희천의 계통에서 많은 선승이 배출되면서 자체의 사상을 전승하는 주요한 수단이 된 것이 소위 이와 같은 어록이었다. 따라서 어록은 선승의 언행록일 뿐만 아니라 문하의 수행자들에 대하여 시중示衆과 상당上

---

[11] 擧는 공안에 대하여 그것을 재차 언급하는 것으로 擧唱이라고도 하고, 徵은 선문답을 가지고 따져 물어서 스승이 납자의 견해를 바로잡아 주는 도구로 활용하기도 하는데 徵語라고도 하며, 拈은 선문답에 대하여 비평을 가하여 드러내기도 하는 것으로 拈弄·拈語·拈話라고도 한다. 代는 제자에게 선문답을 제시하고서 답변을 못하는 경우에 제자를 위하여 대신 법어를 내려 주기도 하는 것으로 代語라고도 하며, 別은 선문답에 대하여 일찍이 다른 사람이 가했던 비평의 말에다 다시 자기의 비평을 붙이기도 하는 것으로 別語라고도 한다. 垂示는 공안에 대한 전체적인 대강이고, 著語는 선문답의 각각의 대목에 붙이는 짤막한 코멘트이지만 보다 넓은 의미로는 여기에서 언급하는 擧·徵·拈·代·別의 전체를 가리키기도 한다. 頌은 선문답의 의미를 게송의 형식으로 드러낸 것이다. 評唱은 선문답이 등장하게 된 경위 및 배경에 대한 자세한 설명이다.

堂과 같은 훈계와 전기 등도 포함되어 있다. 그러나 어디까지나 그 중심은 다른 선승과 주고받은 상량과 제자와의 문답 등에 대한 기록이었다. 이 때문에 선어록이란 일반적으로 어떤 선승의 언행록 형태로 우리에게 주어진 것이지만, 실제로는 불특정한 다수의 독자를 대상으로 하여 그들에게 선사상의 핵심, 곧 선승들이 공유하고 있던 관념을 가장 명확한 형태로 전달할 것을 목표로 하여 충분한 증의와 윤문의 과정을 거쳐서 제작된 일종의 문학작품의 성격도 지니고 있다.

중국의 선어록

보리달마로부터 시작되는 중국선의 경우에 혜능을 거쳐 당 말기의 석두와 마조의 시대에는 선풍이 크게 진작되어 소위 호남 석두종의 진금포眞金鋪와 강서 홍주종의 잡화포雜貨鋪라는 말이 유행하였다. 이들 선풍에서 전개되었던 사상과 수행법, 교화를 전승한 주요 수단은 선어록이었다. 선어록은 다른 선자와 행한 법거량 및 제자와의 문답 등을 기록한 선문답이 중심을 이루고 있다.

선문답은 이미 당대 초기부터 중요한 위치를 점유하고 있었다. 좌선과 염불 등 집단적인 수행에서 학인은 조실을 방문하여 자신의 경지를 드러내 보이는데, 그때 스승은 갖가지 질문을 통해 학인의 경지를 확인하고 점검하였다. 그 내용은 『능가사자기楞伽師資記』(716)에 수록되어 있는 지사문의指事問義와 같은 방식을 통해 주로 이루어졌다.[12] 지사문의는 스승이 제자에게 구체적으로 사물을 가리켜 그 뜻이 무엇인지를 물으면 그에 대해 제자가 답변하는 방식이다.

---

12 『敦煌佛典と禪』, 『講座燉煌』8, 東京: 大東出版社, 1980, pp.68~72

그러나 마조 도일에 의하여 대기대용大機大用이 확립됨으로써 문답의 성격은 일변하였다. 마조의 선풍에서는 일상생활 그 자체가 선의 모습이었기 때문에 선의 경지를 작용으로 나타내는 것이 중시되어 일상의 모든 측면에서 사용하는 보통의 언어 그대로 문답이 이루어지게 되었다. 그것을 그대로 기록하거나 그러한 입장에서 편찬한 것이 선어록이었다. 따라서 선어록 자체가 구체적인 측면과 인격을 통해서 선의 깨침으로 표현되지 않으면 안 된다는 사상의 표명이기도 했다. 이러한 의미에서 선어록의 형식을 갖춘 문헌으로서 그 선구는 후막 진염候莫陳琰의 『돈오진종금강반야수행달피안법문요결頓悟眞宗金剛般若修行達彼岸法門要決』과 하택 신회荷澤神會(684~758)의 『남양화상문답잡징의南陽和尙問答雜徵義』를 들 수가 있다.

당대에는 대단히 많은 어록이 출현하고 편집되었으며 그러한 것들에 의해 후대에 어록이 새롭게 재편집된 예도 많았는데 그것은 주로 송대에 공안집의 형태로 등장하였다. 이와 같이 어록이 성행한 것은 선자들이 서로 자유롭게 교류하여 문답상량이 대단히 성행했기 때문이다. 당시에는 수행자가 깨침을 목표 삼아 각 지역의 선자들을 탐방하면서 수행을 쌓아 갔기 때문에 편참遍參이라는 수행의 형태가 확립되어 있었다.

이러한 조사선풍은 달마로부터 연원되고 마조 도일 이후의 선에서 크게 발전된 개념으로서 인간의 존재가 그대로 진실한 것으로 긍정되었는데, 이 경우에 개오開悟란 스스로 진리 그 자체를 알아차리는 것 이외에는 다른 것이 아니었다. 그러나 깨침을 터득하기 위해서는 제자가 적절한 단계까지 도달하지 않으면 안 되었는가 하면, 반대로 설령 그 단계에 도달하더라도 스승의 수완이 제자에게 언제나 합당한 것만은 아니었다. 여기에서 중요한 의미를 지니게 된 것이 바로 선자의 개성이었는데, 마조선의 공헌은 바로 인간의 개성적인 삶 그 자체를 긍정함으로써 인격이 선풍에 반영되는 길을 터놓았다는 점에 있다. 그 때문에 개개의 사람들에 따른 지도 방법에 다양한 차이가 생겨났다. 임제 의현臨濟義玄(?~867)처럼 다짜고짜로 할喝과 방棒을 퍼부어 대는 경우가 있는가 하면, 조주 종심趙州從諗(778~897)처럼 온건하고 교묘한 언설을 통해 사람들을 제접하는 경우도 있었다. 따라서 어떤 선자의 문하에서는 아무리 해도 깨치지 못했던 수행자가 다른 선자의 문하로 옮겨 깨침을 터득한 경우가 비일비재하였다.

이와 같은 내용의 기록으로서 대체로 현존하는 당나라 시대의 선적은 대부분 오대·송초 무렵에 편집된 것이다. 이미 어록이라 불리는 것이 『송고승전』에 처음 나타났듯이 그러한 것들이 특별히 어록으로 정리된 것은 기관機關과 게송偈頌의 영역을 벗어나 새롭게 그 특색이 반성되고 의식되었음을 의미한다. 말하자면 그것은 선어록이 일종의 고전화古典化되어 가는 과정으로서 『조당집』(952), 『종경록』(981), 『송고승전』(988), 『경덕전등록』(1004) 등의 편집이 서로 연속하여 행해지던 무렵에 해당한다.

본래 어록의 내용을 구성하고 있는 기관機關과 이치理致가 단순한 기록에 머무르지 않으며 종국에는 사람들에 의해 염롱拈弄되고 평창評唱되는 데에 생명이 있다. 여기에서 기관은 스승이 학인의 근기에 따라 가르침을 제시하는 갖가지 수완 내지 방편을 말한다. 또 이치는 스승이 경론의 도리를 제시하여 제자를 교화하는 수단을 말한다. 따라서 생생한 언어는 입에서 귀로 전달되는 가운데 점차 이것을 전하는 사람들의 의견이 가미된다. 마침 당말·오대의 동란기를 지나 전통에 대한 새로운 반성이 시작되는 송대 초기에는 그러한 요구가 강하게 대두되었다. 당말·오대를 통해 비교적 평온했던 강남 지방에서 당대의 어록을 재편하려는 움직임이 시작된 것이다.

그 중심은 법안종法眼宗으로서 영명 연수永明延壽(904~975)의 『종경록』과 도원道原의 『경덕전등록』도 모두 법안종파에 속한다. 이보다 앞선 『조당집』도 또한 같은 계통에서 나온 것이다. 본래 오대·십국 가운데 오월吳越과 남당南唐은 전란의 피해가 적었기 때문에 당 말기 불교의 유산을 보존할 수 있었다. 그리고 그러한 유산 가운데 하나가 기존의 선자들에 대한 기록물이었다. 이리하여 송대 초기 어록의 성립은 법안종의 연수·도원의 업적과 병행하여 임제종의 황룡파黃龍派 및 운문종雲門宗에 속하는 사람들의 활동에 크게 기인하였다. 그것은 『보림전』으로부터 『조당집』, 『경덕전등록』, 『천성광등록』 등 소위 전등사서傳燈史書의 계보와는 다른 새로운 유형을 지닌 선종 문헌의 성립이었다.[13]

이들 선종의 문헌은 송대에는 점차 양기파楊岐派의 세력이 커짐에 따라서 공안집의 유행으로 출현하였는데 주로 양기파와 운문종의 선어록이 주류를 형성하게 되었다. 이들 양기파와 운문종을 중심으로 하는 선어록의 유행은 더불어 일본과 한국으로 전승되면서 중국의 선풍이 후대에게까지 널리 전승되었다. 한편 19세기 말과 20세기 초에 걸쳐 돈황에서 출현한 수많은 선어록 가운데는 달마의 『이입사행론二入四行論』을 비롯하여 『역대법보기歷代法寶記』 및 『단경壇經』을 비롯한 초기 선종의 선어록도 주목된다.[14]

---

13 김호귀, 『선의 어록』, 서울: 민족사, 2014, pp.90~93
14 『敦煌佛典と禪』, 『講座敦煌』 8, 大東出版社, 1980, pp.3~17

일본의 선어록

일본선은 가마쿠라 시대부터 본격적인 발전의 모습을 보여 주고 있다. 그 이전 일본의 선법 전래는 다음과 같다. 첫째, 달마達磨-승나僧那-혜만慧滿의 선법을 계승한 도쇼(道昭, 629~700)는 능가선楞伽禪을 전래하였다. 둘째, 신수의 문하인 보적普寂(651~739)에게서 도센(道璿, 702~760)은 북종선을 계승하였다. 셋째, 도센-교효(行表)의 선법을 계승한 사이초(最澄)는 북종선을 비롯하여 우두선牛頭禪을 전승하였다. 넷째, 입당하여 마조의 문하인 염관 제안鹽官齊安의 법을 계승한 에가쿠(慧蕚)는 염관의 제자 의공義空-도방道昉(?~746)과 함께 귀국하여 남종선南宗禪을 계승하였다. 또한 가와라야 노코(瓦屋能光, ?~933)는 입당하여 동산 요개洞山了价의 법을 이었지만 귀국하지 못하였다. 다섯째, 가쿠아(覺阿, 1143~?)는 1171년에 법제인 긴쿄(金慶)와 함께 입송하여 항주 영은사靈隱寺에서 할당 혜원瞎堂慧遠(1102~1175)에게 참문하고 양기파楊岐派의 선법을 전승하였다. 여섯째, 노닌(能忍)은 전래된 선문헌에 의하여 독학으로 선을 배우고, 셋쓰(攝津)에 산보지(三寶寺)를 건립하여 선을 거양하였다. 그러나 무사독오無師獨悟라고 비방을 받았기 때문에 1189년에 문하생을 입송시켜 육왕산의 졸암 덕광拙庵德光에게 편지를 보내서 인가 증명을 얻었다. 이로써 노닌의 문하에 모인 사람들이 많아지자 일본달마종으로서 세상에 알려지게 되었다. 일본달마종 제2조 가쿠안(覺晏)은 야마토(大和)의 도노미네(多武峰)에서 선풍을 거양하였는데, 그 문하에는 일본달마종 제3조로서 후에 도겐(道元)에게 참문한 에칸(懷鑑, ?~1250?) 및 에조(懷奘, 1198~1280) 등이 있었다.[15]

---

15 한보광, 『일본선의 역사』, 경기도: 여래장, 2001, pp.71~76

헤이안 시대 말기부터 선에 접촉한 사람들은 상기와 같은 사람들 외에도 중국에 건너가서 선을 공부한 사람들이 많았다. 그러나 일반적으로 에이세이(榮西, 1141~1215)가 입송하여 임제종 황룡파를 전승하여 임제종의 개조가 된 이후부터 본격적인 일본 선법의 초전으로 삼는다.

가마쿠라 시대 이래로 일본에 전승된 선은 46전傳이고, 문파는 24류流이다. 그러나 도쿠가와 시대의 황벽종黃檗宗이 전래된 이후에도 지속되었다. 가마쿠라 시대 선의 주류는 에이세이 및 그의 문하인 엔니 벤엔(圓爾弁圓, 1202~1280)과 무혼가쿠신(無本覺心, 1207~1298) 등의 계보 및 난계 도륭蘭溪道隆(1213~1278)과 무학 조원無學祖元(1226~1286) 등 일본에 도래한 승려가 전승한 선법, 그리고 대응국사 남포 쇼묘(南浦紹明, 1235~1308)가 입송하여 전승한 양기파의 선법, 대등국사 슈호 묘초(宗峰妙超, 1282~1337)와 간잔 에겐(關山慧玄, 1277~1360)이 차제로 오(應)·도(燈)·간(關)으로 호칭되면서 임제선의 주류가 되었고, 나아가서 도겐선사에 조동선법이 전래되었다.

본격적인 선종의 발전을 보이면서 에이세이의 『고젠고코쿠론(興禪護國論)』을 비롯하여 엔니 벤엔의 『게묘호고(假名法語)』 및 도겐의 『쇼보겐죠(正法眼藏)』, 기타 개산조를 비롯한 거의 모든 문중의 조실에 대한 법어가 고스란히 전한다. 한편 가장 난만하게 출현했던 14세기부터 16세기에 걸친 법어가 『고잔분가꾸젠슈(五山文學全集)』에는 26종이 수록되어 전한다.

이와 같은 선법의 전래와 발전 가운데서 이후 조동종과 임제종, 황벽종에서 대단히 방대한 선어록이 전승되고 자생自生하였다. 가령 『대일본교정속장경大日本校訂續藏經』의 경우에 선종과 관련된 문헌은 선종잡저 91부 248권, 선종어록 27부 313권, 선종별집 121부 448권 등 총 239부 1,009권에 이른다. 그래서 총 647부 1,821권의 제종으로 보면 그 3분의

1에 해당하는데, 권수로는 절반이 넘는다. 더욱이 145부 1,330권의 사전부 가운데 포함된 71부 959권의 선종문헌을 포함하면 출간 및 유통되고 있는 분량은 더욱 방대하다. 기타 『대일본교정장경大日本校訂藏經』의 선문헌 및 『속장경』에는 누락된 다수의 돈황문서도 현재 유통되고 있다.

III. 한국 선어록의 간행과 전개

선의 전래와 정착

중국의 선법이 신라에 초전된 것은 8세기 중반으로 사조 도신의 선법을 전승한 법랑法朗의 귀국에 의해서였다.[16] 그러나 본격적으로 선법이 수용되고 이해되기까지는 9세기 초에 가능하였다. 선법의 수용에 앞장선 사람들은 신라에서 교학을 공부하고 입당 유학했던 사람들이 중심을 이루었는데 주로 8세기 후반부터였다. 이들 선법의 초전 시대에 신라에는 이미 활발한 교학적 토대가 구축되어 있었다. 이 때문에 그와 같은 상황에서 선법이 신라에 뿌리를 내리기 위해서는 선의 특유한 사상 및 방식을 강조하지 않을 수 없었는데, 그것이 무설토론無舌土論 및 진귀조사설眞歸祖師說과 같은 선법 우위를 내세우면서 의도적인 선교차별禪敎差別을 강조하였다. 그것은 이미 교학을 공부한 이후에 보다 새로운 선법을 추구했다는 내용으로 나타나기도 하고, 교법보다는 선법이 뛰어나

---

16 法朗의 귀국 연대는 분명하지 않지만, 최치원의 「智證大師寂照塔碑」에 의하면 7세기 중반부터 8세기 중반쯤으로 간주된다. 그 법계는 道信-信行-遵範-惠隱-智證大師 道憲이다.

다는 내용을 전개하기도 하였으며, 더 나아가서 선법에서도 조사선祖師禪이 여래선如來禪보다 뛰어나다는 것을 강조하는 등 다양하게 나타났다.

이처럼 한국선법의 시작은 도신의 정통법을 계승한 법랑의 선법과 신행의 선법이 그 바탕이 되었다. 이것은 중국 조사선을 계승한 동산법문東山法門을 비롯하여 북종선北宗禪의 계통으로서 교학에 근거한 선법과 관련되어 있었다. 이어서 도의국사와 홍척국사 등을 위시하여 소위 남종선南宗禪의 전통이 전래되면서 신라사회에 선법이 뿌리를 내릴 수 있는 기반을 확보하였다. 이를 바탕으로 이후에 도의 및 홍척의 몰종적沒蹤迹한 조사선법이 구축되는 토대가 되었다. 이로써 최초기 한국선법의 전래 및 그 성격은 보리달마 선법의 정통인 대의 도신의 법맥이었고, 사상 및 수행법으로는 도신의 교학적인 바탕 및 북종선 계통의 자교오종藉敎悟宗의 전통을 전승하였다.[17]

이후로 일군의 입당유학승들에 의해서 지속적으로 소위 중국의 남종선법이 전승되었다. 이와 같은 모습은 당唐에서 소위 선종오가禪宗五家가 형성되기 직전인 9세기 초반부터 본격적으로 시작된 이래로, 선종오가의 출현과 일치하는 9세기 중반부터 10세기 중반의 나말여초 시대에는 소위 구산선문九山禪門의 형성으로 나타났다. 홍척洪陟-수철秀澈-음광飮光의 실상산문實相山門을 비롯하여 도의道義-염거廉居-체징體澄의 가지산문迦智山門, 범일梵日-개청開淸의 사굴산문闍崛山門, 혜철惠哲-□여□如의 동리산문桐裡山門, 무염無染-승량僧亮의 성주산문聖住山門, 지선智先-양부楊孚의 희양산문曦陽山門, 현욱玄昱-진경眞鏡의 봉림산문鳳林山門, 도윤道允-징효澄曉의 사자산문師子山門, 이엄利嚴-처광處光의 수미산문須彌山門 등이 그것이었다. 이 가운데 중국선의 조동종풍을 계승한

---

17 김호귀, 『인물한국선종사』, 경기도: 한국학술정보, 2010, p.50

수미산문을 제외한 나머지는 모두 국내의 독자적인 선문의 출현이었다.

중국의 선종오가가 형성된 이후에 신라에 전래된 종파불교 가운데 비교적 이른 시기에 전래된 것은 위앙종潙仰宗과 조동종曹洞宗이었다. 그 뒤를 이어 법안종法眼宗, 운문종雲門宗, 임제종臨濟宗의 종풍이 고려 초기에 전래되었다. 조동종 계통의 원류를 처음으로 전래한 경우는 낭공 행적朗空行寂이었다. 그러나 본격적으로는 신라 말기와 고려 초기에 걸쳐 이엄利嚴, 여엄麗嚴, 경유慶猷, 형미逈微, 경보慶補 등을 통하여 전래되었다.[18]

이처럼 법랑으로부터 비롯된 동산법문의 계승과 도의로부터 비롯된 소위 남종의 법문과 이후 종파선의 전래 등은 고려 전반기에는 소위 선종오가가 모두 전래되었다. 이외에도 일군의 집단으로 계승되지 못하고 소멸해 버린 개별적인 선풍 내지 사찰 등이 고려 중기에 이르러서는 조계선법 혹은 조계선풍 등으로 불리기도 하면서 이합집산하면서 고려 말기까지 존속되었다. 이와 같은 선법은 때로는 화엄을 위시한 교학불교와의 성격의 차이 등으로 인하여 상호간에 자파의 주도권 경쟁을 보이기도 하였다. 그 가운데 혜조국사 담진曇眞과 보조 지눌普照知訥로 계승되는 사굴산파 계통과 원응국사 학일學一, 보각국사 일연一然으로 계승되는 가지산파 계통의 선법이 주축을 형성하면서 고려선법의 틀을 형성하고 전개시켜왔다.

고려의 선어록

신라 말기부터 전래되기 시작한 중국의 선법은 고려 초기까지 지속

---

18 대한불교조계종 교육원, 『曹溪宗史-古中世篇-』, 서울: 조계종출판사, 2004, pp.152~160

되었다. 이들 선법의 수입은 거의 자발적으로 이루어졌는데, 고려시대부터는 점차 자생적인 선풍의 전개도 더불어 이루어지면서 그 사상적인 면모를 직접적으로 엿볼 수 있는 선어록도 출현하였다. 특히 본격적인 어록의 명칭은 붙어 있지 않지만 『조당집祖堂集』에 수록되어 있는 요오순지了悟順之의 법어는 순지의 어록이라고 불러도 무방하다. 그러나 우리나라에서 본격적으로 등장하는 선어록은 상당히 늦은 시기인 보조 지눌에 와서야 가능했지만 그 선구는 이미 순지로부터 찾아볼 수가 있다. 순지의 법어를 통하여 당과 오대와 송으로부터 전래된 선법뿐만 아니라 고려시대 선법에서 계승되고 발전된 원상선법과 화엄선법의 면모를 파악할 수가 있다.

고려 중기에는 소위 거사선居士禪으로 대표되는 선법의 등장과 더불어 교양의 수양법으로 수용되어 선법 내부에서의 종파의식은 미미하였다. 그러나 무신정권 이후부터 선법이 크게 발전하면서 고려 후기에는 기존의 오가선법의 바탕과 더불어 송宋과 원元으로부터 새롭게 수입된 운문선법 및 임제선법의 출현으로 말미암아 법맥에 대한 자각이 크게 강조되었다. 이 때문에 해동의 선법이 고려 후기부터는 사상적인 전개보다는 오히려 법맥의 전승에 따라 좌우되는 모습으로 전개되어 갔다. 이 점은 조선시대의 배불정책의 상황에서 한편으로는 법통의 계승이라는 긍정적인 역할로도 작용했지만, 다른 한편으로는 초종월격超宗越格의 종지를 강조하는 개별적인 선법의 특수성을 발휘하지 못하고 그대로 기존의 전통에 매몰되어 오히려 생기발랄했던 선법의 본래 정신이 심히 위축되는 결과로 나타났다.

이러한 가운데 보조 지눌은 『권수정혜결사문勸修定慧結社文』, 『수심결修心訣』, 『진심직설眞心直說』, 『원돈성불론圓頓成佛論』, 『간화결의론看話決疑

論』 등을 통하여 선리의 천착과 선수행법을 통한 교화를 제시하였다. 나아가서 『염불요문念佛要門』, 『계초심학인문誡初心學人文』, 『화엄론절요서華嚴論節要序』, 『법집별행록절요병입사기法集別行錄節要幷入私記』, 기타 여러 가지 발문 등을 통하여 교학적인 전개도 아울러 보여 주었다.

진각 혜심眞覺慧諶은 기존의 여러 가지 선어록에서 공안을 발췌하여 『선문염송禪門拈頌』 30권을 편찬함으로써 공안집의 정수를 출현시켰다. 한편 『조계진각국사어록曹溪眞覺國師語錄』은 상당법어를 중심으로 한 순수선어록의 모습으로는 한국선에서 최초에 해당한다. 더욱이 무자화두의 참구법에 대한 것으로 『구자무불성화간병론狗子無佛性話揀病論』을 저술하였다.

또한 지겸志謙은 『종문원상집宗門圓相集』을 통하여 선문법어 가운데 원상에 대한 것을 집대성하였다. 서룡선로 연공瑞龍禪老連公이 『증도가證道歌』에 대한 주석으로 편찬한 『남명천화상송증도가사실南明泉和尙頌證道歌事實』 3권도 전한다. 백운 경한白雲景閑과 태고 보우太古普愚와 나옹 혜근懶翁惠勤의 어록은 선어록으로서 진각 혜심의 어록과 더불어 고려시대 선어록의 전성기이다. 또한 가송으로서 『나옹화상가송懶翁和尙歌頌』 및 『보제존자삼종가普濟尊者三種歌』가 전한다. 기타 야운野雲의 『자경서自警序』는 주인공에 대한 자각과 경책의 성격을 보여 주고 있다.

한편 진정국사 천책天頙은 선법 우위의 입장에서 『선문보장록禪門寶藏錄』 3권을 저술하여 선과 교학의 관계에 대한 선의 입장을 제시하였고, 또한 선리에 대한 강요서로서 임제종 및 운문종의 교리에 국한된 『선문강요집禪門綱要集』도 전한다. 백운 경한은 기존의 전등사서에 근거하여 불조의 법어를 발췌하여 『백운화상초록불조직지심체요절白雲和尙抄錄佛祖直指心體要節』을 편찬함으로써 선종의 전등의식에 대한 중요성을 일깨워 주었다.

보각 일연은 조동종의 교의에 대한 조동오위曹洞五位의 사상을 집대성한 『중편조동오위重編曹洞五位』를 편찬함으로써 오위의 연원에 대한 기존의 오류를 바로잡고, 그 오해에 대하여 정통오위에 대한 견해를 제시함으로써 선리에 대한 이해를 추구하여 깨침에 대한 바른 안목을 심어 주려고 노력하였다.[19]

조선의 승려문집

태고 보우와 나옹 혜근의 법맥을 중심으로 전개된 조선시대의 선법은 부휴 선수浮休善修와 청허 휴정淸虛休靜을 거치면서 더욱더 임제선법의 틀에 갇혀서 이전의 선종오가 내지 오가를 뛰어넘는 선법을 전개하지 못하였다. 이와 같은 결과는 환성 지안喚醒志安의 『선문오종강요禪門五宗綱要』에서 볼 수 있듯이 오가에 대하여 그 중심이 도그마적인 사상의 인식으로 흘러갔다. 가령 조선시대 후기에 백파 긍선白坡亘璇으로부터 촉발된 임제선법의 교의에 근거하여 나타난 선론의 전개는 그 일례였다.

따라서 선사의 개별적인 어록이 출현하지 못하고 기존의 경론과 저술 및 어록 등에 대한 주석 내지 사기私記가 주류를 형성하였다. 이 때문에 선어록이 지니고 있는 생기발랄하고 역동적인 언어표현 및 문답 등이 거의 사라져 버렸다. 조선시대 선문헌이 지니고 있는 이와 같은 한계를 극복하기 위해서는 기존 선종과 같은 법맥과 문중의 범주를 벗어나서 선사 개인의 어록 및 문집을 통하여 개별적이고 독특한 사상 및 그 실천의 조명이 필요하게 되었다. 이런 분위기에서 순수 어록의 형식은

---

19 김호귀, 『인물한국선종사』, 경기도: 한국학술정보, 2010, pp.138~139

출현하지 못하고 대신 승려 개인의 문집으로 출현하였다.

조선시대 선어록은 그 기본적인 형식에 해당하는 법어 내지 문답 중심보다는 주로 선사의 개인적인 기록물의 모습으로 등장하였다. 이 때문에 함허 기화涵虛己和의 『함허당득통화상어록涵虛堂得通和尙語錄』과 일제강점기 시대에 출현한 『용성선사어록龍城禪師語錄』을 제외하고는 거의 대부분이 어록의 명칭보다는 시문집 내지 주석을 곁들인 사기의 성격을 지니고 있어서 일상의 삶에 대한 기록보다는 선리에 대한 개인의 사유 내지 저술의 형식으로 출현하였다. 따라서 선리에 대한 저술을 비롯하여 승려의 문집 가운데 널리 선문헌의 일군에 속하는 것으로 간주되는 것을 『한국불교전서』의 수록본에서 찾아보면 다음과 같다.[20]

무학 자초無學自超	불조종파지도佛祖宗派之圖
함허 기화涵虛己和	선종영가집과주설의禪宗永嘉集科註說誼, 함허당득통화상어록涵虛堂得通和尙語錄
말계 지은末繼智訔	적멸시중론寂滅示衆論
김시습金時習	십현담요해十玄談要解
벽송 지엄碧松智儼	벽송당야로송碧松堂埜老頌, 훈몽요초訓蒙要鈔, 염송설화절록拈頌說話節錄
허응 보우虛應普雨	허응당집虛應堂集, 나암잡저懶庵雜著
청허 휴정淸虛休靜	선가귀감禪家龜鑑, 심법요초心法要抄, 선교석禪敎釋, 선교결禪敎訣, 청허당집淸虛堂集, 설선의說禪儀, 운수단가사雲水壇謌詞, 삼로행적三老行蹟, 선가금설록禪家金屑錄, 강서마조사가록초江西馬祖四家錄草, 정선사가록精選四家錄, 속진실주집續眞實珠集
부휴 선수浮休善修	부휴당대사집浮休堂大師集
정관 일선靜觀一禪	정관집靜觀集
영허 해일暎虛海日	영허집暎虛集
사명 유정四溟惟政	사명대사집四溟大師集
순명 경헌順命敬軒	제월당대사집霽月堂大師集
청매 인오靑梅印悟	청매집靑梅集

---

20 시문집의 경우에 선법의 내용을 담고 있는 것으로 제한하였다.

기암 법견奇巖法堅	기암집奇巖集
소요 태능逍遙太能	소요당집逍遙堂集
중관 해안中觀海眼	중관대사유고中觀大師遺稿
영월 청학詠月淸學	영월당대사문집詠月堂大師文集
편양 언기鞭羊彦機	편양당집鞭羊堂集
운곡 충휘雲谷沖徽	운곡집雲谷集
백곡 처능白谷處能	대각등계집大覺登階集, 임성당대사생장任性堂大師行狀
침굉 현변枕肱懸辯	침굉집枕肱集
허백 명조虛白明照	허백집虛白集
상봉 정원霜峰淨源	선원제전집도서분과禪源諸詮集都序分科
백암 성총栢庵性聰	백암집栢巖集 치문경훈주緇門經訓註
운봉 대지雲峯大智	운봉선사심성론雲峯禪師心性論
월봉 책헌月峯策憲	월봉집月峯集
월저 도안月渚道安	월저당대사집月渚堂大師集
풍계 명찰楓溪明察	풍계집楓溪集
설암 추붕雪巖秋鵬	선원제전집도서과평禪源諸詮集都序科評
무경 자수無竟子秀	무경집無竟集, 무경실중어록無竟室中語錄, 불조진심선격초佛祖眞心禪格抄
환성 지안喚性志安	선문오종강요禪門五宗綱要, 환성시집喚性詩集
허정 법종虛靜法宗	허정집虛靜集
회암 정혜晦庵定慧	선원집도서과기禪源集都序科記, 법집별행록절요사기해法集別行錄節要私記解
송계 나식松桂羅湜	송계대선사문집松桂大禪師文集
상월 새봉霜月璽封	상월대사집霜月大師集
함월 해원涵月海源	천경집天鏡集
기성 쾌선箕城快善	청택법보은문請擇法報恩文
월파 태율月波兌律	월파집月波集
조관 용담慥冠龍潭	용담집龍潭集
호은 유기好隱有璣	호은집好隱集
설담 자우雪潭自優	설담집雪潭集
야운 시성野雲時聖	야운대선사문집野雲大禪師文集
오암 의민鰲巖毅旻	오암집鰲巖集
용암 체조龍巖體照	용암당유고龍巖堂遺稿
대원 무외大圓無畏	대원집大圓集
추파 홍유秋波泓宥	추파집秋波集

사암 채영獅巖采永	서역중화해동불조원류西域中華海東佛祖源流
벽담 혜심碧潭譓諶	사명당지파근원록四溟堂枝派根源綠
진허 팔관振虛捌關	삼문직지三門直指
연담 유일蓮潭有一	도서과목병입사기都序科目幷入私記, 법집별행록절요과목병입사기法集別行錄節要科目幷入私記, 석전유해釋典類解
괄허 취여括虛取如	괄허집括虛集
충허 지책冲虛旨冊	충허대사유집冲虛大師遺集
몽암 기영夢庵箕穎	몽암대사문집夢庵大師文集
정약용丁若鏞	대동선교고大東禪敎考
백파 긍선白坡亘璇	선문수경禪文手鏡, 수선결사문과석修禪結社文科釋, 무주경책無住警策, 소림통방정안少林通方正眼
설두 유형雪竇有炯	선원소류禪源遡流, 산사약초山史略抄
아암 혜장兒庵惠藏	아암유집兒庵遺集
초의 의순草衣意恂	선문사변만어禪門四辨漫語, 진묵조사유적고震默祖師遺蹟攷
철선 혜즙鐵船惠楫	철선소초鐵船小艸
김대현金大鉉	선학입문禪學入門
범해 각안梵海覺岸	동사열전東師列傳
우담 홍기優曇洪基	선문증정록禪門證正錄
귀암龜巖	선문설두천동원오삼가염송집禪門雪竇天童圓悟三家拈頌集
극암 사성克庵師誠	극암집克庵集
경허 성우鏡虛惺牛	경허집鏡虛集
진하 축원震河竺源	선문재정록禪門再正錄
해붕 전령海鵬展翎	해붕집海鵬集
금명 보정錦溟寶鼎	불조록찬송佛祖綠讚頌, 조계고승전曹溪高僧傳
순계淳溪	순계선사농아가淳溪禪師弄我歌
저자 미상	선교총판문禪敎摠辦門, 참선염불문參禪念佛門, 동국승니록東國僧尼綠, 통록촬요通錄撮要

승려문집의 경우『허응당보우집』을 비롯하여 41명에 의한 것으로 43종에 달한다. 이들 내용은 대부분이 시詩, 명銘, 기記, 잠箴 등을 비롯하여 산문, 서간문, 모연문, 상량문 및 각종 의례와 관련되어 있다.

Ⅳ. 한국불교에 끼친 선어록의 역할과 기능

선어록의 유통

한국선의 전래에서 선어록의 형태로 유입된 구체적인 기록은 불분명하다. 다만『지리산쌍계사기智異山雙溪寺記』에 의하면 신라 말기에 삼법화상三法和尙은 입당구법승이었던 규정圭晶이 당에서 가져온『단경』을 보고서 육조의 정상頂相을 취하려고 했다는 기록이 있다.[21] 그러나 당시에 수많은 입당구법승들이 귀국하였기 때문에 당시에 당에서 널리 유통되고 있던 어록이 수입되었을 것으로 보인다. 그러므로 나말여초에 형성된 구산선문의 개창자들에 의하여 제시된 선법 및 저술을 통하여 다양한 선어록이 유통되었음을 알 수가 있다.

후삼국 및 고려 초기에는 중국 조동종의 선풍을 수입했던 해동사무외대사海東四無畏大士를 비롯하여 20여 명 이상의 조동선자가 활동하였고, 영명 연수永明延壽의 문하에서 사법한 36명이 고려에 법안종의 선풍을 보급하였다. 또한 현눌玄訥과 영조映照 등이 전래한『설봉어록雪峯語錄』은 소위 거사선을 주도했던 사람들에게 널리 수용되어 선법의 안목을 넓혀 주었다. 원응 학일과 혜조 담진 등은 임제종풍을 수입하였고, 고려대장경에는『조당집』을 비롯하여『종경록宗鏡錄』,『선문염송집禪門拈

---

21 『智異山雙溪寺記』에 의하면 신라 말기에 三法和尙은 입당구법승이었던 圭晶이 당에서 가져온『법보단경』을 보고서 法淨 비구니에게 부탁하여 20천금을 빌려 입당하였다. 거기에서 홍주 開元寺에 우거하면서 신라 백률사의 김대비 스님을 만나 상의하였다. 이에 張淨滿이라는 사람을 시켜 육조의 頂相을 가져오게 하였다. 그리하여 삼법화상은 법정 비구니가 주석하던 靈妙寺에 모셨다가 지리산 화개곡에 탑을 세우고 선정에 전념하였다.

頌集』,『남명천화상송증도가사실』 등이 입장되었다.

고려 중기에는 송과 빈번한 문화교류를 통하여 선종오가의 어록이 모두 수입되었다. 고려에서 저술된 『선문보장록』에는 교학보다 선을 우위에 두고, 나아가서 선교 차별을 의도적으로 겨냥한 모습이 드러나 있다. 특히 조사선 위주의 선풍을 강조하면서 교외별전의 종지에 대해 심도 있는 설명을 가하였는데, 진귀조사설과 무설토론 등이 그것이다. 『선문보장록』 3권은 86칙으로 구성되어 있고, 각각의 내용에 대하여 출처의 문헌을 기록해 두고 있는데, 전체 36종의 문헌 가운데 현존하는 것은 15종이다.[22] 기타 일실된 종류까지 감안한다면 중국선종에서 유통되고 있는 문헌이 대부분 전래된 것으로 보인다. 그리고 지겸의 『종문원상집』은 중국에서 유통된 수십 종류의 선어록에서 추출한 원상관련 공안을 집대성한 것이다.

또한 고려 중기 이후부터는 송과 원으로부터 선문헌이 수입됨과 더불어 고려에서 자생적으로 어록이 출현하였다. 보조 지눌을 비롯한 진각 혜심 그리고 태고 보우, 백운 경한, 나옹 혜근 등을 통하여 그들의 어록의 유통되었다. 한편 중국에서 전승된 다양한 전등사서가 유행되었는가 하면, 그것을 재편하여 유통시키는 경우도 있었다. 백운 경한의 『백운화상초록불조직지심체요절(직지심경)』은 『경덕전등록』을 요약하고 발췌한 것이고, 숭묵崇默의 『통록촬요』는 송대 공진共振의 『조원통록祖源通錄』 24권을 요약한 것으로, 남송대 진실眞實이 편찬한 『대장일람大藏一覽』

---

[22] 『禪門寶藏錄』 3권(『韓佛全』 6, pp.469~483)에 인용되어 있는 현존 목록은 (1) 『가태보등록』, (2) 『경덕전등록』, (3) 『달마비문』, (4) 『벽암록』, (5) 『봉암산흥법사진공대사충담탑비』, (6) 『선림승보전』, (7) 『선원제전집도서』, (8) 『송고승전』, (9) 『오등회원』, (10) 『인천안목』, (11) 『전등대주선사문답오칙』, (12) 『전법정종기』, (13) 『종문무고』, (14) 『청평산문수원기』, (15) 『해동무염국사무설토론』 등이다.

제10권을 참고하여 기존의 전등사서에는 보이지 않는 30명 이상의 해동 선자들에 대한 기록을 보완하여 유통시킨 것이다.

조선시대에는 선어록을 수입하는 데 그치지 않고 국내에서 출현한 어록을 비롯하여 기존에 수입된 어록을 판각하여 유통시켰고, 나아가서 주석을 붙여서 개판하기도 하였다. 15세기에는 간경도감에서 언해불서를 출간하면서 『선종영가집언해禪宗永嘉集諺解』2권(1464), 『목우자수심결언해牧牛子修心訣諺解』(1467), 『몽산화상법어약록언해蒙山和尙法語略錄諺解』(1467), 『환산정응선사시몽산법어皖山正凝禪師示蒙山法語』・『동산숭장주송자행각법어東山崇藏主送子行脚法語』・『몽산화상시중蒙山和尙示衆』・『고담화상법어古潭和尙法語』의 4종 법어를 묶은 『사법어언해四法語諺解』(1467) 등이 출간되었고, 간경도감이 폐지된 1471년 이후에도 지속적으로 『영가대사증도가남명천선사계송언해永嘉大師證道歌南明泉禪師繼頌諺解』2권(1482), 『육조법보단경언해六祖法寶壇經諺解』3권(1496), 『십현담요해언해十玄談要解諺解』(1548), 『선가귀감언해禪家龜鑑諺解』2권(1569) 등이 출간되었다.

이와 같은 어록의 유통은 선사상의 수입뿐만 아니라 중국선의 수행문화 및 한국문화의 전승까지 담아냈다. 고려 중기와 후기에 각각 전승된 간화선의 선법은 그 텍스트로서 『몽산법어』와 더불어 몽산 덕이蒙山德異의 선풍과 그 문도들의 고려 입국에 의하여 선수행법의 보급도 이루어졌다. 또한 고려 말기 및 조선 초기에는 다양한 전등사서류가 전승되어 선종의 법계의식이 고양되었는데 벽송 지엄碧松智嚴이 『통록촬요』에 붙인 발문跋文[23] 및 청허 휴정淸虛休靜이 『선가귀감』에 수록한 선종오가

---

23 『通錄撮要』(『韓佛全』7, pp.808c~809a)

의 법계[24] 등은 오늘날까지 고스란히 계승되고 있다. 한편, 조선 후기에는 기존의 어록에 대한 주석의 성격을 지닌 문헌의 전승이 유행되어 수많은 사기류의 출현을 보였는가 하면, 선사 개인의 사상을 시문을 통하여 피력한 문집류의 등장이 유행하였다. 이들 사기와 문집의 문헌들은 중국의 선종사 내지 한국의 선종사에서 이전의 고려시대와도 비교되는 조선시대에 보이는 선문헌의 특징이다.

선어록의 역할

한국불교에서 선어록은 선법의 수입 이후부터 비단 선종에만 영향을 끼친 것이 아니라 한국불교의 전반에 걸쳐서 여러 가지 측면으로 기능해 왔다. 신라 말기 선법의 수입시기에는 불교의 선법이라는 측면뿐만 아니라 당 및 오대의 선진문화의 도입과 인적 왕래를 통한 사상적인 교류가 가능하였다. 특히 장보고가 바닷길을 개척한 이후 활발한 인적 및 물적 교류는 수많은 물자의 교류뿐만 아니라 구법의 입당유학승을 배출함으로써 신라의 불교 나아가서 신라의 정신문화를 크게 고양시켰다.

고려 초기부터는 당 말기 및 오대에 형성된 선종오가의 수입을 통하여 중국 선법의 이해와 선종오가의 개창자들의 어록이 전승되어 승려 이외에 재가인들에게도 관심을 불러일으킴으로써 문인계급을 중심으로 김부식 및 이자현 등 소위 거사선居士禪의 선풍을 보이기도 하였다. 이후 고려 중기에는 송대의 선수행의 문화가 도입되면서 지눌과 혜심 등을 위시한 한국적인 간화선풍의 정착을 가능하게 하였다. 그런 상황에서도 보각 일연은 중국의 조동종풍과 관련된 어록을 유통시킴으로써 민

---

[24] 『禪家龜鑑』(『韓佛全』7, p.644b~c)

족의 정체성을 도모했던 『삼국유사』의 면모를 계승시켰다.[25]

고려 후기에 본격적으로 출현한 다수의 순수 선어록은 입원入元한 선승들의 선사상은 물론이고 선문답에 대한 보편적인 이해의 모습이 잘 드러나 있다. 그러나 그 가운데는 왕실에 대한 빈번한 축원의 모습을 비롯한 호국 및 호법의 정신이 지나치게 가미되어 있어서 어록이 순수한 어록의 기능과 더불어 국가의 수호 및 백성의 안녕을 위한 방편적인 작용으로 흘러갔던 모습도 부정할 수가 없다. 이 때문에 변조 신돈遍照辛旽과 알력의 모습을 보였던 태고 보우의 부분적인 개혁정신은 국가개혁을 위한 것이 아니라 원융부圓融府를 통한 고려 구산문의 통합을 위한 작은 시도에 그친 채 갈등만 유발하고 말았다.[26]

이와 같은 결과는 조선시대 불교정책의 영향을 말미암아 현상유지가 어려운 상황을 맞이하여 자생하지 못하고 겨우 기존의 몇몇 전등사서를 통한 법맥의 강조를 인식함으로써 불법의 계승을 유지하려는 모습이 강하게 등장하였다. 그 결과 청허의 문하에서는 정통법맥의 정립을 위한 노력의 모습이 제기되었고, 그 결과 오늘까지 이르는 법계의식이 자리잡게 되었다.

조선 중기에 등장한 수많은 불서의 간행은 선문헌의 경우도 예외가 아니었다. 언해를 비롯한 다양한 선서의 유통은 강원제도의 형성을 보였을 뿐만 아니라, 그들 문헌에 대한 빈번한 주석은 물론이고 불교의 전반에 걸친 경론에 대한 강독의 유행으로 계승되었다. 이것은 널리 보급

---

25 보각일연의 『重編曹洞五位』는 오위사상의 원류를 계승하려는 것으로서 정통 조동오위의 회복을 도모하고 보급함으로써 오위에 대한 오류를 바로잡는 것을 목표로 하였는데, 이 점은 일연의 전통적인 민족의식의 고양 및 그 회복과 궤를 같이하는 것이었다.

26 허흥식, 『高麗佛敎史硏究』, 서울: 일조각, 1990, p.354

되어 유교의 문인들과 사상적으로 교유하는 승려들을 배출하여 유생들에게 불교 전반에 대한 오해를 다소나마 해소시키고 이해의 폭을 넓혀주는 것이기도 하였다.

선법의 이해와 실천은 불교에서 발원하여 인도와 중국이라는 지역과 그 시대적인 문화를 고스란히 담은 채 우리나라에 들어왔다. 그리고 그것을 답습하고 발전시키면서 새롭게 한국적인 어록의 생성을 보이면서 특정한 지역 내지 국가에 국한되지 않는 보편적인 어록으로 전승된 것은 그것을 수용하고 발전시키며 전개시킬 수 있었던 문화적인 요구가 있었기에 가능하였다. 그 요구는 바로 선종의 출현을 말미암아 그로 인하여 직접적이고 현실적인 선어록의 등장과 더불어 그 어록을 접하는 사람들이 각자의 안목에 의거하여 선별적으로 받아들이고 이해하며 새롭게 창출하고 전승하여 이 땅에 정착시키려는 것이었다.

한국불교와 선어록

한국에 불교의 역사가 시작된 4세기 후반부터 한국의 상황은 여러 측면에서 큰 변모를 초래하였다. 고등종교의 수입과 사상적으로 유교와 도교와 더불어 사유의 체계를 확장하였을 뿐만 아니라, 불교의 문화가 보급되었다. 위정자들이 살생을 금지하는가 하면 인과의 도리를 가르치고 화복을 맞이하는 자세를 권유하게 되었다.[27] 특히 신라에서는 진흥왕대 이후 한역불전이 수입되면서 대승교학에 대한 연구도 이루어졌다. 원광圓光 및 자장慈藏을 비롯하여 수많은 고승들에 의하여 중국 남북의 불교와 교류하면서 경전과 논서들이 수입되었고 여러 학파의 교학을 받

---

27 국사편찬위원회 편, 『신앙과 사상으로 본 불교전통의 흐름』, 서울: 두산동아, 2007, p.27

아들여 점차 독자적인 불교학이 구축되었다.

그러나 8세기 중반부터 전래되기 시작한 선법은 9세기에 들어와서 본격적으로 수입됨으로써 교학불교의 한계를 보완해 주는 역할을 하였다. 나말여초에 형성된 구산선문을 위시한 고려 초기 중국 선종오가의 전승은 화엄, 유가, 천태, 법상을 중심으로 흘러가던 불교학 및 신앙생활에 새로운 불교의 분위기를 불러일으켰다. 고려 중기에 기존의 지배층인 왕실과 문인관료와 연계하고 있던 수도 중심의 불교가 쇠퇴하고 그 대신에 권력으로부터 독립하여 자율적으로 운영하고자 한 지방의 결사불교가 대두되었다. 지눌이 수선결사修禪結社의 운동을 주도한 것은 바로『단경』과『대혜어록』,『신화엄경론』등을 통한 정신적인 자각을 말미암은 것이었다. 그 기본적인 이념은『단경』에 제시된 정定과 혜慧를 함께 닦으라는 것이었다. 지눌에게 있어서 정과 혜는 수행과 깨달음이라는 관계를 초월하여 자리自利의 수행과 이타利他의 중생제도의 관념으로까지 승화되어 이후에 요세了世의 결사운동에도 큰 영향을 끼쳤다.[28]

특히 고려 후기부터는 교학의 쇠퇴와 선법의 발전으로 인하여 선어록의 위상이 보다 높아짐에 따라서 선어록의 가치는 더욱더 보편성을 획득하였다.『대혜어록』으로부터 유행하기 시작한 간화선의 보급은 혜심의 간화일문을 통하여 선의 수행, 나아가서 한국불교의 수행문화에 크게 기여하였다. 고려 후기에는 원元으로부터 재수입된 간화선 위주의 선법과 그에 수반된 법계의 전승 그리고 수많은 송대 및 원대 선어록의 보급으로 인하여 선종이 한국불교의 주류를 형성하게 되었다.

그러나 고려 말기에 불교 밖에서는 신진사대부들이 성리학을 수용하여 새로운 사회의 지도이념으로 삼게 되면서 어록을 비롯한 불서의 가

---

28 최동순,『원묘요세의 백련결사 연구』, 서울: 정우서적, 2014, pp.26~30

르침에 대하여 그것을 관념적이고 초세간적인 가르침으로 치부하였다. 성리학은 처음에는 사회개혁의 정치이념으로 출발하였지만 점차 타락한 불교를 겨냥하여 수행자의 모습을 상실한 승려에 대한 공격, 나아가서 사찰의 재산에 대한 몰수 그리고 불교의 이론을 배척하는 방향으로 나타났다. 그들 폐불론자들의 득세에 따른 불교의 쇠퇴는 끝내 급진파의 승리로 조선왕조가 개창되면서 선법을 비롯한 한국불교 전체의 운명은 암울해지게 되었다.

조선시대에는 어록이 교학의 불서들과 특별히 구별되지 않고 통합불교적인 입장에서 취급되어 버렸다. 이 때문에 어록의 경우에 그 특수한 형식을 상실하고 경전에 대한 개인적인 견해를 피력하는 주석 내지 시문집의 형식에 의거한 저술의 형태로 등장하였다. 이 때문에 어록과 교학의 불서의 경계가 애매모호해지고 말았다. 그 결과 17세기에는 강원의 이력과정의 정립과 수행체계가 삼문수업의 형태로 가시화되었으며, 수행보다는 신앙을 중시하는 방향으로 정착되어 갔다. 이에 선과 교학, 정토 등이 점차 융합되는 경향으로 흘러갔다.[29] 그런 가운데서 특히 사기私記의 유행은 경전 및 어록에 대한 이해와 해석의 측면뿐만 아니라 선사의 개인적인 견해를 표출해 주는 주요한 문학형식으로 자리 잡으면서 크게 유행하였다. 이와 같이 변용된 어록의 전승으로 인해 조선 후기 한국불교는 유교문화 위주의 사회에서도 불교의 고유한 생명을 간직하면서 일반의 백성들과 더불어 호흡할 수가 있었다.

---

29 김용태, 『조선후기불교사연구』, 서울: 신구문화사, 2010, pp.232~234

불립문자와 기록의 아이러니

일반적으로 선의 종지에 대하여 불립문자不立文字 교외별전教外別傳 직지인심直指人心 견성성불見性成佛이라는 말로 표현한다. 이 말은 송대에 정형화된 구절로서 선의 상징과 속성과 성격을 가장 잘 표현한 언구 가운데 하나로 통한다. 이 사구에 드러나 있듯이 선의 본질은 언설로써는 제대로 표현할 수가 없다는 의미이다. 곧 선의 경우에 자신의 체험을 통한 이해, 나아가서 깨달음이 강조되고 있는 까닭이 여기에 있다. 이 때문에 선의 경지는 언어도단言語道斷이고 심행처멸心行處滅이라고 말하기도 한다. 결국 이 표현마저도 언설의 흔적을 수반하고 있기 때문에 선에 대하여 딱히 뭐라고 언급할 수는 없다.

그럼에도 불구하고 선이 지니고 있는 상징적인 속성과 의미를 드러내기 위하여 다양한 표현을 강구해 왔다. 이 경우에 선은 좌선의 수행을 통한 선자의 깨달음을 의미하는데 일찍이 석가모니의 경우에는 그것을 정법안장正法眼藏이라고 말해 왔다. 정법안장은 석가모니가 깨달은 내용의 핵심으로서 깨달음 그 자체를 가리키는 말이다. 석가모니는 바로 이 정법안장을 마하가섭摩訶迦葉에게 이심전심以心傳心의 방식으로 전승하였고, 이후 인도의 역대 조사 및 달마를 거쳐 중국의 조사로 계승되었다는 것이 선종의 전등설이다. 이 경우에 정법안장은 언설이 아닌 심법으로 전승되어왔다는 특징이 있다.

그러나 그 심법마저도 결국에는 언설을 통한 사유를 말미암지 않을 수가 없기 때문에 궁극적으로는 언어도단의 경지를 언설에 의지하여 사유해야 한다는 역설적인 상황이 발생한다. 이와 같은 아이러니 때문에 선종에서는 불립문자를 강조하면서도 역설적으로 여타의 종파 못지않게 많은 문헌을 필요로 하였다. 그 문헌은 어디까지나 선자의 이해와 체험이 바탕이 되어 제자에게로 전승되어 온 까닭에 스승과 제자 사이에 일상에서 발생한 사건을 중심으로 전개되었다.

그 결과 스승과 제자의 일상적인 생활과 그 문답이 기록으로 남게 되었다. 이처럼 선어록은 일상의 기록이기 때문에 특별히 기획되거나 의도된 것이 아니라 사실 그대로의 성격이 강하다. 또한 스승과 제자의 생활과 문답에 대하여 제삼자가 기록한 것이기 때문에 기록한 사람의 안목이 또한 중요하다. 이렇게 출현한 선어록은 조사선의 발전과 더불어 가능하였다. 조사선에서는 반드시 스승과 제자가 도제교육의 방식으로 전개되는 면수面授였을 뿐만 아니라 스승의 마음이 제자의 마음에 전승되는 이심전심의 행위를 통하여 석가모니의 정법안장이 스승과 제자에게로 이법인법以法印法의 방식으로 계승되었기 때문이다. 이 경우에 정법안장을 수수하는 사자상승師資相承이 가능하기 위해서는 스승과 제자가 모두 석가모니의 정법을 감당할 수가 있어야 하기 때문에 이들 정법안장을 전승하는 스승의 권위가 어느 시대보다도 높았다. 이처럼 정법안장을 수수하는 이상적인 인물로 소위 조사祖師를 내세웠다. 따라서 조사선에서 스승의 행동과 말씀이 석가모니에 비견될 정도로 높은 권위가 부여되자, 그 스승의 행동과 말씀은 그대로 제자들의 전범이 되었는데, 그에 대한 기록이 소위 어록의 형태로 전개되었다.

이에 조사선풍이 크게 전개되었던 중국의 중당 시대부터는 이와 같은 조사들의 말씀이 언설로 기록되면서 불교의 성전과 동일한 가치와 의의를 부여받았다. 이 때문에 각 문중에서는 조사의 말씀을 편찬하여 간행함으로써 그 가르침을 보급시키고 전승하며 현창하고 문중의 세력을 과시하는 수단으로 활용하였다. 따라서 대부분의 문중에서는 조사의 어록을 금과옥조처럼 간주하여 스스로 권위를 부여하여 화려한 책자로 만들어 보관함으로써 시대가 흐를수록 수많은 어록집이 적집되고 간행되었다. 이러한 어록은 점차 언어문자에 얽매이는 경향으로 흘러가면서 때로는 문자선文字禪의 폐해에 빠지는가 하면, 한편으로는 공안집의 형식을 출현시킴으로써 새로운 선수행법인 공안선公案禪의 출현으로 전개되기도 하였다.[30]

당대부터 등장하기 시작한 선어록은 신라 말기부터 선법의 한국 전래와 함께 수입됨으로써 선법의 정착은 물론이고 선문의 형성에도 일조하였다. 고려 초기까지는 한국선의 전개에서 일방적으로 수입된 어록에 의지하였지만, 고려 중기부터는 한국선에서도 자생적으로 어록이 출현하게 됨으로써 한국적인 선법의 발전을 도모할 수가 있었다. 9세기 말 위앙종풍으로부터 전승되기 시작한 중국의 선종오가는 이후로 고려 중기까지 조동종, 법안종, 운문종, 임제종 등이 모두 전래되면서 당대, 오대 및 송대의 어록이 거의 대부분 수용되었다.[31] 이들 어록을 통하여 당대부터 스승과 제자의 선문답을 중심으로 전개된 조사선풍은 송대에 들어서는 점차 어록으로부터 추출된 공안을 중심으로 문자선이 유행하게 되었다. 특히 북송시대부터 점차 출현하기 시작한 공안집의 유행은 고려시대에 이와 같은 선풍을 크게 진작시켰다.[32]

---

30 대혜 종고는 당시에 팽배해져가던 문자선의 폐해를 비판하면서 스승인 원오 극근이 편찬했던 『벽암집』 6권을 불살라 버렸다. 그러나 대혜 자신도 이후에는 결국 또 다른 공안집에 해당하는 『정법안장』 6권을 저술하여 공안선의 현창에 기여하였다.
31 조명제, 「고려중기 거사선의 사상적 경향과 간화선 수용의 기반」, 『역사와 경계』 44, 부산경남사학회, 2002, pp.11~25 참조.
32 북송시대의 공안집에 해당하는 『景德傳燈錄』을 비롯하여 『投子頌古』, 『丹霞子淳

그 가운데 지눌에 의하여 교학과 더불어 보편화가 수반되었던 선사상은 대혜의 어록을 통하여 간화선看話禪의 수행법이 소개되었고, 이후에 진각 혜심에 이르러 본격적으로 전개되면서 무자화두無字話頭를 참구하는 방식이 더욱 세련되게 개발되어 간화일문看話一門에 의한 한국적인 간화선법의 토대가 구축되었다.[33] 그러나 고려시대 선법은 간화선뿐만 아니라 문자선의 유행이 활발하였다. 문자선은 어록이 중심이 되어 재편된 공안집을 중심으로 삼아 선자가 자신의 수행방편뿐만 아니라 제자의 교화수단으로 활용하기 위하여 주어진 공안에 의지하고 거기에다 자신의 견해를 피력하여 수시垂示, 평창評唱, 송頌, 착어著語 등으로 비평을 가하여 새롭게 주석을 가함으로써 선문답을 염롱하는 방식이었다.[34] 그 결과 중국선의 경우에 초기에 불립문자를 표방하면서 출발했

頌古』,『雪竇頌古』,『宗門撫英集』,『宗門統要集』,『汾陽頌古』,『先賢一百則』,『大別一百則』,『頌古大別三百則』 등은 이후에 편찬된 『禪門拈頌集』,『宗門圓相輯』,『重編曹洞五位』,『禪門寶藏錄』 등에 널리 인용된 문헌들이다.

33 당대 이후 오대 및 송대를 거치면서 중국의 조사선은 어록의 출현을 계기로 수많은 공안집이 유행하였다. 이와 같은 공안을 중심으로 전개된 公案禪은 다시 文字禪과 看話禪으로 분류된다. 문자선은 공안에 대하여 擧, 徵, 拈, 代, 別 등의 형식을 통하여 선자가 비평을 가함으로써 공안을 재해석하고 선리를 천양하며 제자들을 접화하는 수단으로 활용하는 선풍을 말한다. 이에 비하여 간화선은 특수한 공안을 선별하여 거기에 마음을 집중함으로써 공안을 의심하고 끝내 타파함으로써 깨달음에 도달하려는 선풍으로서 話頭禪이라고도 한다. 이런 점에서 공안선의 시작은 당대부터 전승되었지만 그것이 문자선으로 전개된 것은 당말, 오대 및 송대에 크게 유행함으로써 頌古 및 拈古 등의 형식으로 공안이 염롱되었고, 이후에 간화선으로 전개된 것은 송대 중기에 특정한 공안 곧 화두에 대하여 그것을 의단으로 삼아서 모든 의식을 집중함으로써 깨달음의 수단으로 활용된 경우였다. 고려 중기에 지눌에 의하여 수입된 간화선은 이후 혜심에 의하여 크게 보완되고 발전됨으로써 후대까지 전승될 수 있었다.

34 垂示는 公案 곧 本則에 대한 전체적인 대의이고, 評唱은 공안에 대한 구체적이고 자세한 배경설명이며, 頌은 공안의 내용을 운문의 형식으로 드러낸 것이고, 著語

음에도 불구하고 수많은 언설을 의지할 수밖에 없었던 조사선의 전통은 불리문자不離文字이고, 나아가서 반드시 문자에 의지하지 않으면 안 되는 수의문자隨依文字라는 문자선 내지 간화선의 전통으로 전개되지 않을 수 없게 되었다.

그러나 여전히 선과 언어문자는 서로 불가즉不可卽 및 불가리不可離의 관계로서 양립할 수밖에 없다. 이런 까닭에 일찍이 달마는 선과 언설의 관계에 대하여 자교오종藉敎悟宗이라는 말로 표현하였다. 이것은 선의 종지야말로 반드시 경전에 의거하지 않으면 안 된다는 것이었다. 이것이 후대에 선종의 내부에서 수행과 깨침과 교화에 대하여 다양하고 세련된 모습으로 수많은 기관機關이 계발되어 활용되었던 것은 부득이하게도 불완전하나마 문자의 기록물인 어록에 의지하여 전승되는 까닭이었고 결과였다.

이와 같이 어록에 의지한 선풍은 간화선의 전통과 함께 조선시대에 수행방식으로 전개되면서도 기실 문자선의 폐풍으로 흘러가지 않을 수 없었다. 이 때문에 선문답이 지니고 있는 생기발랄한 법거량의 현창이 지속적으로 활발하게 계승되지 못하고 어록이라는 문자의 기록에 바탕한 공안에 대하여 선자 개인의 견해를 통해서 비평하는 전통으로 굳어져 버렸다. 이런 까닭에 일상의 생활에서 스승과 제자 사이에 이루어진 문답형식으로부터 출발했던 선어록은 선종의 전개와 더불어 정형화된 공안의 기록을 중심으로 전승되었다. 특히 한국선의 경우에는 중국의 어록이 거의 그대로 전승되었지만 조선시대에는 점차 사기 및 문집의 모습으로 흘러가면서 선리 및 선론에 대한 천착으로 정착되어 갔다. 어록

는 동안의 구절에 붙이 짤막한 주석이다.

| 참고문헌 |

고영섭, 『한국불교사 연구』, 경기도: 한국학술정보, 2012.
김호귀, 『인물 한국선종사』, 경기도: 한국학술정보, 2010.
김호귀, 『선의 어록』, 서울: 민족사, 2014.
원공, 『중국 인물선종사』, 서울: 토방, 2010.
인순 지음, 정유진 역, 『중국선종사』, 서울: 운주사, 2012.
정영식, 『간추린 한국선사상사』, 서울: 운주사, 2014.
조명제, 『선문염송집 연구』, 서울: 경진출판, 2010.
한보광, 『일본선의 역사』, 경기도: 여래장, 2001.
柳田聖山, 『語錄の歷史-禪文獻の成立史的硏究-』, 『東方學報』57 拔刷, 京都: 1985.

문화와 의례

갈마 羯磨

• 이자랑

I. 갈마와 화합승의 실현

　갈마란 무엇인가/ 현전現前승가와 사방四方승가/ 갈마의 형식과 종류/ 갈마, 화합의 상징

II. 중국과 일본의 수계갈마

　수계갈마의 정비/ 광률廣律의 번역과 혼란/ 도선과 『사분율』/ 감진鑑眞의 도래와 국립 3계단

III. 한국전통불교의 수계갈마

　백제의 갈마 실행/ 자장의 교단 정비/ 관단수계의 제도화/ 조선시대의 수계갈마

IV. 한국 근현대기의 혼란과 단일계단의 정비

　대은 낭오와 만하 승림의 계맥/ 여법如法갈마와 중수계의 수지/ 자운율사와 단일계단의 정비

■ 갈마의 오랜 침체와 새로운 부흥

I. 갈마와 화합승의 실현

갈마란 무엇인가

갈마羯磨란 산스끄리뜨어 까르마(⑤karman, ⓟkamma)의 음사어이다. 까르마는 '하다, 만들다, 실행하다' 등을 의미하는 끄리(√kr)라는 동사 어근에서 파생한 명사로 업·행위·실행·도덕적 의무 등의 뜻을 지니며, '업業·소작所作·작법作法·변사辨事' 등으로 한역된다. 까르마는 행위의 결과로 남게 되는 잠재적인 힘을 나타내는 '업'을 의미하는 말로 널리 알려져 있지만, 계율 용어로 사용될 때는 갈마라 음사되어 승가에서 의사 결정을 위해 실행하는 회의 내지 그 회의법을 가리킨다. 흔히 산중회의나 산중공사 혹은 대중공사를 통해 승가의 구성원들이 소임자를 만장일치로 선출하였다는 말을 듣게 되는데, 이 산중공사 등이 바로 갈마에 기원을 둔 승가 고유의 회의 형식이라고 할 수 있다.

갈마는 또한 승가에서 실행하는 각종 의식을 가리키기도 한다. 예를 들어 비구·비구니는 구족계具足戒의식을 거쳐 탄생하게 되는데, 이 의식은 구족계갈마 혹은 수계갈마라 불린다. 보름마다 한자리에 모여 자타自他의 범계犯戒 행위를 확인하며 승가의 청정을 다지는 포살布薩(uposatha)이나, 안거安居 마지막 날에 구성원이 모여 안거 기간 동안의 범계 여부를 확인하는 자자自恣(pavāraṇā)의식 역시 포살갈마나 자자갈마라 불린다. 이는 이들 의식 역시 율장에서 규정하는 갈마의 형식과 절차를 밟아 실행되기 때문이다. 요컨대 갈마란 승가의 일상적인 행사를 비롯하여 의사 결정을 위해 실행하는 모든 회의를 폭넓게 가리키는 말이라고 할 수 있다.

율장에 의하면, 승가에서 발생하는 크고 작은 모든 일은 반드시 갈마를 통해 구성원의 의견을 반영한 후 결정을 내려야 한다. 새로운 출가자를 받아들일 때도, 범계자의 범죄 여부와 징벌 수위를 결정할 때도, 소임자를 선출할 때도, 구성원들 간에 발생한 다툼을 조정할 때도 예외 없이 반드시 갈마를 거쳐야 한다. 사안에 따라 갈마의 형식은 달라지지만, 구성원들에게 안건을 알리고 동의를 구하는 절차를 거쳐 결정을 내린 후, 그 결정에 따라 승가를 운영한다는 원칙은 반드시 지켜야 한다. 갈마를 통해 승가의 구성원들은 승가에서 발생하는 모든 일에 대해 정보를 공유하게 되며, 나아가 승가가 내린 결정에 부합하는 행동을 함으로써 승가의 화합을 깨뜨리는 일을 삼가게 된다.

현전現前승가와 사방四方승가

갈마의 2대 원칙은 승가 구성원의 '전원출석'과 '만장일치'이다. 즉, 승가의 구성원이 한 명도 빠짐없이 한자리에 모인 후, 단 한 명의 이의 제기 없이 결론을 내려야 한다. 이를 위해서는 먼저 승가의 명확한 범위 설정이 필요하다. 불佛·법法·승僧 삼보 가운데 하나로 거론되는 승보僧寶는 불교출가자 전체를 포함하는 공동체를 가리키는 말로, 만약 갈마를 실행해야 할 승가를 이런 포괄적인 의미에서 사용한다면 전원출석과 만장일치의 원칙은 실현 불가능하다. 따라서 율장에서는 현전승가現前僧伽(sammukhībhūta-saṃgha)라고 하여 범위나 인원수를 한정한 개별적 단위의 승가 개념을 중심으로 조문을 제정하고 있다. 현전승가란 '지금 여기 눈앞에 존재하는 승가'라는 의미이다. 4명 이상의 비구라면 구성 가능하다. 즉, 4명 이상의 비구가 동서남북으로 표식을 정하여 결계結界를 하고, 그 내부를 하나의 단위로 삼아 함께 생활할 때 하나의 현전승가가 성립하게 된다. 율장에 규정된 모든 조문은 바로 이 현전승가를 단위로 기능한다. 명확한 범위를 설정하고 그 안에 포함되는 구성원을 확정함으로써 전원출석과 만장일치라는 원칙의 실천 여부를 구체적으로 확인할 수 있기 때문이다.

4인 이하의 비구(혹은 비구니)로 구성된 현전승가는 별중別衆(gaṇa)이라 하여 승가로 보지 않는다. 한편, 4인 이상일 경우에도 인원수에 따라 실행 가능한 갈마에 차이가 있다. 4인 승가의 경우에는 구족계·자자·복귀復歸를 내용으로 하는 갈마를 제외한 모든 갈마가 가능하고, 5인 승가의 경우에는 중심 지역에서의 구족계갈마와 복귀갈마를 제외한 나머지 모든 갈마가 가능하다. 구족계갈마에는 3사師 7증證이라 하여 반드시 10명 혹은 그 이상의 비구가 출석하여야 하므로, 4인 승가는 이 갈마를 할 수 없다. 하지만 10명을 모으기 힘든 변방지역에서는 지율자持律者를 포함한다면 5명(3사 2증)으로도 구족계를 주는 것이 가능하기 때문에 5인 승가의 경우에는 '중심 지역에서의 구족계갈마'만 불가능한 것이다.[1] 안거 마지막 날 실행하는 자자도 5명 이상이 필요하다. 한편, 복귀란 중죄에 해당하는 승잔죄僧殘罪를 저지른 자가 별주別住라 불리는 일정한 참회 기간을 보내고 다시 승가의 일원으로 복귀하는 것을 승가가 갈마를 통해 인정해 주는 것을 말하는데, 20명 이상의 승려가 필요하다. 따라서 4인·5인·10인 승가 모두 복귀갈마의 실행은 불가능하며, 10인 승가의 경우에는 복귀갈마를 제외한 모든 갈마가 가능하다. 결국 모든 갈마를

---

1 Vinaya-piṭakaṃ(이하 Vin으로 표기), vol.1, PTS, p.197

다 실행할 수 있는 것은 20명 혹은 20명 이상의 승가이다. 각 현전승가는 정신적인 면이나 물질적인 면에서 각각 독립된 공동체로 운영된다. 정신적인 면이란 갈마를 통해 구성원이 만장일치로 결론을 내고 그 결과에 따라 운영하는 것을 말하며, 물질적인 면이란 보시받은 음식이나 물건 등을 내부의 구성원이 평등하게 분배받는 것을 말한다.

한편, 사방승가四方僧伽(cātuddisa-saṃgha)란 시간과 공간에 구애받지 않는 승가를 말한다. 삼보 가운데 하나인 승보는 사방승가의 개념에 해당한다고 볼 수 있다. 과거에도 존재하였고 현재에도 존재하며 미래에도 존재할 모든 승가를 포괄하는, 말하자면 다수의 현전승가가 사방승가라는 개념으로 표현된다. 현전승가와 사방승가는 의식주와 같은 물질적인 문제를 고려하면 이해하기 쉽다. 승가에 물질적인 무언가가 보시되었을 때 그것이 옷이나 음식물 등과 같이 나눌 수 있는 것이라면 공평하게 나누어 현전승가의 구성원에게 분배한다. 하지만 승원이나 토지와 같은 부동산 내지 솥이나 낫과 같은 물건들은 나눌 수가 없다. 이러한 불가분물은 사방승가에 귀속되어 소속 현전승가와 무관하게 모든 불교수행자가 필요에 따라 공동으로 사용하게 된다. 즉, 한정된 현전승가에 비해 사방승가는 시간이나 공간에 구애받지 않는, 이른바 모든 불교승가를 포괄하는 개념이다. 현전승가 단위로 화합이 실현되면, 그것이 곧 사방승가의 화합이 된다고 보는 것이다.

갈마의 형식과 종류

갈마는 백白(ñatti)을 거쳐 갈마설羯磨說(kammavācā)을 하는 방법으로 진행된다. 백이란 회의의 주제 혹은 안건을 말한다. 예를 들어 구족계갈마의 경우 갈마의 사회자에 해당하는 갈마사가 그 자리에 모인 승가의 구성원을 향해 "아무개에게 구족계를 주고자 합니다."라고 회의의 안건을 고지告知하는 것을 말한다. 한편, 갈마설이란 고지된 백에 대해 구성원의 의견을 묻는 것이다. 찬성하는 자는 침묵하고, 반대하는 자는 발언하는 형식이다. 백과 갈마설의 진행 방식에 따라 갈마는 구청갈마求聽羯磨·백갈마白羯磨·백이갈마白二羯磨·백사갈마白四羯磨의 4종으로 분류된다. 이 중 구청갈마와 백갈마는 갈마설 없이 백만으로 이루어진다. 다시 말해 안건만을 고지할 뿐 구성원들의 찬반 여부를 묻는 단계는 거치지 않는다. 구청갈마는 승가로부터 허락 내지 승인을 받는 갈마로 사미를 받아들일 경우에 사용한다. 사미는 승가의 정식 구성원이 아니기 때문에 은사에 해당하는 화상和尙의 허락만 있으면 출가가 가능하다. 사미 희망자를 출가시킨 화상은 그 사실을 구성원에게 알리면 된다. 이는 찬반 여부를 물어 결론을 내려는 것이 아닌, 구성원의 허락을 받기 위한 형식적인 절차일 뿐이다. 이에 비해 백갈마는 집회의 통지나 포살당의 고지처럼 구성원들이 이미 숙지하고 있는 것을 확인 차 알릴 경우에 사용한다. 구청갈마나 백갈마는 의사 결정을 필요로 하지 않기 때문에 갈마라고 보기에는 약간 부족한 면이 있다.

한편, 백이갈마와 백사갈마는 백과 갈마설을 거쳐 이루어지는데, 갈마설의 횟수가 한 번일 경우에는 백이갈마, 세 번일 경우에는 백사갈마라고 한다. 즉, 백이갈마는 안건을 고지한 후 찬반 여부를 한 번 확인하지만, 백사갈마는 안건 고지 후 찬반 여부를 세 번에 걸쳐 확인한다. 찬반 여부를 여러 번 확인한다는 것은 그만큼 사안이 중대하다는 것을 의미한다. 구족계나 포살, 범계 비구에 대한 징계 여부 내지 징벌 내용의 결정 등은 모두 백사갈마를 통해 이루어진다. 한편, 백이갈마는 결계結界나 소임자의 선정 등과 같이 비교적 가벼운 사안을 결정할 때 사용한다.

갈마, 화합의 상징

율장에서는 승가를 화합승和合僧(samagga-saṃgha)이라고 정의한다.² 승가는 화합을 실현하는 공동체라는 의미이다. 따라서 화합은 승가 운영의 핵심 이념이 된다. 그렇다면 화합을 실현하는 방법은 무엇일까? 『사분율』에서는 화합을 다음과 같이 정의한다.

> 화합이란 동일갈마同一羯磨·동일설계同一說戒이다. 승이란 4명의 비구, 혹은 5명, 혹은 10명 내지 무수이다.³

이 정의를 통해 알 수 있듯이, 화합이란 4명이나 5명, 10명 혹은 그 이상의 비구들로 구성된 현전승가를 단위로 내부 구성원들이 함께 갈마하고 함께 설계(포살)하는 것을 말한다. 그렇다면 회의나 의식을 의미하는 갈마가 화합을 실현하는 방법으로 기술되는 이유는 무엇일까? 이는 앞서 언급한 갈마의 2대 원칙, 즉 전원출석과 만장일치 때문이다.

전원출석이란 말 그대로 동일한 현전승가에 속한 비구들이 한자리에 모두 모이는 것을 말하는데, 율장에서는 이를 '승가현전僧伽現前'이라고 표현한다.⁴ 갈마를 실행하는 주체인 승가가 눈앞에 성립하고 있다는 의미로 다음 세 가지 조건을 갖추어야 한다. 첫째, 갈마에 참석해야 할 비

---

2 Vin, vol.3, PTS, p.172
3 『사분율』 권5(『大正藏』 22, 595a)
4 Vin, vol.1, PTS, p.93

구들이 전원 출석해야 한다. 갈마에 참석해야 할 비구들이란 동일한 경계 안에 속한, 즉 동일한 현전승가의 비구 전원을 말한다. 둘째, 여욕與欲해야 할 자는 여욕해야 한다. 여욕이란 위임을 말한다. 병이나 급한 용무 등으로 부득이하게 갈마에 참석할 수 없는 자는 회의에서 어떤 결정이 나든 나중에 절대로 이의를 제기하지 않겠다는 뜻을 다른 비구를 통하여 승가에 알려야 한다. 셋째, 갈마에 출석한 자들 가운데 비난받는 비구가 없어야 한다. 범계한 후 아직 승가로부터 복귀 결정을 받지 못한 자는 갈마에 출석할 자격이 없음을 보여 준다. 이 세 가지 조건 가운데 하나라도 지켜지지 않는다면, 그 갈마에서 내려진 결정은 효력을 갖지 못한다.

또한 갈마의 결론은 만장일치가 기본이다. 교리나 계율에 대한 해석의 차이를 원인으로 발생한 쟁사의 경우 다수결이 적용되는 경우도 있지만,[5] 대다수의 갈마는 반드시 만장일치로 마무리 지어야 한다. 만약 구성원들 간에 의견이 첨예하게 대립하여 좀처럼 만장일치로 끝내지 못할 경우에는 주변에 있는 다른 현전승가에 판단을 일임하며 그들이 다시 만장일치를 시도하게 된다.

이처럼 갈마는 누군가 한 사람 혹은 일부의 독단적인 판단이 아닌, 동일한 경계 안에 속한 구성원 모두의 출석과 그들 전원의 동의 속에 사안을 결정하고, 이 결정에 따라 승가를 운영한다는 원칙으로 운용된다. 승가 운영과 관련된 모든 사안을 구성원들이 함께 의논하고 결론을 내림으로써, 훗날 의견 수렴 과정이나 결론에 대한 불만으로 인해 발생할

---

[5] 승가의 다수결 방법인 多人語에 관해서는 이자랑, 「『멸쟁건도』의 다수결 원칙(yebhuyyasikā)을 통해 본 승가 분쟁 해결의 이념」, 『선문화연구』 12, 한국불교선리연구원, 2012, pp.1~41을 참조.

수도 있는 불화의 씨앗을 가능한 한 미연에 차단한다는 점에서 화합의 상징이 되는 것이다.

II. 중국과 일본의 수계갈마

수계갈마의 정비

불교 전래 후 중국의 불교도가 갈마의 내용이나 그 중요성을 어느 정도 인식하였고, 또 실천했는가는 자료의 부족으로 명확하게 확인하기 어렵다. 하지만 인도나 서역에서 온 승려들을 통해 율에 대한 지식을 접하고 나아가 계율 관련 문헌이 번역되면서 중국불교계도 교단의 정비를 위해 갈마에 관심을 갖고 실천하고자 애썼던 것으로 보인다. 자연스러운 일이지만, 이들이 가장 먼저 관심을 가졌던 갈마는 새로운 비구·비구니를 배출하는 수계갈마이다. 『고승전』 등에 의하면, 3세기 중반에 담가가라曇柯迦羅(혹은 曇摩迦羅, Dharmakāla)라는 중천축국 출신의 승려가 『승기계본僧祇戒本』을 역출하고 수계식을 거행함으로써 중국에서도 구족계갈마가 이루어지기 시작했다고 한다. 이전에도 영제靈帝의 건녕建寧 1년(168)에 북천축으로부터 지법령支法領·지겸支謙·축법호竺法護·축도생竺道生·지루가참支婁迦讖 등 다섯 명의 승려가 한나라로 들어와 3사 2증의 형태로 비구계를 수계하였다는 기록이 있지만,[6] 이때는 구족계의 내용을 담고 있는 계본이나, 나아가 갈마 실행에 관한 정확한 정보를 줄 수 있는 갈마본이 아직 전해지지 않았던 것으로 보이므로, 약소한 형식의

---

6 『資行鈔』(『大正藏』 62, 534b); 『戒律傳來記』(『大正藏』 74, 2a)

수계식이 아니었을까 추정된다.

『고승전』에 의하면, 위魏의 가평연간(249~253)에 낙양에 온 담가가라는 삭발한 외형이 승려일 뿐 귀계歸戒도 받지 않고 승려가 되어 위의威儀를 상실한 자들로 가득 찬 낙양 불교계의 모습을 보며 한탄한다. 그리하여 『승기계본』을 역출하고 인도 승려를 초청하여 갈마법羯磨法을 세워 계를 받게 하였다.[7] 계본이란 '바라제목차波羅提木叉(prātimokṣa)', 즉 구족계를 모아 놓은 조문집을 일컫는다. 부파마다 내용이나 조문 수에는 약간의 차이가 있지만, 대략 비구 250 · 비구니 350계 정도로 구성된다. 이 사건 이후 얼마 지나지 않은 위魏의 정원正元연간(254~256)에 안식국의 담제曇諦라는 승려가 낙양에 와서 수계갈마의 구체적인 실행 지침을 담고 있는 『담무덕갈마曇無德羯磨』를 번역한다.[8] 이렇게 해서 중국불교계는 3세기 중반에 수계갈마의 실행을 위해 필수불가결한 두 가지 기본 문헌을 갖추게 되었다.

이 기록을 받아들인다면, 중국에서는 불교 전래 후 상당한 시간이 흐른 후에야 수계갈마가 실행될 수 있는 기초가 마련된 것으로 보인다. 이후의 구체적인 상황은 자료의 부족으로 알기 어렵지만, 두 문헌의 역출 후 주사행朱士行(203~282?)을 시작으로[9] 율장에 근거한 구족계 의식이 일부 사람들을 중심으로 실행되어 간 것으로 보인다.

한편, 비구니의 경우에는 이보다 늦은 4세기 중반에 이르러서야 비구니갈마문과 계본이 도입됨으로써 수계갈마가 실행된다. 『비구니전』

---

7 『고승전』 권1(『大正藏』 50, 324c~325a)
8 『고승전』 권1(『大正藏』 50, 325a)
9 담가가라와 담제의 역출을 계기로 비구 갈마법이 세워져 東土立壇이 시작되고, 주사행이 처음으로 중국에서 구족계를 받았다고 한다. 『대송승사략』(『大正藏』 54, 238b)

에 의하면, 진의 건흥연중建興年中(313~316)에 사문 법시法始의 법을 듣고 불문에 들어간 정검淨撿(292~361)이라는 여승은 훗날 비구와 비구니가 지켜야 할 계율 사이에 큰 차이가 있음을 알게 된다. 그녀는 비구니 수계를 원하였지만, 당시에는 아직 비구니갈마문과 계본이 없었던 때문인지 화상인 지산은 그녀에게 10계를 준다.[10] 하지만 정검은 구족계 수계에 대한 열망을 간직하다 진의 함강咸康연간(335~342)에 사문 승건僧建이 월지국月支國에서 승기니갈마僧祇尼羯磨와 계본戒本을 가져오자, 배를 띄우고 그 위에서 비구들로부터 구족계를 받는다.[11] 『비구니전』에서는 이 정검을 중국인 최초의 비구니라고 전한다.[12] 하지만 이때 정검은 비구 승가로부터 구족계를 받고 있기 때문에 완벽한 비구니 구족계 수계는 아니었다. 율장에 의하면, 비구니는 비구와 비구니 양 승가로부터 구족계를 받는 이부승二部僧 수계를 거쳐야 한다.[13] 이부승 수계는 5세기 초에 이루어진 광률廣律의 번역을 계기로 실현된다.

광률廣律의 번역과 혼란

4세기 중·후반에는 여러 종류의 비구·비구니계본이 유통된다. 이는 좀 더 완벽한 계본을 입수하기 위한 노력에 따른 결과로, 이로 보아 당시 중국의 불교도들은 구족계나 수계갈마에 대해 매우 깊은 관심을 갖

---

10 『비구니전』(『大正藏』 50, 934c)
11 『비구니전』(『大正藏』 50, 934c)
12 『대송승사략』에 의하면, 한나라 명제(58~75년 재위) 때에 阿潘은 二衆이 아닌 삼귀의로 출가를 허락받고 니승이 되었다고 한다.(『大正藏』 54, 238c)
13 Vin, vol.2, PTS, p.255; 『사분율』 권48(『大正藏』 22, 923b); 『오분율』 권7(『大正藏』 22, 46a) 등.

고 있었음을 알 수 있다. 이러한 관심의 배경에는 사찰이나 승니僧尼의 급증이 있다. 『석가방지釋迦方志』에 의하면, 서진西晉(265~316)시대에는 이경二京을 합해서 절이 180군데, 승니는 3,700명이 있었는데, 동진東晉 (317~420)시대가 되면 절이 1,768군데, 승니는 24,000명에 이르렀다고 한다.[14] 승니가 급증함에 따라 이들을 관리하는 제도가 필요해졌을 것이며, 수계갈마에 대한 관심 역시 그 일환으로 나타난 것이라고 생각된다.

4세기 말부터 5세기 초반의 20여 년 동안 중국불교는 그 어느 때보다 계율에 있어 큰 변화를 겪었다. 바로 4대 한역 광률廣律의 등장이다. 4대 광률이란 설일체유부의 『십송률』, 법장부의 『사분율』, 대중부의 『마하승기율』, 화지부의 『오분율』을 일컫는다. 바라제목차에 대한 주석을 담은 「경분별經分別」과 승가 운영에 관한 규정을 담은 「건도부犍度部」를 중심으로 이루어진 완벽한 형태의 광률은 중국 불교계에 율에 관한 체계적인 지식을 심어 주게 된다. 특히 건도부는 수계갈마를 비롯한 각종 갈마에 관한 구체적인 정보를 담고 있기 때문에 교단의 정비를 위해서는 필수불가결한 부분이다.

비구 수계갈마와는 달리 오랜 세월 동안 정립되지 못했던 비구니 수계갈마는 이 광률의 번역을 계기로 체계를 갖추게 된다. 『비구니전』 권2에 의하면, 혜과慧果라는 비구니는 원가 6년(429)에 경복사景福寺에 머물고 있던 서역승 구나발마에게 "이 땅의 비구니들이 앞서 계를 받았지만, 아직 율장에 따라 제대로 받은 일이 없다."라며 걱정하고 있다.[15] 이로 보아 당시 광률의 번역으로 이부승 수계에 대한 지식은 갖고 있었지만, 현실적으로는 비구승가로부터 구족계를 받고 있었으며, 이로 인해 불안

---

14 『釋迦方志』(『大正藏』51, 973c)
15 『비구니전』(『大正藏』50, 937b)

감을 느끼고 있었음을 알 수 있다. 그런데 이 무렵, 외국의 선박주인 난제難提가 사자국師子國(지금의 스리랑카)에서 비구니를 싣고 송宋나라 도읍에 와서 경복사景福寺에 머무르게 된다. 이들을 보며 자신들이 받고 있는 수계법에 한층 더 불안감을 느꼈을 것이라는 점은 상상하기 어렵지 않다. 혜과와 정음淨音 등은 이때 계를 다시 받고 싶어 했지만, 사자국에서 온 비구니는 8명이었기 때문에 3사 7증을 구성할 수 없었다.[16] 그런데 그 후 2년이 지난 433년에 선박주인 난제가 다시 사자국에서 철살라鐵薩羅 등의 3명의 비구니를 데리고 들어온다.[17] 이에 구나발마의 제자였던 승가발마僧伽跋摩가 스승의 유시를 이어 남림사南林寺 계단에서 차례로 300여 명에게 중수重受, 즉 다시 수계하도록 했다고 한다.[18]

이와 같이 광률의 등장은 승가 운영에 관한 체계적인 지식을 제공하며 그 정비에 적지 않은 역할을 했지만, 서로 다른 부파 전승의 광률이 동시에 존재하게 되면서 이들 간에 나타나는 기술의 불일치로 인해 혼란 역시 발생한 것으로 보인다. 대표적인 예로 북위의 법총法聰(468~559)은 계본으로는 대중부의「승기계심」을 사용하면서, 갈마는 법장부의「담무덕갈마」에 의지하는 기존의 수계갈마 형식에 모순을 느껴『사분율소四分律疏』의 요점을 구수口授했다고 한다.[19] 3세기 중반에 담가가라와 담제에 의해 대중부의 계본과 법장부의 갈마문이 도입된 이후에 이들에 근거하여 수계하는 전통이 유지되었지만, 여러 부파의 계본이나 광률이

---

16 『고승전』권3(『大正藏』50, 341a) 및 塚本善隆,『中國佛敎通史』제1권, 東京: 春秋社, 1979, pp.421~422
17 『불조통기』(『大正藏』49, p.344c);『四分律刪繁補闕行事鈔』권2(『大正藏』40, p.51c);『비구니전』(『大正藏』50, p.939c) 등.
18 『비구니전』권2(『大正藏』50, 939c)
19 『속고승전』권22(『大正藏』50, 620b)

번역되면서 이들을 전지한 부파가 서로 다르다는 점이나 내용상 차이가 있다는 사실을 인식하게 되면 서로 다른 부파의 계본과 갈마문을 사용하는 것에 위화감을 느끼지 않을 수 없었을 것이다.

도선과 『사분율』

법총이 『사분율』을 처음으로 설한 것은 『사분율』의 번역 후 60여 년이 지난 원위元魏의 효문제孝文帝(471~499) 무렵의 일로, 앞서 언급한 바와 같이 계체는 대중부의 『마하승기율』에 근거하면서 계행은 법장부의 『사분율』에 의존하는 당시의 상황에 문제를 느꼈던 것이 계기가 된 것으로 보인다.[20] 법총 이후 『사분율』은 그의 제자인 도복道覆을 거쳐 강남의 대표적 율사 혜광승통慧光僧統(468~537)과 그 문제門弟들을 중심으로 전해져 갔다. 혜광은 출가사문으로서 부끄럽지 않은 삶을 살 것을 강조했는데, 그가 승통에 취임했을 무렵 사회 일반에서도 출가사문이라면 계율을 지키는 올바른 삶을 추구해야 한다는 인식이 형성되어 있었던 것으로 보인다.[21]

『사분율』에 근거하여 보다 본격적으로 갈마를 정비하고 실행해 간 것은 당의 도선道宣(596~667)이다. 남산율종南山律宗의 개조이기도 한 도선은 부패해 있던 당대唐代 불교계를 회생시키기 위해서는 계율에 근거하여 출가자로서 여법한 삶을 추구해야 한다는 인식과 실천을 이끌어 내는 것이 급선무라고 여겼다. 그는 『사분율산번보궐행사초四分律刪繁補闕行事鈔』(이하 『행사초』로 약칭)라는 저술의 서두에서 출가사문이 불법을 믿

---

20 『속고승전』 권22(『大正藏』 50, 621a)
21 佐藤達玄, 『中國佛敎における戒律の硏究』, 東京: 木耳社, 1986, p.25

지 않을 뿐만 아니라, 불교교리에 대한 지식도 없고, 승려로서의 위의도 없기 때문에 일반사회로부터 경시당하며, 심지어 그들의 신심조차 앗아가고 있는 사태를 개탄하며,[22] 이러한 때야말로 정법을 구주久住시키기 위해서는 붓다가 제정한 계율을 엄수하며 교단의 기강을 바로잡아야 한다고 주장하였다. 그리고 이를 위해서는 교단의 지도자 내지 스승은 율에 정통해야 하며, 이것이 그들의 기본 자격 요건이 되어야 한다고 하였다.[23]

당시의 승려들은 붓다가 제정한 율을 성문법이라 폄하하며, 대승불교도와는 무관한 가르침이라는 입장을 갖고 있었는데,[24] 도선은 율이란 출가사문의 생활을 구속하는 것이 아닌 오히려 적극적으로 비구성比丘性을 유지하기 위한 최저한의 생활규범이라고 보았다. 따라서 그는 『행사초』를 찬술할 때 전통부파의 율장인 『사분율』을 근간으로 하면서 그 기술이 명확하지 않을 때는 다른 율이나 대소승의 경론 등을 참조하였다. 도선 이전에 이미 『사분율』에 대해서는 많은 주석서가 있었는데, 그중에서도 광통율사의 『약소略疏』 4권, 지수智首율사의 『광소廣疏』 20권, 법려法礪율사의 『중소中疏』 10권이 『사분율』의 3요소要疏로서 가장 뛰어나다는 평가를 받았다. 도선은 이들의 해석을 채용하면서도 자신만의 독특한 견해를 추가하여 『행사초』를 찬술하였다. 『행사초』는 특히 지수의 소를 근본으로 하고 법려의 소를 참작한 것으로 추정된다.[25]

『사분율』에 근거한 수계갈마 작법은 지수智首와 그의 제자인 도선 등

---

22 『四分律刪繁補闕行事鈔』 권下之三(『大正藏』 40, 132c)
23 『四分律刪繁補闕行事鈔』 권上之三(『大正藏』 40, 32b)
24 『四分律刪繁補闕行事鈔』 권中之一(『大正藏』 40, 49b)
25 西本龍山, 『사분율행사초해제』, 『국역일체경 율소부』 1, 東京: 國民文庫刊行會, p.3

에 의해 정비되었는데,[26] 중국에서 수계가 계단 위에서 실행되는 것이 제도화된 것은 도선이 『관중창립계단도경關中創立戒壇圖經』을 저술한 후의 일로 추정된다. 도선은 만년에 정업사淨業寺에 영감靈感계단을 설치하고, 『관중창립계단도경』을 지어 계단에 대한 구체적인 정보를 제공한다. 이를 계기로 중국불교에서 계단은 고정된 시설을 갖춘 특별한 건축물로 명확하게 자리매김하게 된다. 도선은 계단 건축에 관한 구체적인 정보는 천인天人에게서 얻은 것으로 기술하고 있는데, 여기서 천인이란 인도에서의 가람 배치나 승려들의 일상생활 등에 관한 현실적 정보를 제공해 주었던 인도 내지 서역승들이 아니었을까 추정되고 있다.[27]

감진鑑眞의 도래와 국립 3계단

일본에서의 구족계갈마는 일반적으로 중국 승려 감진鑑眞(688~763)의 방문을 계기로 천평승보天平勝寶 7년(755)에 처음 실행된 것으로 알려져 있다. 일본에 불교가 전래된 것이 대략 538년 혹은 552년경의 일로 전해지므로, 이후 200여 년의 세월이 흐른 후의 일이다. 5세기 중반에 이미 율장에 근거하여 비구니의 이부승수계까지 실천하고 있던 중국의 경우를 고려할 때, 사실 8세기 중반에 이르러서야 수계갈마가 정비되었다는 전승은 좀 의아한 감이 있지만, 자료의 부족으로 상세한 것은 알 수 없다. 다만, 감진 이전의 일본의 수계 상황과 관련해서 감진과 더불어 일본을 방문했던 사탁思託이라는 비구가 남긴 『연력승록延曆僧錄』을 보면,

---

26 蔡印幻, 「자장의 계율과 계단창설」, 『동국사상』 15, 동국대학교 불교대학, 1982, p.23
27 橫超慧日, 「戒壇について」, 『支那佛敎史學』 5-123, pp.29~32

"무계부지전계내유無戒不知傳戒來由"라는 말로 당시 일본 불교계의 상황을 표현하고, 나아가 시츄(志忠)를 비롯한 일본 승려들이 『점찰선악업보경』을 근거로 자신들이 지금까지 실행해 온 삼취정계三聚淨戒의 자서수계自誓受戒의 정당성을 주장하는 점에 대해 언급한다.[28] 이로 보아 당시 일부에서 삼취정계의 자서수계를 실행하는 자들이 있었음을 엿볼 수 있다.

이러한 상황에서 율장의 규정에 따라 3사 7증에 의한 여법한 수계갈마를 요망한 것은 간고지(元興寺)의 류손(隆尊, 706~760)이었다. 당시 정국을 이끌고 있던 도네리(舍人)친왕은 당나라로 승려를 파견하여 10명의 전계사傳戒師를 초청해 오도록 해 달라는 류손의 청을 받아들여 733년에 요에이(榮叡)와 후쇼(普照)를 파견한다. 이들의 초청으로 처음 일본을 방문한 것은 도선道璿이었지만, 실제로 10사의 방문이 실현된 것은 754년 감진 일행의 방문이다.

감진은 일본에 도착한 다음 해인 천평승보 6년(754) 6월에 도다이지(東大寺) 대불전 앞에 계단을 만들고 쇼무(聖武)상황上皇, 고묘(光明)황태후, 고켄(孝謙)천황 등에게 보살계를 주었다. 이어 다음 해에는 계단원戒壇院을 만들라는 명령이 조정으로부터 내려졌고, 이곳에서 감진 이하 10명의 계사(3사 7증)는 『사분율』에서 설하는 250계를 수계한다. 이때 자서수계의 정당성을 주장하며 감진 일행에게 맞섰던 시츄 등을 비롯한 80여 명의 승려가 등단登壇하였다. 이후 수계갈마는 이 계단에서 이루어지게 되었으며, 수계갈마를 받고 정식 비구가 된 자에게는 수계를 받은 것

---

28 『日本高僧傳要文抄』제3권, 『大日本佛敎全書』101권, p.69a. 감진 일행의 도래 후, 수계갈마를 둘러싸고 벌어진 양자 간의 갈등에 관해서는 石田瑞麿, 『日本佛敎における戒律の硏究』, 東京: 在家佛敎協會, 1963, pp.32~39을 참조.

을 증명하는 증명서인 계첩戒牒이 발행되었다.

이후 761년에는 치쿠젠(築前)의 간제온지(觀世音寺, 후쿠오카福岡현 다자이후太宰府)와 시모츠케의 야쿠시지(藥師寺, 도치기栃木현)에도 감진에 의해 국립 계단이 수립되었다. 이 두 계단에서의 수계 역시 도다이지와 마찬가지로 『사분율』에 근거하여 이루어졌다. 다만, 지방이었기 때문에 수계 때의 계사는 5명(3사 2증)의 약식으로 실행되었는데, 계화상은 도다이지 계단의 10사로부터 선발했다. 이들 세 개의 국립계단 가운데 도다이지와 간제온지에서의 수계제도는 매년 개최를 원칙으로 하고, 3·4월과 실시일은 바뀌면서도 중세 내내 기능한 한편, 야쿠시지 계단은 일찍이 11세기 무렵 기능을 멈추게 된다.29

한편, 사이초(最澄, 767~822)는 국립 3계단에서의 구족계갈마를 소승이라 부정하며 엔랴쿠지(延曆寺)에 대승계단을 수립하고자 하였다. 즉, 『사분율』이 아닌 『범망경』 하권에서 설하는 10중 48경계의 수계로 비구가 될 수 있다는 주장을 펼친 것이다. 그의 주장은 도다이지 등 국립계단의 승려들로부터 맹렬한 비판을 받았지만, 그의 사후 7일째 결국 조정의 인가를 받아 실행되기에 이른다. 하지만 보살계를 받고 비구가 된 승려들은 중국에 갈 때 국가로부터 위조 계첩을 발부받아 지니고 가야 했다. 이는 당시 중국에서는 보살계를 받고 비구가 되는 것을 용인하지 않았기 때문이다.30

---

29 마츠오 켄지(松尾剛次) 저, 이자랑 역, 『계율에 방울달기-지계와 파계 사이의 계율 부흥운동』, 서울: 올리브그린, 2017, pp.35~37.
30 마츠오 켄지(松尾剛次) 저, 앞의 책, 2017, pp.43~45.

III. 한국전통불교의 수계갈마

백제의 갈마 실행

한반도에 불교가 전래된 후 언제부터 율장의 규정대로 수계갈마 내지 그 외의 갈마가 실행되었는가는 자료의 부재로 명확하지 않다. 특히 삼국 가운데 불교를 가장 먼저 받아들였던 고구려의 경우에는 거의 알려진 바가 없다. 396년에 동진의 승려 담시曇始가 경율 수십 부를 가지고 요동에 와서 10여 년간 근기에 따라 교화하고 삼승三乘과 귀계歸戒를 설했다고 하지만,[31] 이때 담시가 전한 계율의 구체적인 내용은 알 수 없다. 한편, 백제의 경우에는 384년(침류왕 1)에 동진에서 호승胡僧 마라난타가 오자 왕이 그를 맞이하여 대궐에 모시고 예를 갖추었고, 이듬해에는 한산주에 절을 짓고 10명이 승려가 되었다고 한다. 10명이라는 숫자는 우연일 수도 있지만, 새로운 출가자를 배출해 내기 위한 구족계 의식에 필요한 10명의 비구와 관계가 있는 것은 아닐까 생각된다. 즉, 10명의 비구가 탄생함에 따라 그 후에는 백제에서도 자체적으로 비구를 양성해 낼 수 있기 때문이다. 그 후 526년(聖王 4)에는 백제승 겸익謙益이 인도에서 율을 공부한 후 인도승 배달다倍達多 삼장과 함께 아비달마와 오부율을 가지고 귀국하여 국내의 저명한 28명의 승려와 더불어 율부 72권을 번역했으며, 담욱曇旭과 혜인惠仁은 율소律疏 36권을 지어 왕에게 바쳤다고 한다.[32] 이들 기록에 대해서는 의문의 여지가 있지만,[33] 6

---

31 『삼국유사』 권3 「흥법」 3, 아도기라
32 『조선불교통사』 上篇, pp.33~34
33 이 점에 대해서는 박광연, 「한국불교에서의 수계법의 수용과 변천」, 『중앙승가대학

세기경이라면 이미 중국에서는 비구·비구니 수계법이 율장에 근거하여 완벽하게 정비된 시기이므로, 이때 백제에서도 수계법이 정비되었을 가능성은 충분하다.

이를 뒷받침해 주는 것이 일본에 전해지는 기록이다. 백제에서 수계갈마가 이루어졌음을 보여 주는 국내 자료는 없지만, 일본에 남아 있는 몇몇 자료를 통해 백제에서 비구니 이부승수계가 실행되었을 가능성을 엿볼 수 있다. 이부승수계란 위에서 언급한 바와 같이 비구니가 되기 위해서는 비구니승가와 비구승가 양 승가에서 구족계갈마를 치르는 것을 말한다.

『일본서기』 등에 의하면, 젠신니(善信尼)라는 여승은 환속한 고구려의 승려 혜편惠便을 스승으로 삼고 587년에 자신의 제자 2명과 함께 출가했다. 그 다음해인 588년(崇峻 원년)에 백제에서 승려들이 오자 소가노 우마코(蘇我馬子)는 수계법에 대해 질문한다. 그러자 그들은 비구의 수계에는 10명 내지 5명의 고승이 필요하며, 비구니의 경우에는 비구니 절에서 비구니에 의한 비구니수계 의식을 마친 후에 다시 비구 절에서 비구들을 따라 수계를 실행해야 한다고 알려주었다.[34] 마침 젠신니도 "출가는 계를 가지고 근본으로 삼으니, 백제로 건너가 수계법을 배워 오고 싶다."는 의지를 밝히고 있던 터라 백제로 돌아가는 사신들을 따라 수계법을 배우기 위해 백제로 파견되었으며, 2년 후에 귀국했다. 소가노 우마코의 질문에 대한 백제승들의 대답은 『사분율』 등의 전통 율장에서 설하는 수계법과 일치하는 것으로, 이 기록을 믿는다면 백제에서는 당시 율장의 규정에 따라 구족계 수계가 이루어지고 있었음을 알 수 있다.

교 대학원 연구논집』 9, 중앙승가대학교대학원, 2016, p.43을 참조.
34 『대일본불교전서』 101권, p.121a

또한 백제에서는 수계갈마 외에 포살갈마도 실행된 것으로 보인다. 백제에서 온 승려들은 "백제에서는 법사의 절과 비구니의 절이 종소리가 들릴 정도로 근접한 장소에 세워져 있는데, 이는 백白갈마를 행하기 위해 보름마다 왕래해야 하기 때문"이라고 전하고 있다.[35] 이는 필시 비구니들이 포살마다 비구승가에 가서 팔경법八敬法 등의 가르침을 들어야 한다고 하는 『사분율』의 가르침을 반영한 것으로 보인다. 이러한 기록들을 볼 때 6세기경에 백제에서는 이부승수계 등의 수계갈마와 포살갈마 등이 율장의 규정대로 실행되고 있었을 가능성이 높으며, 비구니승가의 제도가 이 정도로 정비되었다면 비구승가의 경우에는 의심할 여지 없이 완벽하게 제도 정비가 이루어졌을 것으로 추정된다.

자장의 교단 정비

신라에서 일반인들의 출가가 허용된 것은 흥륜사가 준공된 544년(진흥왕 5)이었다.[36] 이때 어떤 절차와 내용의 수계식이 이루어졌는가는 알 수 없지만, 이후 진평왕대에 지명智明이 『사분율갈마기四分律羯磨記』를 저술하는 등 수계갈마와 관련이 있는 계본이나 갈마문에 대한 주석이 신라승들에 의해 다수 저술되고 있는 점으로 보아 수계법에 대한 관심은 점차 높아졌으며, 『사분율』에 근거하여 수계갈마의 내용이 정비되어 갔을 가능성도 크다고 생각된다. 신라시대에 저술된 관련 주석서로는 지명의 『사분율갈마기』 1권을 비롯하여, 선덕왕대 자장慈藏의 『사분율갈마사기』 1권과 『십송률목차기』 1권, 선덕왕대 원승圓勝의 『사분율갈마기』

---

35 田村圓澄, 『日本佛敎史4 百濟/新羅』, 東京: 法藏館, 1983, p.77에서 재인용.
36 『삼국사기』 권4, 「신라본기」 4, 진흥왕 5년조

2권, 『사분율목차기』 1권, 7세기 전반 지인智仁의 『사분율초기四分律抄記』 10권, 도륜道倫의 『사분율결문四分律決問』 2권, 경흥憬興의 『사분율갈마기』 1권, 『사분율습비니요四分律拾毘尼要』 3권이 있으며, 작자의 진위 여부에 논란의 여지는 있지만 원효의 『사분율갈마기』와 혜경惠景의 『사분비구작석계본소四分比丘作釋戒本疏』도 있다.[37]

이처럼 삼국시대 내지 통일신라시대에는 특히 『사분율』을 중심으로 다수의 주석서가 저술되고 있으며, 계본과 갈마문에 대한 것이 특히 많은 점으로 보아 수계갈마에 대한 관심이 많고, 나아가 정보 역시 충분히 확보하고 있었을 것으로 추정된다. 하지만 아쉽게도 실제로 율장에 근거하여 수계갈마가 이루어진 사례를 확인할 수 있는 기록은 없기 때문에 구체적인 것은 알 수 없다. 다만, 자장의 일련의 활동을 통해 당시 수계갈마, 나아가 포살갈마 등이 『사분율』에 근거하여 이루어졌을 가능성은 엿볼 수 있다.

『삼국유사』의 기록에 따르면, 자장은 통도사계단을 창건하였다고 한다.[38] 이 기록에 대해서는 다양한 해석이 있어[39] 사실 여부는 단언하기 어려운 면이 있지만, 당시에 자장이 보여 준 다른 활동들을 고려할 때 자장이 『사분율』에 근거하여 수계의식을 비롯한 교단 정비 작업에 힘썼다고 보인다.

자장은 선덕왕善德王(632~647)에 의해 대국통大國統으로 임명된 후 왕분사王芬寺에 머물렀다. 불법이 전해진 지 1백 년이지만, 주지하고 수봉修奉하는 일에 부족함이 있던 터라 재상들과 기강을 바로잡는 일을 의논

---

[37] 최원식, 『新羅菩薩戒思想史硏究』, 서울: 민족사, 1999, pp.36~47; 박광연, 앞의 논문, 2016, pp.46~47
[38] 『삼국유사』 권3, 「塔像」 4, 皇龍寺九層塔
[39] 이 점에 대해서는 박광연, 앞의 논문, 2016, pp.48~49를 참조.

한 후, 자장은 승니僧尼들의 모든 규범을 맡아 주관하게 되었다. 그는 먼저 사미·사미니·정학녀·비구·비구니의 5부로 하여금 예전부터 익힌 것을 더욱 힘쓰게 하고, 교단의 감찰기구로서 강관綱管을 두었으며, 보름마다 계를 설하고 율에 의거해 죄를 참회하여 없애게 하였으며, 겨울과 봄에는 모두 시험을 쳐서 지범持犯 여부를 알게 하였다고 한다.[40] 자장이 승가의 구성원을 처음 5부로 편제했는지, 아니면 이미 이전부터 존재하고 있었는지는 알 수 없지만, 사미 등의 5부가 존재했다는 것은 율장의 규정에 따라 출가 승려들의 신분 구분이 이루어졌음을 알 수 있다.

한편, 보름마다 계를 설하고 율에 의거해 죄를 참회하여 없애게 했다는 것은 포살갈마를 실행하였다는 점을 보여 준다. 율장에 의하면, 비구 혹은 비구니는 보름마다 계본을 낭송하고 보름 동안의 자타自他의 지범 여부를 확인하며 참회해야 한다. 자장이 포살을 실행하여 죄를 참회하게 하고, 또한 겨울과 봄에 시험을 쳐서 지범 여부를 알게 하고자 하였다면, 포살 의식을 실행하는 절차에 대한 상세한 지식이 필요했을 것이며, 『사분율갈마사기』를 찬술한 것도 이 때문이 아닐까 추정되고 있다.[41] 자장은 당唐에 유학할 무렵 종남산 운제사 인근에서 머물렀는데, 당시 남산 율종의 종조로서 『사분율행사초』, 『사분율습비니의초』, 『사분율갈마』 등을 저술하며 『사분율』을 중심으로 율학의 체계를 세우고 교단을 정비하고 있던 도선 역시 이곳에 머물고 있었다는 점에서, 자장 역시 그의 영향을 받았을 가능성은 충분하다.[42] 이로 인해 『사분율』에 의거하여

---

40 『속고승전』 권24, 護法하, 대정장 50, p.639c6; 『삼국유사』 권4, 「義解」 5, 慈藏定律
41 김영미, 「신라 中古期 三綱制의 시행과 그 기능」, 『한국고대사연구』 72, 한국고대사학회, 2013, pp.244~247
42 남동신, 「慈藏의 佛敎思想과 佛敎治國策」, 『한국사연구』 76, 한국사연구회, 1992, pp.35~36

승려들의 일상 규범을 확보하고 나아가 교단을 정비해 갔을 가능성 역시 높을 것으로 보인다.

관단수계의 제도화

자장의 활동을 고려할 때, 이후 수계갈마 역시 『사분율』의 규정에 따라 정비되고 실천되었을 가능성이 높아 보인다. 다만, 관련 기록이 없어 확인하기는 어려운데, 9세기 이후에 조성된 고승비高僧碑에서는 계단의 존재가 다수 확인된다.[43] 계단이란 구족계를 받는 장소를 말한다. 따라서 수계법의 정비를 위해서는 계단의 마련이 중요하다. 율장에 의하면, 이 장소는 동서남북으로 일정한 표식을 정하여 수계식에 필요한 11명, 즉 3사 7증과 구족계 희망자가 들어갈 수 있는 공간으로 결계結界하면 된다. 즉, 결계 여부가 중요할 뿐 특별히 단을 높게 쌓아 올려 주변 땅과 구분한다거나 장엄을 할 필요는 없다. 하지만 중국에서는 '등단수계登壇受戒' 혹은 '등단登壇'이라는 표현으로부터도 알 수 있듯이, 높게 쌓아 올린 단에서 수계를 하는 것이 일반적이었다. 한국 역시 중국의 영향을 받아 계단이 조성되었을 것이다.

실제로 계단의 존재가 확인되는 것은 9세기 이후이지만, 중국의 경우 도선이 『관중창립계단도경』을 저술한 후부터 수계가 계단 위에서 실행되는 것이 제도화되었다는 점을 고려할 때, 한국의 경우에도 9세기 이전에 이미 계단에서 수계가 이루어졌을 것으로 생각된다. 계단에서의 구족계갈마를 언급하는 고승비에 의하면, 신라승들은 출가 체발한 사원이

---

43 한기문, 『高麗 寺院의 構造와 機能』, 서울: 민족사, 1998, pp.363~372; 최원식, 앞의 책, 1999, pp.271, 294

아닌 계단이 있는 특정 사원에서 구족계를 받고 있다. 이는 특정 사원에만 계단이 마련되었음을 보여 준다. 이들은 국가에 의해 세워진 관단官壇이었을 것으로 추정되고 있다. 이들 계단이 전국 9주州(명주 복천사, 강주 엄천사, 전주 화엄사, 무주 영신사, 한주 장의사, 한주 장곡사, 웅주 보원사, 삭주 법천사, 양주 통도사, 금성 영묘사 등)에 나타나는 것으로 보아 국가가 9주에 관단을 설치했다고 보는 견해도 있다.[44]

고려시대에도 전국적으로 관단이 세워졌고, 승려들은 그곳에서 수계하였다. 『고려사』에 의하면, 현종 9년에 개국사탑을 수리하고, 사리를 안치하고, 계단을 설치하였으며, 이곳에서 3천2백여 명을 도승度僧하였다고 한다.[45] 또한 정종 2년(1036)에는 "아들이 네 명 있는 경우 한 아들의 출가를 허락한다. 영통사靈通寺, 숭법사崇法寺, 보원사普願寺, 동화사桐華寺 등의 계단에서 소업경율所業經律로 시험한다."라고 하고 있다.[46] '소업경율을 시험한다'라는 말로 볼 때 이 계단에서는 경과 율에 대한 시험을 봐야 한다는 출가 규정의 법제화까지 이루어지고 있음을 알 수 있다. 고려에서의 계단은 도선의 남산종의 영향을 받아 『사분율』에 근거하여 수계갈마가 실행되었을 것으로 생각된다. 고려에서 유통되던 비구니계 관련 계율 연구서가 『오분율』에 근거한 『승니요사僧尼要事』를 제외하고 모두 『사분율』 계통이었다는 점에서 볼 때 비구니의 수계 역시 『사분율』에 의거하여 이루어졌을 것으로 추정된다.[47]

관단수계 체계는 13세기에 들어서면서 무너진 것으로 보인다. 그 이

---

[44] 한기문, 앞의 책, 1998, p.367
[45] 『고려사』 권4, 「世家」, 현종 9년 4월
[46] 『고려사』 권6, 「世家」, 靖宗 2년 5월
[47] 김영미, 「고려시대 여성의 출가」, 「이화사학연구」 25·26합권, 이화사학연구소, 1999, pp.53~54

유는 12세기까지는 출가한 곳과 구족계를 받는 곳이 분리되어 표현되지만, 13세기부터는 '삭발'과 '구족계 수지' 장소가 동일하게 나타나고, 양자 간에 시간차도 없기 때문이다. 이는 몽골의 침입으로 인해 강화 천도가 이루어지면서 나타난 현상이 아닐까 추정되고 있다.[48]

조선시대의 수계갈마

숭유억불 정책으로 불교가 고난의 시기를 보냈던 조선시대에는 공식적인 수계갈마는 이루어지지 못한 것으로 보인다. 다만 일부 사찰에서 비공식적인 수계갈마를 통해 출가자를 생산해 내고 있었을 가능성까지 부정하기는 어려울 것이다.[49] 17세기 중반에 3종의 불교 상례집喪禮集, 즉 벽암 각성碧巖覺性의 『석문상의초釋門喪儀抄』, 나암 진일懶庵眞一의 『석문가례초釋門家礼抄』, 허백 명조虛白明照의 『승가예의문僧家礼儀文』이 편찬·간행되고 있는데, 이들 내용을 보면 수계갈마와 관련해서 무언가 역할을 했을 승려의 명칭이 다수 등장한다. 즉, 이들 상례집에서는 일반사회의 친족관계나 부모 등을 그대로 채용하여 승가의 사장師匠을 구별하고 있는데, 그 가운데 계사戒師라든가 양육사養育師(得度師), 수계사授戒師, 갈마사羯磨師, 교수사敎授師 등의 호칭이 보인다. 여기서는 가장 가까운 관계의 부모에 해당하는 승가의 사장으로서 양육사(득도사)와 교수사 등을 들고, 제자들은 그들의 사후에 3년상을 보낼 것을 규정한다. 또한 갈마사와 교수사에게는 1년상을 지시하고 있다. 이는 조선 후기에 들어

---

48 박광연, 앞의 논문, 2016, pp.57~59
49 이 점에 관해서는 이자랑, 「백용성 律脈의 성격 및 전개」, 『대각사상』 23, 대각사상연구원, 2015, p.108 및 주 38)을 참조

서면서 교단이 조직화되고, 동일한 법맥 계승을 매개로 한 계파와 문파가 형성되면서 일어난 현상인데,[50] 이 시기에 수계갈마가 이루어졌을 가능성을 보여 주는 하나의 증거라고 할 수 있다.

한편, 근년에 새롭게 알려진 17세기 후반에서 18세기 후반에 걸쳐 간행된 『비구이백오십계목比丘二百五十戒目』(2章), 『사분율칠취대목초四分律七聚大目抄』, 『사분율약목四分律略目』, 『사분계본여석四分戒本如釋』 등의 『사분율』 관련 계율서는 이 시기에 수계갈마에 대한 관심이 높았으며, 나아가 실행되었을 가능성까지 보여 준다. 이 중에서 『사분율칠취대목초』와 『사분계본여석』은 가흥嘉興대장경을 복각復刻 내지 개간한 것으로, 이 점에서 본다면 이 시기의 계율서 간행에 있어 가흥장의 영향이 큰 것 같다. 명明 말기부터 약 100여 년에 걸쳐 간행된 가흥장은 이 대장경을 싣고 일본으로 향하던 중국 상선이 1681년 6월에 태풍을 만나 전라남도 임자도荏子島에서 좌초하게 된다. 이 배에 있던 불서 가운데 약 천 권가량은 왕실로 이송되거나 남한산성 개원사開元寺로 보내졌는데, 지금으로서는 그 행방을 알 수 없으며, 나머지는 전국으로 흩어져 유통되었다. 전국에 흩어져 있던 것 가운데 일부는 복각되어 유통되고, 또한 다른 일부는 지금까지 전해지면서 전국 여기저기에서 발견되고 있다.[51] 가흥장의 복각본에 관해서는 현재도 조사가 진행되고 있다. 지금으로서는 이들 계율서에 근거하여 수계한 사례나 계맥은 확인할 수 없지만, 연구가 진행됨에 따라 조선 후기의 계율에 관한 새로운 정보를 얻게 될 수도 있을 것이다.

---

50 김용태, 「유교사회의 불교의례-17세기 불교 상례집의 五服制 수용을 중심으로-」, 『한국문화』 76, 서울대 규장각 한국한연구원, 2016, pp.185~187
51 이종수, 「朝鮮後期嘉興大藏經의 復刻」, 『書誌學硏究』 56, 서지학회, 2013, p.329

IV. 한국 근현대기의 혼란과 단일계단의 정비

대은 낭오와 만하 승림의 계맥

해인사 금강계단 호계첩문 등에 의하면, 조선시대를 거치며 거의 끊어져 가던 계맥은 서상수계瑞祥受戒를 통해 회생되었다고 한다. 이들 기록에 의하면, 영암 도갑사道岬寺의 대은 낭오大隱朗旿(1780~1841) 화상은 계학이 실전失傳 상태에 놓여 있는 실정을 개탄하며, 스승 금담 보명金潭普明(1765~1848) 장로와 더불어 1826년 7월 15일 해제 후 하동 칠불암 아자방亞字房에서 서상수계를 서원하고 7일간의 기도를 봉행하던 중, 7일 만에 한 줄기 빛이 자신의 정수리를 비추는 경험을 하게 된다. 서상수계, 즉 자서수계가 실현된 것이다. 이에 스승인 금담은 "나는 오직 법을 위함이요, 사자師資의 서열에는 구애받지 않는다."라며 대은을 전계사로 보살계와 비구계를 받았다고 한다. 이후 금담율사의 계법은 초의 의순草衣意恂(1786~1866)에서 범해 각안梵海覺岸(1820~1896), 이어 호암 문성虎岩文性 등으로 전해졌고, 호암 문성이 1908년 2월에 해인사 상선원上禪院에 금강계단을 설치하고 40여 명에게 수계授戒하면서 널리 퍼져가게 된다.[52]

대은 낭오의 서상수계를 중심으로 시작된 수계갈마의 구체적인 내용은 자료의 부족으로 알 수 없다. 하지만 이후 이 서상수계에 대해 불교계 일각에서 이의를 제기하여 논란이 일자, 1892년에 만하 승림萬下勝林 율사는 청나라로 건너가 법원사法源寺 계단의 창도 한파昌濤漢波 율사로

---

52 가산지관, 『한국불교의 계율전통-한국불교계법의 자주적 전승』, 서울: 가산불교문화연구원, 2005, pp.150~151

부터 대소승계를 받고 계맥을 전수해 왔다고 한다.[53] 이로 보아 당시 대은에 의한 서상수계는 내용상으로나 절차상으로나 정통으로 인정받기에는 부족한 면이 있었던 것으로 보인다. 청으로 건너간 만하는 1869년에 청의 목종穆宗의 명을 받아 창도 한파가 1892년에 법원사 계단에서 열었던 수계법회에서 계를 받고 귀국한다. 하지만 사실 만하 승림이 받아온 창도 한파의 계맥 역시 서상수계한 고심 여향古心如響(1541~1615)의 계맥을 이어받은 것이었다. 따라서 만하가 받아 온 율맥 역시 서상수계에 의한 것임을 알 수 있다.[54] 대은의 서상수계 계맥을 부정하며 중국에서 정통적인 계맥을 받아 오고자 한 만하였지만, 그 역시 중국의 서상수계 계맥을 받아오는 아이러니한 상황이 된 것이다. 당시 중국으로 가서 여법한 수계갈마를 통해 정통 계맥을 받아 오고자 한 승려는 만하 외에도 보담普曇, 능허凌虛, 한파漢坡 등 다수가 있었다고 한다.[55] 이로 보아 당시 승려들 사이에서 정통 계맥의 수지에 대한 열망이 매우 강렬하게 존재하고 있었다는 점과 더불어, 모두가 납득할 만한 여법한 수계갈마가 정비되지 않은 채 수계식이 이루어졌다는 점 역시 미루어 추정해 볼 수 있다.

이렇게 해서 일제강점기에는 대은·만하 두 파를 계승한 율사들을 중심으로 단일 개별 사찰 단위, 혹은 율사 중심으로 수계산림을 하여 승려를 배출하였다. 그런데 일제강점기의 한국불교는 일본불교의 영향으로

---

53 가산지관, 앞의 책, 2005, pp.145~147
54 이 점에 대해서는 小川貫弌,「근세 중국불교에 있어서의 戒의 변용」,『계율강요-계율의 재조명-』(법흥 편역), 송광사, 1994, pp.144~145 및 한보광,「白龍城스님과 한국불교의 계율문제」,『대각사상』 10, 대각사상연구원, 2007, pp.104~108을 참조.
55 이능화,『朝鮮佛敎通史』上中編, 서울: 慶熙출판사, 1968, p.80; 水谷幸正,「한국불교와 계율사상」,『戒律綱要 -계율의 재조명-』(법흥 편역), 서울: 우리출판사, 1994, p.114

비구계 수지에 심각한 타격을 입고 있었다. 이 시기에 등장한 가장 심각한 문제는 일본불교의 영향과 한국불교의 가치관 혼란으로 인해 육식대처의 허용을 인정하는 주장이 등장하게 되었다는 것이다. 이 시기에 조성된 승가의 계율경시 풍조는 수계 전통까지 위협하며 한국불교의 본질을 훼손해 갔지만, 이런 와중에도 구족계갈마는 지방 사찰의 계단에서 율사를 중심으로 비정기적으로 실시되었다.

여법如法갈마와 중수계의 수지

식민지 불교의 잔재인 대처승의 척결을 위해 1954년 5월에 시작되어 1962년 4월 통합종단의 성립 때까지 전개된 불교 정화 기간 동안 승려의 출가와 양성은 많은 문제점을 노출하게 된다. 정화 과정에서 대처승을 몰아내기 위해 동원된 위장 승려들이 투입되는 등 종단은 엄청난 혼란에 휩싸였다. 정화 운동 초창기에는 승려의 자질 문제가 등장하지 않았지만 시간이 흐를수록 이는 심각하게 대두되었다. 정화 운동 초창기의 수좌는 200여 명 내외, 비구와 비구니를 합하여 800여 명이었지만, 통합종단이 등장한 1963년과 1964년에는 승려 숫자가 각각 5,427명과 11,899명으로 한 해 사이에도 승려 수가 급증하고 있음을 알 수 있다. 당시는 운동이 치열하여 행자 교육, 기초·기본 교육 자체가 성립되지 않던 시기였다.[56] 적주비구로 승가에 들어온 자들은 승려의 위의와 자질이 부족하여 승가의 위상을 떨어뜨렸음은 물론이거니와, 기본적인 조석예불조차 집전할 수 없는 자가 태반이었다.

결국 정화 운동을 주도한 상층부에서는 이 문제를 통감하고 그 대책

---

56 김광식, 『새불교운동의 전개』, 안양: 도피안사, 2002, p.345

을 강구하였으며, 1962년 이후 종단의 진로를 우려하였던 승려 대부분이 승려의 교육·재교육을 강조하였다.[57] 이러한 승려들의 자질과 결부된 문제를 해결하기 위한 하나의 방안으로 모색된 것이 바로 '선先교육 후後득도'였다.[58] 1962년 4월 통합종단 출범 후, 종단은 같은 해 8월 26일에 계단법을 제정·공포하고 있다. 이때의 계단법 제5장 학율 제20조에 의하면, "구족계를 받은 자는 소정의 율원에서 15일간 율학을 학습하여야 한다. 율원은 구족계단이 소재한 사찰에 두고 전계화상이 관장한다."라고 한다. 또한 제21조에서는 "사미, 사미니계를 받으려는 자는 수계 전 1월간 본사에서 소정의 기본행지 및 교리를 학습하여야 한다."라고 한다. 이는 승려로서의 최소한의 기본적인 교육이라도 마친 후 수계를 함으로써 승려로서의 위의를 지키게끔 하려는 의도였을 것으로 생각된다.

하지만 통합종단의 계단법 공포 이후에도 수계 상황은 그다지 좋아지지 않았던 것으로 보인다. 1973년에는 한국의 승려들이 태국의 고승을 초청하여 1973년 3월 10일 통도사에서 상좌부 전통의 구족계를 받았다. 이때 계첩 발부나 기념사진 촬영은 이루어지지 않았지만, 수계의 증표로 남방 가사와 발우를 전해 받았다. 수계를 받은 정확한 숫자는 알 수 없지만, 통도사의 홍법·상우, 부산 선암사의 석암, 쌍계사의 고산, 송광사의 보성·학산, 해인사의 혜암·도견·일타·종진·운산·현우·도성, 대구의 수산, 법주사의 혜정·고암·경산·천장 등이 구족계를 받았다고 한다.[59] 이 행동은 한국불교의 자주적·전통적인 계맥이 전승되고 있음에도 불구하고 이를 외면한 외존자비外尊自卑하는 자세라는 비난

---

57 김광식, 앞의 책, 2002, p.345
58 대한불교조계종 계단위원회, 『單一戒壇二十年』, 서울: 토방, 2001, p.189
59 마성, 「한국불교와 상좌불교의 만남의 역사와 과제」, 『불교평론』 44, 불교평론사, 2010, pp.57~59

을 받기도 하였다.⁶⁰ 하지만 당시 수계했던 당사자들은 이 행동이 한국 불교의 정통 맥을 잇기 위한 중수계重受戒 차원에서 이루어진 것으로 별로 문제될 것은 없다는 입장이다.⁶¹ 이 행동의 옳고 그름에 대한 판단은 차치하고, 이 사건은 당시 조계종단이 율장의 규정, 다시 말해 3사7증을 구비한 상황에서 계를 받을 수 있는 조건을 갖추고 있지 않았다는 점과, 율장에 근거한 여법한 수계식을 통해 구족계를 받고자 하는 열망을 가진 승려들이 존재하였다는 사실을 반영한다.

자운율사와 단일계단의 정비

일제강점기와 불교 정화 운동, 그리고 그 후의 혼란 속에서 승가 운영과 관련된 제반 사항의 정비는 현실적인 급선무였다. 특히 수계갈마의 정비는 승가의 기강을 바로잡는 데 있어 그 어떤 일보다 시급했는데, 이 일을 해 낸 것은 자운慈雲(1911~1992)율사였다. 1932년 범어사 금강계단에서 일봉 경념一鳳敬念율사로부터 비구계를 받은 자운율사는 그 후 오대산 적멸보궁에서 백일 문수 기도를 봉행하다 불교의 재흥이 계율 실천에 있음을 감득하게 된다. 이후 율장 연구와 실천, 교육 등에 매진해 오다 1981년에 단일계단單一戒壇을 마련하기에 이른다. 단일계단이란 이전에 각 본사나 사찰별로 율사律師들이 자의로 시행하였던 수계 산림을 단일화하여 종단 차원에서 실행하는 것으로, 종래의 수계법회를 율장에 근거하여 보완·수정한 것이다.⁶² 정화 초기부터 단일계단이 설

---

60 가산지관, 앞의 책, 2005, p.268
61 김광식, 「처처에 나툰 보살행 : 석암스님의 수행과 가르침」, 서울: 불광출판사, 2011, pp.358~359
62 법혜, 「慈雲大律師의 和合僧伽와 역경불사의 願行」, 『近代韓國佛敎律風振作과

립될 80년대 초까지 구족계는 물론이거니와 사미·사미니의 출가나 교육이 제대로 관리되지 않아 매우 무질서한 상태가 지속되었지만, 단일계단의 설립으로 이러한 혼란은 종식된다.

새로 개정된 종헌 제5장 제16조, 즉 "구족계와 사미계단을 총무원에서 지정하는 계단으로 한다."라는 조문에 의거하여, 1981년 2월 17일 양산 통도사에서 자운율사를 초대 단일계단 전계사로 추대하여 제1회 사미·사미니계 수계산림 법회가 거행되었다. 첫 사미(니) 단일계단의 설립이다. 이때 처음으로 사미 84명, 사미니 77명이 종단 차원에서 합동으로 계를 받았다. 제2회 단일계단은 1981년 10월 30일부터 11월 6일까지 해인사에서 열렸다. 제1회 구족계와 제2회 사미·사미니계 수계산림이다. 이는 관련 종법이 마련된 후였으므로, 전계대화상을 정식으로 모시고 삼사칠증도 정하여 여법하게 진행하였다. 이때 비구니 구족계는 설해지지 않았으며 비구계만이 설해졌다.

비구니계가 설해진 것은 1982년에 열린 제3회 단일계단 수계산림 때부터이다. 단일계단의 정비와 더불어 자운율사가 이루어 낸 또 하나의 업적이 바로 이 비구니 수계제도의 정비이다. 『사분율』과 같은 전통 율장에 근거하여 식차마나계와 이부승수계 제도를 복원해 낸 것이다. 율장에 의하면, 여성은 사미니와 비구니 사이에 2년 동안 식차마나라는 신분을 거쳐야 하며, 그 후에는 비구니 승가와 비구 승가의 양 승가에서 구족계의식을 치러야 한다. 한국 불교사에서 식차마나계나 비구니 이부승수계가 실행되었다는 점을 언급하는 국내 자료는 없지만, 위에서도 언급한 바와 같이 일본에 남아 있는 몇몇 자료에 의하면 백제에서 이부승수계가 실행되고 있었음을 알 수 있다. 또한 14세기까지 한반도에

慈雲大律師』, 서울: 가산불교문화연구원, 2005, p.156

서 이부승수계가 지속되었을 가능성을 지적하는 논문도 있다.[63] 다만 조선시대에는 이런 가능성을 엿볼 수 있는 자료가 전무하며, 결국 자운율사에 의해 1982년에 수계제도가 정비될 때까지 한국의 비구니들은 비구승가에 의해 비구니 구족계를 받았던 것으로 보인다.

이렇게 해서 정비된 비구·비구니 단일계단의 정비는 종단이 승가의 기강을 직접 관장할 수 있는 계기로 작용하였다. 즉, 출가하여 비구·비구니가 되기까지의 모든 과정을 종단에서 관리함으로써 승려의 자질을 개선하고 더불어 승가의 위상을 높이는 역할도 할 수 있게 된 것이다. 단일계단 성립 후에는 5일간의 강의를 통하여 기본적인 바라제목차를 알게 하기 위하여 계본을 조석으로 독송함으로써 계율의 구성과 그 벌칙을 숙지하도록 하였다.[64] 또한 더 이상 승적 혼란도 일어나지 않게 되었다. 현재 계단과 관련된 주요사항의 심의 및 결정은 전계대화상을 포함한 11인 이내의 계단위원으로 구성된 계단위원회에 의해 이루어지고 있다. 계단위원은 전계대화상이 위촉하며, 계단위원의 자격은 승랍 25년, 연령 45세, 법계대덕 이상의 계율에 정통하고 행해行解가 원만한 승려로 규정하였다. 작년(2016)까지 도합 36회의 단일계단 구족계 수계산림이 열렸다.[65]

---

63 김영미, 「高麗時代 여성의 出家」, 『이화사학연구』 252, 이화사학연구소, 1999, pp.225~260
64 대한불교조계종 계단위원회, 앞의 책, 2001, p.188
65 이상, 제Ⅳ장의 내용은 이자랑, 「조계종단 戒壇의 역사 및 성격」, 『佛敎硏究』 42, 韓國佛敎硏究院, 2015, pp.317~352에서 해당 내용을 발췌하여 정리한 것임.

갈마의 오랜 침체와 새로운 부흥

　화합을 실현하는 공동체라는 의미에서 승가는 화합승이라 불린다. 이것은 승가 운영의 최고 이념이 화합이라는 점을 보여 주는 것으로, 율장에서는 바로 이 '화합'을 실현하는 구체적인 방법으로서 '여법如法갈마의 실행'을 제시한다. 갈마란 승가에서 의사 결정을 위해 실행하는 모든 회의 내지 그 회의법을 일컫는 말로, 전원출석과 만장일치라는 원칙 속에 운용된다. 즉, 결계를 통해 형성된 동일한 현전승가에 속하는 구성원이 단 한 명도 빠짐없이 한자리에 모여 만장일치로 결론을 내는 것이다. 갈마의 실행을 통해 구성원들이 수시로 모이고, 서로 정보를 공유하며, 또한 만장일치로 결론을 이끌어 냄으로써 혹시라도 훗날 발생할 수 있는 구성원들 간의 불화의 씨앗을 미연에 방지하고자 하는 노력이다. 이 때문에 갈마는 화합의 상징이 될 수 있으며, 승가는 여법갈마의 실행을 통해 화합승으로 존재할 수 있게 되는 것이다.

　한편, 중국으로 불교가 전래된 후 갈마의 구체적인 실행 방법 또한 그 중요성도 중국의 불교도들이 오랜 세월 인식하지 못했던 것으로 보인다. 『고승전』 등의 기록에 의하면, 가장 중요한 갈마라 해도 과언이 아닌 수계갈마가 실행된 것이 불교 전래 후 250여 년이나 지난 3세기 중반이기 때문이다. 하지만 이후 사찰이나 승니僧尼의 급증으로 교단 정비의 필요성을 절감하게 되고, 한편에서는 인도나 서역에서 온 승려들을 통해 율에 대한 지식을 접하게 되면서 중국불교계도 교단 정비를 위해 갈마에 관심을 갖고 실천하고자 애쓰게 된다. 특히 4세기 후반부터 5세기 초반에 걸쳐 4대 한역 광률이 번역되면서 이전에 갖고 있던 계본에 대한 지식을 넘어 승가 운영에 관한 규정을 담은 「건도부」를 통해 갈마에 대한 체계적이고도 구체적인 지식을 얻게 된 중국불교계는 여법한 갈마의 실행에 한층 더 적극적인 관심을 갖고 실천해 간 것으로 보인다. 일본에서도 중국 승려 감진鑑眞의 방문을 계기로 755년에 3사 7증이 배석하고 『사분율』에서 설하는 250계를 수계하는 구족계갈마가 실행된다. 이후 곧이어 간제온지와 야쿠시지에도 감진에 의해 국립 계단이 세워짐으로써 8세기에 국립 3계단이 갖추어진다.

　한반도에 불교가 전래된 후 언제부터 율장의 규정대로 수계갈마 내지 그 외의 갈마가 실행되었는가는 자료의 부재로 명확하지 않다. 하지만 백제의 경우에도 신라의 경우에도 수계갈마나 포살갈마가 실행되고 있었을 가능성은 충분히 엿볼 수 있다. 특히 신라의 경우 많은 신라승들이 다수의 『사분율』 주석서를 찬술하고 있으며, 자장은 실제로 교단 정비를 위해 『사분율』에 근거하여 포살갈마나 수계갈마를 실행한 것으로 보인다. 이는 당시 신라승들이 수계 내지 포살갈마에 큰 관심을 갖고 있었음을 시사해 준다. 한편, 9세기 이후가 되면 고승비高僧碑에서 계단의 존재가 다수 확인된다. 이는 고려시대까지 이어졌으며 승려들은 출가 체발한 사원이 아닌 계단이 있는 특정 사원에서 구족계를 받았다.

　조선시대를 거치면서 공식적인 수계갈마는 이루어지지 못한 것으로 보이지만, 17세기 중반 3종의 불교 상례집喪禮集에 수계갈마의 실행과 관련하여 중요한 역할을 했을 승려의 명칭이 등장하는 점, 그리고 17세기 후반에서 18세기 후반에 걸쳐 간행된 『사분율』 관련 계율서의 존재를 고려할 때 일부 사찰에서 비공식적인 수계갈마를 통해 출가자를 배출하고 있었을 가능성은 높아 보인다. 하지만 해인사 금강계단 호계첩문 등에 의하면, 19세기경 조선시대를 거치며 거의 끊어져 가던 계맥을 대은 낭오大隱朗旿라는 승려가 서상수계瑞祥受戒를 통해 회생시켰다고 한다. 또 한편에서는 이 서상수계에 의한 계맥 전승을 부정하여 1892년에 만하 승림萬下勝林율사가 중국으로 가서 대소승계를 받고 계맥을 전수해 왔다고 한다. 이러한 전승들은 당시 승려들 사이에서 정통 계맥의 수지에 대한 열망이 매우 강렬하게 존재하고 있었다는 점과 더불어, 모두가 납득할 만한 여법한 수계갈마가 정비되지 않은 채 수계식이 이루어졌다는 점 역시 미루어 추정해 볼 수 있다.

이렇게 해서 일제강점기에는 대은·만하 두 파를 계승한 율사들을 중심으로 단일 개별 사찰 단위 혹은 율사 중심으로 수계산림을 하여 승려를 배출하게 되지만, 일제강점기에 조성된 승가의 계율경시 풍조는 수계 전통까지 위협하며 한국불교의 본질을 훼손해 갔다. 더구나 식민지 불교의 잔재인 대처승의 척결을 위해 전개된 불교 정화 기간 동안 승려의 출가와 양성은 많은 문제점을 노출하게 된다. 통합종단은 '선先교육 후後득도'를 내용으로 한 새로운 계단법을 제정하지만, 별로 효과를 보지 못한다. 이러한 혼란을 바로잡은 것이 바로 자운慈雲율사였다. 오랜 기간 율장 연구와 실천, 교육 등에 매진해 온 그는 1981년에 단일계단單一戒壇을 마련하기에 이른다. 이전에 각 본사나 사찰별로 율사들이 자의로 시행하였던 수계산림을 단일화하여 종단 차원에서 실행하는 것을 내용으로 하는 단일계단의 설립으로 어디에서 누가 어떤 방법으로 비구가 되고 있는지 새로운 구성원에 대한 파악이나 관리가 전혀 이루어지지 못했던 이전의 혼란에서 벗어나게 된다.

자운율사는 철저하게 『사분율』 등의 율장의 가르침에 입각하여 단일계단 내지 비구니 이부승수계를 정비했다. 오랜 세월 침체되어 있던 여법한 갈마의 실행은 혼란스러운 근대를 경험한 자운율사에 의해 현대에 새롭게 부흥한 것이다. 율사는 불교계의 절망스러운 현실을 철저하게 율장의 가르침을 통해 해결해 가고자 했으며, 현실을 중시하는 사람들이 흔히 범하게 되는 '원칙의 상실'이라는 우를 단일계단의 정비와 실행 과정에서 결코 범하지 않았다. 여법한 판단력과 강인한 실천력을 지닌 지도자가 일구어 낸 한국불교사에 길이 남을 업적이다. 그의 뒤를 이어 제자인 가산 지관伽山智冠에 의해 결계나 포살 실행 등과 관련된 종법이 마련되었다. 아쉽게도 실효를 거두고 있지 못한 실정인 것 같지만, 언젠가 승가 운영에 있어 여법화합갈마의 중요성을 인식하는 지도자가 자운 율사와 같은 업적을 또 다시 일구어 낼 것을 기대해 본다.

| 참고문헌 |

가산지관, 『한국불교의 계율전통-한국불교계법의 자주적 전승』, 서울: 가산불교문화연구원, 2005.
대한불교조계종 계단위원회, 『單一戒壇二十年』, 서울: 토방, 2001.
김영미, 「신라 中古期 三綱制의 시행과 그 기능」, 『한국고대사연구』 72, 한국고대사학회, 2013.
김용태, 「유교사회의 불교의례-17세기 불교 상례집의 五服制 수용을 중심으로」, 『한국문화』 76, 서울대 규장각 한국학연구원, 2016.
여성구, 「신라승의 수계와 승적」, 『신라사학보』 31, 2014,
최원식, 『新羅菩薩戒思想史硏究』, 서울: 민족사, 1999.
한기문, 『高麗 寺院의 構造와 機能』, 서울: 민족사, 1998.

石田瑞麿, 『日本佛敎における戒律の硏究』, 東京: 在家佛敎協會, 1963.
佐藤達玄, 『中國佛敎における戒律の硏究』, 東京: 木耳社, 1986.
塚本善隆, 『中國佛敎通史』 제1권, 東京: 春秋社, 1979.
마츠오 켄지(松尾剛次) 저, 이자랑 역, 『계율에 방울달기-지계와 파계 사이의 계율 부흥 운동』, 서울: 올리브그린, 2017.
橫超慧日, 『中國佛敎の硏究』, 京都: 法藏館, 1958.

찾아보기

ㄱ

가지산문迦智山門 298
가흥대장경嘉興大藏經 288
각관覺觀 84
각문刻文 116
『간화결의론看話決疑論』 300
간화선 308
갈마羯磨 322, 323, 325~329, 339
갈마설羯磨說 325, 326
감은사感恩寺 212, 213
감진鑑眞 336, 337
갑신년석가여래입상 123
갑인명석가불광배甲寅銘釋迦佛光背 123
개심사지5층석탑開心寺址五層石塔 136
『개원석교록開元釋教錄』 82, 287
거擧 290
거사선居士禪 300, 309
거현居玄 159
건륭대장경乾隆大藏經 288
게송偈頌 293
『격절록擊節錄』 290
견등 174
결계結界 324, 344

결정성決定性 95
경당經幢 122
『경덕전등록景德傳燈錄』 94, 289
『경산사석사리보장慶山寺石舍利寶帳』 122
계단 336~338, 344, 345
계본戒本 329~331, 333, 334, 341~343, 354
계위론 94
계유명전씨아미타불삼존석상癸酉銘全氏阿彌陀佛三尊石像 125
『계초심학인문誡初心學人文』 289
계화왕후桂花王后 128
『계환해법화경요해』 183
「고기古記」 65
『고담화상법어古潭和尚法語』 308
고려대장경 보유판 109
고려대장경본 109
『고려묘지명집성』 130
『고백장청규古百丈清規』 289
고성삼일포매향비高城三日浦埋香碑 143, 144
고승 131
고승비 127, 130
『고잔분가꾸젠슈(五山文學全集)』 296
고증학考證學 116

360

『공목장孔目章』 78
『공목장발오기孔目章發悟記』 104
공사상 90
관단수계 345
『관무량수경소묘종초』 180
관문 163
관법 98
관법계 164
관심觀心 154
관일체법 164
『관중창립계단도경關中創立戒壇圖經』 336, 344
관행문 159
『관행법』 169
광률廣律 331~333
『굉지송고宏智頌古』 290
교관 154, 158
교관겸수 179
교관상즉敎觀相卽 166
교관이문敎觀二門 154
교관편수 160
교넨(凝然) 104
교문 163
『교분기원통초』 178
교상敎相 154
교상문 159
구래불舊來佛 50, 55
『구사론俱舍論』 156
구산선문九山禪門 298
구양수歐陽脩 116
『구자무불성화간병론狗子無佛性話揀病論』 107, 301
구자狗子 화두 108
구족계具足戒 322, 324, 329~331, 339, 345, 346, 351~354
구족계갈마 322, 324, 325, 329, 336, 338, 340, 344, 350
구청갈마求聽羯磨 326
9층목탑 211, 213, 219
국사國師 131
궁예弓裔 220
『권수정혜결사문勸修定慧結社文』 300
〈권왕가〉 262, 263
규정圭品 306
균여均如 62, 109, 171, 177, 178, 185
그레고리 쇼펜(Gregory Schopen) 120
『금강삼매』 90
『금강삼매경』 78, 79, 87
『금강삼매경론』 78, 173
『금강삼매경』「무상법품」 99
『금강삼매경』「여래장품」 100
『금강삼매경』「진성공품眞性空品」 100
『금강삼매경통종기金剛三昧經通宗記』 102
『금강삼매계경金剛三昧契經』 83
『금강청정경金剛淸淨經』 79
금고金鼓 137
『금광명경金光明經』 105, 107, 196, 209, 212
금구禁口 137
금릉각경처金陵刻經處 103
금문金文 116
금석문 116
『금석유문金石遺文』 117
『금석청완金石淸玩』 117
금제사리봉안기金製舍利奉安記 123
기관機關 289, 293
『기신론』 90, 100
『기신론별기』 93

『기신론소』 97, 105
『기신론의기』 155
『기신론이장장起信論二障章』 93
김대현 184

ㄴ

『나호야록羅湖野錄』 290
『남명천화상송증도가사실南明泉和尙頌證道歌事實』 301, 307
『남양화상문답잡징의南陽和尙問答雜徵義』 292
남종선南宗禪 295, 298
낭지朗智 168, 172
『능가경』 97
『능가불인법지楞伽佛人法志』 289
『능가사자기楞伽師資記』 289
능가선楞伽禪 295
능긍能兢 175
『능엄경소해몽초楞嚴經疏解蒙鈔』 101

ㄷ

다송자 보정茶松子寶鼎 108
다카쿠스 준지로(高楠順次郎) 200
『단경』 306
단석산신선사마애불斷石山神仙寺磨崖佛 124
단속사신행선사비斷俗寺信行禪師碑 128
단일계단單一戒壇 352~354
달마 85

『달마어록達磨語錄』 289
담가가라曇柯迦羅 329, 330, 333
담림曇林 83
담요曇曜 206
담제曇諦 330, 333
「당감로사니진여탑명唐甘露寺尼眞如塔銘」 122
당과불 54
「당대운사사리탑명唐大雲寺舍利塔銘」 122
당불當佛 54
당주幢主 122
〈당태종전〉 268~271
대代 290
『대각국사문집』 158
대각국사 의천 158
「대기大記」 60
대기대용大機大用 292
『대동금석서大東金石書』 117
「대소승경률론소기목록大小乘經律論疏記目錄」 103
『대소초大疏鈔』 98
대승계단 338
『대승기신론』 173
『대승기신론동이략집』 174
『대승장大乘章』 46
대안大安 80, 85
대안 찬술설 81
대연기다라니법大緣起陀羅尼法 56
대은 낭오大隱朗旿 348
『대일본교정속장경大日本校訂續藏經』 296
『대일본교정장경大日本校訂藏經』 297
『대장일람大藏一覽』 307
대정신수대장경大正新脩大藏經 79, 288
『대족석각명문록大足石刻銘文錄』 121

대혜大慧 108
『대화엄일승법계도주』 185
도륜道倫 105
도무제道武帝 206
도봉 유문 70, 71
도선道宣 45, 334~336, 343, 345
도안道安 79, 286
『도안록道安錄』 79
『돈오입도요문론頓悟入道要門論』 289
『돈오진종금강반야수행달피안법문요결頓悟
   眞宗金剛般若修行達彼岸法門要決』 292
돈원일승론 178
동리산문桐裡山門 298
동산법문東山法門 85, 298
동산법문계통 80
『동산숭장주송자행각법어東山崇藏主送子行脚
   法語』 308
『동산어록洞山語錄』 289
두순杜順 42, 43, 164, 165

ㄹ

로버트 버스웰(Robert E. Buswell) 80

ㅁ

마조 도일馬祖道一 285
『마조어록馬祖語錄』 289
『마하지관』 154, 157, 160, 163
『만선동귀집萬善同歸集』 100

만속장경卍續藏經 288
만하 승림萬下勝林 348
망심관 163
매향 143
매향비埋香碑 143
명랑明朗 213
명문銘文 116
명혜 고변明惠高辨 59
명효 173, 175
『목련경』 250
〈목시룡전〉 268, 271, 272, 274
목암 찬영木菴粲英 130
『목우자수십결언해牧牛子修心訣諺解』 308
몰종적沒蹤迹 298
몽산 덕이蒙山德異 308
『몽산법어』 308
『몽산화상법어약록언해蒙山和尙法語略錄諺解』
   308
『몽산화상시중蒙山和尙示衆』 308
묘련사 182
묘련사계 180
묘비 130
『묘종초』 180
묘지명 130
묘지석 130
묘혜妙慧 182
『무량의종』 90
『무문관無門關』 290
무분별관 88
「무상법품」 91, 92
「무상행품」석 101
무생선 93, 94
무설토론無舌土論 297
「무술명오작비戊戌銘塢作碑」 118

무외無畏국사 정오丁午 182
무장사아미타여래조상사적비鍪藏寺阿彌陀如
　　來造像事蹟碑 128
무주無住 65
무주관 172
무학 자초無學自超 130
묵암 최눌默庵最訥 186
문답상량問答商量 284
문두루비법文豆婁秘法 213
문지文持 57
미수彌授 159
미즈모토 코겐 80
민지閔漬 175

ㅂ

바라제목차波羅提木叉 330, 332, 354
반고사磻高寺 168
반야 94
반야바라밀 94
반야원般若院 47
반자 119, 136
방棒 293
백白 325, 326
백갈마白羯磨 326
백고좌회 216, 222
백련사 180
백사갈마白四羯磨 326
백암 성총佰庵性聰 145
『백운화상초록불조직지심체요절白雲和尙抄
　　錄佛祖直指心體要節』301, 307
백이갈마白二羯磨 326

백파 긍선白坡亘璇 108
범태평양불교청년대회(The First General
　　Conference of Pan-Pacific Young
　　Buddhist Associations) 200
『법계관문』 164
『법계도』 172, 185
『법계도기원통초』 185
『법계도기총수록』 43, 185
법계도인法界圖印 48
『법계도주』 185
법계연기 155, 178
법계연기론 51, 171
법계연기사상 177
법랑法朗 297
법랑法朗 찬술설 80
법맥法脈 284
법성 47, 96
『법성게』 47
『법성게과주』 69, 71, 187
법안종法眼宗 294, 299
법어法語 284
법언法言 159
법융 61
「법융기法融記」 60
법장法藏 78, 155, 164, 171
법주성法住性 96
법총法聰 333, 334
『법화경』 196, 209
『법화문구』 154, 160, 183
『법화문구기』 154
법화삼매 167, 169, 181
법화삼매참법 181
법화삼매참의 180
『법화영험전』 182

364

『법화종요』 168
『법화현의』 154, 161, 177, 183
벽관壁觀 84
벽암 각성碧巖覺性 144
『벽암록碧巖錄』 290
변조 신돈遍照辛旽 310
별別 290
별교일승 178
「별기」 105
별록別錄 285
보각국사 일연一然 299
『보림전寶林傳』 289
보법普法 57, 173
보조 지눌普照知訥 69, 299
보현도량 180
보현행 43
본각本覺 89~91, 93, 97
「본각리품」 92
본각문 92
본각여래장심 91
본각의 결정성 96
봉림산문鳳林山門 298
부석사 44, 53
부석적손浮石嫡孫 61
부석존자浮石尊者 53
부정지관 162
부즉문자不卽文字 285
부휴계浮休系 144
부휴 선수浮休善修 144, 302
『북경도서관장중국역대석각탁본회편北京圖書館藏中國歷代石刻拓本匯編』 121
북종선北宗禪 295, 298
불각不覺 91
불교금석문 118

불국토佛國土 사상 210
불립문자不立文字 285
불상, 탑, 경당 121
불설佛說 287
불성 84
『불정존승다라니경』 122
『불조통기』 155
불탑·불상 숭배 120
비발사나毘鉢舍那 156

ㅅ

사굴산문闍崛山門 298
「사대랑탑명師大娘塔銘」 122
사리함 125
사마타奢摩他 156
사방四方승가 323, 325
사법계관四法界觀 165
『사법어언해四法語諺解』 308
『사분율』 332, 334, 335, 337, 338, 340~345, 347, 353
『사분율산번보궐행사초四分律刪繁補闕行事鈔』 334
46전傳 296
사이초(最澄) 338
사자산문師子山門 298
사적비寺蹟碑 128, 144
4종삼매 161, 181
사지寺誌 127, 144
사찰의식법구寺刹儀式法具 137
사천왕 197
사천왕사四天王寺 212

찾아보기······365

「사천왕품」 196
사택지적비 123
산가파 176
『산방야화山房夜話』 290
삼강오륜三綱五倫 267, 270, 271
삼계교三階敎 45, 82
삼교판三敎判 44
『삼국유사』 86, 166
『삼국유사三國遺事』「무장사미타전鍪藏寺彌陀殿」 128
삼대 173
삼마제 105, 106
삼마지 105
삼매 105
『삼매경론』 94, 98, 107
『삼매경론』「무생행품」 104
삼매관행 175
삼문석三門釋 54
삼문수업三門受業 71, 313
삼법화상三法和尙 306
삼본정三本定 172
삼세일제三世一際 54
삼십일보살불이관三十一菩薩不二觀 170
삼의일발三衣一鉢 45
삼제원융三諦圓融 161
삼중성덕 179
삽관법鈒觀法 173
『상법멸의경』 256, 257
상원相元 54
상즉론相卽論 58
색계 94
생멸문 88, 173
서분 87
서상수계瑞祥受戒 348, 349

『서안비림전집西安碑林全集』 121
『석마하연론釋摩訶衍論』 82
석문石文 116
『석선바라밀차제법문釋禪波羅蜜次第法門』 156, 183
『석화엄교분기원통초』 109
『선가귀감』 308
『선가귀감언해禪家龜鑑諺解』 308
선교겸수 186
선교일치 69
선교차별禪敎差別 297
선덕여왕 219
『선등세보禪燈世譜』 289
선록禪錄 288
선리禪理 288
『선림보훈禪林寶訓』 290
『선문강요집禪門綱要集』 301
『선문보장록禪門寶藏錄』 301, 307
『선문수경禪文手鏡』 108
『선문수증』 157
『선문염송禪門拈頌』 290, 301
『선문염송집禪門拈頌集』 306
『선문오종강요禪門五宗綱要』 302
선문헌禪文獻 288
선서禪書 288
『선원제전집도서禪源諸詮集都序』 94, 289
『선원청규禪苑淸規』 289
〈선율환생〉 247
선적禪籍 288
선전禪典 288
선종 85, 93, 283
『선종영가집언해禪宗永嘉集諺解』 308
선종오가禪宗五家 298, 308
선종전서禪宗全書 288

366

『선학입문』 183, 184
『설두송고雪竇頌古』 290
『설봉어록雪峯語錄』 306
설잠 김시습 52, 182, 183, 185
설파 상언 186
〈설홍전〉 268, 271~274
『섭대승경』 90
성기性起 50, 61
성기관 170, 172
성덕대왕신종聖德大王神鍾 126
성상융회 178
성주산문聖住山門 298
성총 160
세간선 93
세예법洗穢法 45
『속고승전續高僧傳』 84, 286
『속등록續燈錄』 289
〈속회심곡〉 266~269
송頌 290
『송고승전宋高僧傳』 78, 86, 284
『송고연주통집頌古聯珠通集』 290
송광사松廣寺 144
송광사개창비松廣寺開創碑 144
송광사사원사적비松廣寺嗣院事蹟碑 145
쇼토쿠(聖德) 태자 208
수계갈마 322, 329~332, 335~337, 339~342, 344, 346, 347~349, 352
수광삼매水光三昧 167
수문기隨聞記 282
수미산문須彌山門 298
수선결사修禪結社 312
수선사 159
수시垂示 290
『수심결修心訣』 300

『수심요론修心要論』 289
수십전법數十錢法 50, 56
수십전유數十錢喩 57
수영壽靈 58
수일守一 85
수일守一설 81
수진법계관 171
숭복사비崇福寺碑 128
승가현전僧伽現前 327
『승기계본僧祇戒本』 329, 330
승비僧碑 127, 130
승우僧祐 79
승전僧傳 127
시각 90, 91
시왕十王 242, 244, 258
『시왕경』 242, 248
시왕도十王圖 257
시호 131
신라 지역 찬술설 80
신림神琳 61, 172
신안고란리매향비新安古蘭里埋香碑 143
신안팔금면매향비 143
신조(審祚) 104
『신편제종교장총록』 107
신행信行 45
『신회어록神會語錄』 289
실상관 172
실상산문實相山門 298
심사尋伺 84
심생멸문 97
심승審乘 58
심진여문 97
『십문간법관』 170
십보법 178

십불 52
『십불이문』 177
십승관법 157, 161, 180
10악 241, 267
십이인연관 166
십중유식관 155
『십지경론』 50
『십현담요해언해十玄談要解諺解』 308
십현문 165, 178
십현연기十玄緣起 71
십현연기무애 178
쌍봉사철감선사비雙峰寺澈鑒禪師碑 128

ㅇ

아쇼카왕 204, 211
아쇼카왕비문 120
『아육왕경阿育王經』 120
『아육왕전阿育王傳』 120
『안신사심론安身事心論』 168
양기파楊岐派 294, 295
양무제梁武帝 207
「양토이경록涼土異經錄」 79
어록 282
『어록종경대강御錄宗鏡大綱』 102
언종彦琮 286
언해 310
엔랴쿠지(延曆寺) 338
여래선如來禪 298
여래장 89, 97
여래장사상 84
『여씨춘추呂氏春秋』「구인求人」편 116

『역대법보기歷代法寶記』 294
『연경별찬』 182, 183
연광緣光 167
연기관 170, 172
연기다라니법 51
연기분 49
연담 유일蓮潭有一 70, 186
『연등회요聯燈會要』 289
연지사종蓮池寺鐘 126
연집법계사상 175
연회緣會 169
염拈 290
염라왕 237, 238, 245
『영가대사증도가남명천선사계송언해永嘉大師證道歌南明泉禪師繼頌諺解』 308
영명 연수永明延壽 58, 98, 100
영취산 168
영파 성규影波聖奎 70, 187
오관석五觀釋 54, 172
오교십종 155
『오교장문답초五教章問答鈔』 104
『오교지관』 164
『오등회원五燈會元』 289
오시팔교 155, 161, 176
5악 241, 263
오온관 166
오음 156
오주인 179
오중유식관 155
오중총별 172
오중해인설五重海印說 61
오중현의五重玄義 161, 168
오척五尺 55
옹방강翁方綱 117

「왕맹옥탑명王孟玉塔銘」 122
왕법즉불법王法卽佛法 208
왕사王師 131
왕즉불王卽佛 사상 220
왜란과 호란 144
외화·내증 178
요세了世 158, 180, 181, 312
요오 순지了悟順之 300
욕계 94
용궁 출현 설화 78
용두사당간기龍頭寺幢竿記 135
『용문석굴비각제기회록龍門石窟碑刻題記滙錄』 121
용봉사마애불龍鳳寺磨崖佛 125
『용성선사어록龍城禪師語錄』 303
『용수전龍樹傳』 78
우두선牛頭禪 295
운문종雲門宗 294, 299
운화존자雲華尊者 44, 67
「울주천전리서석蔚州川前里書石(을묘명乙卯銘)」 118
『원각경』 98
『원각경대소圓覺經大疏』 98
『원각경정해평림圓覺經精解評林』 101
『원각소초수문요해圓覺疏鈔隨文要解』 101
원광圓光 311
원교일승圓敎一乘 51
『원돈성불론圓頓成佛論』 300
원돈지관 162, 180
원상선법 300
원오국사圓悟國師 천영天英 159
원융부圓融府 310
원응국사圓應國師 학일學一 159, 299
『원종문류』 158, 179

『원통수좌기圓通首座記』 63
원혜圓慧국사 경의景宜 182
원효元曉 80, 85, 127, 168, 173, 174
월창거사 김대현 183
위경僞經 79, 286
『위산경책潙山警策』 289
위앙종潙仰宗 299
위찬경僞撰經 286
『유가론기瑜伽論記』 105, 106
유경종劉敬鍾 108
유교무관有敎無觀 155
『유식의등증명기唯識義燈增明記』 104
유통분 87
유희해劉喜海 117
육묘문六妙門 156
육상六相 50, 178
육상원융六相圓融 165
육상원융관 170
육식념六息念 156
『육조대사법보단경六祖大師法寶壇經』 289
『육조법보단경언해六祖法寶壇經諺解』 308
의경疑經 286
의상義湘 42, 127, 170, 185
의승군 226, 228
의위경疑僞經 286
의적義寂 163
의정義淨 45
의지義持 57
의천 107, 176, 177
의통 175
〈이계룡전〉 268, 271, 274
이두 연구 137
이부승二部僧 수계 331, 336, 340, 341, 353, 354

이사론理事論 178
24류流 296
이입理入 83, 95
『이입사행론二入四行論』 83, 93, 294
『이입사행론장권자』 83
이입사행설二入四行說 80
『이장의』 93
이치理致 293
〈인과문〉 262
인악 의첨義沾 187
인연 170
인연관 172
『인왕경』 196, 209, 215, 222, 223
인왕백고좌회仁王百高座會 196, 215
『인천안목人天眼目』 289
일각一覺 97
일관一觀 90, 96
일념삼천 161
일미一味 89
일미관행一味觀行 87, 90, 96, 173
일본달마종 295
일승一乘 89
일승만교 173
『일승법계도』 185
『일승법계도원통기』 63
일승법계도합시일인一乘法界圖合詩一印 48
일승성불사상 174
일심 96
일심본각여래장의一心本覺如來藏義 92, 97
일심삼관一心三觀 155, 161, 177, 181
일심삼관법一心三觀法 175, 176
일심여래장의一心如來藏義 92
일심여래장체一心如來藏體 88
『임제록臨濟錄』 289

임제 의현臨濟義玄 293
임제종臨濟宗 299
『입도안심요방편법문入道安心要方便法門』 289

ㅈ

자교오종藉教悟宗 298
자서수계自誓受戒 337, 348
자운慈雲 352~354
자은교관慈恩教觀 158, 159
자은종 158
자은종사 159
자장慈藏 169, 311, 341~344
자정국존 159
잡화포雜貨鋪 291
장륙상丈六像 211, 218
재조대장경 225
〈저승전〉 268~271
『저역총보著譯叢譜』 108
전륜성왕 204, 207, 218, 220
『전법보기傳法寶紀』 289
점차지관 162
정검淨撿 331
『정명현론淨名玄論』 78
『정법안장正法眼藏』 290
정설분 87
정안鄭晏 107
정원淨源 164
정원淸遠 101
〈정주매향암각〉 144
『정토보서』 160

제관諦觀 84, 163, 175, 176, 183
제2 「무상법품」 88
제3 「무생행품」 88
제4 「본각리품」 88
제5 「입실제품」 88
제6 「진성공품」 88
젠주(善珠) 104
『조계진각국사어록曹溪眞覺國師語錄』 301
『조당집祖堂集』 285, 289, 306
조동종曹洞宗 299
조사祖師 287
조사선祖師禪 298
『조선금석총람朝鮮金石總覽』 117
『조원통록祖源通錄』 307
종 136
종간從諫 158
『종경록宗鏡錄』 100, 306
『종리중경목록綜理衆經目錄』 79
『종문무고宗門武庫』 290
『종문원상집宗門圓相集』 301, 307
종밀宗密 94, 98, 164
『종용록從容錄』 290
종의 명문 136
종파宗派 284
『주법계관문注法界觀門』 164
주측周側 177
『중경목록衆經目錄』 286
중국찬술설 81
중도 49
중도실상관 172
중문中門 56
『중편조동오위重編曹洞五位』 302
즉문卽門 56
증분證分 49

지관止觀 156
지눌 144
『지리산쌍계사기智異山雙溪寺記』 306
지반 155
지사문의指事問義 291
지상사至相寺 44
지엄智儼 42, 78, 165
지옥地獄 236, 239, 245, 247, 259, 275
지의智顗 155, 156, 160, 161, 180, 183, 184
지인之印 159
지자 160
『지장경』 240
지종智宗 175
지통 54, 168, 172
진각 혜심眞覺慧諶 301
진경眞經 286
진귀조사설眞歸祖師說 297
진금포眞金鋪 291
진성眞性 84, 88
진성공眞性空 88
진수 61
「진수기眞秀記」 60
진실 96
진심관 163
『진심직설眞心直說』 300
진여문 88, 173
진여법 88
진25년명동과秦二十五年銘銅戈 123
진정眞定 53, 172
진종설화眞種說話 220
진흥왕 218
『집고록集古錄』 116
징徵 290

ㅊ

『차제법문』 183, 184
착어著語 290
찬유璨幽 175
창강滄江 조속趙涑 117
천기天其 60
『천성광등록天聖廣燈錄』 289
천책天頙 158, 180, 181
천태교관 155, 157~163, 166, 167, 176, 180~183
천태교판 161
천태 덕소 175
『천태사교의』 161, 176, 182, 183
천태삼관 176, 177
천태지관 155, 162, 168, 180, 181
천태 지의 94
청선사淸禪寺 47
『청익록請益錄』 290
청주운천동사적비淸州雲泉洞寺蹟碑 119, 128
청허계淸虛系 131, 144
청허 휴정淸虛休靜 144, 302
체원體元 60
『초장관문初章觀文』 168
초조대장경 225
초종월격超宗越格 300
『총수록』 60
「총지품」 89, 92
최남선 200
최치원 128
추동錐洞 53
추사秋史 김정희金正喜 116

축원 지천竺源智泉 130
『출삼장기집出三藏記集』 79, 286
출세선 93
측천무후則天武后 206
『칙수백장청규勅修百丈淸規』 289
7조설 164

ㅋ

코탄 78

ㅌ

탐밀探密 159
『탐현기探玄記』 78, 155
탑기塔記 125
탑·불상·종·석등·당간(지주) 118
탑지塔誌 125
탑호 131
태산부군 242, 243
태현 174
태화13년명석불상太和十三年銘石佛像 119, 123
『통록촬요』 307
통불교 197

ㅍ

파야波若 166
팔관회八關會 215, 217
팔만대장경 225
편참遍參 292
평창評唱 290
포살布薩 322, 327, 341, 343
표원表員 109, 174
표훈表訓 53, 171

ㅎ

『한국금석문대계』 117
『한국금석문자료집(상)』 117
〈한국금석문종합영상시스템(http://gsm.nricp.go.kr)〉 118
『한국금석문집성』 117
『한국금석유문韓國金石遺文』 117
『한국금석전문韓國金石全文』 117
『한국불교전서』 303
할喝 293
함통명금구咸通銘禁口 137
『함허당득통화상어록涵虛堂得通和尙語錄』 303
『해동금석원海東金石苑』 117
『해동금석존고海東金石存攷』 117
해동사무외대사海東四無畏大士 306
해인도 68
해인사사명대사석장비海印寺四溟大師石藏碑 131

해인삼매 48, 174, 175
『해인삼매론』 173
행록行錄 285
행입行入 83
행장行狀 285
향도香徒 136
향완 119
현광玄光 166, 167
현수교관 158
현전승가現前僧伽 323~325, 327, 328
현척賢陟 69
현휘玄暉 175
혜소慧昭 159
혜심慧諶 107
혜조국사 담진曇眞 299
혜현惠現 166, 167
호국불교 196
『호산록湖山錄』 158
『홍찬법화전』 167
화광삼매火光三昧 167
화법사교 162
『화엄경』 42, 78
『화엄경문답』 164
『화엄경문의요결문답』 109, 174
화엄관 54
화엄교관 158, 159, 163, 164, 170, 177, 179, 185, 186
『화엄발보리심장』 164
화엄법계관 171
『화엄보현관행법문』 164
화엄사기류 186
화엄선법 300
『화엄오교장문답초華嚴五敎章問答抄』 58
『화엄오교장지사華嚴五敎章指事』 58

『화엄오교지관』 165
『화엄일승법계도』 170
『화엄일승성불묘의』 174
『화엄일승십현문』 165
『화엄조사회전』 59
화의사교 162
화합승和合僧 327
『환산정응선사시몽산법어皖山正凝禪師示蒙山法語』 308
환성 지안喚惺志安 70
환암 혼수幻庵混修 130
『환주암청규幻住庵淸規』 289
황도불교皇道佛敎 199
황룡사 212, 213, 218
황룡사9층목탑찰주본기皇龍寺九層木塔刹柱本記 125

황룡파黃龍派 294
황복사皇福寺 42
황제즉보살 207
황제즉여래皇帝卽如來 206
회삼귀일會三歸一 175, 176
회삼귀일사상 168
회심곡 259, 260, 266, 273, 275
횡진법계관 170~172
효공曉公 98
후막 진엽候莫陳琰 292
「훈요십조訓要十條」 222
휴정休靜 227
희양산문曦陽山門 298
히라카와 아키라(平川彰) 120

저자 소개

김용태

동국대 HK교수, 한국불교사 전공, 서울대 국사학과 박사. 『韓國佛教史』(일본 春秋社, 2017), Glocal History of Korean Buddhism(Dongguk University Press, 2014), 『조선후기 불교사 연구』(신구문화사, 2010), 「역사학에서 본 한국불교사 연구 100년」, 「동아시아의 징관 화엄 계승과 그 역사적 전개」

박서연

동국대 HK연구교수, 한국불교 및 화엄학 전공, 동국대 불교학과 박사, 동국대 한의학연구소 연구초빙교수 역임. 「신라 現身成佛 설화에 보이는 의상 화엄사상의 영향」, 「의상계 화엄수행론의 심리치유 가능성 고찰」, 「의상의 五尺身思想 연구」, 「滿文『華嚴經續入法界品』에 관한 연구」, 「滿文『금강경』의 내용과 특징」, 「乾隆帝의 滿文大藏經 序文에 관한 연구」

김천학

동국대 HK교수, 화엄학 전공, 한국학중앙연구원 철학박사, 일본 東京大 인도철학·불교학과 박사, 일본 히메지독쿄대학 조교수, 금강대 불교문화연구소 HK교수 및 연구소장 역임. 『平安期華嚴思想の研究―東アジア華嚴思想の視座より―』(東京: 山喜房佛書林, 2016), 『화엄일승성불묘의』(역서, 동국대출판부, 2016), 「T85, No.2799『십지론의소(十地論義疏)』의 텍스트 문제

에 대한 고찰」, 「설파상언의 징관『화엄소초』이해의 일고찰」, 「『법화경론자주』사본의 유통과 사상」, 「종밀에 미친 원효의 사상적 영향-『대승기신론소』를 중심으로」

박광연

동국대 HK연구교수, 한국불교사 전공, 이화여대 사학과 박사, 서울대 규장각한국학연구원 박사후과정(post-doc.) 이수. 『신라 법화사상사 연구』(혜안, 2013), 「신라 義寂의『법화경』이해-『法華經論述記』분석을 중심으로」, 「신라 사원의 전장(田莊) 운영과 국가」, 「경흥『삼미륵경소』의 도솔천 왕생관-신라 중대 유식 승려의 미륵신앙 재고찰」, 「고려시대 오교양종(五敎兩宗)의 성격 재검토」, 「신라의 불교 교단과 '종파'」

박용진

능인대학원대학교 불교학과 교수, 한국불교사 전공, 국민대학교 국사학과 박사, 일본 고마자와대학(駒澤大學) 외국인연구원. 『의천-그의 생애와 사상』(혜안, 2011), 「의천의 宋 天台敎學 교류와 天台敎觀」, 「高麗時代 天台宗 所依章疏와『新編諸宗敎藏總錄』」, 「義天의 華嚴一乘思想과 그 불교사적 의미」, 「高麗中期 華嚴 文類의 編纂과 그 思想의 傳承」, 「高麗義天撰「圓宗文類」の日本傳承と交流史的意義」

이수미

동국대 HK연구교수, 동아시아 유식불교 전공, Ph.D. University of California at Los Angeles, 서울대 강사 역임. "The Meaning of 'Mind-made Body'(S. manomaya-kāya, C. yisheng shen 意生身) in Buddhist Cosmological and Soteriological systems," 「『大乘起信論內義略探記』로 본 大賢의 唯識사상」, 「공유논쟁(空有論爭)을 통해 본 원효(元曉)의 기신론관(起信論觀) 재고: 법장(法藏)과의 비교를 중심으로」, "Redefining the 'Dharma Characteristics School' and East Asian Yogācāra Buddhism," 「여래장사상과 유식사상의 전통적 이분법에 관한 제문제」, "From Criticism to Approval: A Reconsideration of Ji's Yogācāra Position on Madhyamaka," "Kingship as Dharma-Protector: A Comparative Study of Wŏnhyo and Huizhao's Views on the Golden Light Sutra"

김기종

동국대 HK연구교수. 고전시가 전공. 동국대 국어국문학과 박사, 고려대 BK21 한국어문학교육연구단 연구교수 역임. 『불교와 한글』(동국대 출판부, 2015), 『한국 불교시가의 구도와 전개』(보고사, 2014), 『월인천강지곡의 저경과 문학적 성격』(보고사, 2010), 『동아시아 불교의 근대적 변용』(공저, 동국대 출판부, 2010), 『불가의 글쓰기와 불교문학의 가능성』(공저, 동국대 출판부, 2010)

김호귀

동국대 HK연구교수, 선학 전공, 동국대 선학과 박사, 동국대 불교문화연구원 전임연구원 역임. 『묵조선연구』(민족사, 2001), 『선과 수행』(석란, 2008), 『선리연구』(하얀연꽃, 2015), 「무생법인(無生法忍)의 구조와 무생선(無生禪)의 실천」, 「『담연원징선사어록』의 선관인식 및 종문인식 고찰」

이자랑

동국대 HK교수, 초기불교교단사 및 계율 전공, 일본 東京大 인도철학·불교학과 박사, 일본 東京大 외국인특별연구원 역임. 『나를 일깨우는 계율 이야기』(불교시대사, 2009), 『붓다와 39인의 제자』(한걸음 더, 2015), 「승단 추방에 관하여 – 멸빈(nāsana)을 중심으로」, 「승가화합의 판단기준에 관하여」, 「『멸쟁건도』의 다수결 원칙(yebhuyyasikā)을 통해 본 승가 분쟁 해결의 이념」, 「신라사원노비의 발생과 사신」, 「인도불교에서 부파의 성립과 발전 – 부파 성립에 있어 율의 역할을 중심으로」

인문한국불교총서 5
테마Thema 한국불교 5

2017년 5월 20일 초판 1쇄 인쇄
2017년 5월 30일 초판 1쇄 발행

엮은이 동국대학교 불교문화연구원 HK연구단
펴낸이 한태식
펴낸곳 동국대학교출판부

출판등록 제2-163(1973. 6. 28)
주 소 04620 서울시 중구 필동로 1길 30
전 화 02) 2260-3483~4
팩 스 02) 2268-7851
Homepage http://www.dgpress.co.kr
E-mail book@dongguk.edu
인쇄처 보명C&I

ISBN 978-89-7801-530-1   94220

값 20,000원

이 책의 무단 전재나 복제 행위는 저작권법 제98조에 따라 처벌받게 됩니다.